藤森照信の建築探偵放浪記

風の向くまま気の向くまま

はじめに

1974（昭和49）年、東大の大学院生の時、建築探偵団という営みを建築史仲間と始めた。当初は、日本の西洋館と戦前のモダニズム建築を、地図を片手にカメラを肩に探し出しては訪れていたのだが、日本列島を見尽くすと、東アジア、東南アジアへと拡大した。

ヴェトナム、タイ、インドネシアに辿り着いた頃、45歳の時、私は建築史研究に加えて設計もするようになり、それが原因かどうか、古今東西を問わず手当たり次第に見たい建築を訪れるようになる。

私の建築の見方は普通の建築好きとは相当異なり、

「相撲を取るように見る」

建築という巨大な物体は、大勢の人間とたくさんの物資と膨大な時間をかけて初めて可能になるが、それを一目見て良いとか悪いとか判断しては作った人々とそのエネルギーに対して申し訳ない。良いとか悪いとか判断するのは構わないが、なぜそう判断したかについてちゃんと考えてこそ、建築という人間の営みに注入されたエネルギーに対し申し訳が立つ。作った人々のエネルギーの総量を思うと、見る者は全力で、相撲のぶつかり稽古のように立ち向かう必要がある。

具体的には、良いとか悪いとか判断した後、なぜ良いのかどこが悪いのかを考え、考えるだけでなく必ずスケッチに書き加える。だから私のスケッチ帖は、絵と字が入り混じっている。

相撲だから勝ち負けもつく。悪い建築でもその理由を言語化できれば、私の勝ち。良い建築でも、その良さに圧倒されて何がどういいのかを言語化できなければ、私の負け。

この勝負、やってみると相当疲れる。訪れて、見て、写真に納め、スケッチし、その後一休みしてから考えはじめ、その成果を書いていると、頭が芯から疲れる。

こうした見方をこれまで続けてきた。今も続けているが、ぶつかり稽古をしなくなったら、もしくはできなくなったら、現役引退と決めている。

50年近く建築探偵業を続けていると、自分の関心の傾向が分かってくる。まず、その建築が作られた社会的、文化的、宗教的、歴史的背景への強い関心がある。作った人への興味も深い。

一方、そこに使われている素材、例えば泥とか木とか石とかコンクリートとか、そしてそれらによって表される仕上げについてもうるさい。

〝背景〟と〝仕上げ〟、こう書きながら両極端に分裂していることを認めなければならないが、この両極端の間を言葉に乗って行ったり来たりしながら、なんとかその中間に位置し、広がる建築というものを捉えようとしている。

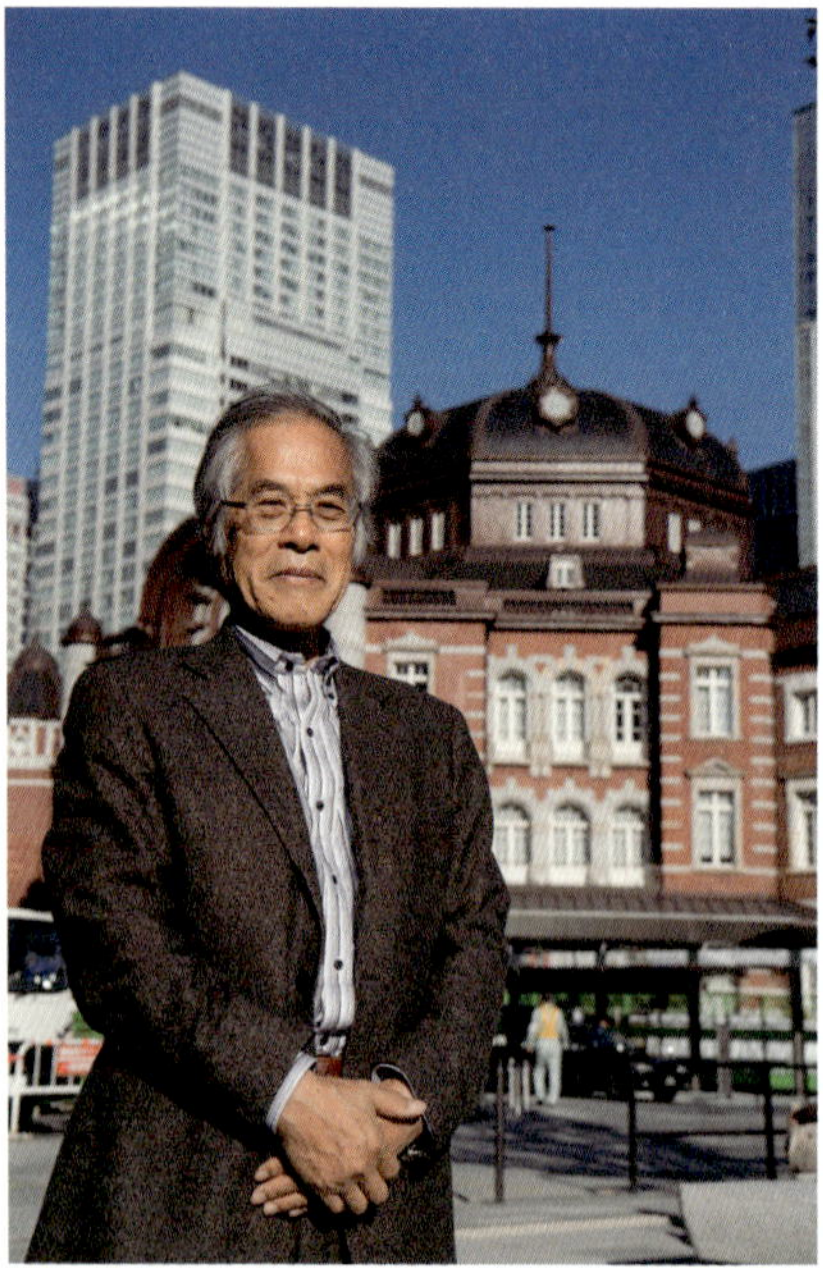

藤森　照信（ふじもり　てるのぶ）

探訪マップ

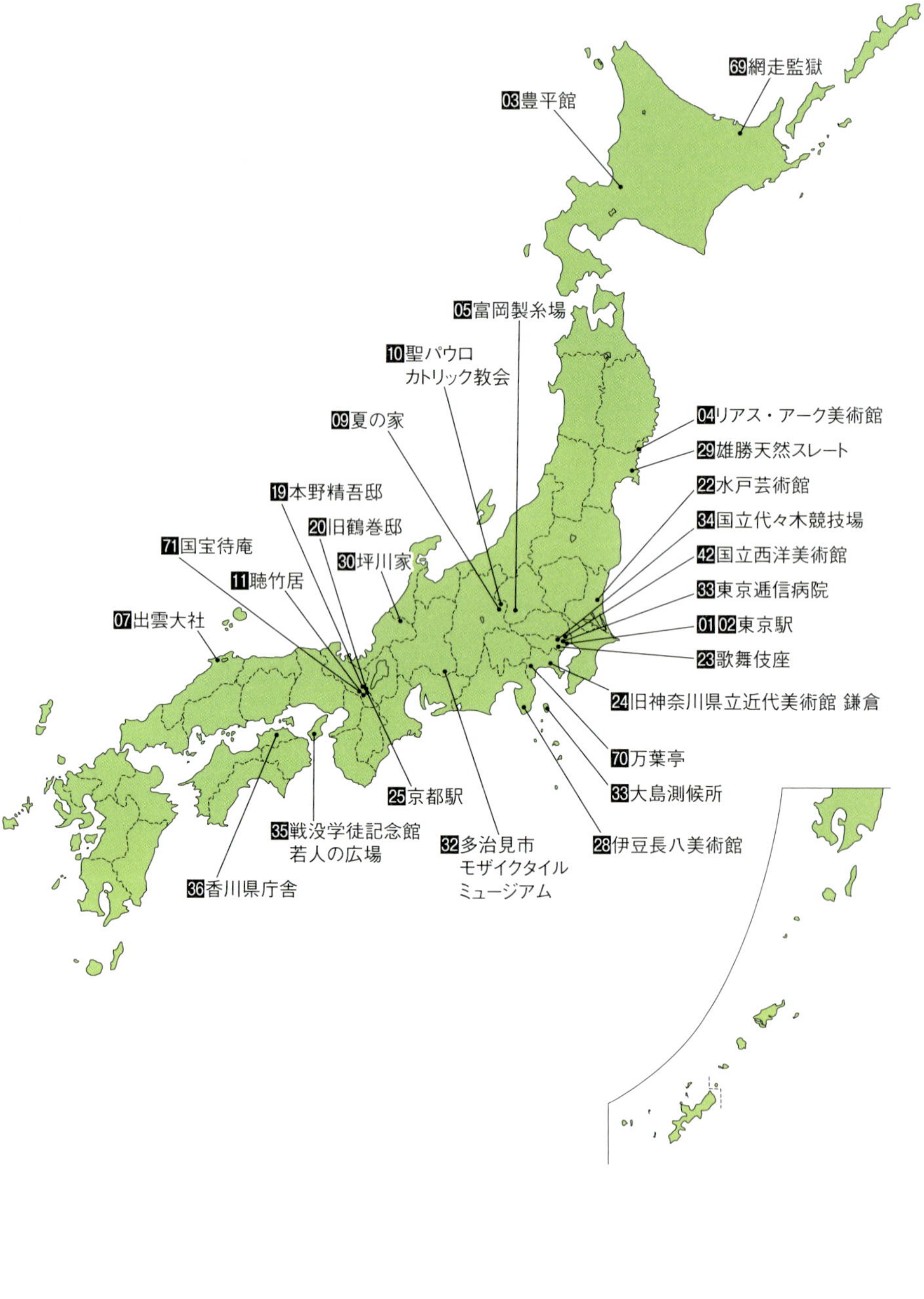

69網走監獄
03豊平館
05富岡製糸場
10聖パウロ
カトリック教会
09夏の家
04リアス・アーク美術館
29雄勝天然スレート
22水戸芸術館
34国立代々木競技場
42国立西洋美術館
33東京逓信病院
01 02東京駅
23歌舞伎座
24旧神奈川県立近代美術館 鎌倉
70万葉亭
33大島測候所
28伊豆長八美術館
19本野精吾邸
20旧鶴巻邸
71国宝待庵
30坪川家
11聴竹居
07出雲大社
25京都駅
35戦没学徒記念館
若人の広場
32多治見市
モザイクタイル
ミュージアム
36香川県庁舎

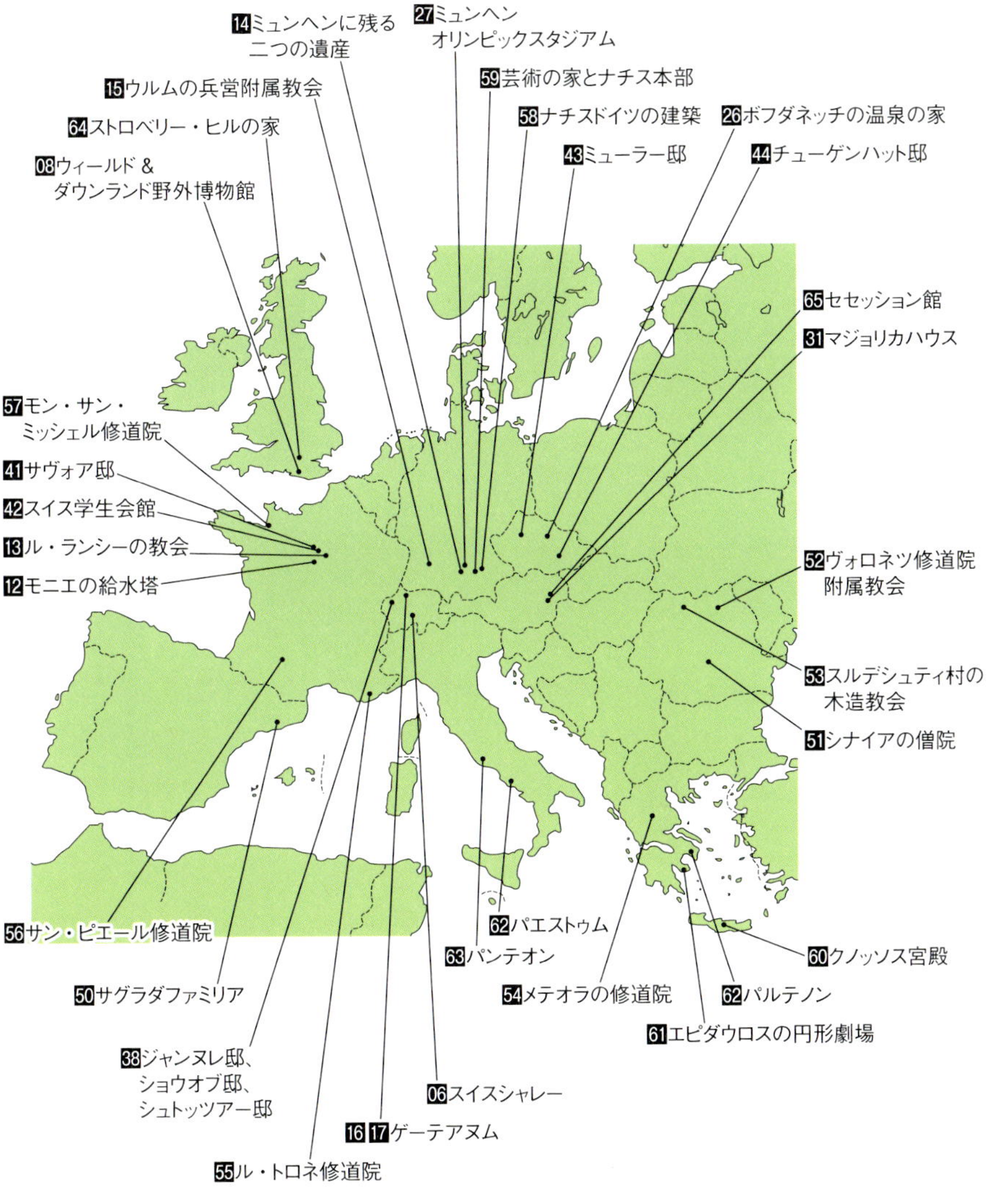
14ミュンヘンに残る
二つの遺産
27ミュンヘン
オリンピックスタジアム
59芸術の家とナチス本部
15ウルムの兵営附属教会
64ストロベリー・ヒルの家
58ナチスドイツの建築
26ボフダネッチの温泉の家
43ミューラー邸
44チューゲンハット邸
08ウィールド &
ダウンランド野外博物館
65セセッション館
31マジョリカハウス
57モン・サン・
ミッシェル修道院
41サヴォア邸
42スイス学生会館
13ル・ランシーの教会
12モニエの給水塔
52ヴォロネツ修道院
附属教会
53スルデシュティ村の
木造教会
51シナイアの僧院
62パエストゥム
56サン・ピエール修道院
63パンテオン
60クノッソス宮殿
50サグラダファミリア
54メテオラの修道院
62パルテノン
61エピダウロスの円形劇場
38ジャンヌレ邸、
ショウオブ邸、
シュトッツアー邸
06スイスシャレー
16 17ゲーテアヌム
55ル・トロネ修道院

21シドニー・オペラハウス

45落水荘
39西部への門
68ウォータース・ブラザーズ・カンパニー
40ブラジリア
37サンパウロ美術館と
セスキ・ポンペイア

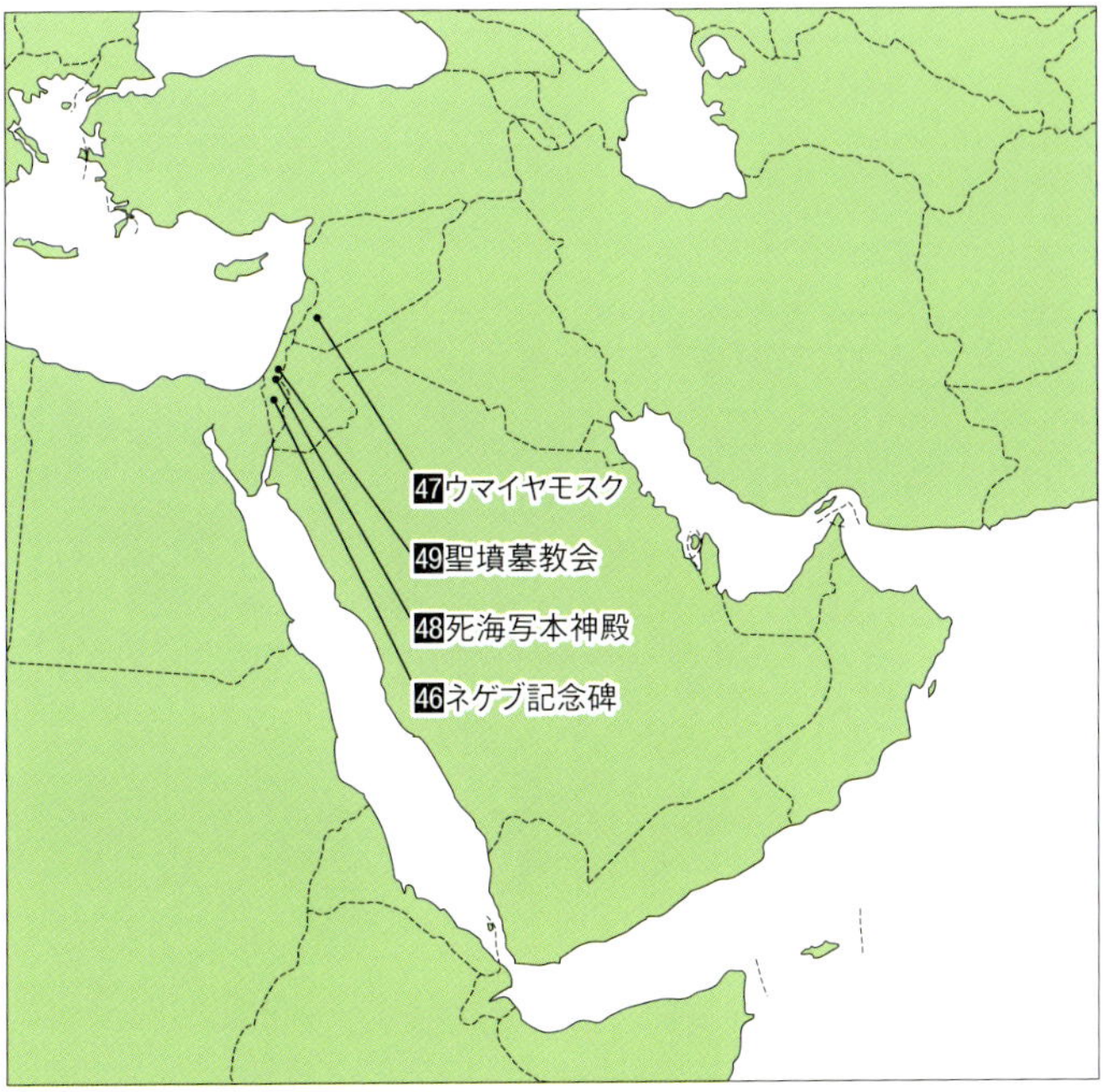
47ウマイヤモスク
49聖墳墓教会
48死海写本神殿
46ネゲブ記念碑

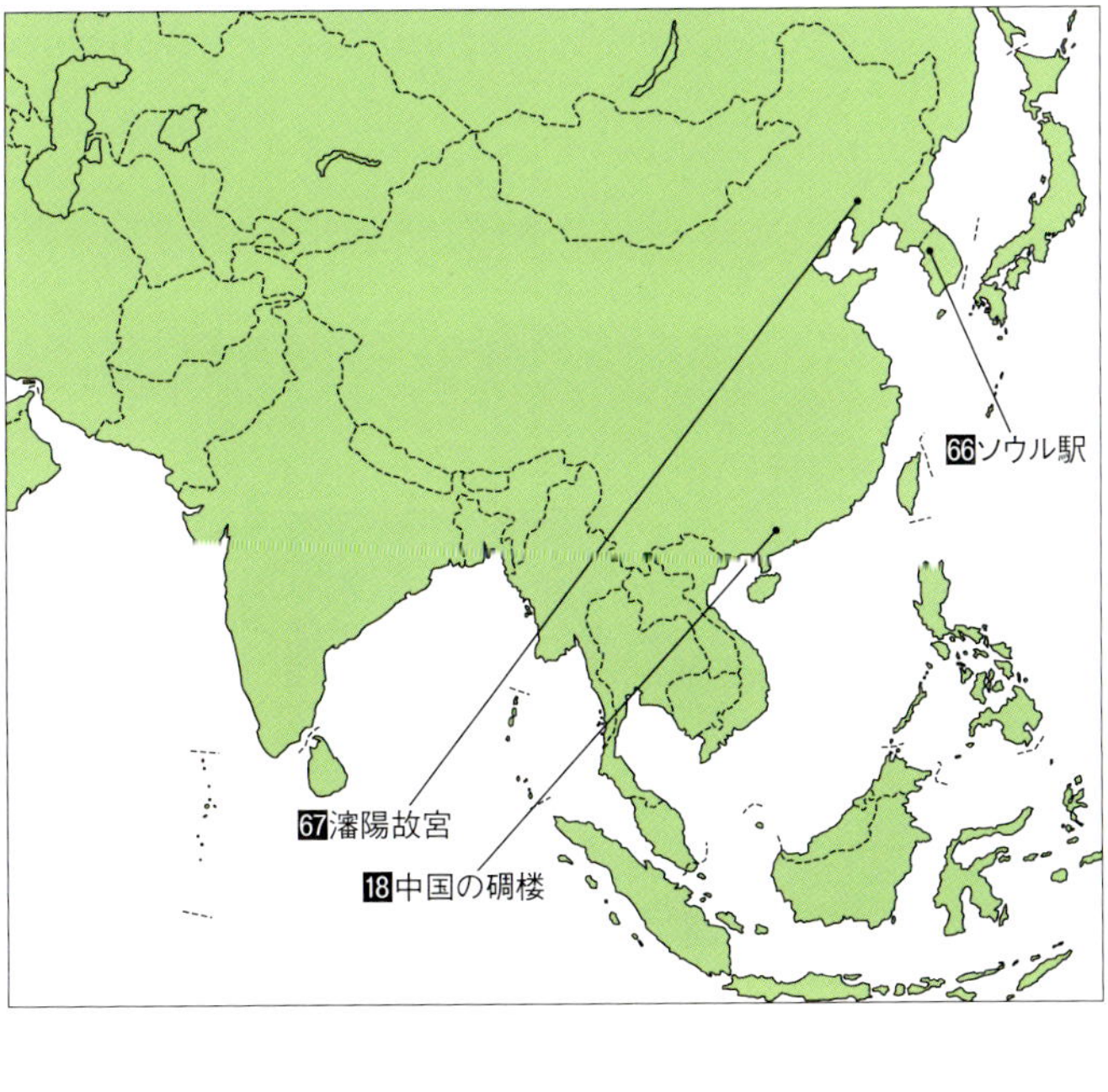
66ソウル駅
67瀋陽故宮
18中国の碉楼

目次

No.15　ウルムの兵営附属教会

No.05　富岡製糸場

No.28 伊豆長八美術館

No.18 中国の碉楼

Ⅱ章　人物

No.45　落水荘

No.37　セスキ・ポンペイア

Ⅲ章　宗教

Ⅳ章　歴史

No.61　エピダウロスの円形劇場

No.52　ヴォロネツ修道院附属教会

※本書は一部敬称を省略して記載しております。ご了承ください。

No.70　万葉亭

No.65　セセッション館

第I章

工法・造形・素材

No.
01

東京駅 その1 ―日本人好みの赤煉瓦―

写真１　東京駅丸の内駅舎。今回の工事で３階部分の外壁が復原された

甦る東京駅

東京駅が甦った。正確にいうと、第二次大戦中の東京大空襲で上半身を焼失した赤煉瓦駅舎が、２００７（平成19）年から5年に及ぶ復原・修復工事を終えて、１９１４（大正３）年完成時の姿を再び現した。

建築史家の私にとって〝夢のよう〟と言えなくもない。なぜなら、取り壊して高層化する計画は戦後何度も出ているし、最後に出た時は反対運動も試み、加えて、東京駅を設計した辰野金吾は私の主要な研究テーマでもあったからだ。

辰野研究に手を付けた昭和50年代、明治時代の日本の建築家はまだ歴史研究の対象になっていなかったし、大正3年完成の建物なぞ建築界は無論、建築史家も市民もまるで無関心。

だから困難もあったが、喜びの方が勝り、無人の野を往くようにして東京駅の歴史を明らかにすることができた。

東京駅誕生の歴史を紐解く

まず調べたのは、丸の内に面した今の位置に誰が何故、何のために計画したか、だった。

東京駅のスタート点ということになるが、この事情とは建築の研究からは明らかにならず、明治初期の東京の都市計画を調べて解明できた。１８８４（明治17）年、東京府知事の芳川顕正が〈市区改正計画芳川案〉を発表し、この中に東京駅が初めて登場する。ただし、東京のための駅というより、新橋駅発の東海道・山陽道の列島南西側の鉄道と、上野発の列島東北側の鉄道の二つを丸の内で連結し、日本列島縦貫鉄道の中心駅として。だから東京駅ではなく（日本の）中央駅と名づけられ、実は、大正３年の東京駅開業直前までは、そう呼ばれていた。

芳川の発表した日本列島中央駅を計画した人物は分かっていて、原口要という鉄道技師で、彼はペンシルベニア大学に学び、現地で技師として活躍した後、帰国して東京府に入り、〈市区改正計画芳川案〉を立案している。

しかし、予算のことからなかなか実行には至らず、立案より５年して１８８９（明治22）年、〈市区改正新設計〉が公布され、上野駅と新橋駅を結ぶ鉄道の計画が緒につく。

再現された3つの画

担当したのはドイツ人鉄道技師のフランツ・バルツァー。ベルリン鉄道でも活躍した一流技師で、彼の設計と指揮により新橋駅から東京駅位置までの赤煉瓦のアーチと鉄橋

図１　東京駅バルツァー案

（道路を跨ぐ）の高架鉄道が敷かれた。現在、有楽町駅の前後に続く赤煉瓦のアーチとリベット打ちの鉄橋はこの時のもの。

山手線の長年にわたる繰り返し加重と風雪に耐えてビクともしないのだから、赤煉瓦と鉄の構造の丈夫さは見上げたものだ。こと日本の気候下での耐久性については、鉄筋コンクリートよりずっと強いのかもしれない。

写真２　東京駅中央部。威風堂々とした佇まい

バルツァーは鉄道技師として東京駅の建築の配置計画を決めた。高架からの昇降のこと、線路の下を通る人の通路のことがあり、駅舎の配置を決めないことには高架の構造を作ることができないから当然の決定であったが、これが謎の配置計画で、南端（有楽町側）に入口棟、北端に出口棟、その間に皇室玄関棟と市街鉄道改札棟を置くというトンデモナイ計画。一つの駅舎を四棟に分けて置き、なぜか入口と出口の改札棟を両端に分けて置くばかりか、その距離はなんと３３５ｍ。

どうしてこんな分棟化を試みたのか今もって分からない。とりわけ、出口と入口の改札を遠く離したのは何のためだろう。ヨーロッパでもこんなことはしないという。日本側は疑問視しなかったんだろうか。今となっては分からない。

でも、この計画どおり高架鉄道は完成してしまった。

勢いづいたバルツァーの爆走というか暴走は止まらない。鉄道だけに留まらず、駅舎の設計まで自分でしてしまった。それも、和洋折衷の奇妙な姿で（図１）。

この姿については、辰野が一文を残しており、〝洋服に文金高島田を結ったような奇図〟と酷評していたが、実際どんな姿かは分かっていなかった。

ところが、ある時、現役引退した島秀雄さんから電話があった。島さんは工学と技術の世界では〝新幹線の生みの親〟として知られており、私も名だけは承知していた。その島さんが〝見てほしいものがある〟と言うのである。急いで出かけると、そこには一冊の古びた冊子があった。バルツァーが東京の鉄道についてドイツ帰国後書いた報告書である。ページをめくると、そこには辰野が批判した奇図が載っている。島さんのおじいさんも鉄道技師で、バルツァーの下で働き、バルツァーから報告書を贈られていたのだ。幸いバルツァーの駅舎案は没となり、辰野が設計者となる。

辰野の東京駅の最初の案を、私はガラス会社の宣伝誌に載るという妙な形で知った。すぐその編集部に連絡を取ったが、誰がなぜそんな原図を持っているかは〝答えられない〟という。東京駅か国鉄が所蔵する原図が何らかの事情で流出したのだろう。それから25年以上経つが、二度とあの図を見ることはないし、誰が持っているかも謎のまま。

この第一案は、バラバラの四棟を無理して一棟化した苦心作で、バラバラ感は克服できず、平屋に巨大な塔が載り、ディズニーランドみたいな面白さはあるが、建築としてはヘン（図2）。

その後、中央部に大きな塔を立てた辰野の第二案が作られているが、これでも一棟感には欠ける（図3）。

図2　東京駅辰野第一案

図3　東京駅辰野第二案

写真3　東京ステーションホテル。小説の舞台としても数多く登場している

平屋である限り建築としての一棟感は乏しく、この根本的難題が克服されたのは、辰野の腕とは別の〝時代の力〟だった。計画の途中で日露戦争に勝ち、その凱旋の式典に東京駅が使われることになり、予算が付き、平屋が三階建てに急増し、やっと一棟の建物としての体裁を整えることができた。そして、大正3年、ついに完成した。

　こうした経過が分かった後、私は建築探偵の連載をしていた『週刊朝日』誌上にバルツァーの案、辰野第一案、第二案を公表しようと考え、画家の森惣介さんにそれぞれの案を提供し、同一スケールと同一タッチで描いてもらい、それを建築写真家の増田彰久さんが写真にして発表した。その図は私が持っていてもしようがないので、森さんに勧めて交通博物館（現さいたま鉄道博物館）に寄贈した。今回、本誌上を飾る図は、その時の図にほかならない。

　長々〝私と東京駅〟について書いてしまったが、お祝いと思って許していただきたい。

赤煉瓦に匠の技を見る

　さて、その東京駅で一番目に付く材料といえば、やはり赤煉瓦だろう。東京駅の赤煉瓦は、幕末にスタートした日本の赤煉瓦の最終到達点を示している。まずヨーロッパに学び、明治の

45年間を通して日本人好みに洗練し、完成させた赤煉瓦である。

日本人は、ヨーロッパのように構造用の実用的煉瓦を表面の仕上げとして使うことには躊躇《ちゅうちょ》があり、より美しくより整然と見せるため、構造用と仕上げ用を分けるばかりか、仕上げ用は煉瓦の形態の定石から逸脱し、小口《こぐち》煉瓦なるものを発達させる。定型の煉瓦の小口の形はしているが、奥までは伸びず、数センチの厚さしかない。タイルとしては厚過ぎるが、構造煉瓦を積み上げた上に仕上げとして積むタイル的煉瓦にほかならない。

今回の復原・修復設計の重責を担ったＪＲ東日本設計の建築家 田原幸夫さんによると、辰野が作った小口煉瓦はあまりに正確にピンが立ち、普通の煉瓦工場の製造精度では間に合わず、ＬＩＸＩＬの常滑工場で特別に焼いてもらったという。

煉瓦だけでなく目地も特別で、今となっては伝説の〝覆輪《ふくりん》目地〟。煉瓦と煉瓦の間のあのせまい中にカマボコ状の目地を盛り上げるばかりか、Ｔ字状の目地の交点にはカマボコどうしが突き当たった形を正確に表すべく、職人用語でいうところの〝カエルマタ〟を作る。日本にしかない目地で、カエルマタの出来を見ると腕が分かる、とかつては言われた。

まさかカエルマタまで再現するとは思いもよらず、嬉しかった。読者におかれても、日本最初の煉瓦積みの再現を、目をギリギリまで近づけて眺めていただきたい。

煉瓦だけでなく、外観に限っても、土台から壁から屋根までのテラゾー、銅板、スレートと、戦前の最高の職人技術が再現されており、本書の読者なら見飽きることはないだろう。

写真４　赤煉瓦。整然と並ぶ様が美しい

写真５　赤煉瓦の目地部分

No. 02

東京駅 その2 ― 鉄骨と煉瓦 ―

屋根裏に失われた技術を発見

30年ほど前になろうか、当時の国鉄の建築関係技術者に案内されて初めて内部をあれこれ見せてもらい、最後に屋根裏に登った。

外光は僅かしか入らない屋根裏の薄暗い中を、足で鳩の糞を踏み、手で厚い埃を掴みながら進むと、所々に大きく曲がった鉄骨が現れる。煉瓦はと見ると、ちゃんとした赤煉瓦の壁の上部に、黒く変色し泡を吹いたように膨んだ煉瓦が混ざっている。

空襲で屋根から内部に火が入り、中が竈《かまど》のようになって焼失し、屋根の小屋組をなしていた鉄骨は一部熔けて崩壊し、熱には強いはずの赤煉瓦も最上階（3階）の壁は熔けて〝蒸発〟してしまった、というのは本当だった。屋根に使われていた銅板が熔け、銅イオン特有の青い炎が幾筋も空高く上がったというが、今回の復原屋根に使われている大量の銅板を見て納得できた。

戦後仮復旧された屋根裏を見て、私が驚いたのは、鉄骨や赤煉瓦のそうした残骸よりは仮復旧に使われた木造技術の方だった。これで世界最大の駅舎の屋根を支えているのかと呆れるようなシロモノだった。なんせペラペラの板なのだ。角材も入っていたが、基本はペラペラの細長い板を組み合わせ、ジョイントは簡単な金物で止めただけ。明治期に洋風工場用に導入され、その後の田舎の大スパン構造物に多用された木造トラスに比べても、なんとも細くて薄い。

もし、建築史家として戦時中の建築雑誌に載る「新興木構造」を見ていなければ、〝ひどい仕事〟としか思わなかっただろう。

写真１　ドーム見上げ。装飾も創建時の姿に復原

戦時中、飛行機の格納庫や軍需工場のような大スパン構造物を、乏しい材、それも木材で急造する必要に迫られた日本の構造技術者たちは、板材を使った新しい木造トラスを開発する。アメリカ開拓者が工夫したツーバイフォー構造この方、簡単な技術で量をこなすには木の板材に如《し》くはない。釘、羽子板金物、ボルト、そしてジベルを使い、板を組み合わせると相当な大スパンが可能になり、これが「新興木構造」と名づけられ、戦時下の応急技術として用いられた。それが東京駅の屋根裏に、戦後になってから持ち込まれていた。

〝4年間保てばいい〟、との考えのもと、旧陸軍の航空隊の技術者たちが持ち込んだ。いかに優秀な木構造だったかは、4年のはずがその後60年以上も大丈夫だったことから窺《うかが》えよう。

現在、木構造による大スパン構造は世界でも日本でも盛んになってきているが、もし「新興木構造」が東京駅仮復旧を最後に途絶えず、その後も研究と開発が持続していれば、と思うことがある。

鉄骨か煉瓦か、それが問題だ

仮復旧の屋根裏を歩き、「新興木構造」の威力に感心したものの、肝心の辰野金吾による赤煉瓦構造については特別な知見は得られなかった。古写真で知っていたとおり、なかなか本格的な鉄骨が煉瓦の中に入っている、と確認しただけ。

写真2　東京ステーションホテルの朝食ラウンジ。中央部屋根の中にある（写真提供：東京ステーションホテル）

東京駅は〝鉄骨煉瓦構造〟である。言葉どおり、鉄骨の入った煉瓦構造だが、鉄骨と赤煉瓦の両方が構造材として使われるのは、現在の目からは理解し難い。最古の構造と最新の構造が混ざったというか野合したというか、ハッキリシテクレッと言いたくなる。

当時は古来の煉瓦と石造から近代の鉄骨造と鉄筋コンクリート造への過度期にあり、わが辰野大先生も迷っておられたのだ。

当時、辰野の事務所の若手所員として東京駅建設に働いた松本与作さんから次の話を聞いたことがある。

構造に何を使うかについて、辰野は弟子の佐野利器※1の薦めに従い、最初、鉄筋コンクリートを検討したという。また、台湾では、弟子の森山松之助※2が、台湾総督府の技師として、地方の電信局を鉄筋コンクリートの壁構造で初めて実現していた。辰野は台湾に出かけ、視察し、そのあまりの壁全体の薄さに心配になり、結局、鉄筋コンクリートは止め、そのままの厚さの煉瓦造とした。

松本さんの記憶だけからでは鉄骨の扱いが分からない。私が推測するに、おそらく当初から、鉄骨を組み上げることは決まっていたが、鉄骨を軸として周りに手慣れた煉瓦を積むか弟子の薦める最新鋭の鉄筋コンクリートを打つかに迷った、ということだろう。

写真３　東京ステーションギャラリー休憩室に展示されている鉄骨。当時のイギリスのメーカーの刻印が確認できる（写真提供：東京ステーションギャラリー）

関東大震災に耐えた煉瓦造の最終形

ここで注意しておいてほしいのは、鉄骨を組むといっても現在の鉄構造のように全加重を鉄骨に持たせるわけではなく、多くの荷重は煉瓦に掛ける。

工事中の写真を見ると、立派な鉄骨が組み上がっているが、鉄骨と煉瓦の構造負担の割合についてどう考えていたのだろう。推測するに、大ドームは鉄骨だけで支え、その荷重は鉄骨の柱と梁で基礎まで伝えよう、としていたのではないか。その証拠となるかどうか、工事中の写真を見ると、大ドームの鉄骨が載った時点で、建物全体の柱と梁の鉄骨も出来上がっているが、しかし、柱も梁も細過ぎるし、第一、地震による水平力対応の斜材が入っていない。

まず鉄骨で大ドームまで建て上げ、その後、煉瓦か鉄筋コンクリートで壁を作ろう、そう考え、一時、鉄筋コンクリートも検討してみた、ということではなかったか。もし鉄筋コンクリート造の場合も、仕上げには赤煉瓦を張る。

幕末、明治初期、日本に初めて煉瓦造が入ってきた時、人々は煉瓦造は火事にも地震にも強いと考えていた。建築家のコンドルも、工部大学校（現 東京大学工学部）で彼に育てられた辰野もそう考えていた。ところが、明治中期の濃尾地震でちゃんと作った煉瓦造が崩壊し、コンドルたちは直ちに調査し、対策を立てる。

煉瓦造の芯に鉄を入れて補強すれば大丈夫だろう。具体的には、各階の床位置の水平方向に帯鉄を入れ、壁の垂直方向には鉄の丸棒を通す。辰野の日銀本店、エンデとベックマン※3の最高裁判所など濃尾地震以後の大建築はこの方法で耐震化されている。

私は、旧最高裁の取り壊しの時、帯鉄と丸棒を見ているが、〝エッ、コレデ〟と呟きたくなるようなシロモノだった。帯鉄は幅10㎝ほど、厚さは1㎝ほど。丸棒の直径は4㎝ほど。木造の補強なら十分だろうが、重い煉瓦造の芯にこれがイカの筋《すじ》みたいに入っていても、壁が変形し始めたらすぐ千切れるだろう。ただし、実績からいうとこれで十分で、日銀本店も最高裁も関東大震災ではビクともしていない。なお、ビクともしなかった理由としては、物凄く材料と施工が良かったからで、一般的な煉瓦造は壊れている。

辰野が東京駅の最終案（実施案）設計を仕上げたのはもちろん関東大震災の前で、日銀本店や最高裁程度の補強でも十分とは知らず、おそらく、より耐震性を求めて、帯鉄、丸棒による補強をもう一歩進め、鉄骨を採用したにちがいない。帯鉄、丸棒から鉄骨への変化は、量の変化に留まらず質の変化に至ったと言えよう。帯鉄、丸棒では構造体として自立はできないのに対し、東京駅の鉄骨は一応ちゃんと自立し建築の概形を見せてくれるからだ。

イカの筋は骨へと進化した。これ以上進化すると骨だけで保つようになり、煉瓦造ではなくなる。その意味では、幕末、明治初期にスタートした日本の煉瓦造の最後の姿といえるだろう。

復原された煉瓦に注目

復原の工事が終わり、赤煉瓦での内壁を削ったステーションギャラリーを見て、煉瓦を一つ一つ積むことに込められた執念を感じた。鉄骨の周りに積まれた煉瓦の様子を見ていただきたい。私は、なんとなく、鉄骨の周りにはコンクリートが詰められ、その外に煉瓦

写真4　東京ステーションギャラリー展示室（写真提供：東京ステーションギャラリー）

が積まれていると思っていた。組み上がった鉄骨の周りを少し空けて煉瓦を積むなら作業は楽でスピードは上がるし、積み終わった後、コンクリートを流し込めば鉄骨とコンクリート、コンクリートと煉瓦の接着性も増す。

でも目の前の鉄骨の光景は違い、鉄骨と煉瓦は、コンクリート層を挟まずに完全に一体化している。鉄骨の形に合わせ、一つ一つの煉瓦を削って積んでいる。それも厳しくチェックした煉瓦を積んでいるのである。

チェックの方法は、一山ごと一晩水に漬け、朝、水から上げて重量を測り、一定以上の水を吸った山はボツ。ボツになった煉瓦で台湾総督府を作ったという噂を聞いたことがあるが、真偽は知らない。台湾総督府の実施設計と現場監理は森山がしており、先にも述べたように台湾の森山と東京の辰野には東京駅がらみの縁があったので、そんな噂が立ったのかもしれない。

よく吟味した最高の赤煉瓦を、時には鉄骨の形に合わせて一つ一つ丁寧に削りながら積み上げた。そんなことをよくやったと思う。

1914（大正3）年、鉄骨煉瓦造の東京駅が完成し、1919（大正8）年、辰野はスペイン風邪で没し、その4年後、関東大震災が襲う。でも、ビクともしなかった。煉瓦造でも材料の吟味と施工を完璧にして帯鉄と丸棒で補強すればいいところを、鉄骨まで入っているのだ。

鉄骨煉瓦造は大丈夫だった。実は、当時の震災被害の調査報告を見ると、煉瓦造も、帯鉄・丸棒入り煉瓦造も、鉄骨煉瓦造も、鉄筋コンクリート造や鉄骨造に比べ特別壊れているわけではない。

なぜ鉄骨煉瓦造は消えたのか

同じ程度の壊れ方だったのに、なぜ震災後、煉瓦造はむろん帯鉄・丸棒入り煉瓦造も鉄骨煉瓦造も造られなくなったのか。日本の建築構造史の謎といっていい。高層はともかく、3、4階なら煉瓦造でも鉄の補強が入っていれば良かったろうに。

この謎を解くカギは、鉄骨造がどう扱われたかを見れば分かる。震災前、東京駅の前には丸ビルを始め純鉄骨造の巨大ビルがいくつも立っていた。しかし、そうした鉄骨造も、震災後は新たに作られなくなる。赤煉瓦系だけでなく鉄骨も消えてしまった。

そして、震災後の構造は、佐野利器の強力な指導により鉄筋コンクリート造一色に統一されてしまう。辰野の没後、日本の建築界のトップに立ったのは、東京駅の鉄筋コンクリート化を進言したが撥ねられた佐野だった。鉄骨造が再び日の目を見るのは戦後を待たなければならないし、煉瓦系は今も闇の中。法的には可能というが。

※1　佐野利器…1880〜1956年。山形県出身。関東大震災後の復興事業、都市計画に尽力した建築構造学の第一人者。日本初の建築法である市街地建築物法（現在の建築基準法）を起草した一人でもある。
※2　森山松之助…1869〜1949年。大阪府出身。台湾総督府営繕課技師として、台湾の多くの官庁建築に関わる。
※3　エンデとベックマン…明治政府が西洋建築による官庁集中計画を着手する際にドイツから招聘された建築家。両名が設計に携わった法務省旧館は国の重要文化財に指定されている。

No. 03

豊平館 ―アメリカ流木造、下見板―

仕上げ材料の流転・変遷

現在、普通の戸建て住宅で大量に使われているサイディング類をはじめとする仕上げ材料は、一つの特徴を持つ。セメントや金属板といった工業製品を原材料としながら、その形状と表情は、なぜか例外なく、工業化以前の自然材料に由来するのである。

セメントも金属板も、工業化の初期の段階では性能も形状も表情も自由が利かず、それ自身の特性に従うしかなかったが、工業技術が進み、どんな形も色も可能となった結果、皮肉なことに、自然素材を真似ることになった。

その一つに、横羽目状のサイディングがあり、広く用いられているが、その原形について今回は述べたい。もちろん、ペンキ塗りの下見板※1である。

ヨーロッパで生まれた下見板

一番の大作は、札幌の豊平館。そして一番有名なのは札幌の時計台。ともに明治初期の洋風建築として知られるが、今回は、豊平館を取り上げる(写真1)。

どうして、日本に近代国家が誕生してすぐの時期に、北の大地に下見板張りの建築が出現したのか。この謎を解くには、下見板という仕上げ材料の歴史の時と場所を溯らなければならない。

下見板の発生の事情は分かってはいないし、今後も分かる見通しはない。場所はなんとか特定できて、イギリスのドーバー海峡に近いあたりの農村地帯。古い例は、このあたりにしか残っていないからだ。

写真１　豊平館正面ファサード

新しい例も極めて分布が狭く、まず、ドーバー海峡の対岸のかつてイギリス領だったことのある地域。そしてフィンランド、ノルウェー。なぜか、トルコのイスタンブールの高級住宅地。トルコのは近代に入ってからの分布だろう。

古い例はイギリスとスカンジナビア半島の一部にしかないが、両方とも、木造住宅の木の骨組が風雨に当たって腐ったり、寒いスキマ風が入るのを防ぐために、イギリスではハーフ・ティンバー構造（芯壁構造）※2の上に、スカンジナビアではログ構造の上に、後から張られている。木の構造のレインコートのようなものとして出現したのである。

時期は、年号の判明するイギリスの例だと、18世紀。こう書いてみて、意外に新しいのに驚かされる。当初は高価なペンキなど塗られず、素木のままだったが、後にペンキが塗られて今に至る。

その下見板が、時代も場所も遠く離れた札幌へなぜ。

直接、渡ってきたわけではない。まず、大西洋を越えてアメリカへと渡った。アメリカ開拓をリードしたイギリス系の開拓農民が、母国の仕上げ技術を運んだのだった。

イギリスからの開拓者たちは、当初、母国のほとんどの地域と同じようにハーフ・ティンバーで家を建てていたが、ティンバー（柱・梁）の部分も、ティンバーの間の芯壁に使われる土やレンガも、北アメリカ北東部の強い風雨によって痛みやすく、スキマ風も耐え難い。

多くの初期の開拓民は、住宅の性能の悪さによって、具体的には寒さが直接間接の原因で命を落としている。乳児の死亡率もさぞかし高かったにちがいない。寒さで体力の落ちたところに何かあったらひとたまりもないのが、近代医学以前の日々だった。余談になるが、寒い信州を例にとると、私の父の兄弟は6人生まれて3人、母の兄弟も6人生まれて2人しか成人していない。

困ったイギリスからの開拓者は、おそらくドーバー海峡に近いあたりの出身者が教えたのだろう、下見板を張りつけるようになる。

幸いアメリカ開拓と下見板は相性抜群。これほど歴史の進行と建築材料がマッチした例もない。

素晴らしきかな水車製材

開拓者は、当初は、上陸した海辺のあたりで森を拓いて畑としていたが、後続の上陸組は、川を溯ってさらに奥へと入らなければならない。奥へと進んでいくと、次第に流れはキツくなるが、この流れのキツさを開拓者は巧みに利用した。

水車製材機である。森を畑地に切り開いて出た丸太を、難なく板にすることができた。ニューイングランドの開拓野外博物館で当時の水車製材機を見たことがあるが、川から導かれた水車用水路の径は30cm×60cm、水位差は僅か30cmほどで、ちゃんと帯ノコが上下して製材するのに驚いた。音もほとんどしない。

十数年前、天竜川の奥で、今もいるかどうか知らないが、日本最後の水車製材をしている爺さんに板を挽いてもらったことがある。水位差は2mほどで強力だったが、それでも水車動力にはちがいなく、エンジン音が無いから製材現場が静かで、谷間に響くのは、帯ノコが桧を挽くシャーという音だけ。

下見板はヨーロッパではごく限られた地方の仕上げ材でしかなかったが、かくしてアメリカ開拓に欠かせぬ仕上げ材となり、アメリカに根を下ろす。

そして、その後も作られ続けて今に至る。アメリカに国民的建築スタイルがあるとすれば、白ペンキの下見板建築の他は考えられない。

イギリスから大西洋を渡ってアメリカへ、アメリカ大陸を横切り、太平洋を渡って、そして日本へ。北海道へ。

下見板が日本・北海道へ上陸

日本上陸の理由は、明治の新政府が北海道開拓の指導をアメリカに託したからだ。具体的には、まずアメリカ農務省大臣のホーレス・ケプロンが来日して方針を決めた。今から振り返るとよく現職の大臣が自ら来てくれたものだと思う。

ケプロンの指導に従い50名を超える開拓顧問団が来日し、その中に重要な二人の建築関係者がいた。W・ホルトとウィリアム・ホイーラーである。

ホルトは、アメリカから水車製材機を持ち込み、豊平川の水流を利用して多量の板材と角材を生産し、アメリカ式の木造構造によって初代の開拓使本庁舎を可能にした。

ホイーラーは、札幌農学校の土木学教授として、開拓用の土木技術を教える一方、開拓建築も手掛け、その代表作が札幌の中心に位置する時計台（札幌農学校演舞場）にほかならない。そしてホイーラーに育てられたのが開拓使建築技師の安達喜幸《よしゆき》で、その代表作が１８８０（明治13）年の豊平館。

写真２　内部インテリア。右上部のシャンデリアに注目

外観はバロック基調、荘厳な内装

豊平館を見てみよう。名前からは用途が分かりにくいが、当時の開拓使にとっては最重要施設で、北海道行幸の明治天皇を迎えるための迎賓館であり、日頃はホテル。言ってしまえば、北海道の鹿鳴館。

スタイルは、横長の堂々たる構えから知られるようにバロック様式を基調とし、とりわけ玄関車寄せの円形の張り出しと、ペアカラム（双柱）はバロックならではの力動感を演出してくれる。これだけの堂々たる下見板建築は、アメリカにも今は残っていない。

バロックを基調とするのだが、屋根破風の作りはゴシックスタイルで、ティンバー（角材）を十字に組み合わせ、中心の材を下垂させてペンデンティブとし、破風の頂部にフィニアル（尖頭飾り）を付ける。ティンバーの露出も、フィニアルとペンデンティブによる垂直性の強調もゴシックの特徴。

正面中央の破風の形に注目してほしい。アーチ状をし、アーチにはどこかで見たような飾りが取り付いている。日本の伝統の懸魚《げぎょ》※3にほかならない。欧米にアーチはあるがアーチ状の破風はない。懸魚付きアーチ状破風なぞという高妙なものがどうして出現してしまったのか。

日本人技術者の安達の個人的好みであったと私はにらんでいる。安達は、明治政府の役人建築技術者であったが、出は大工の棟梁にほかならず、ちょっと日本ならではのデザインを見せたかったのではないか。

写真３　中心飾りの中の「波に千鳥」

このことはインテリアになるともっと明らかで、ランプを吊る位置の〝中心飾り〟の中には〝波に千鳥〟の左官細工が描かれているし（写真３）、二階に上がる階段など、必要もないのに回り階段化している。当時、欧米渡りの回り階段は、〝墨出し〟が困難を極め、それ故、棟梁たちの腕の見せどころだった。

それに比べれば、日本の大工にとって、アメリカ渡りの下見板なぞ、伝統の〝簓子下見《ささらごしたみ》〟（板を押さえる〝押《お》し縁《ぶち》〟の板側を板に合わせて削るのり）に比べればオチャノコサイサイ。

（写真提供：札幌市豊平館指定管理者 株式会社ＮＴＴファシリティーズ北海道）

※１　下見板…建物の外壁の仕上げの一種で、横長の板材を縦に少しずつ重なり合うように張り合わせる板のこと。

※２　ハーフ・ティンバー…木骨様式とも呼ばれ、中世のイギリス、フランス等で多く見られる。柱・梁・斜材等木造骨組を外部に出し、その間を石や煉瓦で壁を埋めていく。

※３　懸魚…主に神社仏閣等の屋根に付けた妻飾りのひとつ、屋根の破風（はふ）の下にぶら下がる飾りのこと。名前の由来は、元々魚の形をしていたことによる。

No. 04

リアス・アーク美術館 ― 鉄板構造 ―

気仙沼に現れた美術館

東日本大震災の時に気を揉んだのは、気仙沼のリアス・アーク美術館の被災状況だった。映像で見ると、気仙沼の港町は津波に加え海上火災という初の被災を受けて文字通り跡片もなく消え、見覚えのある岸壁の跡が残るばかり。美術館の設計者の石山修武さんに問い合わせると、〝建物は基本的には大丈夫だったが、関係者が…〟と気落ちした声。石山さんは、美術館建設だけでなく町起こしや町作りにも長年力を注いでいただけに、私としてはそれ以上、例えば高橋工業の被災状況について聞くわけにもいかなかった。

それから数日してテレビを見ていると、ガレキを背に高橋工業の高橋さんが登場し、「工場は全滅したが、やり直します」と元気に語っていた。

今回は、気仙沼のリアス・アーク美術館を取り上げる。完成後すぐリアス・アークを見て、そこに思いもよらぬ新技術が投入され、新技術ならではの表現が実現していることを知り、石山さんに「学会賞に推薦したいが、どうか」と確かめた。受賞拒否のおそれがあったからだ。「投げて寄こせば、蹴ったりはしない」との返事。で、晴れて受賞。審査員のうちで一番心配だった富田玲子さんも熱心に支持してくれた結果だった。

美術館と博物館が合体

リアス・アークの内容についてまず述べよう。作家の作品展もやっているが、それ以上に重要なのは地元の〝押し入れ美術館〟としての性格で、気仙沼はじめ近隣の三陸沿岸の漁村の家々の押し入れや納屋や物置の奥にしまい込ん

写真1　美術館外観。西側、正面入口を望む

である品々を集め、収蔵し、整理し、展示している点だ。大漁旗や船箪笥《ふなたんす》のようないかにも美術館展示向きの品だけでなく、日用品、漁具を含め、人々が海とともに生きてきた物的証拠の一大コレクション。

現在、日本でも世界でも、ミュージアムは美術館と博物館に分裂してしまったが、気仙沼のは分裂する前の気配を留めているから、純粋な美術館と思って入った人は、ちょっと戸惑うかもしれない。

リアス・アークのリアスは、もちろん世界最長の三陸のリアス式海岸を指す。アークには二つの意味があり、一つは「ノアの方舟《はこぶね》」、もう一つはキリストの「聖櫃《せいひつ》」。

造船技術を応用した金属加工に驚愕

建築について具体的に説明しよう。まず立地がユニークで、気仙沼の港町をはるかに見下ろす小山の峰に、チョコッと置いたように作られている。ノアの方舟がアララト山の頂に上陸したイメージに近い。方舟のイメージが先でこの立地を選んだのか、立地がまずあって方舟と名づけたのか知らないが、立地といい舟っぽい外観といいアークの名と建築はよく合っている。

舟っぽい外観について具体的に指摘しよう。まず、外観のす

写真2　エントランスホール東側

べてが金属で包まれている。正確にいうと打放しコンクリートの部分もあるが、イメージは金属。とりわけ私がタマゲタのは、そして読者の皆さんにタマゲテほしいのは屋上の仕上げで、実にチタン。屋根にチタンを葺《ふ》く例はあるが、人が登って歩ける屋上にチタンを葺いたのは世界初。

　と聞くと、プロの建築家なら誰でも訝《いぶか》しく思う。チタンの板で、どう平らな屋上の床を葺けばいいのか。まさかタテハゼ葺き※1ではないだろうな。ハゼをタテたりしたらつまづくし、踏んだらハゼが壊れる。

　ご心配なく、そこはわが友イシヤマ。金属系技術には滅法強い。

　どうしたか。飛行機のチタンの取り付け方を建築に持ち込んだ。飛行機の翼を見ると、目地の両側に小円が並んでいるが、あのビス止めだか点溶接だかの特殊な止め方。あれならちっとやそっとの雨や雪や氷で漏ったりはしない。なんせ、高度1万m、スピード時速1000km。零下マイナス40℃に耐える造り。

　チタンの飛行機張りは屋上からそのままズルリと壁に回っているから、これまで誰も見たことのない建築だか飛行機だか高速特殊艇だか分からない物体に仕上がっている。

　石山建築の醍醐味《だいごみ》を久しぶりに満喫する。

「一つ材料につき一つ傑作を作る建築家」という私の説は当たった。チタン建築の傑作にちがいない。

でもちょっと違った。この建築の肝所はチタンという材料ではなく、それ以上の強力肝所が待ち受けていることを中に入ってから知る。

入口から入り、通過した壁をふり返り、二度目のタマゲを味わう。壁がえらく薄いのだ。3センチあるかどうか。これだけ幅があって高い壁をそんな厚さのコンクリートではできない。プレストレス板でも無理。おまけに、壁の一部がカーブを描いて凹んでいる。カッターで穴でも開けたようなスリットも入り、青緑っぽい色ガラスがはまっている。

一体どうやって造ったのか。

答は、鉄板だった。ぶ厚い鉄板に切り込みを入れて入口とし、窓とし、スリットとし、そして曲げて凹みとしている。

もちろん世界初。でもこんなに厚くて広いムクの鉄板を切ったり貼ったり曲げたり自由に扱える技術なんて建築にはない。建築は平らな板を、昔はリベットかボルトで、今は溶接でくっつけるだけ。

マグロとフカヒレの漁業基地気仙沼の造船技術の

写真3　屋上東側から、今は消えた気仙沼市街を望む。手前は美術館屋根

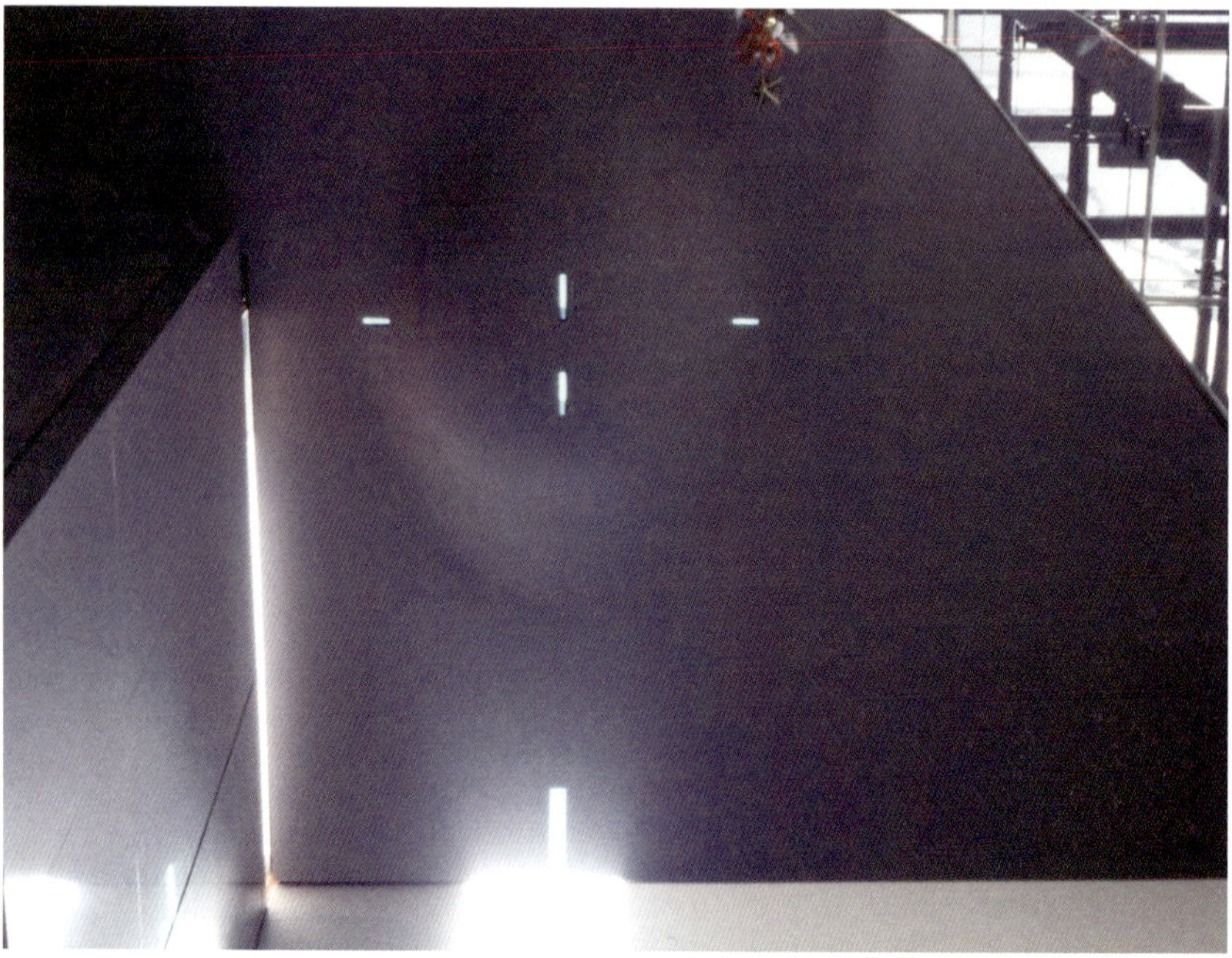

写真４　エントランスホール西側（正面入口側内部の鉄板）

転用だった。

　正面入口だけでなく、展示室の天井にも壁にも造船技術が駆使され、現代の方舟は造られていた。

　そして、その任を負ったのが地元の造船所の高橋工業だったのである。

　鉄骨ではなく鉄板で建築を造る技術はかつて存在し、私が訪れた例を二つあげると、かのエッフェルは、鉄板構造の大きな灯台を造っているし、犬吠埼《いぬぼうさき》灯台の明治初期の霧笛用建屋が鉄板造で驚いたことがある。

　しかし、鉄骨の隆盛の中で一度滅び、そして百年して気仙沼で突如、生き返った。どうも鉄板構造は海が生命の源らしい。

その後の建築物に大きな影響

リアス・アーク美術館の影響は大きかった。

　造船技術を使えば、造船の鉄板加工技術を建築に持ち込めば、もっと自由でもっと多様で、しかも厚ぼったくならない建築空間を生むことができる。石山の発明に最初に目を付けたのは友人の伊東豊雄だった。石山の幻庵のパンチングメタルの可能性に最初に気づいて自作に取り込んだのも伊東だから、伊東の目の鋭さは新しい獲物を求める鷹並みといえる。

伊東は、石山に紹介してもらい、高橋工業の造船技術を駆使して仙台メディアテークを完成させる。もし高橋工業の高度な鉄板加工技術がなければ、仙台メディアテークの薄くて真平らな鉄板二重床は生まれなかったし、パイプ組柱と床との接合も不細工になったろう。

鉄板構造は、その後、日本の建築の新局面を切り拓いてゆく。例えば、伊東の〈ミキモト〉※2、妹島和世《せじまかずよ》の〈梅林の家〉※3、西沢立衛《にしざわりゅうえ》の〈森山邸〉※4、阿部仁史の〈菅野美術館〉など。

この動きは今も日本で続き、そのうち世界に広まってゆくだろう。

※1　タテハゼ葺き…幅30〜40㎝の長い金属板をつないで屋根を形成。そのジョイント部をハゼといい、材料の端部を折り曲げ、タテ方向に巻き込んで接合する。

※2　〈ミキモト〉…伊東豊雄氏の設計による東京都中央区銀座2丁目に建てられたMIKIMOTO Ginza 2ビル。銅板コンクリート構造が用いられている。

※3　〈梅林の家〉…東京都世田谷区に建てられた住宅で、構造体である壁がすべて16㎜の鉄板でつくられている。柱、壁を極力少なくしている。

※4　〈森山邸〉…東京都の郊外に建てられたオーナーと賃貸の複合住宅。鉄板でできた10戸の大小の箱に分離、配置されている。

No.
05

富岡製糸場 ―木骨煉瓦造―

写真１　富岡製糸場（写真は東繭倉庫正面）　（写真提供：富岡市・富岡製糸場）

世界遺産の工場

富岡製糸場が世界遺産になると決まってから、ジャーナリズムや行政から問い合わせがあった。私に問い合わせがあったのは、明治の西洋館をはじめとする日本の近代建築の専門家というよりは、私の先生の村松貞次郎が初めてこの建築に着目して調査したからであり、また建築探偵仲間の清水慶一が世界遺産登録に尽力したからだ。二人ともすでに亡く、二人をよく知る私に当時の様子を聞きたいということだった。

簡単に事情を述べておこう。１９５９（昭和34）年、東京大学生産技術研究所教授にして文化庁建造物課長の建築史家であった関野克先生は、助教の村松先生と伊藤鄭爾《ていじ》の二人を連れ、幕末・明治初期の洋式工場の実態を調べようと富岡製糸場を訪れて、二つのことに驚嘆した。

一つはもちろん一大洋式工場のすべてが建設当時のままに残っていたこと。このことは、現在訪れても、誰もが味わえるにちがいない。本来、技術革新によって増改築の多い工場建築なのにどうして富岡は手つかずで残ったかについて、〝製糸機械はどんどん高性能化し小型化するから、工場という容器は拡大する必要がなかった〟と、40年ほど前、村松先生と一緒に訪れた時、当時の片倉工業※1の工場長は説明してくれたが、それだけではなく片倉の保存への意思も大きかった。

　世界中探しても、富岡の元になったフランスにも、これだけ大規模で本格的な製糸工場はかつて造られなかったし、当然、残ってもいないから、世界遺産に登録されたのだった。

写真２　木を骨組みにして規則正しく積まれた煉瓦の倉庫は全長100m以上にも及ぶ。妻壁※2の矢切部には斜材が使用されている　（写真提供：富岡市・富岡製糸場）

　初めて訪れた三人の建築史家が驚嘆したのは、もう一つ、その美しさだった。

　といっても、桂離宮の数寄屋造にうっとりするとかヴィクトリアン様式の東京駅が美しいとかいうのとは違う。そういう最初から〝うっとり〟や〝美〟を狙って作った建築の美しさではなく、あくまで実用を目的としながら、装飾を排し、合理的に誠実に造った結果もたらされた機能美だった。

　もっと具体的にいうと、木の柱を立て、梁や桁を架け、間に煉瓦を詰めただけだが、その垂直と水平の合理的な構成が生むモダンな美しさ。

　当時、戦後すぐの時期、日本の建築界はモダニズムの建築思想に従って戦後復興に取り組んでおり、モダニズム建築思想の根本原理の一つには、「構造や材料を美しく表現する」というテーマがあり、まさに富岡は、木と煉瓦でその原理を実現していた。

　その後、関野先生は文化財保存に専らとなり、伊藤は民家研究に進み、結局村松先生が東大に残って富岡研究を続け、その延長で明治建築全体に手を広げ、そこに私が大学院生として入ったのだった。

大学院生の私は、同じ院生の堀勇良と当時日本大学の大学院生だった清水などと一緒に建築探偵団なる日本近代建築の発掘と探訪の活動を開始し、やがて清水は国立科学博物館に入り、〝近代化遺産〟を担当し、その中で富岡の保存に取り組み、周囲の〝工場なんて無理ダヨ〟の声に負けずに頑張り、ついに世界遺産登録にまで漕ぎつけた。

こうした恩師や仲間の活動を横目で見ながら私は何をしていたかというと、世界中の古今の建築を見歩いていた。富岡のことは一応、念頭に置いて、アフリカ、ヨーロッパ、アメリカと。

木骨煉瓦造はどこからきたか

一応、念頭に置いたのは、富岡の建築には大きな謎があったからだ。富岡の木造に煉瓦を詰めた造りのことを、〝木骨煉瓦造《もっこつれんがづくり》〟と呼んでいるが、その起源が分からない。

富岡の設計者のオーギュスト・バスティアンは横須賀製鉄所（製鉄所というが今の製鉄所と違い、造船を主とした総合機械工場）の技術者であり、幕末に幕府に雇われて横須賀製鉄所に入り、明治維新後もそのまま残り、横須賀から富岡に出張して工事を完成させている。ということは、富岡の建築の原型は横須賀製鉄所であり、実際、同様の工場建物がたくさん造られていた。しかし、その先が分からない。

もちろん〝舟大工〟の職名で雇われているバスティアンは、建築家というよりは建築技術者、それも現場の工事に詳しい中下級の技術者だったから、横須賀の工事においても自分でああいう造りを工夫したとは思えない。どこかで修得した技術をそのまま持ち込んだとみて間

写真３　富岡製糸場の元となった横須賀製鉄所の工場
（出典『横須賀海軍船廠史、第１巻』横須賀海軍工廠編　横須賀海軍工廠　1915 年　P151）

写真４　パリの鉄骨煉瓦造の地下鉄駅

違いない。でも、世界を見歩いても、ピンと来るものは見当たらない。

もちろん、木造の骨組みの間に煉瓦を詰めた例はヨーロッパの木造建築にはたくさんある、というか北欧や東欧を除くとほとんどがそうだ。イギリスのチューダー様式※3の民家も、フランスやドイツの木造民家もそうなのに、でもピンと来ないのは、それらの木造民家と富岡の間には、気づくと無視できない狭いが深い溝があるからだ。

チューダー様式は、縦の柱に加え間柱が何本も並ぶが、富岡に間柱はない。フランスやドイツの木造民家は、柱や間柱に加え斜材がうるさいくらい入り、それを見所としているが、富岡にそういう見所強化意識はなく、必要最小限しか入れていない。斜材については、富岡の長手の壁面には入っていないが、工場の小屋組を見るとちゃんと入っている。先行して造った横須賀の工場では長手の壁面に入っている例もある。しかし、水平力に耐えるため、柱と柱の間にブレース（筋違《すじかい》）として一本単純に入れるだけに限られる。

フランスの木造建築がルーツか

富岡の木骨構造の機能美は、まず垂直と水平の斜線から、次に木と煉瓦のコントラスト、の二つからもたらされているが、世界の木造を見てもこれぞと思う例に長いこと行き当たらなかった。でも、横須賀製鉄所建設を指導したのはフランス海軍のヴェルニーだし、バスティアンもフランス海軍の軍港ツーロンから来たというから、富岡の建築の元はフランスだろうとは睨んでいた。

そして、数年前、夕暮れ時、フランス中部の片田舎の無人駅で列車を待っているとき、ホームに面して駅の倉庫だろうか、富岡を偲ばせる建物が立っているではないか。

そうか駅か。記念性のある場合を除き、駅の建築は、とりわけ石や煉瓦ではない木造は鉄道技術者の手になる場合が多く、独自の作り方をすることが知られている。

その後、その気でフランスの鉄道建築に着目すると単純な縦・横の構造に煉瓦を充填し、煉瓦の上に色タイルを張った例も見つかった。

どうも、駅関連付属屋のような実用的木造建築に、富岡の原型はあるらしい。工場建築も同類とみていいだろう。

この推測を確信したのはツーロンの軍港に寄った時だった。何の準備もなく立ち寄り、敷地内には入れないから海上から軍港を眺める遊覧船に乗り、まずその広さに驚いた。横須賀が日本一と聞いていたがその比ではなく、十数倍はあるだろう。まず、遊覧船は戦艦や潜水艦のエリアを見た後、対岸の工場地帯に向かった。戦艦や潜水艦はぐんと近づいてくれたのに、工場の方ははるかに遠くを横切るだけだったが、私の建築探偵眼は見逃さなかった。軍関係工場の

写真5　冬の富岡製糸場　　（写真提供：富岡市・富岡製糸場）

写真６　ツーロン軍港の遠くに見える木骨か鉄骨煉瓦造の工場

再開発が進行中らしく、空地化が迫る中に二階建ての木骨煉瓦造か鉄骨煉瓦造の大きな工場が立っているではないか。横須賀でも、木骨煉瓦造に引き続いて明治になると、同系の鉄骨煉瓦造が作られている。

遠過ぎて木骨か鉄骨かは定かでないが、横須賀の原型のツーロンの軍港には、確かに富岡に繋がる木骨煉瓦の伝統はあったのだ。

フランスの鉄道関係や工場のような実用的木造建築が、富岡の木骨煉瓦造の母だった。

しかし、富岡ほど大きくて美しい例に、私はまだ出会っていない。

※１　当時の片倉工業…富岡製糸場は、１８９３（明治26）年に三井家に払い下げの後、明治35年に原合名会社に譲渡され、１９３９（昭和14）年に現在の片倉工業株式会社に合併された。

※２　妻壁…長方形の建物における短い面の壁のこと。今回の場合は、切妻屋根の両端にある壁を指す。

※３　チューダー様式…イギリスで15世紀末から17世紀初頭に普及した建築様式。柱や筋交いなどの骨組みが外部に露出したデザインが特徴。

No. 06

スイスシャレー ――最古の木造建築――

校倉造の分布の謎

〝スイスシャレー〟というシャレた言葉を初めて耳にしたのは、40数年前の大学院生時代に岩崎久彌邸を訪れた時だった。三菱を創業した彌太郎の長男の家で、三菱三代目社長の館。設計はコンドル、竣工は1896（明治29）年。建築家の設計になる現存最古の本格的洋館として名高く、もちろん国の重要文化財。

伝統の棟梁の手になる大名屋敷の如き和館に隣り合ってコンドルの大きな洋館が立ち、そのまた隣に少し離れてビリヤード棟が立ち、そのスタイルについて冒頭の言葉が付けられていた。

スイスのシャレー。シャレーとは〈chalet〉と書き、語源はシャトー〈chateau〉と同じだろうが、城ではなく山小屋を指す。スイスと付けなくともシャレーといえばスイスの山小屋を指し、具体的には岩崎邸ビリヤード棟の場合、校倉造の壁と、前面のヴェランダをもってシャレーの特徴とする。これに切妻屋根を加えれば本場シャレーの特徴の三つ揃いとなるが、岩崎邸は変形した入母屋屋根。

大学院時代にこの言葉を覚え、「スイスの山小屋は校倉造なんだ」と思ったものの、それ以上の関心は湧かず、スイスの近くに出かけても見には行かずにその後が過ぎた。

校倉造の山小屋という存在に特別の興味を覚えなかったのには理由がある。

校倉造は世界中どこにでもかつてはあり、今も、日本、ロシア、スイス、北欧には伝わり、木造技術としてはありふれているし、校倉造の建築表現としては、日本の正倉院とロシアのキジ島ロシア正教会※以上のものはないからだ。

ロシアの西の島の教会と正倉院が世界の校倉造の双璧とか、かつては世界中どこにでもあった、とか書くと面喰らう読者がおられるかもしれない。確かにロシアの西と日本に今は文化的にも宗教上も共通性は無いし、かつて世界中どこにでもあったと言っても現在もあるわけではないからだ。

校倉造の世界における分布は、木造建築の一つの謎にちがいない。年代の確定できる世界最古は正倉院をはじめとする奈良の一群だからといって、日本からスイスやロシアや北欧に伝わったとは思えないし、逆にロシア西方からシベリアを越えて奈良の都へというのもヘンだ。

いわゆる有史以後の歴史を頭に考えるとヘンな分布にちがいないが、有史以前の、青銅器時代以前の人類の歴史を考えてみるとヘンではない。石器時代の人類は、日本でいうと縄文時代の人々は、ユーラシア大陸を移動し、北や南の海を渡り、地球上を移っては定着し、また移りを繰り返しているが、その時、校倉造の原型であるログハウスは、最も簡単にしかも丈夫に家を造ることのできる方法として木のあるところどこでも愛用されていたにちがいないからだ。

ログハウスと校倉造は、人類最古の木造形式の一つと認めても、正倉院とキジ島の教会を見れば十分と考え、スイスシャレーを見に行くことは長らくなかったが、ゲーテアヌムを見るためスイスに入り、その帰路に足を運んでみた。

日本の山小屋≠スイスの山小屋

言うまでもなくスイスの村や町は、アルプスの深い谷間に立地し、大都市から少し離れると、至る所にシャレーを見ることはできるが、建築的にちゃんとしたのを求めて、民家村にも寄った。

至る所で現役の民家として使われ、民家村には地方ごとの典型的なのが移築保存されているわけだが、それらに接して、シャレーを〝スイスの山小屋〟と訳すのは間違いであると知った。なぜなら、日本語の山小屋には登山者用の特殊なものか、昔の炭焼き用の仮設小屋などを意味し、スイスのシャレーとは基本的性格が違うからだ。スイスでは、村や町の普通の住宅は皆シャレー形式であり、シャレーを訳すならスイスの「山小屋」ではなく、スイスの「民家」が正しい。

もっというと、民家村で初めて知ったが、村や町のシャレー（形式）の住まいとは別に、本当の山小屋がある。もちろん、登山者用のそれではなく、村の農家一軒が一つずつは必ず所有する山小屋がある。夏の放牧のための山小屋である。

スイスでは、夏の間、羊などの家畜を山に連れて行き、秋になると里に降ろす放牧が行われていることは知る人も多いが、なぜ、山に連れて行くか、ご存知だろうか。私は、民家村を訪れるまでは知らなかった。涼しいし、山の原には良い草が生えているから程度にしか考えていなかった。

いずれも間違いで、スイスの里は夏も十分涼しいし、良い草は、険しいアルプスの山の上のわずかな平坦地を切り拓いて確保した牧草地よりは、里の牧草畑のほうが良く育つ。

良い牧草が良く育つ里の牧草畑の牧草を、夏の間、羊や牛に食べてもらっては一大事なのだ。冬に、家畜が飢えて死ぬ。牧畜にとって、冬の家畜の餌をどう確保するかは生命線にほかならない。夏の間に十分に草を育て、冬が来る前に刈って干して倉庫に保管し、家畜も人も外に出ることのできない厳しい冬の間、人は畑で採れた麦や豆や芋を乳製品と共に食べ、家畜たちは、家畜小屋の天井裏に保管された干し草を食い繋いで春を待つ。

牧草地の山小屋を探索する

まず、山の牧草地の山小屋から紹介しよう（写真1）。もちろ

写真１　山の牧草地の山小屋

ん、ログハウス。中に入って、縄文住居を思った。薄暗く背の低い土間の中にドンと竈《かまど》があり、釜がかかり、それだけ。人は、土間の上に適宜座を占め、食べ、憩い、眠った。鍋、釜を除くとすべてあり合わせの木と石からできている（写真2）。

日本の縄文住居に比べ、炉と鍋のセットが大きくかつ目立つのは、チーズ製造のためだった。この炉の上の大きな鍋にヤギや牛の生乳を入れ、長いヘラで嫌になるくらい繰り返し撹拌して、脂肪・蛋白質成分と水分を分離し、布で絞り、脂肪・蛋白質成分だけの白くブヨブヨした豆腐のようなモッツァレラ（生チーズ）を作る。これを山小屋の壁の棚に置いて発酵させるとチーズとなる。

木造の閉塞感とヴェランダの開放感

里のシャレー（民家）はどうか。ログから発達した校倉造といい、簡単な切妻の屋根といい、今は夏の山小屋として使われているログハウスから進化した住まいにちがいない。

日本の茅葺き屋根の民家が縄文時代の竪穴式住居から進化したように、スイスのシャレーも竪穴式住居の如き古い昔のログハウスが出発点。

でも日本の民家とは印象が大きく異なり、まず構造が校倉造の総二・三階だから、日本の民家に比べると屋根面よりは壁面

写真２　山小屋の内部

が目立ち、おまけに土壁はどこにもなく厚い校倉の壁だから、木造感はずっと強い。屋根は柿葺きだから、上から下まで、土も草も紙も無く、すべて木。これほど純度の高い木造建築もないだろう（写真3）。

木しか目に入らない感は、一歩室内に入るとより高まる。厚い板が床、壁、天井にびっしりと張り巡らされる上に、

写真３　里の家。木の純度は極めて高い

写真４　里の家の室内。天井が低く圧迫感も

防寒のため窓が小さいから、開放的な日本の木造に慣れた日には、木の洞窟の中に迷い込んだような気分になる。もっと天井が高ければいいが、２mそこそこしかないから閉塞感も禁じ得ない（写真４）。

この閉塞感を味わってから初めて、外に取り付くヴェランダの役割が理解できた。冬、たまに天気のいい日には、部屋から外に出て、陽を浴びたり、景色を眺めたりしたくなるだろう（写真５）。

ヴェランダがいつ取り付いたか歴史的なことは知らないが、産業革命以前のガラスがまだ貴重品だった頃、スイスの農民の家の窓はガラスではなく板戸で閉じられていたはずだから、天気の悪い季節は昼でも真っ暗に近かった。そんな時、稀に晴れると外に出たくなるのは人間の本能で、ヴェランダの出現は必然だったにちがいない。

シャレーのヴェランダと日本の民家の縁側は、外の陽射しを楽しむ工夫という点だけは似ている。

※　キジ島ロシア正教会…ロシア北西部のオネガ湖に浮かぶ島。同島の木造建築教会群は１９９０年世界遺産に登録されている。

写真５　里の家にみるヴェランダ

No.
07

出雲大社 ―古代高層建築のナゾに迫る―

写真１　出雲大社。1952（昭和27）年国宝に指定される。塀に隠され高さを把握するのが困難

日本木造建築の原点

２０１３（平成25）年に伊勢神宮の20年ぶりの式年遷宮が行われた際、私も〝お白石持《しらいしもち》〟に特別氏子として参加し、新調した内宮正殿を間近に見上げる貴重な経験をした。

伊勢神宮が空前の人出で賑わう一方で、その年は出雲大社も大遷宮の年であった。出雲はおよそ60年に一度の大遷宮であることに加え、伊勢と出雲という日本を代表する二つのお宮が同じ年に遷宮する歴史上稀に見る出来事ということもあり、こちらも大きな注目を浴びた。

伊勢も出雲も、日本の木造建築の歴史を考える上で欠かすことのできない原点的建築にほかならない。

伊勢の原点性は、よく知られているように弥生時代に水田稲作と共に南方より伝わってきた高床式住宅の形式を今に伝えることによる。数千年前の木造建築の形式がそのまま21世紀まで保存されるなんて、建築史上の奇跡というしかあるまい。

それに比べ、出雲の方は建築史的には地道と言わざるを得ないが、でも、あのデカサは只事ではない。

世界の建築史を学ぶと、石や煉瓦の建築が圧倒的に主流であることを知り、日本人としては少し気後れを禁じ得ないが、理由の一つとして、木造建築の規模の小ささがある。ピラミッドにせよローマのパンテオンにせよ、ゴシック教会にせよ、高さも内部空間も、石や煉瓦の建築は歴史的に圧倒的な大きさを誇ってきたし、今も訪れると誇っている。

それに比べ、日本以外の木造建築は、思い返しても、ヨーロッパであればロシアのキジ島の教会と、北京の紫禁城太和殿くらいしか大型のは思い浮かばない。キジ島の教会だって、小さな扁平な島にあるからこそ、太和殿だって大理石の大きな基壇の上に立つからこそ、大きく感じるだけ。

出雲大社創建時の高さは？

そんな世界における木造劣勢のなかに、日本の出雲大社と奈良の大仏殿と姫路城を置くとどうだ。決して高さにおいても内部空間においても圧倒的に劣るわけではないことが分かる。

平安時代、源為憲の著書『口遊《くちずさみ》』※1の中で、

「雲太《うんた》　和二《わに》　京三《きょうさん》」

と唄われたというように、出雲大社と大和の東大寺大仏殿と京の大極殿が、日本の三大建築であった。京の大極殿は1063年に焼失し、大仏殿は1181年の平氏による南都焼き討ち後、江戸時代に今の大きさに再建された。出雲大社も今の姿は江戸時代（1744年、延享元年）のもので、1248年以後、当初の二分の一の高さで大遷宮されるようになったという。

もし「雲太　和二　京三」が当初のまま伝わってきたなら、日本は世界の建築史上の〝奇跡の列島〟となったにちがいない。

奈良の大仏殿に次ぐと唄われた頃、出雲大社は16丈の高さを誇った。16丈といえば48m。

写真2　神楽殿。高床式で創建時の高さは48mとも（現在は24m）。その巨大さが実感できる

大仏殿のように何本もの柱を立てる幅広な作りならともかく、出雲のように縦横3本ずつの計9本の柱※2が、それも高床式だから吹き曝しの柱が立ち上がり、その上に重い社殿が載るなんて本当だろうか、現在の8丈（24m）が正しいのではないか、との疑いもあった。

もし48mとすると、そんな柱をどこから手に入れ、どう立てればいいのか、技術的疑問も大きかった。桧の最も長い丸太でも、30mに届くかどうか。出雲は棟持柱《むなもちばしら》形式を取るから、48mの高さの棟木を支えるには60〜70mの立木が必要になるが、そんな高さはアメリカの西海岸レッドウッドしかない。

この技術的難問を解決してくれる可能性を示す図が、戦前、建築史家の福山敏男によって発見され報告された。

平安時代に描かれたと推測されるその平面図は、今の出雲大社と一致するものの、奇妙な点があり、9本の柱のそれぞれが三本の丸太を一本化した束ね柱となっていた。

48mの高さも束ね柱なら可能になる。でも、丸太三本を束ねた柱なんて、かつて日本にあった記録はない。鉄の箍《たが》で樋のように束ねた柱としては江戸時代再建の東大寺大仏殿が知られるが、それもミカン割りした木材を束ねているから、丸太三本とは技術的にも見た目にもだいぶ違う。

福山は、そうした資料をもとに、高さ48ｍの出雲大社を復原し、大きな衝撃を与えたが、しかし、衝撃の大きさに比例して、〝マサカ〟の声も大きく上がった。押しなべて、建築界は福山復原に好意的であり、一方、古代史や考古学関係者は批判的だった。

ここまでが戦前の段階。

三本の丸太による束ね柱を発掘

福山が亡くなり、福山復原の可否の決め手もないままに続くと思われたが、２０００（平成12）年、古代史ファンとその筋の専門家を驚かすようなニュースが流れた。

現在の出雲大社の本殿の少し前方を発掘したところ、三本の丸太を鉄箍で締めた束ね柱の根が土中から発見されたというのである。

もちろん、私も見に行った。直径１ｍもの杉の丸柱三本が確かに鉄箍で一体化している。〝卓球ができる〟と思ったほどの大きさである。

現本殿の前方から出土したということは、出雲大社の大遷宮は、伊勢神宮のように左右に並んだ敷地で交互に建て替えられたのではなく、前後の比較的近い距離でなされていた。おそらく、伊勢と違い50ｍになんなんとする高所工事のためには、旧本殿の高さを利用する必要があったんだろう。

そして、この度の大遷宮となった。大造営といっても、かつてのように本殿を建て替えるような一大工事は難しく、江戸中期の１７４４年に作られた本殿の屋根の葺き替えとなる。

葺き替え中に一度、終了後に一度、見せてもらっているが、葺き替え中は屋根の上に上がっても、足場や素屋根があるせいかそう大きいとは感じられなかった。

工事終了後、訪れ、まずいつものように拝殿から眺める。伊勢もそうだが、出雲も本殿の全景を塀の外から把握することはできない。両者の塀は高く、塀の向こうに覗く壁から上を眺めるしかないからだ。

巨大建築物を前にしたスケール感の喪失

でも2013（平成25）年は違い、伊勢も近づいて見上げたし、出雲も塀の内側まで入ることができた。

内側に入ると、まず見上げた。出雲の大きさは知識として知っているから確かめようと誰でもすぐ見上げるのだが、第一印象は「・・・?」。大きさが分からないのだ。大きいにちがいないが、どのくらい大きいのか把握できない。目の前に何本もの丸柱が立ち、上昇して高床を支え、床の上には社殿が載っている――とは分かるが、こっちの視線の引っかかりどころがないというか、こっちの身体との連続性に欠けるというか、なんとも取り留めがない。

普通、私たちが木造建築の大きさを判断するとき、柱の太さとか本数とか、軒の出と垂木の密度とか、日常的に知っている社寺や住宅の作りとの比較で類推する。例えば柱が10本並んでいれば、幅は10数mはあり、〝住宅としては大きいが社寺としては普通だナ〟とか。

ところが目の前の神社ときたら、柱

写真3　拝殿。正面と背面の各々にある中央の柱は棟持柱（むなもちはしら）

は桁行、梁間とも僅かに3本。3本でありながら、しかし、目の距離認識によれば幅は10本分くらいはある。日常的に体得したスケール感が通用しないのだ。

こういう経験は実は初めてではなく、古代エジプトのピラミッドや宮殿や古代ローマのパンテオンなどで味わったことがある。人の日常や身体を超えた大きさで。古代的スケール感。

そういう世界の古代の石造建造物で体験した超スケール感を、木造建築で味わうことがあろうとは。この味わいこそ、伊勢神宮にも奈良の大仏殿にもない、出雲大社ならではの建築的味わいにちがいない。

大きさの判断が初めてついたのは、神官が建物に近づいた時で、その身長を基準に高床の高さを推測することができた。およそ3倍。床の高さが人の身長の3倍。かつては6倍。

もし復原したなら・・・、と思いながら、太い柱と高い床を見上げたが、でも丸太三本の束ね柱なんてどう作るんだろう。出来たとしても、不細工だろうな、今のままでいいか。福山も束ね柱のことを知りながら一本柱で復原しているし。

（写真提供：公益社団法人島根県観光連盟）

※1　『口遊』…平安時代中期に作られた貴族子弟のための教科書。時節・書籍・禽獣など19部門について、歌うように暗唱して覚えられる形式でまとめられた。「雲太　和二　京三」は、居処門三曲という部門に収録されている。

※2　縦横3本ずつの計9本の柱…社殿中央に配置された心御柱（しんのみはしら）は、床上まで伸びているが棟木を支えることはなく、人の背丈あたりの高さで止まっている。

No.
08

ウィールド&ダウンランド野外博物館 ―木造建て起こし―

写真１　ウィールド＆ダウンランド野外博物館のセンター施設。斜材を組んだヴォールト構造

伝統を守り伝える縁

〝建て起こし〟という専門用語を聞いたことがありますか？〝曳家《ひきや》〟は、字のとおり既存の建物をコロに載せて水平移動させる有名な特殊伝統技術だから分かるものの、〝建て起こす〟とはどういうことか。〝建てる〟と〝起こす〟とは、こと建築については同じだろうに。

〝建て起こし〟は、ごく新しい用語で、ヨーロッパの民家の造り方を意味するから、建築関係者といえど知らなくて当然だが、日本とヨーロッパの木造民家の本質を知るためには不可欠だから、この際、頭に入れてほしい。かくいう私も、ちゃんと頭に刻んだのはごく最近になる。

ことの発端から述べると、ロンドンのキングストン大学の建築部門の学生が在英日本人建築家の早津毅さんに連れられて私の作品を見に来たのが縁で、イギリスに一週間ほど教えに出かけた。教室で教えるだけでなく、焼杉という世界にも唯一の〝炭の建材〟の造り方をワークショップ形式で指導することにした。

なぜ日本では伝統の一建築にすぎぬ焼杉の指導を私が引き受ける羽目になったかというと、この不思議な仕上げ材の普及に若干貢献したかららしい。

焼杉は、板の腐朽を防ぐため杉の薄板の表面を炎で焼いただけのごく簡単な仕上げ材にも関わらず謎が多く、いつどこで始まったのかも、なぜ滋賀県以西にしか分布しないのかも全く分からない。〝炭の建材〟という一点に関心をもって自作にしばしば使い、その名も〝焼杉ハウス〟（２００６年）でブレイクし、日本の建築家でも使う人が現れたばかりか、面白い木造技術として海外にも伝わった。私以前、焼杉に見慣れた滋賀県以西の建築家が使わなかったのは、民家用の技法であり、使うと建築が格下に見なされるからだという。

で、焼杉のワークショップを開くことになり、ロンドンの南のサセックス州のウィールド＆ダウンランド野外博物館に出かけた。この施設は、イギリスの木造の伝統を守り伝えるために１９６７年にシングルトン村の一画に設立され、サセックス州の消えゆく民家を集め研究するだけでなく、技術の伝承と普及を目指している。焼杉の実習をするにはイギリスで一番ふさわしい。

ロンドンから南に車を飛ばして二時間で着き、まず大きなセンター施設に案内された（写真１）。素晴らしい大空間にちがいないが、木造によるヴォールト状の形状で構造的に大丈夫か疑問に思った。私も何度か試みて失敗しているが、膨らんだ側面が横に広がって潰れる危険はどう防いでいるのか。説明を聞くと、単純なヴォールトだと潰れるから、側面を緩く凸凹させて水平方向の耐力を高めているとのこと。

センターの脇の空き地で焼杉を試み、うまくいった。参加者も火祭り的な軽い興奮を味わい、満足そうだった（写真２）。

写真２　焼杉。火を扱うワークショップは大人気

室内外で強烈に主張する〝逆八の字〟の斜材

焼杉ワークショップの合間に、移築された民家を案内してもらった。イギリスに固有なチューダー様式の民家は、その壁面の明るい表情が、屋根に視覚的力点を置く暗い日本の民家に慣れた目には、いつものことながら新鮮でオシャレに映る。とりわけ、木材の間に赤煉瓦を充填した町屋は色鮮やか（写真3）。

今回一番の収穫は、そうした二階建ての町屋ではなく、町屋の脇に移されていた小さな農家だった。

外観は、急傾斜の切妻屋根に芯壁のごく粗末な作りで、芯壁の柱と梁・桁の露出は日本の農家に似るが、一つ大きく違い、柱と梁の間に斜材が〝逆八の字状〟に走る（写真4）。日本とヨーロッパの伝統を構造的に分けるのはこの斜材（日本でいう筋違い）の有無で、水平の外力に耐えるにはもちろん斜材が入っていた方がいい。

斜材こそヨーロッパ木造のしるしにちがいないが、この斜材は構造的にはいいが何かデザイン的に落ち着かない。しばらく眺めていて分かった。逆八の字が原因で、これを〝八の字〟に直せば、中心の柱を左右から支える形になって落ち着き感が生まれるのに。

中に入ると、典型的なイギリス民家の平面で、長方形を三分割し、中央の一番広い吹き抜け空間が主室となり、台所と食堂と居間の機能が一室に納まる（写真5）。居間の両隣りは二階で、片方が家族の寝室で片方が付属室。付属室は、使用人が寝たり物置になったり、時に家畜小屋になったり、いろいろに使われる。

日本の民家の典型的平面は〝四つ間取り〟とか〝田の字平面〟と

写真3　敷地内にある旧市場。2階は集会室、イギリス伝統の垂直を強調したハーフ・ティンバーと赤煉瓦のコントラストが美しい

呼ばれるが、それとの一番の差は、日本の民家と違い応接用に使われる〝座敷〟に当たる部屋がないこと。お客様や僧侶が訪れた時には、どうしたんだろう。主室に通し、上座に座ってもらって済ましたんだろうか。

応接間の有無が気になったのは〝日本の住宅平面は、古来、接客空間をエンジンとして進化した〟という仮説を持っているからだ。

主室は、火が生活の中核を占めるべく中央に大きな炉が据えられている。ただし日本の炉と違い、炉縁に当たるものはなく、石を木場立てにして並べ、土間とゾロ（段差がないこと）。この上に鍋を吊るして煮炊きした。

テーブルは、炉の寝室側に長テーブルが置かれ、主人を中心に家族が、壁を背に、炉を前にして座る。火を四方か

写真４　農家。逆八の字状の大きな斜材に注目

写真５　室内。炉の向こうに長テーブルがあり、家族は壁を背にして一列に座る

ら囲む日本の囲炉裏とは違い、火に向かい横一列に並ぶ。火を囲まないのだ（写真6）。

その結果、寝室側の壁が一番格上の壁になり、その壁の中心の柱が日本の床柱と化し、その柱を背に長テーブルの中央が首座となり、その首座を強調すべく斜材は〝逆八の字〟に入るようになった、と学芸員が説明してくれた。確かに、〝八〟と〝逆八〟では、中央位置に注がれる強調力が違う。

ヨーロッパでは〝建て起こし〟が一般的だった

一通りに住まい方を説明した後、学芸員の解説は建て方に移る。日本からの建築史家を意識したのか、まず、〝わが国の民家は足場なしで建てられます〟と述べた。〝足場なしでどう作るのか？〟。その答えが〝建て起こし〟だった。

日本の伝統的木造は、伝統的でなくとも木造建築は、まず地面に基礎を据え、その上に土台を敷き、柱を立て、梁・桁を載せ、というように下から順に、材料を持ち上げながら組み立て、最後に棟木を渡して上棟式。上棟して骨組みが出来上がると、まず屋根を葺き、次に二階建ての場合は二階の床を張り壁を塗り、という具合に下へ下へと作ってゆく。いずれも足場があってこその作業。

一方、足場を使わないイギリスの木造では、まず、地面で妻壁の骨組みを下から上まで組んでしまう。次に、それを綱とつっかい棒を使って起こす。さらに、次の壁を組んでは起こす。この民家の場合、まず片方の二階部分の壁を起こし、次に吹き抜けの三スパン分は両側の

写真6　別の農家の炉と長テーブルと背後の飾り布

柱と小屋組みだけで済まし、さらにフルの二壁分を組んで起こした後、棟木と桁で各室を繋げば骨組みは完成。

あまりの違いにたまげていると、学芸員が外に出て、説明用に地面に置かれた妻壁の骨組みを見せてくれた。確かにこれを起こせば壁はできる（写真7）。

写真7　“建て起こし”のモデル。これを引き起こせば壁になる

帰国後、ヨーロッパの木造に詳しい太田邦夫先生の話を聞くと、イギリスだけでなくヨーロッパ全域が〝建て起こし〟によるというし、斜材が入る理由もそこに関係している。

地震はなくとも強風はあるから、水平耐力の強化とばかり思っていた。でも違い、〝建て起こし〟が原因だという。地上で組むまではいいが、斜材がないと、引っ張り起こす途中で骨組みは歪んで崩れ、崩れないまでも歪んだまま立て上がり、立て上がってからの歪み補正は難しく、よって地上で斜材を入れてガッチリ固めてしまう。

ヨーロッパには三階建て四階建ての木造町屋も多いが、それも、一階を建てた後、二階の床を張り、その平面の上で次の壁を組み、引き起こし、を繰り返してゆく。その結果、日本の木造で力学上最重要視される通し柱というものはあり得ない。

この歳になってやっと、なぜヨーロッパの木造には斜材が入るのか、なぜ、柱が通らないのか、なぜ上の階が下の階より少し迫り出したりするのか、の理由がやっと分かった。やすやすと迫り出すことができるのは、床を少し外側に持ち出し、その縁の位置で次の壁を起こせばいい。

No.
09

夏の家 ―モダンな木造―

写真１ “夏の家”全景。現在はペイネ美術館

建築の原理を解くネタとなった〝夏の家〟

中国や台湾や韓国の建築関係者から、この頃共通して尋ねられる質問がある。

「どうして自分の国の建築家たちは、世界的に評価されるような質の建築を作ることができないのか」

いずれの国も、欧米や日本といった先進国のデザインを学び、ガンバッテ作っているのに、なかなか追い着けないのは何故か、と聞くのである。

さまざまな理由が思い浮かぶが、その一つは時間の問題だろう。いずれの国も、政治と社会が安定し、経済が向上し、建築のデザインに力を注ぐ余裕が生まれ、先進国に直接学び始めてから数十年しか経っておらず、追い着くにはもっと時間がかかる。日本だって、明治に辰野金吾などが欧米の追走を始めてから、丹下健三の出現まで80年近く、世代でいうと四代を費やしている。

まず時間の問題が絶対的にある。建築という存在は、その時代の経済、政治、技術、文化、思想、美学などなどすべての反映にほかならず、一朝一夕には高いレヴェルへの到達は難しいが、いずれ時間が解決してくれる、と答えている。

こうした質問を受けると、どうして日本は、丹下は、世界に追い着き、さらに1960年代、世界のトップに立つことができたのか、と逆に考えさせられる。そして、あれこれ考えてきた。

今回紹介するアントニン・レーモンド※設計の軽井沢夏の家は、あれこれ考えるネタとなった私にとっては重要建築にほかならない。

建築に留まらず、自分が自力で考え出したわけではないことを本当に身に着けるにはどうすればいいのか。ただ真似するレヴェルではなく、その原理を使って自分も自分ならではの新しいことをできるようになるにはどのような学習過程を経ればいいのか。丸暗記ではダメなことは分かっているが、ではどうすればいいのか。

高校生の頃の数学を思い出してみよう。まず、先生が新しい問題を示し、新しい解き方を教えてくれる。そして学生はそれをまず覚える。しかし、この段階では、真に新しい解き方を身に着けたとはいえない。一つの問とその解法を覚えたにすぎない。

次のステップとして応用問題というのがあったことを思い出してほしい。これがなかなか難しかった。問の中味の一部が変わっており、丸覚えした方法では通じない。自力であれこれ考え、試行錯誤しなければ、解けないのである。そして、やっと解けた時の嬉しさは格別だった。

おそらく、新しい原理を本当に身に着けるには、その新しい原理を考え出した人々も解いたことのない応用問題を自分で解く過程を経るしかないのではないか。解法の分からないまま、自分で考え、紆余曲折し、ついに解に到達する経過を潜り抜ける中で、新しい原理が身に着く。

丹下も、ル・コルビュジエをはじめとするヨーロッパの20世紀建築家が考え出した新しい原理を、そのような経過を潜る中で身に着けたのだろう。そして、60年代、世界のトップまで到ったにちがいない。

とすると、丹下が新しい原理を身に着けたのは何時か。どんな応用問題を経て身に着けたのか。この問に答えてくれるのがレーモンドの夏の家なのである。

20世紀木造モダニズムの原理とは

丹下が20世紀建築の原理を身に着けた時期は、もちろん若き日で、具体的には昭和10年代のことだった。

その時期どんな応用問題に取り組んだのだろう。応用問題というからには欧米の建築家たちが想定したことのない問題でなければならない。それは何か。

「木造モダニズム」の一件だった。木造によっていかにモダニズム建築を作るか。もっと具体的にいえば、ル・コルビュジエの造型原理をいかに木造で実現するか。さらにいえば、日本の木造建築の伝統を、その美しさを、いかにル・コルビュジエ的造型原理と一致させるか。

この誰も想定したことのない応用問題に果敢に取り組んだのが、戦前段階のレーモンド、前川國男、坂倉準三、丹下の四人であり、戦後、その成果を世界に問うて、日本人建築家として初めて高い評価を得たのが丹下だった。

昭和10年代に作られた木造モダニズムこそ、20世紀建築の原理を日本人建築家の内面に根付かせる働きをしてくれた。そして、その先駆をなすのがレーモンドが1934（昭和8）年に作った夏の家なのである。丹下が前川の下で手掛けた木造モダニズムの名作〈岸記念体育会館〉1941（昭和16）年も夏の家の影響を直接的に受けている。

その夏の家は、現在、軽井沢の塩沢湖の畔《ほとり》に移され、ペイネ美術館として公開されている。見てみよう。

写真2　逆折れ屋根の右手にあるロフト状空間

大胆不敵なダイナミズムの存在

竣工時には、急斜面に打ち放しコンクリートの擁壁を立ち上げ、その上に木造の箱が乗るようにして建てられていたが、今は平地に移され、ダイナミズムは少し減じているが、仕方あるまい。

立地のダイナミズムは減じたが、建物本体のダイナミズムは健在で、屋根が逆に折れるという世界初の表現を見せてくれる。こんなことが可能なんだ。大胆不敵。奇想天外。ではあるが、ちっともヘンではない。

逆折れ屋根の右手の上が高くなっているが、そこには、壁に大きな窓が開けられていることから知られるように部屋がある。建築家なら外観だけから推測できるように、ロフト状の小空間が納まる。前川や吉村順三やジョージ・ナカシマが夏の間中、籠《こも》って製図台に向かった小空間にほかならない。一階に横長に広がる大きな空間もロフト同様、製図室。居住棟は、この逆折れ製図室棟の右手に広がっている。

一階の製図室から二階のロフト製図室へはどう上がるか。まだ訪れたことのない建築家には考えてほしい。あなたならどう上げる。私ならハシゴだが、多くの建築家は急な階段にするだろう。ところがレーモンドはどうしたか。言われてみれば逆折れ屋根から推測できるのだが、正解は逆折れ空間にそっての斜路。

写真3　ロフト状空間にそって作られた斜路と天井

写真4　柱の外壁の開放的で大きなガラス窓

原点はル・コルビュジエの〝エラズリス邸〟

天才的創造力としかいいようはないが、残念ながらこの天才はレーモンドではなく、ル・コルビュジエに冠さなければならない。フランスの天才のなしたプロジェクト案〈チリのエラズリス邸〉を、レーモンドがそのまま写して実現したのだった。

もちろん、フランスの天才から抗議が届く。それに対し、日本のレーモンドの返答は〝私の方が上手に実現しているだろう〟。フランスの天才の二度目の手紙には〝そのとおり〟とあった、とレーモンドは書いているが、私は未見。

レーモンドがル・コルビュジエを〝パクる〟ことに気遅れしなかったのは、この日仏間パクリ事件の前に、仏日間パクリ事件が起こっており、レーモンドが世界で二番目に試みた自邸のコンクリート打ち放し表現（実際にはモルタル薄塗り）をル・コルビュジエがひそかにパクっていたからだろう、と私はにらんでいる。

〝私の方が上手〟はそのとおりで、石とコンクリートの混構造によるエラズリス邸案を、レーモンドは木造に置き替え、重苦しいダイナミズムを軽快なダイナミズムへと一皮剥いて見せたのだ。

象徴的なのが大ガラスの窓の扱いで、エラズリス邸では石のピア（柱壁）の間にはめられていた窓を、夏の家では、柱の外壁にガラスの引き戸を立て、戸袋に引き込めるようにした。引き込めば、全面オープンとなる。これこそル・コ

写真５　外装・内装とも素材は地元の自然木

ルビュジエ自身が〝近代建築五原則〟の一つにあげた〝自由な立面〟そのもの。
　木造と日本の雨戸の知恵により、ル・コルビュジエの空間は、木造として蘇《よみがえ》った。それも煉瓦・石造やコンクリート造には難しい軽快なダイナミズムを伴って。
　そして夏の家以後、前川、坂倉、丹下、吉村は、木造を通してのル・コルビュジエ理解に取り組み、ル・コルビュジエの原理を自分の血肉化することに成功する。
　日本のモダンな建築家は、昔も今も、木造に取り組み続けているが、これは世界的には例外的な現象というしかない。その例外が成り立った理由の一つは、この一作にある。

※　アントニン・レーモンド…チェコ出身の建築家。１８８８〜１９７６年。プラハ工科大学で建築を学び卒業後アメリカへ移住。帝国ホテルの設計ではライトの助手として来日、モダニズム建築の最先端作品を制作した。

No. 10

聖パウロカトリック教会 ―日欧の伝統と技術の融合―

写真1　聖パウロカトリック教会。多くの人々が訪れる軽井沢の観光名所。堀辰雄「風立ちぬ」をはじめ小説などにも登場する

モダニズムの希薄な外観

アントニン・レーモンドの現存する代表作といえば、東京女子大の一群、高崎音楽堂、聖アンセルモ教会などと建築界ではなるだろうが、普通の人にこれらの写真を見せても反応はない。普通の人が反応してくれるのは、とりわけ若い女性が唯一写真を見て覚えているのは、軽井沢の聖パウロカトリック教会だけ。

とても小さな教会なのに今も人気は高い。昔はもっと高く、門前市をなすような盛況で、〝あそこで式を挙げる〟のが若い女性の夢だった。キリスト教徒でもないのに俄か信徒になって、教会で式を挙げるという奇妙な習わしのルーツはここではないかと思うが、不確か。

社会的にはよく知られているにしても、レーモンドの作品歴の中では異例で、彼が切り拓いたモダニズム建築とは言い難く、左右対称のトンガリ屋根の全体形のどこにもモダンなところは見られない。敢えて探せば、左右対称を崩して造られた正面から左手にかけてのヴェランダ状車寄せあたりか。

モダニズム以前の形ということは分かるが、一番の難問は背後の塔で、この奇妙な姿はどこから湧いてきたのか。下広がりの箱が取り付き、上にはおでんのような造形も乗るが、少なくとも、ヨーロッパやアメリカの教会に例がない。私がレーモンドに関心を持ち始めたころ、この塔の起源はレーモンドを知る人の間でも謎だった。

塔の起源は〝鉄のカーテン〟の向こう側

レーモンドはフランク・ロイド・ライトと共に帝国ホテル建設のためにアメリカから来日したこと、アメリカ以前にはチェコ・スロヴァキアに生まれ育ったことは知られていたが、当時、チェコ・スロヴァキアは社会主義国で鉄のカーテンの向こうに隠れ、日本の建築界との交流は絶えており、レーモンドがどんな建築を見て育ち、大学でどんな建築教育を受けてから渡米したかは知られていなかった。

日本の建築関係者として初めてチェコ・スロヴァキアを訪れた時、原爆ドームのヤン・レツル、レーモンドの共

写真２　背面。スロヴァキアの木造教会に由来する塔

同設計者のフォイエルシュタインなどに関わるバラバラな謎をバッグに押し込んで、社会主義時代の暗く人気の少ないプラハに入ったが、その時のバラバラの謎の一つが軽井沢の人気教会のルーツについてだった。

プラハに着き、すぐ解けた。民家の本を見ると、スロヴァキア地方の村の木造教会の中に似たのがあった。今はチェコとスロヴァキアに分かれているが、私が訪れた頃も、レーモンドが生まれ育った頃も、両国は連邦をなしていたから、チェコ人のレーモンドもスロヴァキアの建築事情はよく知っていたのだ。

塔は鐘楼で、下広がりの木の箱の中に鐘が納まり、てっぺんのおでんはキリスト教会のドームが変形したもので、イスタンブールのビザンチン教会のスタイルが東欧へと広まる過程で成立している。近年、オーストリアの田舎に行く機会が多いが、もっと激しいおでんもある。

レーモンドは生涯にいくつもの教会やチャペルを手掛けているが、１９３５（昭和10）年のこれが最初となった。

このことを知ると、また新たな謎が生まれる。なぜ、最初の教会を、世界の誰も知らないようなスロヴァキアの田舎のスタイルで飾ったのか。軽井沢は、カナダの宣教師のショーが別荘地として切り拓いて以来、日本のみならず上海や香港の欧米人の避暑地となり、夏は日本人と欧米人の集う半外国の如き状態となり、だからこそキリスト教会が求められたが、なぜ欧米の誰も馴染みのないスタイルを選んだんだろう。

20世紀のモダニズムの建築家として、いかにもの教会スタイル、例えばゴシックとかは敵も同然という事情もあろう。

木造教会の謎は宗教観によるものか

こうした純建築デザイン的なあれこれとは全く別な理由を私は考えている。レーモンドの宗教の問題である。レーモンドの自伝とチェコの故郷クラドノの街を訪れた見聞から、レーモンドユダヤ人説をいい、事務所の秘書の方から〝全くそんな風はなかった〟と批判されたことがある。その後、この問題は宙吊りにしていたが、一番最近のチェコ訪

写真３　教会内部。椅子にも丸太が使用されている

問の折、この点を問うと、向こうの建築関係者が微笑みながら、近年、チェコで開かれたレーモンド展のカタログを見せてくれた。その表紙には、

「あるユダヤ人一家の歩んだ道」

との副題が付き、ユダヤ人としての一家の苦難の経歴（レーモンドのすべての兄弟はナチス時代に殺されている）と、ユダヤ原理主義からの脱却を目指す改革派ユダヤ教一家としての道が記録されていた。

レーモンドは、脱原理主義のユダヤ教徒として出発し、おそらく、アメリカに渡ってから、もしくは更に来日してから、無宗教に近いような心情に到っていたのではないか。レーモンドの自伝を訳した三沢浩さんに伺うと、ノミエ夫人も「夫の宗教上の姿勢は謎だった」と述べられたという。長年連れ添った夫人にも分からないような状態だったのである。

ここから先は、歴史家の推測になるが、初めてキリスト教会の注文を受け、彼は迷っただろう。建築家としてはやってみたい。でも、キリスト教徒ではないし、改革派とはいえユダヤ教の教えは心の底に生きている。

いかにもキリスト教会らしいスタイルは止めよう。しかし、教会らしくしないと発注者の意に添わない。あれこれ悩んだ果てに、東欧の木造教会という、誰も知らないが、聞かれたらそれなりに答えられるスタイルを選んだのではあるまいか。もし聞かれたら、〝軽井沢は別荘地だから、木造の軽快な建築がいいし、ちょっとロマンティックに東欧の木造にしてみました〟とか。

内部は丸太によるトラス小屋組み

建築家としてレーモンドが力を入れたのは、複雑な事情の中で導かれた外観ではなく、インテリアだった、と私は睨《にら》んでいる。

丸太を剥き出しにした空間の力強さと素朴さと嘘の無さ、こうしたあたりが建築家としての狙いだった。2年前の1933年に名作レーモンドの夏の家を完成させ、木造モダニズムの道を切り拓いた建築家として、木造の新しい構造的可能性の実験をしてみたかったのではないか。

どこが実験的だったのか。実験的というからには世界初でなければなるまい。当時、レーモンドをはじめ前川國男、坂倉準三など日本のモダニズム建築家は、世界の先端の動きによく通じており、〝世界初〟については極めて意識的だった。

木造の構造体を包み隠さず露わにすることは、モダニズムの〝構造と材料をそのまま表現する〟原則に一致する。しかし、モダニズムの〝脱伝統〟の原則からしてヨーロッパと日本の伝統を感じさせてはならないし、歴史的木構造の含む非合理性は排さなければならない。

ここに実現した木造を、日本人が見れば、トラスによる小屋組みからして日本ではないと思うし、欧米人の眼には、小屋組みの丸太の使用からして欧米とは違うと映る。ポイントは丸太にあり、丸太を小屋組みに使う伝統は日本にしかない。欧米では必ず角材にしてから使う。丸太の小屋組みのモダンな魅力を、レーモンドは吉村順三の担当した赤星別邸（1931年）で初めて知り、さらに夏の家でも確認していた。レーモンドは〝日本建築のモダンな魅力を日本の建築家に教えたのは私だ〟と常々言っていたが、吉村は〝赤星邸で私がレーモンドに教えた〟と語っている。

日本の伝統の丸太の小屋組みを、ヨーロッパの教会の〝鋏《ハサミ》トラス〟構造でやる、という合わせ技により、レーモンドは実験に成功したのだった。

写真４　丸太のトラス構造

No. 11

聴竹居《ちょうちくきょ》 ――木造をデザインする――

写真1　聴竹居。藤井厚二（1888～1938年）が自邸として作った4回目の実験住宅

木造禁止という黒歴史への警鐘

日本と海外の住宅雑誌を見比べると、大きな違いに驚く。もちろんプランやスタイルも違うが、そうした面の差は僅差のうちに収まり、決定的には構造が異なる。日本は木造が多いのに、海外ではほとんど見当らず、雑誌に載るような住宅建築はたいてい鉄筋コンクリートか鉄骨造に限られる。

現代の建築家が、若い前衛的な連中を含めて、平然と木造住宅に取り組むのは日本だけ。

日本なら当たり前と、現在、多くの建築関係者は思っているが、実は、日本でも当たり前ではなく、俄かに信じ難いが、敗戦後、日本建築学会は、大会において〝木造禁止〟の決議をしている。この今となっては驚くべき事実を教えてくれたのは内田祥哉さんだが、私があまりに信じ難い表情をしているので、その時の決議の記録を見せてくれた。確かに、学術分野だけでなく建築家、行政、建設業などが集結する日本建築学会は、木造建築の禁止を決めていた。

理由は第二次大戦中の大空襲にあり、関東大震災では地震により、大空襲では火事により木造は打撃を受け、その反省からついに木造禁止の決議にまで至った。幸い実施はされなかったが。

長い長い日本の木造建築の歩みと、二十一世紀の文明における森や木の重要さを思うと、この決議は一時の〝集団ヒステリー〟にちがいないが、一般社会同様わが建築界にもそういう体質が隠れていることは忘れずにおきたい。

モダンな木造建築の始祖

現代の日本において、前衛的な建築家を含めて皆が平気で木造と取り組むことができるのは、歴史的にいうと一人の建築家のおかげである。

木造においても、二十世紀のモダンな建築とそれ以前の伝統的建築では決定的に違い、二十世紀のモダンな建築家たちは、それまでの社寺のスタイルや住宅であれば伝統的な書院造や数奇屋を拒んだ。伝統に基づかないモダンな木造なんてないだろうと、ほとんどの建築家はそう思っていたし、新しい二十世紀建築に依って立つ構造は、鉄筋コンクリートと鉄骨と決めていた。木造の上に科学技術の世紀二十世紀の

写真２　主室。掛け軸に見立てた金の時計と固定された飾り棚

写真３　正面より。半円形の張り出しが食堂。残月亭の床と床柱に想を得たと思われる

建築表現を載せるなんて無理だ。

にもかかわらず、現代の日本ではモダンな木造住宅がたくさん生まれているが、こうした戦後の流れのリーダーとしては吉村順三が、さらに戦前まで辿ると吉田五十八や堀口捨己やレーモンド、さらに辿ると今回の藤井厚二がいて、その代表作

〝聴竹居《ちょうちくきょ》〟

が見えてくる。

分離派による啓蒙活動

実物を見る前に、聴竹居の出現と忘却と再発見の歴史に触れたい。

藤井も聴竹居も、戦前建築界ではよく知られた存在だった。藤井は京都帝大の教授だったし、『日本の住宅』という名著と『聴竹居図集』という大冊を岩波書店から出していた。

と書いてから気づいたが、『日本の住宅』はまだしも、自宅の原寸図を大判の本にして天下の岩波書店から刊行するなんてどういうことだったのか。

〝天下〟のと書いたが、それは戦後のことで、当時の岩波書店は、夏目漱石（岩波茂雄は漱石の弟子）や芥川龍之介（芥川と岩波茂雄が漱石山房の出入仲間）の本を独占的に出す新進の本屋だったが、何故か建築界とも繋がりがあって、1920（大正9）年、かの『分離派建築会図集』を刊行している。卒業制作展の図集を若いとはいえちゃんとした形で刊行するなんて俄かに信じ難いが、この謎については分離派※の滝沢真弓から次のように聞いている。

写真4　茶室の雰囲気が漂う食堂。竹の使用にそれが顕著

「展覧会の図集を出したいと思って、堀口が気象学者の兄さんのツテで気象学者の藤原咲平を通して藤原と同郷の岩波に頼み、全冊買いを条件に出してもらった。とにかく盛り上げなきゃいけないから、芳名帖の最初のページには芥川龍之介に来てサインしてもらうよう連れてきた。当時、まだ滝沢じゃなくて矢場姓で一高時代から芥川のところに出入りしていたから、芥川の日記に出てくる矢場真弓は私のことです」

分離派は、今の建築家以上に情報発信に自覚的で熱心だった。おそらく、分離派の先輩の藤井も、分離派か別の筋か、ツテで岩波茂雄に頼み、全冊買取りと引き換えに〝自宅の図集〟を出したにちがいない。

しかし、戦後モダニズム大隆盛の中で藤井も聴竹居も忘れられ、私がその名を目にした最初は、小能林宏城が雑誌に載せた一文で、それによって研究室の書架にある謎の出版物『聴竹居図集』の重要性を知った。

2017（平成29）年夏に国の重要文化財に指定されたこともあり、藤井と聴竹居への関心は建築界の外へも益々広がっている。

聴竹居の土地・建物の所有は、2016年末に株式会社竹中工務店に移行し、日常の維持管理と公開活動については、一般社団法人聴竹居倶楽部の松隈章代表理事を中心に、地元・大山崎町のスタッフが行っている。

藤井的室内表現を語る

藤井が何をしようとしたかは、主室の正面の壁一つを見ていただけば分かる。室内の正面の立面だけで全体が分かったも同然という建築のあり方からして日本の木造っぽいだろう。

日本の伝統では、ヨーロッパと違い、外観よりは室内表現に力点が置かれ、さらに室内でも床の間に集中した。世界の建築史を振り返っても、床の間のような一点集中は例がない。

この位置に床の間を作ったら伝統のサヴァイヴァリズムにすぎなくなるが、藤井はこの位置に隠し神棚と時計を置いて、さりげなくそれと分からぬように正面性を与え、さらに右脇に飾り棚を付けた。普通ヨーロッパでは飾り棚は家具として置くが、それではいつ動かされるか知れず、ちゃんと建築の一部として付けたい。伝統の床の間の片側には、〝違い棚〟が付くが、おそらくそこにヒントを得たのだろう、違い棚のような飾り棚を設け、家具ではない証拠に脚はしっかり床に作り付けている。

マッキントッシュのデザインになる時計は後に藤井が取り付けているが、おそらく、隠し神棚と飾り棚だけでは寂しくかつ正面性が弱いから、マッキントッシュへのオマージュの思いも込め、かの〝金の時計〟を掲げたのではあるまいか。

正面を構成する要素として、飾り棚の右手の、半円形で縁取られた〝張り出し〟も重要だ。小さな空間だが、これが食堂となる。

伝統の床の間になぞらえれば、〝床〟と〝床柱〟に当たるのがこの張り出しであり、違い棚に当たるのが飾り棚となる。さらにいうなら、伝統の床の間の軸を掛ける壁に相当するのが、神棚と時計のある壁。設計者は、この壁にマッキントッシュを軸のようにして掛けたのだった。

源流を辿ると茶室の空間が

私のこうした説明について、張り出した食堂を床と床柱に見立てるのはヘンだろうと思われるかもしれない。確かに床は飾りだから、人が上がって使うことはない。普通はそうだが、日本の建築史上唯一例外的に人が上がって使う床というものがあった。原型は千利休が作り、取壊しの後、子の千少庵が再建した〝残月亭〟の床がそれで、秀吉はその床に上がって座り、少庵が呈した茶を飲んでいる。床柱つき段差つきの小空間が部屋の角から室内に突き出すという建築家好みの構成として今はよく知られる。

茶の空間に通じた藤井が、その残月庵の床を食堂に当てた、と私はにらんでいる。

若い頃から一流の茶を嗜《たしな》み、そもそも近代の建築家として茶室を設計したのは藤井が最初である。学生時代の吉村が聴竹居を突然訪れても、広大な敷地の一画に築いた窯で自分がデザインし職人が焼いた茶碗を取り出して茶を点て、吉兆から取り寄せた弁当を食わせてくれた、と本人から聞いた。

この家から、二十世紀建築として木造をデザインするという日本独自の方向が芽を吹き、今に至るのである。

※　分離派…1920年（大正9年）、東京帝国大学の卒業生である青年建築家が始めた近代建築運動のこと。建築の芸術性を主張した。

No. 12

モニエの給水塔 ―鉄筋コンクリートの歴史―

150年前の大いなる遺産

今回は、珍しい建築を、私にとっては逸品と言って構わない建築を紹介しよう。モニエの作品である。

20世紀のモダニズム建築の歴史について学んだ時、決まってイギリスならアイアン・ブリッジとパクストン設計のクリスタル・パレスが、フランスならモニエの鉄筋コンクリートが登場した。モダニズム建築の中心的構造となる鉄筋コンクリートを18世紀に発明した人物として。

　モニエの発明に強い印象を受けたのは、その奇妙な来歴だった。彼は建築技師でも土木関係者でもなく、植木屋のオヤジとして割れない植木鉢を求め、その結果、鉄筋コンクリートに行き着いたというのである。

　割れない植木鉢程度の些細な工夫が後世に伝わったのは、特許を取ったからだ。1867年に発行された本邦初公開の特許証を見て

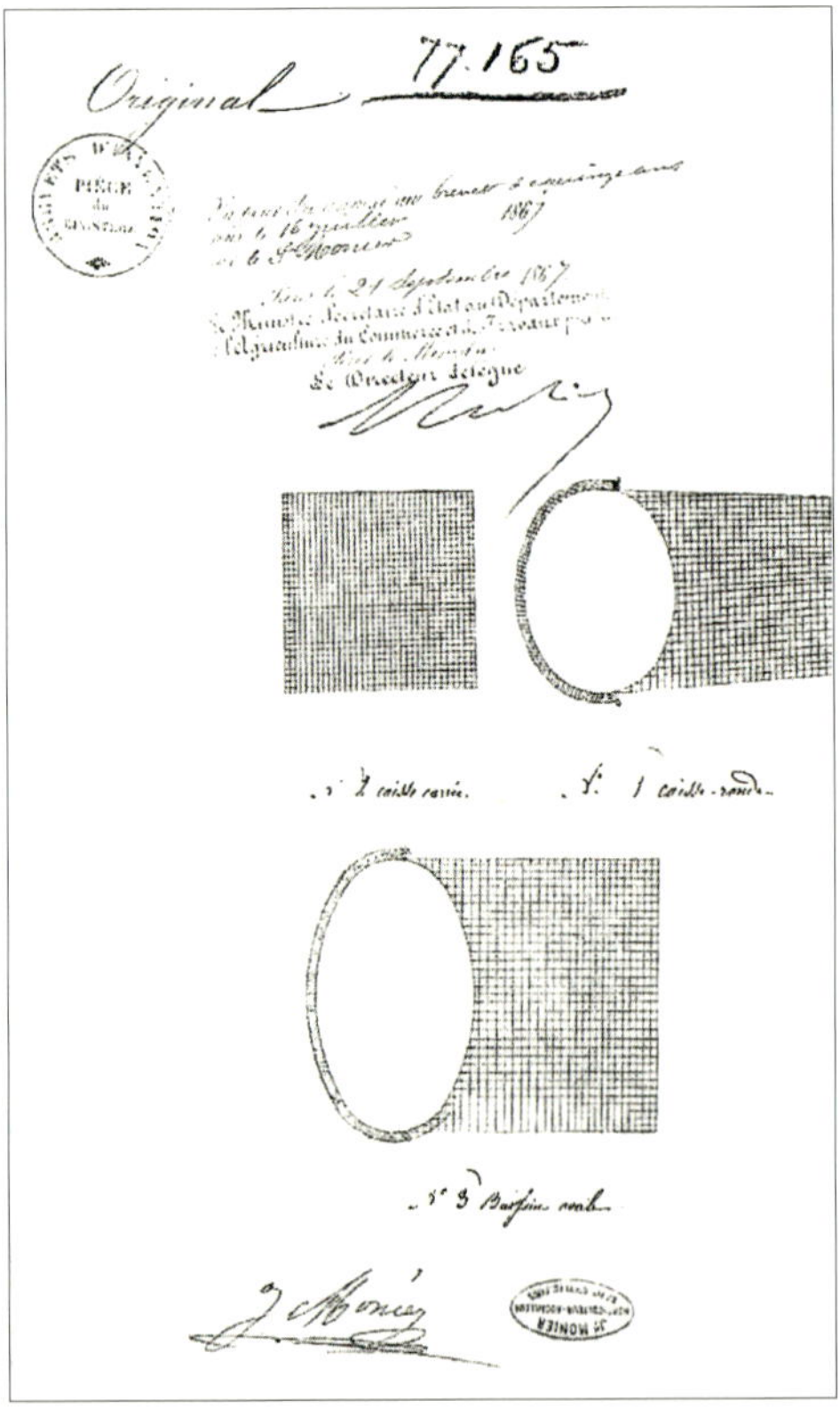

写真1　モニエが取得した鉄筋コンクリートの特許書
『Joseph Monier et la naissance du ciment armé』
Jean-Louis Bosc 他著　2001年

写真２　ランボーのボート。1885 年の第１回パリ万国博に出品されている　　撮影：佐々 暁生

いただこう（写真１）。モニエは植木鉢で知られるが、この図を見ると、植木鉢なら相当の大型を、むしろ水槽を念頭に置いていたと思われる。使われている鉄材の様子を見ると、〝鉄筋〟というよりは〝金網〟に近いだろう。

１８６７年のこの特許証から20世紀モダニズムの構造はスタートするが、しかし、モニエに先行し、１８５５年に船の特許がランボー（Joseph-Louis Lambot １８１４～１８８７年）から出されていることを忘れないでほしい。

ドイツで基礎が確立し世界に広まる

以上のような細部を私が知ったのは、佐々暁生さんの研究からだった。佐々さんは私の研究室で鉄筋コンクリート構造の歴史を研究した後、フランスに留学して学位論文をまとめ、今はフランスを代表する構造設計事務所に勤めながら大学でも教え、活躍しておられる。

ランボーが作った船（写真２）は今も博物館に保存されていて、それを佐々さんが写した写真を見ると、船といっても小舟にすぎない。

植木鉢とボートから寂しくスタートした栄光の鉄筋コンクリートであったが、ことランボーとモニエに関する限り、引き続き寂しいままに終わる。この程度の舟なら木造で十分だから、わざわざ重いコンクリートで作る酔狂なヤツはおらず、フランスでは見捨てられたが、幸いイタリアで企業化された。

モニエも似たり寄ったりで、いくつか水槽を頼まれたり、ごく小さな橋も手掛けているが、それだけ。

〝発明の宿命〟について思わざるを得ない。どんな優れた発明も、近代においては、産業化の過程を経ずには大掛りに実現することはなく、世間離れした発明家の私的な試みに終わる。舟のランボーも植木鉢のモニエもそのように終わったが、捨てる神あれば拾う神あり。

写真3　モニエの給水塔

フランスでの夢を絶たれたモニエは、1887年、特許権をドイツのヴァイスに売る。彼は優れた建設業者であり、モニエの経験的発明に構造力学的なメスを入れて改良し、建設現場に投入しては改良し、企業化に成功する。もちろん新技術の普及に欠かせない宣伝にも力を入れた。かくして、鉄筋コンクリートは建築界の宝に成長し、ヴァイス社も大をなす。
実は、モニエの名が今に広く伝わったのもヴァイス氏のおかげというしかない。

なぜなら、彼は鉄筋コンクリートを世に広めるための冊子をドイツとオーストリアで発行するが、『モニエのシステム』と銘打ってくれた。１８８７年のこの小冊子をきっかけに、１８９０年代、鉄筋コンクリートは世界へと広がり始める。そして日本に届いたのは翌１８９１（明治24）年だから、日本も決して遅れてはいない。

鉄筋は真ん中にコンクリートは両側に

モニエの発明をもう少し詳しく検討しよう。写真1のような金網状の鉄材にどうコンクリートを付けたのだろうか。樋状の型枠を作ってコンクリートを打設したわけではなく鏝《こて》で塗った。コンクリートも骨材が小さければ鏝で塗ることができる。モニエは、太い金網で形を作り、その両側からコンクリートを鏝塗りした。その結果、次のような椿事が起こる。この話は、ヴァイス社を早い時期に訪れた明治の土木学者の石橋絢彦《あやひこ》が同社の技術者から聞いたことだが、〝ヴァイス社を来訪したモニエが、梁の鉄筋はコンクリートの中心に入れろ、と言い張って困った〟。

モニエの植木鉢にも水槽にも、鏝で両側から塗った結果、鉄材はコンクリートの中心にあった。水槽や鉢のように内圧だけならこれでも構わないが、建築の梁のように〝曲げ〟が加わる場合、中心にあっては意味をなさない。おそらく鉄筋コンクリートの〝引っ張りには鉄筋で、圧縮にはコンクリートで耐える〟原理を知らなかったのだ。今でも普通の人にこの原理は難しいが、モニエもこと原理についてはただの植木屋のオヤジにすぎなかった。

モニエの仕事で私が見ておきたかったのは植木鉢だが、実物も写真も残ってはいない。今もあるのは、大小の水槽が三つと小さな橋の四件だけ。佐々氏がフランスで研究したのは20世紀になってからの鉄骨鉄筋コンクリートの発達史で、研究仲間からもモニエ情報はあれこれ得ているものの、実物は未見だという。

で、私のパリ滞在最後の日に、水槽を訪れた。場所は、南西の郊外のフェラーリ病院。

地図で見ると大きな病院だからと安心して出かけたのが間違いで、地下鉄の終点でタクシーを拾って乗り付けてみると、そこは高い塀の中。看板が掛かり、建物の中に人の動きはあるものの、病院にしては小さ過ぎる門は閉じたま

写真4　劣化したコンクリート内部。見慣れた灰色ではなく砂利も小粒

ま。仕方なくブザーを押すと、「申し込みをして許可を得てから出直すように」とインターフォン越しの膠《にべ》も無い応答。でも佐々さんが一計を案じ、小包の配送で入る人のすぐ後に付いて門を通ることにし、そのようにして入ると、受付の小父さんがどこかに電話を掛けた。

待つこと一時間。その間、病院の中を窺うと、どうも特別養護の老人施設らしい。それで門も小さく、閉じていたのだ。

やっと現れた白衣の女性は、こちらの要件と持参したモニエ関係の資料を見て信頼してくれたらしく、以後の応対は至極丁寧になり、まず病院自慢のチャペルへ案内してくれた。普通の教会とは雰囲気が違い、堂内の正面が、金箔張りの半ドームを天井に使うなど初期キリスト教会のスタイルを取り、深く重い印象が漂う。フランスの他の教会でも目にしたから、19世紀後半のフランスのキリスト教会では初期様式のリヴァイヴァル現象が起きていたんだろう。

目指す水槽は後庭の先にあるはずだが、チャペルから庭に移っても、姿が見えない。不安になり足早に後庭を突っ切ると、茂みの後ろからやっと現れた(写真3)。

意外に大きく、直径4~5m、高さ6~7mの円筒形だから水槽というより給水塔といった方がいいだろう。円筒

写真５　発見した鉄筋の爆裂部分

の表面には大きくアーチがレリーフされ、アーチの石積みも表現されている。連続のアーチはこの領分ではローマの水道橋を意味する定番的スタイル。建築様式など無縁なはずの植木屋も、立派な病院の給水塔にふさわしく建築界の定番を守ってくれた。

こんなことを書くのは、他の二つの水槽の姿を写真を通して知っているからで、一つはただの円筒。もう一つはいかにもシロートのやりそうなコンクリート製擬木で賑やかに奇妙に飾り立てられている。植木屋モニエの気持ちは擬木の飾りの方にあり、ローマ水道橋には無かったと思う。

建築探偵の面目躍如

薮を掻き分けて近づくと、１８９１年に造られてから百二十年以上もの月日が経ち、表面の風化は激しい。近づいて、本当にコンクリートか疑わしく思った。風化のことではない。このくらいの風化なら日本だって百年したら起きるだろう。疑いは色。外の塗りはセメントらしく灰色をしているのに、どうして中のコンクリートはクリーム色というか土色というか、灰色ではないのか（写真４）。

もう一つ、その色の中に砂利が見えないので、目を近づければ、やっと大きくて5㎜、小さいのが1㎜ほどの砂利があった。大きくて5㎜というのは、鏝で塗るためだろう。今、手元の拾ってきた欠けらをしげしげ観察すると、5㎜のも1㎜のもそれ以下のもすべて丸みを帯びており、よくこなれた川砂利であることが分かるし、砂利の色は例外なくクリーム系。でも、砂利の色がセメントに移るはずはないし・・・。

後日、佐々氏からその後の調査の成果が届き、当時のコンクリートは土色が普通だったことが判明した。

当時のコンクリートは、古代ローマの〝天然コンクリート〟の流れを汲み、質の悪い石灰石系の材料から焼成した結果、色は赤味がかった土色だったが、その後、今のようなポルトランドセメントが生まれ、灰色となる。

私は誤解していた。古代ローマの〝天然セメント〟とは〝天然〟に存在するセメントではなく、山から採用したまの、つまり天然の不純物が多い石灰石系の材料を焼いたセメントを指し、このセメントは19世紀前半にもまだ現役だった。佐々さんによると、実は今も、歴史的建造物の補修用にフランスの一会社が焼成し続けているという。

私が一通り見終わってからも、佐々さんはしつこく細部に目を凝らし、グルリと一周観察に余念がない。

「あった、あった」

中に入れた鉄筋が爆裂※によって露わになっていないか探していたのだ。

見ると、被りの薄い一カ所から錆びた鉄材が覗いているではないか。径はおよそ1㎝。ピッチは5㎝ほど（写真5）。

モニエについては、工事中の写真が伝わっておらず、どの程度の鉄筋をどう配していたのかが不明だという。

「本当に入ってた」と佐々さんはモニエが聞いたら怒りそうなことも言う。

先に、円筒の外観はローマ水道橋由来のアーチで飾られ、アーチの石積みまで浮彫されていると書いたが、そんな凸凹の多い形を打ち放しコンクリートで造ることはできず、鏝塗りしかない。擬木の飾りももちろん鏝塗り。とすると、モニエが発明し、実践したのは〝鉄筋コンクリート鏝塗り造〟であって、今日のように型枠に打ち込む方式ではなかった。

佐々さんに型枠の起源を尋ねると、鉄筋コンクリートの発展に寄与したコワニエの父親が、1850年代、型枠に無筋のコンクリートを打って立派な教会を造っているから、その頃だろうという。まず、型枠が生まれ、20年ほど遅れて鉄筋が現れ、別々に生まれたものが合体して今日の鉄筋コンクリートになったのである。

こんな根本的なことを考えるのも、実物の刺激が脳に伝わってこその賜物。用事で入る人に付いて強引に入って良かった。

帰りがけ、佐々さんが持参した資料のコピーを求められ、さらに、所長さんも会いたいという。所長さんは合気道のパリ代表を務めたこともあり日本贔屓だという。申し込んでから訪れたら、給水塔の周りの薮も刈っておいてくれたかもしれない。

※　鉄筋が爆裂…コンクリートの劣化で生じた亀裂から、雨水が入り鉄筋が錆びて膨張することで、コンクリートが内部から破裂する現象のこと。

No. 13

ル・ランシーの教会 ―世界初のコンクリート打ち放し建築―

コンクリート打ち放しの原点

あまり知られていないが、日本は世界でも屈指の打ち放し王国である。日本と並ぶのはフランスしかないが、そのフランスも打ち放しの裾の広がり具合では日本に負ける。ドイツ、アメリカ、イギリス、イタリアなどの国では、街や町や村を歩いていてヒョッコリ打ち放しを見かけるなんてことはまず考えられないし、ましてや打ち放しの個人住宅なんて捜したって見つからない。

写真１　ランシーの教会・全景

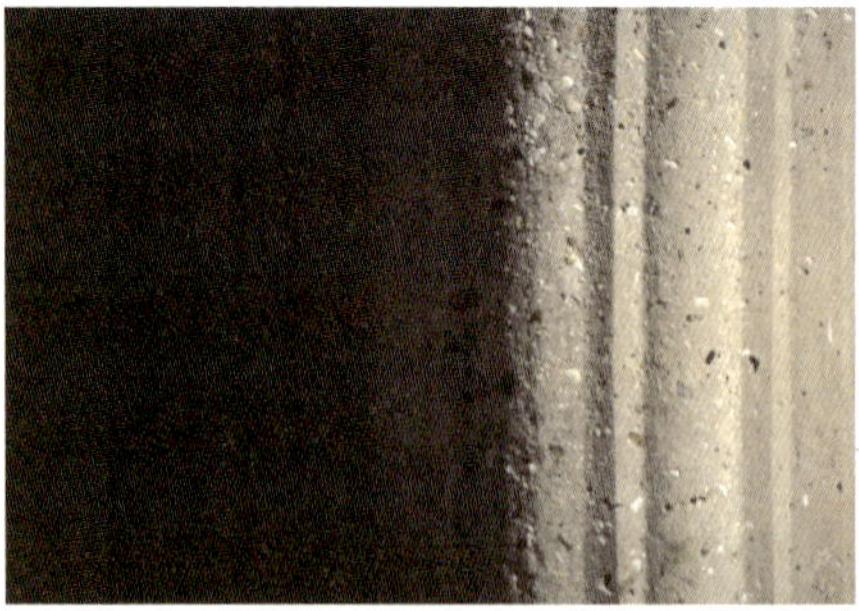

写真２　表面のノロは流れ落ちている

写真3　教会内部とステンドグラス

打ち放し王国日本の手本になったのが、今回紹介するフランスはパリの〈ル・ランシーの教会〉※1なのである。設計したのは建築家のオーギュスト・ペレ※2。完成は1923年、日本でいうと大正11年。世界最初の打ち放しコンクリート建築として知られ、もちろん世界遺産に指定されている。

　ここでちょっと注意しておいてほしいことがある。世界最初の例として知られているが、あくまで建築家の手になる本格的建築としてのことで、非建築家の発明家や技術者や物好きによる打ち放しはずっと前からあった。土木技術者によるコンクリート製のダムや橋などは、当たり前だが、打ち放しが普通。

ランシーの教会を初めて訪れた時の印象から述べると、あまりの小ささにまず驚いた。日本の地方の町の教会とそう変わらないし、指摘されなければ世界最初の試みとは思えないほど地味で、ちょっとガッカリした。

　遠目にはガッカリだったが、近づくとやはりスゴイ。表面を覆っていたノロ（セメント成分）は長い年月の間に洗い流され、骨材の豆砂利や砂が見えているのだが、ボロボロに風化している印象はなく、いかにもコンクリートらしく頑丈そのもの。

　でも後で文化財保存の専門家に聞くと、コンクリート中性化による風化は免れず、とりわけコンクリートブロックの部分の風化は激しく、苦労して補修したという。日本だけでなく鉄筋

写真4　光を浴びるステンドグラス

コンクリートの祖国フランスでも、長いこと、コンクリート永久大丈夫神話があったそうだ。

コンクリートブロックは確かに痛んでいただろうが、ムクの打ち放し部分の頑丈さはヒシヒシと伝わってきた。

外観で驚いたのは柱の造形で、ゴシック風に垂直性を強調した丸柱が立っているのは分かっていたが、一番目立つ丸柱の表面が竹でも束ねたように凸凹しているのは実物を見るまで知らなかった。

明らかにギリシャ神殿の列柱のフルーティング（柱溝）を意識し、しかし真似するわけにもいかず、凹状のフルーティングを反転し凸状にして付けている。

今こう昔を思い出して書きながら気づいたが、凸状のフルーティングなどという奇妙な形をどんな型枠で作ったんだろう。小さなパイプでも半割りして使ったんだろうか。それとも、厚板に彫り込むような手の込んだことでも。

外観は、「これが世界最初の例か、技術的にはともかく、建築表現としてはわざわざ来ることもなかったナ」という程度だった。でも堂内に入り、「来てよかった。これほどの打ち放し表現はそうはあるまい」と考えを改めさせられた。

ステンドグラスとの絶妙な調和

まず目に飛び込んでくるのは、ステンドグラスの光で、天井以外のすべての壁面から差し込む多彩な光が堂内に充満する。20世紀建築でこれほど印象深いステンドグラスは他に知らない。もしステンドグラスがなかったら、打ち放しの表現は冷たく硬く、耐え難いものになっていたのではないか。おそらく、ペレは、そうなることを恐れて、全面的にステンドグラスを採用したのだろう。

肝心の打ち放しはどうか。ステンドグラス以外はすべてコンクリートだが、目立つ部位はもちろん構造体で、柱と天井のヴォールト（かまぼこ状）がステンドグラス越しの光を浴びて浮び上る。

まず柱から見ると、細いこと細いこと、いくら地震がなくても大丈夫かと心配になるくらい細い。丹下健三へのインタビューを思い出した。戦後ヨーロッパに初めて行ってコンクリート打ち放しを見た時、〝こんなに細くできるなら、デザインの苦労はいらない〟と思ったそうだが、おそらくランシーの教会を訪れたのだ。

細く、しかし強靭に天に向かって伸びる柱の上には、浅く盛り上がるヴォールトが軽々と掛かる。柱の上に梁ではなくヴォールトが掛かっているのは、新鮮だった。日本人の頭はどうしても、柱と聞けば〝梁〟と答えてしまう。

この細い柱と軽いヴォールトにより、鉄筋コンクリート構造が落ち入りがちな表現上の重苦しさを克服している。弟子のル・コルビュジエもすごいが、ペレもすごい。ランシーの教会の打ち放しを見たら誰でもそう思うだろう。

しかし、ランシーの教会の後、奇妙なことが起こる。ペレは、打ち放しを止めてしまった。

まるで工場か倉庫みたいな打ち放しは、教会の信者をはじめほとんどの人に不評だった。支持する人は、建築界にもいなかった。

というより、建築界でこそ不評だった。弟子のル・コルビュジエさえ何の興味も抱かなかった。誰もが、コンクリートはムキ出しにするものではなく、石か煉瓦かモルタルで仕上げるべきと考えていたのである。

ペレの心は傷ついたにちがいない。二度と試みることはなく、大理石を張ったりモルタルを塗ったりするようになる。

打ち放しの試みは、ランシーの教会を最後にして終わるかに見えた。でも幸い、ペレの最初の試みを引き続き、発展させる者が世界に一人だけいた。日本のアントニン・レーモンドにほかならない。

なお、鉄筋コンクリート構造そのものを表現する仕上げには、〝打ち放し〟〝斫《はつ》り〟〝モルタル塗り〟の三種類が先駆的に試みられている。

写真5　教会内部・礼拝堂

日本に受け継がれたコンクリート仕上げ

チェコ出身のレーモンドは、パリを訪れ、ペレの元でコンクリートを経験したチェコ人のフォイエルシュタイン※3を日本に呼び寄せる。それと前後しランシーの教会の2年後、1925（大正13）年、レーモンドは自分の家をコンクリート仕上げによって建てた。

この時の担当者によると、レーモンドのデスクの上にはペレ関係の雑誌などが山積みされ、設計に行き詰まると、皆でページをめくって参照したという。また、外壁は打ち放しの上にモルタルを薄塗りしたが、内壁については、斫《はつ》ったり、研いだり、骨材を変えたり、いろんな仕上げを試みたという。

日本で作られたこの世界で二番目の（モルタル薄塗り）打ち放しコンクリート建築を見たことのある人は、少なくとも今生きてる人ではいない。私と堀勇良の二人を除いて。

もう40年以上昔になるが、二人は建築探偵団を名乗り、東京の町を歩き始めてすぐ、レーモンド自邸を捜し、行き当たっている。すでにレーモンドの手を離れ、欧米人の手に渡っていた。アメリカ大使館の塀ぞいの小道を辿って行き着いたのだが、まず普通は人の行かないような不便極まりない場所に建っていた。確か「ギャラリーG」とかいう名のギャラリーになっていたが、そんな不便な場所を訪れる者もなく、もう閉っていた。

そして残念なことに、打ち放しの上にはボンタイルが吹き付けられていた。もし、世界で二番目であることを知っていたら、中に入れてもらいちゃんと調べただろうが、当時、戦前の建築に関心を持つ者はごく少数だったし、研究もなされておらず、今思うと残念である。その後壊されてしまった。

このレーモンド自邸がフランスの雑誌に載り、ここから先は私の推測になるが、それを見たル・コルビュジエは打ち放し第一号スイス学生会館（1930）を造っている。

世界の打ち放しは、ペレの〈ル・ランシーの教会〉→レーモンドの〈自邸〉→ル・コルビュジエの〈スイス学生会館〉、の順になる。そして、レーモンドに学んだ前川國男、前川に学んだ丹下健三、丹下に学んだ磯崎新、と打ち放しの流れは流れ、やがて安藤忠雄が現れる。

※1　ル・ランシーの教会…フランス・パリ郊外にある教会堂。20世紀初頭（完成は1923年）に作られ、コンクリートの特徴を生かした新建築として代表的な建物である。
※2　オーギュスト・ペレ…ベルギー生まれ。1874〜1954年。コンクリートの父と呼ばれ、鉄筋コンクリートによる芸術的な表現を追求、建築・都市計画に高い評価を得ている。
※3　フォイエルシュタイン…チェコの建築家。1892〜1936年。東京にてアントニン・レーモンドと協働し、建築物の設計にあたる。作品には、ライジングサン石油ビル（横浜）などがある。

No. 14

ミュンヘンに残る二つの遺産 ―テオドール・フィッシャー―

二大建築が混在

2012（平成24）年の夏、ミュンヘンで私の展覧会が開かれた。本格的な建築展で、準備のため2年前から何度も出かけたが、気持ちも時間も余裕がなく、ミュンヘンの歴史的な建築を見ることはできなかった。

20年ほど前、初めて訪れた時はバロックとナチスの建築を見た。

ドイツのバロックは特殊な事情があり、ミュンヘンを都とするバイエルン州中心にしか建っていない。バロックの建築は、カトリックとプロテスタントの宗教戦争の時代に、カトリック側の感情重視の表現として生み出されたという日本人には分かりにくい事情があり、カトリックの総本山ローマから発信され、アルプスを越え、オーストリアとドイツのアルプス寄りのバイエルン州まで届いたところで、ルター率いる宗教改革の大波に押し止められてしまった。だから、アルプス以北では、オーストリアとバイエルン州に専ら集中し、ミュンヘンと近辺の田舎には、神への感情を掻き立てるような名教会がいくつもある。

なぜナチスの建築がミュンヘンに多いかというと、オーストリアから出てきたヒトラーは、まずミュンヘンを拠点に勢力を築き、ついにドイツ全土を支配したからだ。

反プロテスタントとナチス、この二つの建築のせいで、ドイツ建築史上のミュンヘンの位置は微妙なものになっている、と聞いた。

その反プロテスタント様式としてのバロックもナチス建築も、若い頃に来た時にしっかり観察しており、展覧会の会場への行き帰りにちょっと寄ってはみたが、印象は弱かった。

聞きたいことは数あれど…

展覧会の閉会に合わせて9月に行った時、初めてゆとりが生まれ、キュレーターを勤めてくれた建築家のハンネス・レスラーさんにバロックとナチス以外の何を見たらいいか相談すると、私の好みと関心をよく知る彼が案内してくれたのが、今回紹介する〝テオドール・フィッシャー〟である。もちろん名も知っており、ヨーロッパで出た本も持っているが、彼の本拠地がミュンヘンであることは忘れていた。

私が忘れるのも当然で、ヨーロッパでは19世紀初期を代表する建築家として知られているが、日本での知名度は低く、関東学院大学建築学科の太田敬二先生が研究しているだけで、まだ本も出ていない。

まず大まかなことを述べると、１８６２年に生まれ１９３８年に76歳で没しているから、世紀末のアール・ヌーヴォーの時代に建築家としてスタートを切り、１９３０年代のモダニズムの確立を目撃して没したことになる。

この激動の時代の先端で生きた建築家には聞きたいことが山ほどある。例えば、アール・ヌーヴォーからモダニズムへの10年ごとに先頭集団が入れ替わるような中で、自分たちの動きがモダニズムに収束すると予想できたかどうか、とか、鉄やコンクリートについてどう考えどんな試みをしていたか、とか。

本人にもう口はないから、私としては、遺《のこ》された建物に喋ってもらうしかない。

人に優しい都市計画

フィッシャーは、二つの仕事をミュンヘンに遺した。一つは都市計画、もう一つは建築。

まず、都市計画から見てみよう。彼は、ミュンヘン市の建築と都市を指揮する立場にあり、学校や役所といった公共建築だけでなく、都市計画も自分で図を引き監督した。都市と建築の両方を一人に託す伝統は日本にはないが、戦前のドイツでは珍しくなかった。

写真１　フィッシャーの都市計画図。赤で加筆された道路に注目
『Theodor Fischer Architetto e urbanista 1862-1938』Winfried Nerdinger 1990 年

写真２　ミュンヘンの車道。緩やかなカーブや交差点の角の建築の微妙なズレが心地よい

彼が指揮権を握った時、郊外への都市の拡大が大きな問題になっていた。といっても、日本のように独立住宅だけが拡大するわけではなく、一階に店や工房が入り、二階から四、五階にかけて住宅が入るヨーロッパ型のストリートの郊外への拡大である。

フィッシャー以前にすでに計画はスタートし、大通りをまっすぐ通し、平行する裏通りを通し、それと直交して横道を通すプランが立てられていた。こうしたグリット（格子）プランは、19世紀以後、合理的で作りやすく車の運行にも便利なパターンとして当たり前のように採用されていた。

その当たり前にフィッシャーは世界で初めて異を唱えたのである。

グリットプランの直線だけのストリートに沿って四、五階建ての建物が軒を連ねると、軍人の整列のようにビッシリ決まりはするが、変化の妙も味わいもなくなり、車の運行にはいいかもしれないが人間にとってはいい都市とはいえない、とフィッシャーは考えたのだった。

写真3　フィッシャーの設計による代表的学校

フィッシャーは、19世紀以前の中世の都市を調べ、学び、グリットプランに朱を入れた。

例えば、微妙な地形の高低差を捉えて大きくゆっくりとカーブさせるとか、直交する交差点の角の建物を少し凹ませて、人の溜まりを作るとか、ところどころに小公園を設けたり、道の突き当たり位置に、教会をシンボリックに置くとか。言ってしまえば、グリットプランの利便性は保持しながら、グリットを自分の赤ペンで揺すり、揺らぎを加えたのである。

この揺らぎのことはフィッシャーの作品集に載る都市計画の図で知ってはいたが、厳密なグリットプランと大して変わらなく見え、無駄な努力をしているとしか思えなかった。

ところが、実際そのようにして揺らぎを与えられたストリートを、レスラーさんに案内してもらい、車でゆっくりカーブする車道を通っても、歩いて街角が微妙にズレる交差点を渡っても、目と気持ちにリズムが生まれ心地よい。都市計画図ではわずかな変化が、実際にはストリートに大きな質の変化をもたらしている。

写真４　同入口。北欧的な造型

写真５　コンクリート小叩き仕上げの階段

現代の都市計画では、とりわけストリートの計画においてはこうした変化の妙は珍しくないが、百年前にフィッシャーは世界に先駆けて気づき、人に優しい作り方として実行していたのである。

コンクリート小叩き仕上げの街

続いて、建築について。フィッシャーの指揮したストリートに面して建つ学校を見たが、一見して奇妙な印象だった。なぜなら、ギリシャやルネサンスといった歴史主義の面影はキッパリ洗い流し、アール・ヌーヴォー以後の革新的建築家らしく、大きな壁面を平坦に仕上げ、モダンなサーフエイス（表皮性）の効果はちゃんと出しているものの、その壁面に来歴不詳の薄いタテヨコの線が入っている。その線の来歴は、入口の回りの彫刻で分かったが、ノルウェーなどの民俗的造形に由来する。理由は知らないが、当時、革新的建築家の一部に北欧的造型があったことは、他の建築家の作からも窺《うかが》える。

都市計画において人への優しさを意識していた

ことと、建築における北欧的造型は通底するところがあるにちがいない。少し後の話になるが、フィンランドのアールト※1の建築やデンマークのウェグナー※2の家具には確かに人と人肌への優しさがあり、北欧的な質として説明されることが多い。

北欧趣味の入口から中に入り、私が目を見張ったのは階段室だった。デザインはアール・ヌーヴォー以後の建築らしくヴォリューム（量塊性）を正しく捉えている。なお、先に述べたサーフェイスとヴォリュームは一見違った概念のように思われるかもしれないが、ヴォリュームを包む表皮がサーフェイスにほかならない。

階段がモダンなヴォリューム感を正しく捉えているのは分かるが、使われている材料がはっきりしない。私の展覧会が開かれたヴィッラ・シュトゥック美術館のギリシャ式列柱と似た印象もある。

暗い上に長い年月で表面が磨かれちょっと目には分かりにくいが、目を近づけ、手で撫でてみると、ヴィッラ・シュトゥックと同じコンクリート小叩きに間違いない。石の小叩きは知っていたが、コンクリートの小叩きがヴィッラ・シュトゥックの他にもあろうとは、と当時は思ったものだ。

外に出てから、辺りの同時代の建物を注意して見ると、土台は石の小叩きで、上の壁はコンクリート小叩きなんてのが続々と見つかるが、石とコンクリートの見た目の差はほとんどない。

20世紀初頭のミュンヘンでは、石に似せてコンクリートを小叩きする仕上げが広がっていたことをその時知った。

打ち放しの起源は小叩きか

当時それは、近代建築を主なテーマとする建築史家にとって捨て置けない新知見だった。

私には〝鉄筋コンクリートと表現〟という長年のテーマがあり、とりわけ、打ち放しコンクリートの起源についてはこれまであれこれ考えてきた。もちろん、建築家として世界で初めて打ち放しを試みたのはフランスのオーギュスト・ペレで、ル・ランシーの教会が第一号であることは常識だが、ペレの打ち放しが誕生する前後にはいろんなコンクリート表現があったはずで、そのあたりに関心があった。今では、コンクリートらしい表現即打ち放しとなっているが、違うのではないか。ペレの打ち放しが突然生まれたわけはなく、先行形態があったのではないか。

こうした関心にミュンヘンの実例を嵌《は》めると、コンクリートならではの表現としては、〝フランスの打ち放しに先立って、ドイツの小叩きがあった〟との仮説が可能になる。

まず、ドイツで石を手本にコンクリートならではの表現を小叩きで試み、続いて、フランスで打ち放っただけで済ます打ち放しが生まれた。

現在、小叩きと打ち放しの二つを比べると、打ち放しの方がよりコンクリートならではの表現と広く認められているが、これに対し、小叩きのほうがコンクリート表現としての純度は高いと故・林昌二さんが異論を唱えたことがある。なぜなら、打ち放しコンクリートはコンクリートというより型枠の表現であるから。

※1　アールト…アルヴァ・アールト。1898～1976年。世界的な近代建築家だが家具や生活雑貨等多岐に渡る作品を残す。その業績から自国紙幣に肖像が描かれていた。

※2　ウェグナー…ハンス・J・ウェグナー。1914～2007年。家具デザイナー。「椅子の詩人」とも呼ばれその作品数は500を超える。

No. 15

ウルムの兵営附属教会 ―小叩き仕上げ―

その栄光はコンクリートと共に

2013（平成25）年は丹下健三生誕百周年に当たり、出版やシンポジウムなどさまざまな行事が開催された。丹下の出現によって、日本の建築界は世界のトップに立つという辰野金吾このかたの夢を実現した。正確にいうと、辰野の夢は〝世界と並ぶ〟だったが、曾祖父の夢を越えて曾孫はトップグループに加わり、もっと詳しくいうと、ル・コルビュジエ以後の戦後の世界の建築界をアメリカのサーリネンと並んでリードし、国立代々木競技場においてサーリネンを引き離しトップに立ったのだった。

丹下に代表される日本の戦後建築界の栄光を、材料、構造の面から見ると、打ち放しコンクリートの栄光といっても構わない。日本ほどこのフランス生まれのやり方を駆使し、発展させ、そして極めた国はない。安藤忠雄の出現もそうした蓄積の延長上にある。

辿り着いた結論

で、建築史家として、打ち放しという20世紀ならではのやり方の発生と発展の跡をこれまで延々追跡してきたが、発生については、現在、一つの結論に到達している。打ち放しを世界の建築界で初めて試みたのは、よく知られているようにフランスのオーギュスト・ペレによる1923年のル・ランシーの教会にちがいないが、ペレの打ち放しは突然生まれたわけではない。

ペレの打ち放し以前にペレ以外の建築家による一群の試みがあった。それが、前項でも取り上げた小叩きにほかならない。コンクリートを打設した後、小叩きして表面のノロを落とし、コンクリートの本体ともいうべき砂利とモルタルを露出させる。

ミュンヘンにたくさんあり、そうした好例としてテオドール・フィッシャーの設計になる学校をすでに紹介したが、その時、小叩きを表現の一部にしか使っていないことに不安を禁じ得なかった。玄関周りとか階段室とかの目につくポイントに使ってはいるが、建物全体に展開しているとは言い難かったからだ。

〝もっと小叩きを〟という私の要望に応えてくれたのが今回の〈ウルムの兵営附属教会〉にほかならない。

写真1　プロテスタントのための兵営附属教会。建物側面には傾いたバットレスが並ぶ

ポスト アール・ヌーヴォーを牽引した二人

紹介する前に、当時のヨーロッパの建築界の様子をおさらいしておこう。

20世紀のまさに初頭。時代の先端テーマは、19世紀末に始まったアール・ヌーヴォーの次をどうするか。アール・ヌーヴォーは30年かけ1920年代に白い箱に大ガラスのモダニズムに到達するが、急に到達したわけではなく、欧米各地にいろんな建築的才能が輩出し、さまざまな試行錯誤を重ねた。

その時、誰がキーマンだったのか。ル・コルビュジエやバウハウスのグロピウスやミースが先頭に立って大ガラス付きの白い箱に駆け込む前、誰がヨーロッパの動きをリードしていたのか。

アール・ヌーヴォーの中心はフランスやベルギーやオーストリアだったが、以後のリーダーシップはドイツに移っていた。そのドイツ建築界の先端は、ペーター・ベーレンスとフィッシャーの二人が引っ張っていた。

二人が中心であったことは、そこから輩出した人物を見れば分かるだろう。ベーレンスの事務所からはグロピウスとル・コルビュジエとミースが、フィッシャーの許からは、ブルーノ・タウト、ゴットフリート・ベーム、グロピウス、エーリッヒ・メンデルゾーンが巣立っている。

グロピウスは両方に学び、ル・コルビュジエは最初フィッシャーのところに入りたかったが断られベーレンスに替えた…ともミュンヘンでは伝えられている。

後から振り返って分かることだが、時代の才能は、磁石に吸い寄せられる鉄粉の如く一カ所に集まる。その磁石がドイツであり、N極をベーレンスとすればS極がフィッシャーだった。

ウルムの兵営附属教会こそ、フィッシャーの代表作にほかならないし、コンクリート小叩き仕上げの代表作でもある。

モダニズムの萌芽がそこに

紹介しよう。ミュンヘンからアウトバーンを北西に向かって時速150キロで飛ばすと1時間でウルムに着く。戦後、バウハウス教育※1で知られたウルム造形大学の所在地としてデザイン界では知られるが、広く社会では旧市街に立つゴシックの大聖堂が名高い。

旧市街の周囲に広がる住宅地に目指す建物はあったが、ゴシック大聖堂と違い、観光客はおろか管理人すら常駐していない。なぜか。答えは簡単でプロテスタントの教会だからだ。30年にわたり、ヨーロッパを二分して行われた宗教改革運動とその戦争の時、ミュンヘンはじめ南ドイツは改革派のプロテスタントに抗して保守派のカトリックが勝った。

ウルムを本拠とするドイツ軍の兵士は旧市街の大聖堂に行けばいいが、徴兵されてきた他所の兵士の中にはプロテスタントもいて、彼らが祈る教会がない。出陣に当たり祈る教会がないでは士気に関わること著しく、で、急遽、兵営の一画に建設されたのがこの教会なのである。

少数派のプロテスタントのため、という事情が設計者に自由を与えたにちがいない。プロテスタントは教会の建築に崇高性や絶対性を求めず、一つの集会施設として捉える伝統を持っているし、ゴシック様式はカトリックのものという認識もある。

フィッシャーは、キリスト教のルール化している縦長平面は一応守ったうえで、ゴシックではなくそれに先行するロマネスクを意識し、一つの固まりの如くデザインを進め、アーチや塔の形を決めていった。

ロマネスクを意識しているが、しかしロマネスク様式には従わず、様式的造形はモダンな感覚で洗い流し、〝一つの固まりがあり、その表面を一枚の表皮が包む〟といった印象を獲得することに成功する。この印象こそ、やがて大ガラス付きの白い箱へと繋がってゆく。

写真２　アーチや塔はゴシック建築とは異なり緩やかなカーブの形状

写真3　教会内部および天井。全面コンクリート小叩き

小叩き仕上げの先駆者は誰なのか

私が注目したのは、そうしたデザイン上の特徴ではなく、使われている材料と構造についてだった。鉄筋コンクリートで骨を作り、間に煉瓦を積んで壁体としている。ただし純粋な鉄筋コンクリートではなく、間の煉瓦も壁体として荷重を受けているから、RCと煉瓦の混合造にちがいない。ただし、バットレス※2は鉄筋コンクリート造だから、八割方はRC造といっていいだろう。

外観の表現において、RCと煉瓦のどっちが重要な役割を果たしているのか。ミュンヘンの学校ではポイント的だったRCは、ここでは垂直の柱と水平の梁、そしてバットレスに使われているから、表現の主力はコンクリートにあると判断して構わない。

内部はどうか。堂内に入ると、プロテスタントらしく集会所的平面が広がるのは予想通りだったが、暗さに目が慣れてから見上げた天井は嬉しかった。梁もスラブも全面これコンクリートなのだ。1911年の全面コンクリート。ペレのル・ランシーの教会は1923年だから、12年先行する全面コンクリート表現にちがいない。部分的ではあるが、世界初。

もう一度外に出て、コンクリートの仕上げ面を観察した。ル・ランシーの教会の柱のように、当初、打ち放しでも長い年月にノロが洗われ、砂利とモルタルが露出し、小叩きに見えることがあるからだ。目を凝らすと、ノミで削れて割れた砂利が見つかり、当初から小叩きであったことを確かめた。

鉄筋コンクリートならではの表現を求める道は、まず1910年前後に〝小叩き仕上げ〟としてスタートし、1920年代になって〝打ち放し仕上げ〟に変わった、と結論していいだろう。

ただし、スタートを飾ったのがフィッシャーだったかどうかは定かでなく、あるいはライバルのベーレンスだったかもしれない。なぜならベーレンスの手になる1907年のハーゲンの火葬場の外壁は写真によると小叩きのようにも見えるからだ。

※1　バウハウス教育…すべての造形的作業の最終目標は建築であると、芸術と工業技術の統合を目指した教育運動。現代建築・デザインに多大な影響を与えた。

※2　バットレス…壁を補強するために、その壁に対して直角に突き出したように作られる壁のこと。控え壁ともいう。

写真4　教会入口。柱をはじめとする小叩き仕上げに注目

No.
16

ゲーテアヌムその1 ―先駆的な自由曲面の打ち放し―

写真1　正面。屋根はスレート葺き

スイスでの探偵稼業は続く

普通なら行くこともないスイスのドルナッハ村を訪れたのは、ゲーテアヌムを見るためだった。

研究室OGで今はミュンヘンで設計に携わるマイコ・ハーンさんに案内してもらい、車でミュンヘンからスイスに入り、ダルナッハ駅前の修道院（修道士はもう一人しかおらず、宿泊によって維持されている）に泊まり、翌朝、歩いて出かけた。

数分、山に向かって進むと、丘の上に一度見たら忘れることのできない姿が現れる。異様の建築にちがいない。これが、1928年に完成したルドルフ・シュタイナー設計による第二ゲーテアヌムである。

偉人？変人？なルドルフ・シュタイナー

シュタイナーは宗教家に近かったし、ゲーテアヌムは例のドイツの文豪ゲーテに因《ちな》んでいる、と聞いただけでアヤシイ感じが漂い出るが、このアヤシサはそんじょそこらの新興宗教やトンデモ思想とはレベルが違い、シュタイナーが活躍した20世紀前半から今に至るまで、知力と芸術的想像力に恵まれた一部人士を引き付けるだけの魅力を放っている。

１８６１年オーストリアに生まれ、ドイツで活躍し、本拠はスイスの山村に置いた。ウィーン工科大学出身で、当然のように建築、医学、物理学、天文学、農学といった理科系的思考と知識に強く、一方、哲学、心理学、宗教学、文学、教育学に通じ、加えて絵画、彫刻、ダンス、音楽にも詳しかった。

〝宇宙と個人の一体化〟

〝科学と宗教の融合〟

〝有機的芸術表現〟

といった理想を掲げ、実践し、そうした活動の本拠として、かつ芸術表現の実践として、建設したのがゲーテアヌムだった。ゲーテは、文学のみならず芸術全般に詳しく、また自然科学にも通じ、ルネサンス以後の全体的人間の最後の一人として知られるが、そうしたゲーテに因んでゲーテアヌムと名づけられた。建築の内容は、集会や演劇、音楽用のホール。

百聞は一見に如かず

日本でシュタイナーの名が知られるようになったのは子安美

写真２　側面。左手が正面

知子著『ミュンヘンの小学生』が1965（昭和40）年に刊行され、日本の義務教育と正反対の内容のシュタイナー教育が紹介されてからだが、我が建築界ははるかに早く、昭和初期まで遡る。ガウディと同じように今井兼次が初めて紹介した。そしてガウディと同じように今井の流れを汲む建築家の上松佑二によって研究が続けられて今に至る。

私がゲーテアヌムのことを知ったのは学生時代で、写真で初めて見たとき、〝打ち放しコンクリートのガウディ〟との印象を持った。今回もその印象の延長上で初訪問を果たしたが、学生時代以後の20世紀建築についての知識と思索を眼前の実物にぶつけながら、学生時代とは違うことをあれこれ考えた。

まず、学生時代は類のない孤立したデザインと思ったが、それは正しかったのか。この建物の特異な印象の湧き所は壁の上端部の作りにある。壁が斜めに迫り出して軒の役を果たすという珍しい作り。壁のような軒のような。

こう書くと小さなことのように思うが、実際見てみると効果はむしろ決定的だ。理由は軒という部位が建築の上辺にあるからだろう。正確にいうと上辺という建築の輪郭部分にあるからだろう。

人間の図像認識にはその筋ではよく知られたルールがあり、まず輪郭線で捉える。四角の建築ならば上部の軒のラインと左右の壁のライン。ところが、ゲーテアヌムの場合、正面の壁が平らではなく左右に回り込んでおり、目で追うと左右のラインは後へと逃げて行ってしまい、印象は弱まる。左右のラインが弱まった分、上辺のラインが前面に押し出されることになるが、それが斜めに切れ上がる独自の形を取るから、ますます印象は強くなる。

チェコ・キュビズムとの共鳴性

学生時代はこの強い印象について孤立性を認めていたのだが、その後の長い建築探偵稼業の中で似た軒の作りをもう一つ見聞した。本書No.26で取り上げるチェコ・キュビズムがそうで、多くの例が軒を切り上げていたし、正面から望むと中央部が山形に盛り上がって見える点も似ていた。チェコ・キュビズムは1910年代いっぱい花開いている

写真３　丘の上にゲーテアヌムがマンモスのように現れる

から、１９２４年に起工したゲーテアヌムは、踵を接して出現したことになる。チェコとウィーンとドイツ南部とスイス北部は、歴史的にも文化的にも深く長く結び付いているから、チェコ・キュビズムとゲーテアヌムの間の共鳴性は検討に値しよう。ゲーテアヌムで手にした大部の研究書にもこのことは触れられていた。

ただし、形は似ているが構造はまるで違い、チェコ・キュビズムは煉瓦造の表面を削ってモルタルで仕上げたのに対し、ゲーテアヌムは鉄筋コンクリートだった。それも、打ち放しの。

もしこれが鉄筋コンクリートの上にモルタルを塗っていたら、少なくとも私は注目しなかったと思う。学生時代はその有機的形が日に焼き付いたとしても、還暦過ぎてからわざわざ訪れたりはしなかった。

この造形が打ち放しで作られた、それも１９３０年に。世界の打ち放しコンクリートの歴史に関心を払う者にとっては驚くべき事実というほかない。あまりに早過ぎ、あまりに形が変わり過ぎている。

世界の打ち放しの歴史は、本書No.13でも述べたように、①１９２３年ペレ設計のル・ランシーの教会

（パリ）②1925年レーモンド設計のレーモンド邸（東京）（ただし、モルタル薄塗り）③1932年ル・コルビュジエ設計のスイス学生会館（パリ）という順で始まる。なのに、1928年完成のゲーテアヌムときたら、ル・コルビュジエより早く、我がレーモンドとペレよりはちょっと遅れるものの、設計が1924年には終わっていることを考えると、レーモンドと並ぶことになろう。

早いだけではない。自由な曲面を打ち放しているのだ。このことがいかに特異かは、ル・ランシーの教会は柱の上に浅いライズ（立ち上がり）のヴォールト屋根※を載せ、レーモンドの自邸は四角な壁面の構成により作られていることと比べれば分かるだろう。曲面、それも幾何学に則った一次曲面の打ち放しの第一号ですら、1934年のレーモンドによる川崎守之助邸を待たねばならず、その5年前の自由曲面打ち放しがいかに先駆的だったことか。

その上、今年で90年になるというのに、昨年打ったかのように打ち放しの表面がきれいで美しい。スイスの打ち放しの美しさについては内田祥哉先生からかねて聞いてはいたが、何年経っても劣化しないどころか次第に強度は増すという。冷涼な気候のせいなのか、排気ガスが少ないからか、それともコンクリートの質が違うのか。先生によるとその全部の結果らしいが。

建築の裏に潜む彫刻の顔

敗北感すら覚えながら、内外を見回し、一つ疑問が生じた。こ

写真4　玄関ロビー。奥に集会場がある

れは建築家の作品と言えるのかどうか。

　もちろん、シュタイナーが建築家ではなかったことを論《あげつら》おうという訳ではない。建築としてはちょっとヘンなのだ。ガウディはあれだけ自由なデザインをしながら、プランと構造への強い意識があり、そのことがあの奔放な造形を彫刻ではなくちゃんと建築へと着地させていた。

　彫刻と建築を分けるのは平面と構造の意識という自説に従えば、ゲーテアヌムには欠があり、建築より彫刻に近い。ただし、場所によるようで、外観は彫刻だったが、ホールの階段室は打ち放しのガウディと呼ぶにふさわしい建築となっていた。

　建築家の仕事でないとすると、ゲーテアヌムの打ち放しはそう先駆的とはいえず、私の訪れた例では、応用化学者のヘンリー・チャップマン・マーサーが、１９１６年に作ったマーサー博物館に12年遅れる。

　次回は、ゲーテアヌムの周囲に展開するさまざまな変わった建築について続けたい。

写真５　建築的にもよくできた階段室。打ち放しが実に美しい

※　ヴォールト屋根…アーチを連続して並べた屋根のこと。

No. 17

ゲーテアヌムその2　―コンクリートと木―

写真1　焼失した初代ゲーテアヌム

素人建築の初代ゲーテアヌム

神智学で知られる思想家のシュタイナーの本拠地〈ゲーテアヌム〉を訪れて、やはり建築は現地を訪れないとダメだ、と改めて思い知らされた。

理由は二つあった。一つは、展示された古写真と保存されている部材により初代ゲーテアヌムの実態を知ったことだった。先に紹介した打ち放しコンクリートの第二ゲーテアヌムは、1920年完成の初代が1922年に焼失した後、焼け残った一階の上にデザインを大きく変えて再建したもの。デザインはもちろんシュタイナーによる。

焼失から分かるように、初代は、コンクリート造の一階の上に木造で壁を立て、上に大きな木造ドームを載せて作られていた。その姿を古写真で見て、重要なポイントを確認できた。二代目の先駆的で造形意欲溢れる打ち放しに感銘を受けると同時に、全体の形にどこか素人臭さを感じたが、初代の古写真を見てこの印象は確信に変

わった。明らかに建築的素養に欠ける素人のデザインなのである。同じようにクネクネしながら、プロ中のプロのガウディとはまるで違い、平面と構造についての長い蓄積をバックにしていないし、平面と構造についての感覚に欠けている。

具体的にいうなら、単調な半円球の形をしたドームは、下でドームを支える壁のデザインや平面と関係ない形になってしまっている。全体の造形の統一が取れていないのは、素人建築一番の特徴といえよう。

木造外壁に夢を馳せる

素人っぽさという点でそれ以上に驚いたのは、正確にいうと素人っぽさを超えて強い感銘を受けたのは、ドームを支える壁の作りだった。木造で作られているが、その表面が全面的にノミで削られて凸凹し、浮き彫りのようにシュタイナー独特の造形を浮き立たせている。構造的には普通の木造の壁を立ち上げ、その表面にブロック状の分厚い木片を取り付け、その表面をノミで削っているのだが、実は私もこのやり方を考えたことがあった。巨大なムクの木を削り出して建築を作りたいという〝純粋木造の夢〟が私にはずっとあり、現実にはあり得ないとしても、せめて厚い板の表面を自在に削ってムクに近い木に包まれた空間を作りたいと思いながら、これまで実現していなかった。その夢に近い試みをシュタイナーはとっくにやっていたのだ。

私にはさまざまな建築的夢想があるが、実現するには王様になるかシュタイナーのように宗教に近い組織でも結成するか、どちらかしかないだろう。

コンクリート仕上げの変遷に新たな発見か

ドームと木の壁の件は古写真で知ったが、この二つが載っていた一階の鉄筋コンクリート部分の仕上げが古写真で

はどうしても分からない。二代目のように打ち放していたとすると、世界の打ち放し史上に新たな一点を加えなければならない。

幸い、初代の階段のヘンな形の親柱が保存されており、それにより仕上げが分かった。打ち放しではなく、コンクリートを打った後、ノミで小叩きして仕上げている。

20世紀初頭、コンクリートをむき出しにして表現したいという欲望が建築界の一部で起こり、その道は結局1923年のオーギュスト・ペレのランシーの教会に行き着くのだが、その道の初期にさまざまな試みが欧米と日本でなされ、その解明に意を注いできた私にとって初代ゲーテアヌムは一つの収穫となった。1920年には小叩き、1928年には打ち放し、とゲーテアヌムはコンクリートをむき出す道を進んでいたのだ。シュタイナーはドイツで活動した時期が長く、その時期、ドイツではコンクリートの小叩き仕上げが先駆的に試みられていたことが分かっていた。コンクリートむき出しの表現は、まずドイツの小叩きに始まり、次にフランスの打ち放しに至った、という仮説が可能かもしれない。

写真２　発電所。コンクリートの仕上げが特徴的

町ぐるみのゲーテアヌム

現地を訪れて初めて知ることのできた二つ目は、ゲーテアヌムの周囲に造られた建物の面白さだった。初代ゲーテアヌムと同時期、活動に必要な発電所や配電用の塔やアトリエなどいくつもの住宅がゲーテアヌムの立つ丘の回りに散るように建てられ、それらは昔のままの姿を見せてくれる。加えて、その後、シュタイナーに共鳴する人々がゲーテアヌムのあるドルナッハの村に集まり、今ではドルナッハはシュタイナーの町と言えなくもない状態に立ち至って

いるが、一部新興宗教のようなアブナサはないらしく、小さなスイスの町の中でシュタイナー関係の人々と普通の市民が共存している。私が訪れた時にも、シュタイナーの演劇に関係する人々の集会が開かれていたが、そうした人々が宿泊や飲食に落とすお金は、地元をある程度潤しているように見受けられた。

周囲に散る当初の建物の面白さについて、四つを例に述べてみよう。

ドルナッハの奇妙な冒険

まず、ゲーテアヌムが初代と二代を通して見せる自由な曲面を高い純度で見せてくれるのは、ゲーテアヌムの正面に立つ住宅で（今はグッズを売っている）、軒から屋根にかけての自由奔放ぶりは、建築のトレーニングを一度でも受けた者にはとてもできまい。

二つ目は、エネルギーセンターと呼ばれている発電所で、建物が上に伸びているのは煙突が中に納まっているから。造形的にはよくできており、おそらくフラフラと上がる煙のイメージがこの珍しい建築の形に一つの根拠を与え、個人の恣意を消してくれたのだろう。仕上げはコンクリートの表面を小叩きしていた。普通、日本でこんな仕上げをすると、十年しないうちに雨だれやら黴《かび》やらで汚くなるが、スイスのコンクリートは、ムキ出しにしても汚れない。緻密なコンクリートを丁寧に打ち、かつ空気が清潔で、気候が乾燥して冷涼ならば、コンクリートという材料はムキ出しでも百年以上何の問題も起きない。俄かに信じ難いかもしれないが、疑う者はゲーテアヌムを訪れたらいい。

写真3　ドルナッハの住宅。屋根は自由奔放な曲面

三つ目は、ゲーテアヌムの立つ丘の登り口に立つ配電用の塔。コンクリートむき出しではなく、板を張ってカラフルなペンキを塗って仕上げている。配電器というか分電器は大小さまざまな大きさのものが取り付けられ、そうした大小に合わせて箱を作り、その凸凹の面白さを表現している。「ゲーテアヌムはドオも」という建築家でも、これなら好きになれるだろう。

写真４　配電用の塔。大小の凸凹に注目

最後にスタジオを紹介しよう。ゲーテアヌムの初代のデザインを知りたいと思ったら、これを見るのが一番いい。建築家ならまずやらない完全半球状ツルツルドームはここでも採用され、それも二つ載っている。

ゲーテアヌムのドームとの共通性は内部にもあり、スタジオの室内に入ってみても、外観のドームの形はどこにも感じられない。ゲーテアヌムのドームの下は劇場になっていたが、古い写真で見るとドームの形とは関係なく彫刻的で絵画的なインテリアが作られていた。

宇宙と響き合うような人間のあり方を考えていたシュタイナーにとって、宇宙を象徴する形としての球は大事だったが、ドームとして載せれば十分で、球の形を室内にも取り込み、球で人間を包もうとは考えなかったらしい。建築家による建物の歴史を振り返ると、古代ローマのパンテオンをはじめ半球体で人を包む空間はたくさんあるというのに。

二つの半球ドームを支える外壁は木の仕上げを前面に出し、多くの部分は小さなシングル（柿《こけら》）で葺《ふ》かれ、正面中央の入り口回り

は、厚い板を削って自由な曲面を生み出している。初代ゲーテアヌムの厚板深削り外壁仕上げと同系の仕上げにちがいない。

以上四つの他にも、野外の舞台や、お墓や、用途の分からない石造物などが散在するから一日いても飽きることはないだろう。でもそれは、スイスならではの豊かな自然の中を歩きながら外観を眺めた時に言えるだけで、内部空間は残念ながら貧しいというしかない。

写真５　スタジオの正面。初代ゲーテアヌムの面影が残る

写真６　スタジオ入り口。純粋木造の夢がここに宿る

No. 18

中国の碉楼 ―100年前の〝超〟高層住宅―

写真１　水田の中に唐突に“超”高層の農家が出現

田園の中の世界遺産

何年も前になるが、北京の精華大学の若い建築史研究者に今取り組んでいるテーマについて聞くと、ヘンな答えが返ってきた。「昔、田舎の農村に造られた高層住宅を世界遺産に登録するための調査をしている」とのこと。

昔、というからには少なくとも戦前のことだろうが、そんな頃に田舎にあったのは平屋に草葺き屋根の貧しい農家ばかりのはずなのに、どうして高層住宅なのか。それも世界遺産になるような印象深い住宅とは⁉

名前もちゃんとあって「碉楼」と書いて、日本語なら「チョウロウ」と読む。中国語で〝碉〟とはトーチカ※、〝楼〟とは高層建築を指す。この話を聞いてから二年ほどして、研究会に出かけた帰りに案内してもらった。

場所は、中国は南端の広東省開平市。このあたりは珠江のデルタ地帯に近く、大都市としては香港がある。車を飛ばして近づくと、大小の水路が縦横に走る平坦な水田地帯が広がり、遠くには丘陵も見え、豊かで暮らしや

すそうに見える。運河を覗くと、水位の上下が毎日定期的に繰り返されるときの跡が岸辺に印されており、海に近いことが窺える。

目指す村に近づくと、突然、田んぼの中に点々と、5、6階建てのビルのようなヘンなプロポーションの建物が姿を見せ、どれも四角な平面を取り、最上階にはヴェランダが回され、屋上にはペディメント風の飾りが突き出し、時にはドームや角塔が覗いている。

住宅とはとても思えず、これまで知っているビルディングタイプから推測するなら、天文台か測候所か何かの観測センターになる。

稼いだ富は自分で守る

なんでこんな海辺の農村に高層住宅が造られたのか、誰でもまずそこが知りたい。

原因は大河に近い海辺という立地にあった。雨のシーズンになるとしょっちゅう洪水に襲われ、それも土砂の流れ込むような日本型の洪水と違い、大河からあふれた大量の水がじわじわと上昇して田畑に冠水し、そうした大量の水で海面水位も上がったままなかなか下がらないから、冠水は長期に及び、作物は枯れる。そんな年には近隣の村々は深刻な飢饉に襲われ、餓死者が続出する。清朝末期から中華民国の時代には政治は乱れており、外からの助けはなく、元気な男たちは出稼ぎに行くしかない。行く先も限られ、アメリカへ肉体労働者として渡る。

写真2　田園地帯にニョキッと立つ5階建ての農家

当初は、毎年、底辺の肉体労働者として出かけていたが、そのうちそこそこ稼ぎも貯まり、小商いや店を出し、そうして稼いだドルをトランクにギッシリ詰めて持ち帰り、裕福な暮らしが可能になった。

メデタシメデタシとはいかないところが当時の中国の哀しさ。農民が稼いだドルをしこたま持って港に着き、入国審査を終えて、村へ向かうと、そっと後をつける者がいる。盗賊である。

出稼ぎに行けない者のうち一部は盗賊の群れに投じ、勝手知ったる村に忍び入り、勝手知ったる裕福な出稼ぎ一家を襲う。

農民出身者からなる野盗のうち一番勢力を張ったのが「独眼鷹《どくがんだか》」と呼ばれた人物で、100人の手下を従え、昼は山中に潜み、夜、襲撃する。黒澤明は〝七人の侍〟の想をどこから得たのか。そのような野盗と農民の闘いが中世の日本にはあったかもしれないが、中国には70年ほど前までは現実であった。

そうした襲撃から逃れるため、自らの身は自ら守るしかない富裕化した農民は、家を城塞化し、立て籠もる。

写真3　最上階の角に突き出す小塔は射撃用。ここから群がる盗賊に向かって撃つ

写真4　まさしく銃眼付の射撃塔

建てられた時期は限定され、スタートは清朝を倒し孫文が中華民国を建国した1912年。清朝時代に農民がこのような建物を造ることは許されず、革命によって可能になった。ピークは1920年代で、ここに紹介する例はすべてピーク時のもの。終わりは、毛沢東による1949年の社会主義革命。トランクいっぱいものドルを貯め込むほど稼げるなら、中国に年一回帰ったりせず、家族を呼び寄せ、アメリカで暮らせばいいだろうに、と考えるが、当時のアメリカ政府はそれを認めなかった。

中華民国的コンクリート造

いったいどんな造りになっているか、近づいてみよう。

立派な例は、高層部の足元回りに空き地を取り、高い塀を回して城塞化している。私設城壁の小さな門から中に入り、高層部を見上げると、頂部の角に小さな円筒状の突起が目に入る。どの家にもたいてい付いているが用途は分からない。

狭い入口の前に立ち、各階がどう使われているのか推測する。盗賊の襲撃を避けるためだから、日常生活は上層のヴェランダの付く階だろう。いや、エレベーターの無い時代、そんな上まで毎日上が

写真５　立派な碉楼は高い塀に囲まれている。８階建て。一家用というより一族用だろう

るのは大変だ。男は出稼ぎに行っているとしても、女と子どもは毎日、農作業をしているわけだから、1階か。
狭い入口から中に入って分かったが、1階、2階を使って住んでいた。とすると、その上の3、4、5階はどうしたのか。聞くと、碉楼を造るような富裕層は、農民とはいっても地主化して小作人を抱えており、そうした小作人や使用人が襲撃時には逃げ込み、下の階は彼らが入り、上層のヴェランダ階には主人一家が入り、立て籠もって戦った。
立て籠もり、盗賊が諦めて帰るのをじっと貝のように待つだけではなく、立て籠もって戦ったと分かるのは、屋上に出て角の円筒状出っ張りを中から覗いた時だった。床には穴があいて物を落とすことができるし、壁には銃眼が開けられ、射撃が可能。

外から見ている限り、構造は何か分からなかったが、中に入って造りを見ると、鉄筋コンクリートが使われている。

1912年以後でピークが1920年といえば、日本では大正期に当たり、まだ世界でも日本でも鉄筋コンクリート造建築は一般的ではなく、先進技術であった。そんな時代に中国の片田舎で鉄筋コンクリート造がこれほど大量に実現していたとはとても思えず、あるいは鉄筋は少ししか使わず、コンクリートも漆喰分の多い三和土《たたき》に近い質だった可能性もあるが、こと銃眼付きの張り出し部を観察する限り、ちゃんとした鉄筋コンクリートもしくは鉄網コンクリート（鉄製の網の上にコンクリートを鏝《こて》で塗る簡便な技術がこの時期の日本にあった）なのかもしれない。

ゴールドラッシュの夢の跡

田園地帯に点々とこうした高層住宅がニョキニョキ立ち上がるのを眺め

写真6　富裕な家が空家となって残されている。中国趣味の色ガラス付窓

ると、一つの疑問が湧いてくる。3000棟ものこうした農家が実現したというから、ヨーロッパや中国の伝統に従い、一軒一軒を点々と高層化するより、一カ所に集め、周囲に高い塀を巡らせて、城壁都市化すればよかったろうに。

農民が一斉に出稼ぎに出かけて全員が一気に稼ぎまくったとしたら、そのような計画も生まれたかもしれないが、おそらく、出稼ぎ人の中からバラバラと儲ける者が現れ、バラバラと自分の家族や一族のための高層化が始まり、気づいてみれば3000棟。あるいは、農民には住宅の集団化、城塞化という発想がなく、住まいはあくまで自分の田畑の一画に、ということだったのか。

写真7　右手のアメリカ人の夫人に注目。下の台は、かつて先祖を祀る台だったと思われる。住人は、毛沢東の社会主義革命を機に、居抜きのようにしてシカゴに脱出したという

内装が昔のままに保存されている例が一つだけ公開されている。色ガラス入りの窓やイスやテーブルなどは伝統と欧米の折衷式で、当時、中国の都市の富裕層にはよくあるタイプだから珍しくはないが、正面の壁に掛けられた大きな四枚の人物写真についての説明には驚いた。一人の男はこの家の主人であり、三人は妻。妻三人のうち一人はアメリカ人。出稼ぎによりシカゴで成功して娶《めと》り、彼女はアメリカで暮らしていたという。

こうした碉楼の特異な建築と暮らしは、毛沢東の社会主義革命によって終わる。部下100人の独眼鷹は共産党の人民解放軍と戦って死に、富裕な農民（地主）も土地を没収されて追放され、アメリカに移り、建物だけが世界遺産に登録され、今はやや淋しげに立っている。

※　トーチカ…軍事用語。機関銃などを備えた小型の防御施設。窓（穴）はほとんどない。

No. 19

本《もと》野精《せい》吾《ご》邸　―コンクリートの表現―

写真1　本野精吾邸正面。1924（大正13）年、京都市北区、コンクリートブロック造2階建、モダニズム建築の先駆けとなる（写真提供：公益社団法人京都市観光協会）

京都に出現した日本初のコンクリート表現

この小さなコンクリート住宅を初めて見た時の驚きは、今でも忘れられない。

コンクリートブロックで壁を造り、窓回りなどの一部の水平材と床には鉄筋コンクリートを使った〝コンクリートブロック造〟なのだが、そこに驚いたわけではない。まず驚いたのは、コンクリートブロック造なのにブロックがほとんど目立たず、むしろ打ち放しコンクリートに見えたことだった。

近づいて確かめると、ブロックとブロックの間の目地が、今のブロック積みのように少し引っ込んでおらず、ブロックとゾロに仕上げられ、さらに、目地モルタルの中には大粒の骨材が入り、その結果、目地モルタルとブロックのザラ付き加減が似通《にかよ》い、今のブロック積みのようにブロックと目地モルタルがはっきり区別されるようなことはない。

遠目には打ち放しコンクリート、近目には打ち放しではないがザラザラしたコンクリート、これが今回取り上げる京都の本野精吾邸の初印象だった。

写真２　本野精吾邸外観。シンプルで単純明快なデザインが美しい

外観でもうひとつ忘れ難い印象があって、ここまで素っ気ない姿にしなくてもいいだろうに、とも思った。ただの箱。実用性だけですべてを決めた表現。

しかし、ただの実用的な箱として造られたわけではないことは、言い方を変えると、こうしたただの箱状を建築家がはっきり意識して造ったにちがいないことは、家の割には大きな窓から窺うことができた。

コンクリートが前面に出た仕上げ、そして箱状の表現。この二つの驚きは次のもう一つに比べれば実は小さい。建築史家としての私の、一応豊富な知識が驚愕し、東京に帰ってから慌ててあれこれ調べ、確認に走ったのは、建てられた年代の一件だった。

大正13年、西暦でいうなら1924年の完成。

普通の人は〝ソレがどうした〟だろうし、建築の専門家でも〝エッ・・・〟程度にちがいないが、日本の建築界における鉄筋コンクリート打ち放し仕上げの起源について関心のある私の知識にとっては、雷が落ちた状態。しばし混乱。

コンクリート打ち放しの建築史

世界のコンクリート打ち放しの起源についてここでおさら

いすると、実ははっきりしない。なぜなら、いろんな技術者や発明家たちが、泥が石に化ける鉄筋コンクリートという20世紀の錬金術に魅了され、世界各地で船を造ったり物置を造ったりあれこれ試み、その中で打ち放しは誕生したにちがいないのだが、なんとも追いようがない。

写真3　表札付近。ここはレンガ（写真提供：公益社団法人京都市観光協会）

私が知る例では、1916年、発明家ヘンリー・チャップマン・マーサーの手により、アメリカで〈マーサー博物館〉という7階建ての一大打ち放しコンクリートが造られている。すべてが打ち放しで造られ、窓枠と桟まで打ち放しだったのにはタマゲタ。もちろん開いたりはできない。

こうした建築界の外での例を除くと、やっと起源がはっきりした。オーギュスト・ペレのランシーの教会が第一号で、完成は1923年。

私の驚愕は、ランシーの翌年に本野精吾邸が出現したことだった。コンクリートをムキ出しに表現した世界の第一号につづき、第二号は、翌年、日本に誕生している。驚かないわけにはいかないだろう。

もし本野精吾が建築家でなくコンクリート技術者や発明家だったら、驚くに当たらないが、日本の戦前のモダニズム建築運動の旗手の一人として知られ、「日本インターナショナル建築会」※1の創立者であり、1933（昭和8）年ナチスに追われたブルーノ・タウトを日本に呼んだ張本人にほかならない。タウトは本野のグループと以前から連絡が取れており、それを頼りに来日している。

本野のコンクリート表現の先駆性を知るには、ペレの弟子のル・

写真４　内部風景。機能性を追求したレイアウト、家具も本野の設計による（写真提供：公益社団法人京都市観光協会）

コルビュジエがいつ打ち放しを実行したかを調べ、私はタマゲタのだった。本野精吾邸より8年遅れ、1932年完成の傑作スイス学生会館が初。

それ以前、ル・コルビュジエは1931年の名作サヴォア邸で知られるように、コンクリートの表面に白モルタルを塗ってコンクリートを隠していた。ペレの弟子すら、ペレの打ち放しを知りながら、コンクリートの肌をムキ出しにすることができなかった時、いや、ペレ本人がコストの高い仕事が入ると石を張っていた頃、わが本野はコンクリートの肌をムキ出す試みに敢然と挑んでいたのである。

世界に先がけた本野の先駆性

なぜ彼はそれほどの先駆性を持つことができたのか。直接的には、ドイツ工作文化連盟の影響だった。

本野は、1906（明治39）年に東大を卒業し、三菱地所に入り、その後すぐ、京都高等工芸学校（現京都工芸繊維大学）に移り、1908（明治41）年には教授になる前程としてドイツに留学する。このドイツでの二年間が、彼にその後の独自の道を歩ませることになる。

写真5　本野邸側面。コンクリートブロックの積み跡が窺える

当時、ドイツではヘルマン・ムテジウスをリーダーに建築革新を目指す「ドイツ工作連盟」※2の運動が隆盛しており、同じく建築の革新を夢見ていた本野は影響をモロに受ける。

ドイツ工作連盟は、ギリシャやルネサンスやゴシックなどの過去のスタイルを模倣することなく、20世紀という科学・技術の時代にふさわしい表現をしよう、という機能主義、合理主義の主張を掲げていた。とりわけ、ムテジウスは過激で、機械と同じように美など捨てた建築を求め、美の一線は守ろうというペーター・ベーレンスなどの若手と対立していた。その最中にドイツに留学した本野は、ベーレンスに魅せられ、ベーレンスの名作A・E・Gタービン工場などを何度も訪れている。そして帰国した本野は、ベーレンスの作品に学んだ処女作西陣織物会館を1914（大正3）年に造り、その後、二、三の住宅を手掛けた後、1924（大正13）年に自邸を造った。

本野は自邸でベーレンスの先に進むことを狙った、と私はにらんでいる。その時、導きの思想となったのはやはりムテジウスなどの先駆者たちが、〝構造体をつつみ隠さずに表現しよう〟、〝技術はムキ出しても美しいはず〟という徹底した機能主義の考え方だった。

20世紀の機能主義、合理主義に基づく建築実験は、一気に全面展開したわけではなく、細かく確かめると平面、空間、表現、構造、仕上げ、といった要素ごとに時間差があり、まず平面が先行し、続いて表現が追い、追いついたところで、オランダのデ・スティルのグループに属するG・T・リートフェルトにより白い箱に大ガラスのシュレーダー邸が、1924年に出現する。

しかしこの20世紀建築を切り拓いた傑作も、〝20世紀の新しい構造技術をどう表現するか〟というテーマについてはまるでダメで、コンクリートやレンガや木材を場当たり的に使っているし、コンクリートやレンガの表面には白モルタルを塗って済ませている。

同じ年に日本の京都では、シュレーダー邸と同じような四角な小住宅が完成し、鉄筋コンクリートという20世紀を代表する新しい構造技術を前面に押し出し、コンクリートの肌をムキ出していた。

構造とその表現という面では、本野精吾邸は世界遺産のシュレーダー邸に勝っていた。

こう書きながら、鉛筆に力がこもって指が痛くなるが、世界の20世紀建築史の大スターたるリートフェルトにもル・コルビュジエにも、本野は先駆していた。本野は自分の先駆性をはっきり自覚しており、だからこそ自邸完成の3年後の1927(昭和2)年インターナショナル建築会を組織し、ベーレンス、グロピウス、タウトらに呼びかけ、連帯して運動を進めていこうとしたのだった。タウトがシベリア鉄道経由で敦賀港に上陸した翌日、すぐ桂離宮に連れていかれ、そのモダンさにウットリしたのは本野の計らいだった。

※1　日本インターナショナル建築会…1927年に設立された。機能的・合理的建築を重視しつつ、風土性等にも着目し、国際的な運動を展開した。
※2　ドイツ工作連盟…1907年、ムテジウスがミュンヘンに結成した。芸術と産業と技術の融合により、工芸品の品位の向上を目指した団体である。

No.
20

旧鶴巻邸 —さまざまなコンクリート表現—

写真1　旧鶴巻邸。京都高等工芸学校（現：京都工芸繊維大学）の校長・鶴巻鶴一氏の私邸として、同校の教授であった本野精吾が設計。外壁は当時の最先端技術“鎮ブロック”を採用。垂直に伸びた柱は煙突

鉄筋コンクリート表現における新知見

本野《もとの》精吾《せいご》（1882～1944年）が設計した旧鶴巻邸について書きたい。すでに触れてはいるが、ポイントとなる鉄筋コンクリート表現について不十分な理解であったと、近年、気づいたからだ。十数年前、京都の建築史家に連れられて初めて訪れた時、玄関前の円柱の仕上げに驚いた。表面のコンクリートの〝ノロ〟をノミか小槌で削り落とし、中の骨材を剥き出しにしたコンクリートの〝小叩き仕上げ〟である。小叩きとは石工の用語で、小さなノミでトントンと小刻みに叩くことをいう。竣工年が1929（昭和4）年であることを考えると、ごく早い時期のコンクリート表現ということになる。

これに先立ち、1924（大正13）年、本野は自分の家をコンクリートブロック構造で造り上げ、梁や窓回りをコンクリートの打ち放しにしていた。ブロックの目地が巧みに造られ、一見すると全体がほとんど打ち放し。

世界の打ち放しコンクリートの歴史をみると、第一号となるペレの〈ル・ランシーの教会〉が1923年に完成しているから、

〈本野自邸〉はその翌年になる。本野自邸はランシーの教会のように打ち放しを表現の主役にしているわけではないが、コンクリートの表現の試行としては世界的にも早い。そして、引き続く旧鶴巻邸を見て、小叩き仕上げに驚き、かつてある講演会で、

「打ち放し以前、本野は小叩きなどという妙な試みをしていた」

と、批判的に発表すると、会場にいた故・林昌二さんが手を挙げられ、

「打ち放しは型枠の表現であり、コンクリートそのものの表現としては小叩きの方が正しいのでは」

と発言され、当時大きなショックを受けた。建築関係者ならよく知るように、打ち放しコンクリートの表現はひとえに型枠にかかる。なんせ型枠の表面がそのままコンクリートに転写されるからだ。

林発言にショックは受けたものの、小叩きなどというヘンな仕上げは本野の実験にすぎないと思い、それ以上は考えなかった。ところが、2012（平成24）年にミュンヘンのヴィラシュトゥック美術館で自作展を開いた折、現地を訪れ、20世紀初頭のモダンな建築を見歩いて、またショック。ヴィラシュトゥックの石と思しき仕上げが小叩き。そればかりか、当時、ペーター・ベーレンスと並んで世界のモダンをリードしていたテオドール・フィッシャーも盛んに小叩きを試みているではないか。フランスのペレの打ち放しに先立ち、ドイツでは小叩きというコンクリート表現がなされていた。

ショックは続く。本野邸と並ぶ日本のコンクリート表現の先駆作として名高い〈レーモンド自邸〉（1

写真2　打ち放しの円柱の上にサンルームが乗っている

925年）の外部の仕上げが、私が長年思い込んでいた純粋な打ち放しではなく薄くモルタルを塗っていたのだ。図面にはラフコンクリート（打ち放し）と明記しながら、実際には薄くモルタルを塗っていたのである。レーモンドは、室内において小叩きや斫《はつ》りや磨ぎ出しを試みていたから、当然、古写真から外壁は打ち放しと考えたのが早計だった。表面のディテールを読み取ることのできる塀の古写真には型枠の跡が認められるのも早計の原因。私は、この小住宅を見ているが、すでに他の材で白く仕上げられ、当初の仕上げは失われていた。

なお、コンクリートの上にモルタルを塗る仕上げは、今でこそあまりに当たり前だが、1920年代には異例で、ちゃんとした建築は、石やタイルや煉瓦を張るか、もし塗るなら漆喰で白く仕上げるのが定石だった。

鉄筋コンクリート表現についてショックが続き、今は、次のように考えている。

〝1910〜20年代、コンクリートという新しい材料と構造をどう表現するかに取り組んだ世界の革新的建築家たちは、ブロック、小叩き（ハツリを含む）、モルタル塗り、打ち放しを試みたが、やがて打ち放しに収束してゆく〟

古都に残る当時の最先端工法

こうした新しい考えに立って旧鶴巻邸を見てみよう。

まず、例の玄関前の円柱の小叩きから。

ドイツでの小叩きと比べると、中の骨材が小さい。言うまでもなく、鉄筋コンクリートのコンクリートは、砂と砂利とセメントの三つからなるが、旧鶴巻邸のは砂と大豆程度の大きさの骨材しか見当たらない。もしかしたら、まさかとは思うが、砂と大豆程度のセメントだけのモルタルを打ち込んだ可能性がある。

ドイツの例を挙げると、ギリシャのドーリス式※1円柱を打ち放しと小叩きで作り出したヴィラシュトゥックの場合、大豆程度のものは見えていたし、兵営附属教会では、5㎜から10㎜ほどのコロコロした小砂利が入っていた。

ノロを削り落として見えてくる骨材と中に充填されている骨材は同じだから、今の鉄筋コンクリートに比べ著しく

写真3　サンルーム内部

小さな骨材だったと考えられる。コンクリートを剥き出そうとするから小さくしたのか、それとも当時の骨材は一般的にそうだったのか。まさか、構造用に今のようなコンクリートを打った後、その表面に豆粒状骨材入りコンクリートを鏝《こて》で厚く塗り、その後、小叩きしたのではあるまいな。不安は尽きない。

小叩きの道具は何を使ったのか。

ドイツで見た例は、ヴィラシュトゥックのドーリス式列柱のフルーティング（柱溝）の曲面はタガネ状のノミで叩かれていたが、他の平らの面は痕跡からして、石工が〝ビシャン〟と呼ぶ打面が小さな正方形の槌のように見受けられた。

旧鶴巻邸の場合は、痕跡からしてタガネ状のノミだろう。コツコツよく削った。打ち放しを型枠大工の仕事とするなら、こっちは石工の仕事。

次に壁の造りを見てみよう。純粋なコンクリートブロック造だから、本野自邸の延長上にある。当時、本野の友人の中村鎮が〝鎮ブロック※2〟なるコンクリートブロックと鉄筋による新構造を開発しており、それを使っている。

現在、我々のコンクリートブロックのイメージは、塀や可燃物を収納する小屋によって作られてしまい、〝鉄筋コンクリートの特性をどう表現するか〟という構造表現的テーマから大きくズレているが、当時、ブロック造は世間には皆無であり、それを剥き出して使うことはとても先端的だった。鎮ブロックはそこそこ広まっていたが、多くはその上に色モルタルを塗ってギリシャ風柱を作るとか、赤味がかった塗剤を塗って煉瓦風に仕上げるとかばかり。ブロックそのものを表現として見せてしまうなんて、本野だけの荒技だった。

本野は、ベーレンスやフィッシャーが先駆的試みをしている最中にドイツに留学し、そこで二人が加わるドイツ工作連盟の〝材料と構造を表現すべし〟という新理論に大いに刺激されている。

次に細部について。

窓回りはどうか。本野自邸では、窓台と小庇が打ち放しで造られ、これが全体のコンクリート感を強めていた。

二階の窓を見上げると、左右にヘンな造りがある。基本は洋館なのに雨戸のための戸袋が付いている。それもコンクリート製の。窓台、小庇、戸袋、左右窓枠はいずれもコンクリート剥き出しになっているが、仕上げを見ると、コンクリートブロックと打ち放しとモルタル塗りで造られているのが分かる。

写真4　ノミで削った仕上げ

おそらく本野は、すべてをコンクリート剥き出しにすると決めた上で、何を使うかは〝適材適所〟にしたのだろう。先に、鉄筋コンクリート構造の表現が打ち放しに収束する前に小叩きをはじめさまざまな仕上げが実験されていた、と述べたが、旧鶴巻邸はそうした実験の集合体であった。

次に来たるべきもの

コンクリート表現についての先駆的実験としての重要さは認めながら、しかし、欠落感は禁じ得ない。まず、統一感の欠を覚える。外をグルリと眺めても、各立面はバラバラで、四つの面を一つにして統一感のある立体を造ることには成功していない。中も同じで、一番良くできている部屋も〝何となく造った感〟が漂う。

本野は、鉄筋コンクリートの材料と構造をどう表現するかに賭けた先駆的建築家だったが、全体の形、さらに全体と部分を貫く美学を欠いていた。美学は、材料と構造から自ずと生まれることはなく、それはそれで別に建築家の脳裏に湧いてくる。

ヨーロッパのコンクリート表現の先駆者たちも、フィッシャーにせよペレにせよ、材料と構造の革新性に見合う新しい

写真5　張り出した二階の窓。戸袋はプレキャストの打ち放し

写真６　暖炉は各部屋にある。外観は合理性を強調した近代モダニズム建築だが、室内をはじめ装飾的な部分もある。本野は家具のデザインも手掛けた

写真７　本野がデザインした照明器具。センスが光る

美学を得ることはついになかったのだから、本野を責めるのは酷というもの。

新しい美学は、引き続く若い世代が、オランダのデ・スティルに始まりドイツのバウハウスに至る短い経路の中で産み出すことになる。

〝面と線による幾何学的構成の美学〟。

※1　ドーリス式…柱身が膨らみを持つ古代ギリシャの列柱様式。パルテノン神殿が有名。

※2　鎮ブロック…リブ付きのL型コンクリートブロック。L型どうしを組み合わせて造られた空間に、鉄筋を入れてコンクリートを流し込んだ。

No.
21

シドニー・オペラハウス　― プレキャストコンクリート ―

写真1　オペラハウス全景 シドニー港 ベネロング岬

空想的デザインが一等に

20世紀後半で、その建設の成否を巡って世界の建築界が最も気を揉《も》んだのは、シドニーのオペラハウスだった。私の学生時代のことだから、リアルな問題として覚えているが、ことは1954年に溯る。

シドニー市は、念願のオペラハウスの計画に着手し、アメリカからエーロ・サーリネン※1を審査委員長に招き、国際コンペを開いた。コンペの時点から伝説は始まり、サーリネンは、一等案を選び終えた後、物足りなさを覚えたのかいつものやり方なのか、落選案の山をもう一度見返したともいうし、審査の事前に不適格として事務局がハズした案を見たともいうが、私は後者だったと推測する。

どんなコンペでも、面積オーバーは結構許されるが、平面図と立面図と断面図が整っていなければ審査の土俵には上がれないからだ。不適格案の一つに、外観（立面図）をサッサッとスケッチしただけの、言ってしまえば建築図面の体をなしていない案があった。建築というよりはヨットの帆かシダの葉か、そんなイメージ。もし、建築史上に前例を探せば1920年代にブルーノ・タウトが描いた表現派の空想建築のイメージに近い。

サーリネンは、この空想的案を逆転一等に選んだ。

写真２　帆船の帆を彷彿《ほうふつ》とさせる外観デザイン

今にして考えると、サーリネンの気持ちは理解できる。

戦後、世界の建築界は、大きく二つに分かれて前進した。一つは、旧バウハウスのグロピウスやミースが主導した流れで、四角な箱を基本とする。もう一つは、スイス学生会館に始まる後期のル・コルビュジエに根を持つ流れで、四角を拒み、曲面や曲線を好む。前者は、科学・技術の時代20世紀にふさわしいのは合理的で無駄のない箱型であると考え、後者は、科学・技術の時代20世紀の造型的特質はダイナミズム（力動感）にあるとし、建物を地上からグイッと持ち上げるピロティとか、コンクリート打ち放しによる自由曲面とか、シェルとか、ワイヤーによる吊り構造とかを工夫した。

ル・コルビュジエ以後の世代でいうなら、ダイナミズム派をリードしたのは日本の丹下健三、アメリカのサーリネン、ブラジルのオスカー・ニーマイヤー※2の三人だった。

とりわけサーリネンは、「西部への門」のような彫刻的作品を実現していた。サーリネンの気持ちになれば、曲面や曲線は、待ってましたの大歓迎。なおこのコンペの8年後、審査委員長は明らかに自分が逆転1等に選んだ案の影響を受け、シェルの名作〝TWA空港ターミナルビル〟を世に出している。

サーリネンが審査委員長に就いた時からの運命に従って、デンマークの無名建築家ヨハン・ウッツオンの図面というよりはスケッチが一等に選ばれ、その変則性がまず世界の建築界に衝撃を与え、一方、シドニーの市民の間には夢を与えた。

写真3　世界三大美港の一つシドニー港。海の"広場"でもある

世界初、帆船の帆の形をした建築物

どんな夢か。ライバル都市メルボルンはむろんヨーロッパにも負けず、港町シドニーのシンボルにふさわしいオペラ座が建つという夢。

ポイントはもちろん、帆船の帆の形。こんな建築はこれまで世界でも作られていない。

そのポイントが、以後、実施設計を担当する建築家と建設費を出す市当局と夢を与えられた市民たちをいたく悩ますことになる。

実施設計者は、どう作っていいかが分からない。コンピューターのない当時、複雑すぎてシェルの構造計算ができない上、現場でコンクリートを打つとしてもなんせ港に突き出た細い岬の先端。難工事は必至。

市当局は、普通のオペラ座程度の予算はあるが、こんな造型性の豊か過ぎる一大建築に見合う出費は無理。

結局、市は実施を断念した。しかし、市民の夢は終わらず、募金活動が始まり、一度は断念した当局も腹を括《くく》り、コンペより19年後の1973年、ついに完成した。かかった建設費は予定の6倍。普通のオペラハウスが6つ出来る。20世紀の難建設過程としては、サグラダ・ファミリアに次ぐ。

シドニーで〝日本支援シェルター国際展〟が、在シドニーの建築家坂口潤さんの呼び掛けで開かれた際、日本からは私と藤本壮介の二人が招かれ、行って非常時用シェルターを製作してきた。

オペラハウスを見るのはその時が二度目になるが、時間があったからシドニーの町や湾をあれこれ歩き、一棟の建築としてでなく、都市の中でのこの建築について知ることができた。

写真４　屋根（シェル）のプレキャストコンクリート。スウェーデン製のタイル張り

シドニー湾という〝広場〟に隣接する大聖堂

シドニーは、世界の港湾都市の中でも優れている。オランダのアムステルダムやイタリアのヴェネツィアは、ご存知のように、海と運河と建物が自在に入り組み、水があたかも道のように不可欠に都市のために働いている点が魅力で、それゆえ水の都と呼ばれるが、シドニーはそういう水と都市の関係ではない。

運河も海も、都市の中に毛細血管のように伸びて入り込んではいない。理由は、山や丘が海に迫り、海の回りの平地は乏しく、だからこそ大型船の接岸が容易で良港を作ることができた。

大きな湾と入り組んだ入り江からなる海を囲む陸、ほとんど奥行きのない浜辺と斜面からなるが、そこにビルが立ち、住宅が並ぶ。ビルは奥行きのない浜辺から背後の丘の上にかけて軒を連ね、いわゆるダウンタウン（業務地区）を形成し、住宅は、水辺ギリギリに始まり斜面の上まで点々と緑の中に散在する。ビルは湾を見下ろす丘の上にギッシリと立ち並び、ビルからも通りからも、湾は目に入る。

斜面の緑の中の住宅からも、庭の向うに湾が見え、海岸線沿いの住宅は、決まって海に向かってテラスを張り出し、桟橋を付設し、あたかも庭に出るようにヨットやモーターボートで海に出ることができる。もちろん釣りも可。そして、人には、住宅からビルへの移動に、近隣の町や村への移動に、そして休日には釣りやマリンスポーツのため、船に乗り湾に繰り出す。

都市が湾を不可欠とし、都市が湾に向かって開き、水際の線が、都市活動と海を分離する切断線にはならず、都市活動を海へと導く誘いの線として働いている。

十日間ほどいて、シドニーという都市にとって、湾は広場のような存在だと思った。日頃からよく出かけ、出かけない時も、シドニーを一つにまとめる共通の場として強く意識しているのである。

その広場としての湾に、ヨーロッパ都市の広場に面して立つ大聖堂のようにして、オペラハウスは立っている。

今も健在、プレキャストコンクリート

最後になったがオペラハウスの建築について述べよう。

私の一番の関心は大変苦労したというシェルの作り方についてだった。プレキャストのコンクリートを組み合わせたというが、どう仕上がっているんだろう。プレキャストでシェルのピースを一つ一つ作り、現場で組み合わせ一体化してあれだけの大空間を覆うなんてそうできることではない。シェルが分厚くなったり、繋ぎの部分が汚なく納まったり、繋ぎの目地から雨が漏れたり、そんなリスクはなかったのか。

シェルを裏から見上げて分かったが、やはり厚すぎる。今なら、プレキャスト技術も進み、もっともっと薄く、もっともっと帆のように軽く見せることもできるだろうし、現場打ちの鉄筋コンクリートで薄く軽く作ることも可能だろう。

写真５　コンクリートシェルの裏側、分厚いシェルとリブ

繋ぎの納まりの方は見事だった。相当面倒な工夫を凝らして繋いでいるにちがいないが、表面は、何事もなかったようにキレイに納まっている。

目地からの漏水もないらしく、プレキャストならではのコンクリートの打ち肌が、40年以上たった今も健在。潮風にさらされているのに、さすがプレキャスト。

内部については、さほどのものではないので省く。

もしこの建物がなかったら、現在のンドニーは淋しい限りだろう。一つの優れた建築が都市のイメージを作った、という点でガウディのサグラダ・ファミリアと似ている。

※1　エーロ・サーリネン…1910～1961年。フィンランド・ヘルシンキ生まれ。13才の時にアメリカに移住し、建築家、プロダクトデザイナーとして活躍した。アーチ構造を取り入れた作品が有名。

※2　オスカー・ニーマイヤー…1907～2012年。リオデジャネイロのドイツ系の家庭に生まれた建築家。「自由な曲線」を得意とし、ブラジリアの国民会議議事堂や大聖堂などの主要建築を設計。

No. 22

水戸芸術館 ――都市景観としての造形――

〝水戸城〟の出現

水戸に磯崎新の設計になる水戸芸術館ができたのは1990（平成2）年だった。できてしばらくして訪れ、それから大分間をおいて、数カ月間、何度も通った。芸術館は音楽、演劇、美術の三部門からなり、その美術館で「藤森照信展　自然を生かした建築と路上観察」が開かれ、準備に出かけた。準備の一つとして〝水戸路上観察〟が催され、路上観察学会メンバーと市民と一緒に水戸の町歩きをしたが、その中で水戸という地方中核都市への水戸芸術館の影響力の大きさを思い知らされた。社会的影響力としては、小澤征爾の公演が年三回も定期的に開かれていることからも窺えるが、それればかりではなく都市の景観上も決定的といえる影響を与えている。

前提として、江戸時代の水戸の景観について述べよう。徳川御三家の一つとして徳川頼房が水戸に移り、千波湖と那珂川に守られた丘の上に城を築き、丘から平地にかけてを城下町として整備するが、天守閣を最初から作らなかった。現在の地方中核都市のほとんどは江戸時代の城下町から始まり、そのシンボルの役をお城の天守閣が果たす。中世都市のシンボルを寺院とするなら、近世都市は天守閣といえるが、水戸はそのシンボルを持たなかった。

明治以後、丘の上の旧水戸城中枢位置には県庁や水戸一高などの公共施設が入り、社会的には新しい中枢となるが、視覚的にはシンボル不在のまま戦後に至る。

都市にシンボルなどいらぬという意見もあるだろうが、それは違う。東大寺大仏殿のない奈良や善光寺の消えた長野や姫路城を欠く姫路を想像したらいい。その都市の名を聞いてすぐ思い浮かぶ図像が、人でいえば顔のように必要なのだ。図像は、ニューヨークの自由の女神のように巨大彫刻でも構わないが、一般的には建築が役を果たす。

写真１　道路から建物と広場越しに水戸芸術館のシンボルの塔を見る

開府（水戸では徳川家の入城をこう呼ぶ）以来４００年もの間、シンボルを欠いた水戸に28年前に誕生したのが水戸芸術館だった。時の市長が水戸に文化の香りが薄いのを憂い、「水道の蛇口をひねっても文化は出てこない」の名言とともに、利便性の上に文化性を重ねる都市政策を打ち出し、それに応えたのが磯崎だった。

昔、訪れた時はイソザキ建築を見に行ったから都市の中での位置付けには思い至らなかったが、このたび市内を繰り返し歩き、芸術館は〝天守閣を持つ水戸城〟であると確信した（写真1）。

水戸市の中心は今も昔から続く丘の上に広がるが、あたりを歩き回ると芸術館の不思議な形をした塔が見え始め、視覚を引かれて近づくと、塔の周りには建築群が広がり、建築群が三方を囲む広場に自ずと導かれる。塔、建築群、広場、という視覚を通しての人体誘導装置の使い方は、イタリアの広場の定石どおりにちがいない。

しかし、広場を三方から囲む建築にはイタリアより日本の城を感じた。イタリアの広場を囲む建築群は各個の建物の軒の線が水平に通るのを原則とするのに、この広場を囲む建物のスカイラインは不規則に凸凹を繰り返し、天守閣の周りに立つ小天守と櫓《やぐら》と塀のデコボコスカイラインを偲ばせる。

広場と広場の町側に開いた入口を見た時、意外感を禁じ得なかった。三方を建物で囲み、一方を町に開く広場はその昔、丹下健三が〈広島カトリック聖堂コンペ案〉（１９４８

写真２　広場から通りを見る。樹と芝の緑を取り込んだ磯崎には稀な空間

年）で試みていたし、日本で実現するには一番いい広場形式といえるから意外ではないが、意外なのは緑。町に開く側には立派な欅《けやき》が三本立ち、広場は石畳と芝生でカバーされている（写真２）。

イソザキ建築を訪れて〝緑〟の存在を意識したことはこれまでない。例えば水戸芸術館に先行する〈つくばセンタービル〉は同じように広場のような庭のような場を作っているが、石と岩と流水は上手に使われているのに緑はと見ると、大きな〝樹〟と〝草〟を彫刻家が金属で作って立てている。

石と岩と水は取り込んでもいいが緑はダメ、というのがイソザキなのに、これはどうしたことか。

イソザキのこだわり

芸術館学芸員の井関悠さんに聞くと、現場を担当した磯崎事務所の青木淳さんが、現場の判断で芝を張ったのだという。

緑が入ることで庭の性格も持つことになった広場の、三方囲みの突き当たりの位置には水場があり、中央には巨岩が空中に浮き、大量の水が斜め上の両側から吹き付け、しぶきが飛び散る。遠くから眺めると大岩が宙に浮いてマグリット※1の絵のように見えるが、近づいて確かめると斜め上方からロープで吊っている。

彫刻家に頼んだ水と岩の彫刻かと思ったが、イソザキの作だという。つくばセンタービルの〝樹〟と〝草〟は彫刻家に任せているのに、岩と水の彫刻は彫刻家に頼まずに自分でやる。

目に見える自然界は、岩（石）、土、水、緑の四元からなるが、イソザキは岩と水への感覚は鋭いが、土と緑は自分の造形感覚の外に置いているらしい。

そう思って、広場の一画から立ち上がる例の天守閣としての塔を見上げると、ゴツゴツした岩の親戚のような姿をしている。高さは水戸市制100年に合わせて100m、材料はチタンで、総工費の三割を占めたともいう世界にも稀な塔にちがいない。

全チタンも稀なら姿も稀で、塔は上に行くに従って細くなるのが定石なのに、下から上までズン胴。このズン胴ぶりが現代建築ならでは。

ズン胴といっても、三角形の面が折れ曲がって成立する例のない立体幾何学的ズン胴。20世紀の世界の建築界で立体幾何学的構造体といえばバックミンスター・フラー※2だが、イソザキによるとフラーのニューヨークでの展覧会に展示されていた水平の構造体モデルに刺激されてヨコのものをタテにしたのだという。フラー展を見たときイサム・ノグチも一緒で、後にイソザキが水戸の塔を模型で検討しているのをノグチが見て、「お前、俺のアイディアを盗んだナ」と言ったという。ノグチもフラーのヨコの構造体で塔の検討をしていたのに、イソザキに先を越されたのだ。

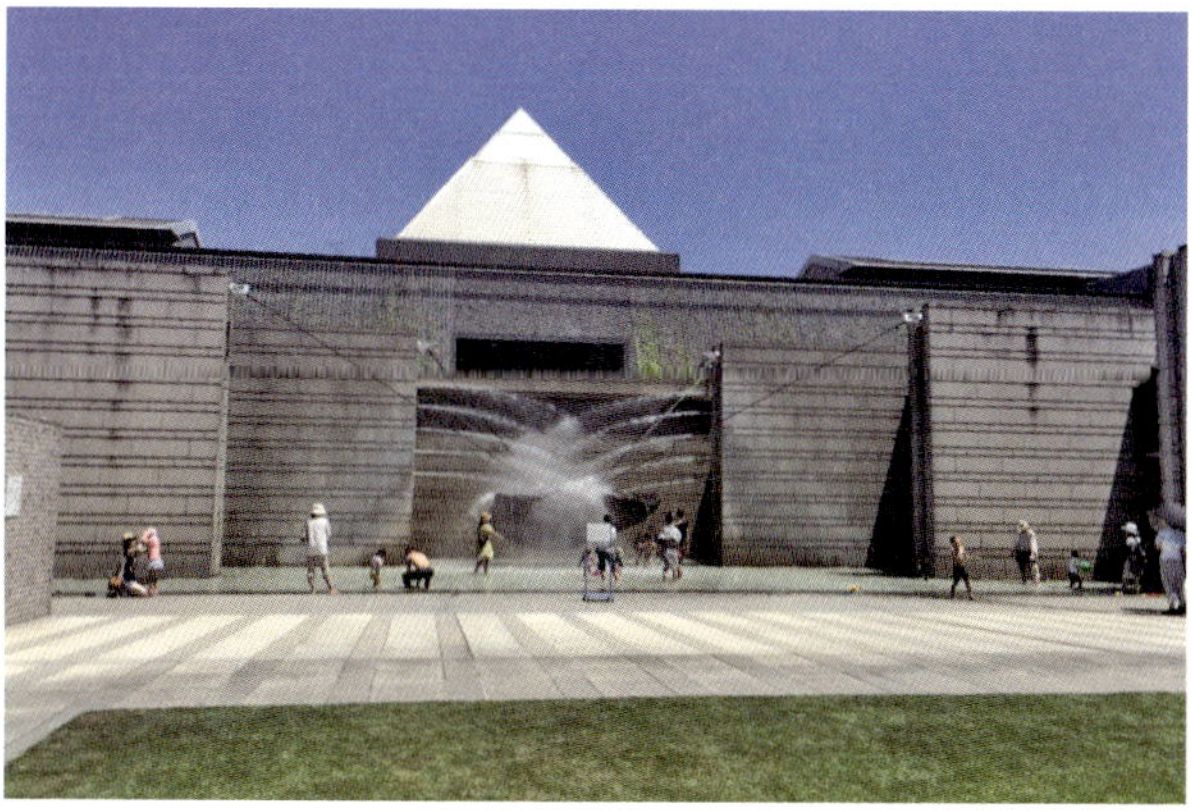

写真3　“岩と水の彫刻”水戸芸術館には建築設計者による塔と“岩と水の彫刻”の二つが、非建築的“作りもの”として置かれている

世界にこれほどダイナミックというか不安定な形の塔はない。塔は普通、都市の視覚に垂直方向の動きを与えるが、この塔はただの垂直ではなく、動く垂直感を都市景観に投入することに成功している。その力強くねじれた姿は、天に駆け昇る龍、もしくは宇宙ロケットの発射時の噴煙といえばいいのか。子どもは、景色や景観のような動かぬものには興味を持たないが、もしかしたらこの塔には関心を向けるかもしれない。

先に述べた岩と水の彫刻の回りの水場は、夏になると、子どもが集まり、岩の下に立ったり飛び散るしぶきを浴びたりで大賑わいという（写真3）。

イソザキ建築が子どもの甲高い声に包まれるという事態をこれまで想像したこともなく、嬉しい。

最後にインテリアについて触れておこう。内部の空間はすべて立方体を基本にして構成されている。これは内外ともに同じで、先に述べた城のように凸凹して連なる外観も立方体がベースにある。言ってしまえば、デビュー以来変わらない〝イソザキの立方陣〟にほかならない。例えば、長方形の展示室も、立方体の部屋を二つ並べてできている（写真5、6、7）。

立方体は、日本人の感覚にはそぐわない。起源を溯れば古代エジプトのピラミッドに始まり、古代ローマのパンテオンやルネサンスのパラディオ作品を経て、20世紀の建築家であればル・コルビュジエへと流れこんだヨーロッパ建築の基本的感覚にちがいない。

展示をして、平面的な絵はともかく、立体的な建築の展示にはとてもプロポーションが合っていると思った。真上から自然光が降ってくるのも建

写真4　都市のシンボルとして夜も働く塔

築の展示には有り難かった。

写真５　ピラミッドはじめ立方体をベースとする造型が集って全体を構成する

写真６　真上から自然光の注ぐ空間は、建築のような立体物の展示にはよく合う

写真７　立方体をベースとする内部空間は、人が使う（住宅）にはグランドー過ぎるが、立体物を詰め込む展示にはちょうどいい

（写真提供：水戸芸術館）

※１　ルネ・マグリット…１８９８〜１９６７年。ベルギー生まれ。シュール・レアリズムを代表する画家で、広告やグラフィックアートの分野をはじめ、20世紀の芸術・文化に大きな影響を与えた。日本でも作品展が開催された。

※２　バックミンスター・フラー…１８９５〜１９８３年。米国生まれの思想家、建築家、デザイナー、発明家、作家。人類の生存を持続可能なものとするための方法を生涯を通じて探り続けた。「宇宙船地球号」という概念、世界観の提唱者。

No. 23

歌舞伎座　― けれん味溢れる粋な造形 ―

銀座の千両役者

近年、東京で話題となった建物は、まず東京駅がある。復原工事の完了後、関心を呼び、駅のホールと周辺は写真を撮る人で身動きも取れないほどとなった。私の知る限り、老若男女こんなに多くの人からカメラ（ただしケータイ）を向けられた建物はない。

続いて、２０１３（平成25）年2月下旬に完成した歌舞伎座がある。こっちは、以前の建物のファサードだけを再現し、後ろにモダンな超高層オフィスビルを新築している。これもマスコミで大いに取り上げられ、訪れる人も多い。

歌舞伎座は正面だけの再現だから厳密には歴史的建物とはいえないが、歴史を重視はしているから、このところ話題を呼んだ二作は歴史がらみといっていいだろう。

戦後およそ70年、新築ではなく歴史的建物に光が当たる初の出来事だった。遅過ぎたきらいもあるが、私にとっては喜ばしい。

歌舞伎座と銭湯

まず、誤解を解くことから始めよう。隈研吾設計による正面の形を残す計画が発表された時、石原慎太郎元都知事が、「銭湯みたいでよろしくない」と印象を述べたと新聞に報じられていた。知事でなくとも、昔の銭湯を連想する人は多かったにちがいない。

理由は言うまでもなく正面中央にデンと構える唐破風にある。確かに、町のシンボル銭湯のそのまたシンボルといえばあれだった。

誤解というのは銭湯の唐破風と歌舞伎座の唐破風の前後関係で、実は、歌舞伎座の方が早く、銭湯は後なのだ。歌舞伎座を銭湯が真似たというのが歴史的事実だが、なんせ多勢に無勢、唐破風イメージは、銭湯に盗られてしまったのである。

唐破風の日本離れした曲線美

唐破風のお姿を改めて思い浮かべていただきたい。これが日本かと疑われるほど不思議な形をしている。アーチのようにカーブの中央だけが盛り上がるなら分かる。ところが、両裾でもう一回反転し、人の額のような形になる。こうした反転的曲線は、アーチの歴史の長いヨーロッパでも近代以前には現れず、私の知る限り、20世紀初頭のドイツのユーゲント・シュティル（ドイツのアール・ヌーヴォー）の動きの中で、伝統を越えるデザインとして誕生している。

当てずっぽうになるが、ユーゲント・シュティルに先行し、官庁集中計画のために来日したエンデとベックマンが、日光や京都の社寺を訪れて唐破風付き官庁を設計し、そうした影響でベルリン動物園の門も堂々たる唐破風で飾られたりしており、もしかしたらユーゲント・シュティルの反転アーチは日本が元かもしれない。

明治に来日した欧米人の日本のイメージは、フジヤマ、ゲイシャだそうだが、もう一つ加えれば〝フジヤマ、ゲイシャ、カラハフ〟か。

現在、日本的建築イメージといえば、桂離宮に代表されるように垂直、水平、簡素、言ってしまえばミニマリズムの美となるが、唐破風のどこがミニマムなのか。むしろ「過剰」の極みだろう。

確かにその名も、日本ではなく唐（中国）の破風というように、賑やかさと過剰を好む中国にこそふさわしい。でも、日本生まれの日本育ちの形なのだ。その証拠に、中国のお寺でも宮殿でも見たことがない。

写真1　第四期歌舞伎座の唐破風。中央と両裾のうねりに注目　© 松竹株式会社

唐破風の起源を追究する

この日本離れした入口の造形は、鎌倉時代に生まれている。檜皮《ひわだ》（檜の樹皮）葺きで反転カーブし、しかし平入りの門が…と言葉で説明しても分かり難いが、正面から見ると平入り屋根の普通の門でありながら、なぜか屋根のカーブが奇妙にうねり、屋根を側面から見ると反転カーブになっている。そういう門が天皇や公家の屋敷に作られたのが始まりで、やがてその側面を正面にした門が生まれ、後に唐破風と呼ばれるようになる。

鎌倉時代に高貴な門として生まれた唐破風が一世を風靡したのは何時の時代だろう。日本には珍しく派手で賑やかな造形であれば、好まれる時代は一つしかない。

すぐ予想がつくように信長が安土城で、秀吉が聚楽第《じゅらくだい》でしたい放題をした安土桃山時代である。安土城は全焼し遺構は一つもないが、聚楽第は秀吉存命中に取り壊されたから、唐破風の門がいくつも伝わっている。軽い作りの唐破風の付く飛雲閣も聚楽第遺構との伝承を持ち、その尋常ならざる華麗な美しさから判断すると、伝承は正しいだろう。聚楽第は〝金ぴか御殿〟だけでなく〝唐破風御殿〟でもあった。

安土桃山の金ぴか好き極彩色好き、そして唐破風好きは、天下が家康に移ってからも寛永期までは続き、その最後の華として1636年、日光東照宮が家光によって完成している。

唐破風問題を辿ってきたのは、安土桃山の末から江戸初期にかけての唐破風全盛時とちょうど重なって、歌舞伎が誕生したからだ。

安土桃山の末期、出雲の神女の出という阿国が、京に来て、四条河原で傾《かぶ》いた踊りを踊り、人気が爆発し、ここに今に続く歌舞伎という芸能が始まる。歌舞伎の語源の〝傾く〟とは、正統的でなく派手で異様な姿や身振りを指す。反転カーブを持つ唐破風は、歌舞伎の本質とも時代の好みとも一致し、江戸時代を通し歌舞伎を演ずる劇場でも大いに使われ、やがて銀座の隣に1911（明治44）年竣工する第二期歌舞伎座に至った——と書きたいところだが、江戸時代を通して使われた訳ではない。正確にいうと、四条河原でスタートした時から、江戸時代には一度も使われてはいない。

そもそも、河原で始まった歌舞伎は、江戸時代を通し、看板や幟《のぼり》や幕や提灯といった非建築的要素は派手だったが、建築本体は大梁の使用を除くと、材も作りも粗末で、唐破風のような高価な作りは望むべくもない。なんせ、江戸幕府からは、その秩序を揺るがすアナーキーさを嫌われ、実際、江島生島事件（将軍の奥女中江島が人気役者の生島と密通した事件）も起こり、所替えと禁令によって抑制され続けている。にもかかわらず、だからこそ、人々には大いに好まれた。

歌舞伎座の変遷

とすると、いつ誰が、歌舞伎と唐破風を繋いだのか。明治44年の第二期歌舞伎座で、名古屋の棟梁志水正太郎が唐破風を取り付けているが、改修であったし、木造の伝統建築に取り付けているため、市中にたくさんあるお寺と同じに映り、大して目立たなかった。

市民の目にガツンと入ったのは、その次の第三期歌舞伎座で、鉄骨鉄筋コンクリート造による近代的劇場であるばかりか、正面にドスンと唐破風を据えていた。その唐破風も前代と違い、鉄筋コンクリートだから、各種寸法が太く大きく、加えて、木造のくすんだ色をやめ、コンクリートの各部を全面的に白く塗り、ポイントには金色の金物。堂々たる押し出し、そして唐破風と白塗りと金。まさに、安土桃山時代の再現であった。正確にいうと、安土桃山時代には白塗りは少なく、極彩色が多い。

歌舞伎の建築イメージとして唐破風を持ち込んだのは、第三期を設計した岡田信一郎なのである。岡田は、歌舞伎座の設計に当たり、歌舞伎にふさわしいスタイルは何かを考え、歌舞伎が誕生した時代に合わせ、安土桃山風スタイルを採用したのである。

1922（大正11）年に起工し、唐破風付きの全貌が現れたところで関東大震災に遭ったが、工事は続行され、19

写真2　第二期歌舞伎座　（出典：『日本写真帖』田山宗尭編　ともゑ商会　1912年　P21）

写真3　第三期歌舞伎座　（出典：『建築の東京』都市美協会編　都市美協会　1935年　圖譜248番）

写真4　第四期歌舞伎座　（撮影：京橋図書館　1957年）
（写真2～4はいずれも中央区立京橋図書館所蔵）

写真５　第四期歌舞伎座場内　© 松竹株式会社

24（大正13）年、焼け野原とバラックの東京に忽然と安土桃山ルネサンス様式が姿を現す。当時の東京市民の驚きと喜びは大きかった。

その後、焼け跡とバラックだけの東京市中に区画整理が行われ、1928（昭和３）年以後、唐破風付きの〝宮型銭湯〟が続々と出現するのである。

しかし、岡田による第三期は、東京大空襲により客席の上の大屋根が焼け落ち、1949（昭和24）年、吉田五十八の手で第四期の改修がなされる。吉田は外観と入口ホールは安土桃山デザインを守り、劇場内は格天井などの安土桃山御殿風は止め、数寄屋風に変えている。吉田は、言うまでもなく近代の〝新興数寄屋〟を生み出した張本人であり、中だけは自分流を、と考えたのだろう。

今回の隈研吾は、そうした岡田の安土桃山ルネサンスと吉田のネオ数寄屋を踏まえてくれた。そこが嬉しい。

No.
24

旧神奈川県立近代美術館 鎌倉

―階段と鉄骨が織りなす立体構成―

写真１　旧神奈川県立近代美術館 鎌倉正面。まず階段で上がるアプローチ。右手に池が広がる（現在は鶴岡八幡宮所有）［2015 年 11 月撮影］

サラバ　カ・マ・キ・ン

坂倉準三の神奈川県立近代美術館の鎌倉館は、丹下健三の広島ピースセンターと並び戦後の幕開けを告げたモダニズム建築として名高いが、２０１６（平成28）年３月、土地が鶴岡八幡宮に返還されるにあたり閉館し、建物の所有権も県から八幡宮に移されることになった。美術館建築としての最後の姿をここに留めておきたい。

まず正面から。四角な二階建ての箱を基本としながら、一部をピロティで持ち上げ、中央を二階分の吹き放ちとし、そこに階段で上がってゆく（写真１）。ピロティ、大胆な吹き放ちの二つから分かるように師のル・コルビュジエ流の立体的構成にちがいないが、師との違いも際立ち、師なら鉄筋コンクリート打ち放しにするピロティの立柱をＨ形鋼とし、師なら斜路のはずのアプローチを階段としている。

かねてこの階段が謎であった。なぜなら、モダニズムが否定したネオ・バロックやネオ・クラシックといった歴史主義建築は正面中央に好んで大階段を設け、建築に権威を付与することに熱心だったからだ。グロピウスもミースも階段は嫌いで、目立たないように使っているのに、否定した敵のやり方を堂々と真似してどうする。

ル・コルビュジエも階段は嫌いだったが、平坦面を旨とするグロピウスやミースと違い、上下に動く空間には強い関心を示し、階段の代わりに斜路を工夫している。

なぜ斜路にしなかったのか。坂倉が斜路の使い手であったことは、戦前の〈パリ万博日本館〉では斜路を見せ場としているから明らかだ。なのにここでは階段としたのは、全体をコンパクトにまとめる必要があったからではないか。この建物を訪れて感ずるのは、小さく小さくまとめようとする意志で、この意志は当時の県の緊縮予算に合わせて生まれたのか、それとも坂倉のヒューマンスケールを求める気持ちからなのか。

当時、坂倉と並んで戦後建築をリードしていた前川國男と丹下健三を比べると、丹下は前川のヒューマンスケールを批判し、公共建築はヒューマンを超える社会的スケールで造らなければならないと言明した。具体的には、前川のピロティの背の低さについてそう述べている。

当時、ピロティを巡りそのような論議があったことを知ると、この建物のピロティの背の低さと、全体のコンパクト志向は坂倉のヒューマンスケールに由来するのだろう。公共美術館というより住宅スケールの美術館と考えれば納得がゆく。階段を上がっても

写真２　中庭。ポツ窓の開く大谷石の壁と鉄骨の柱。大谷石の上には鉄骨の梁が架かるが、アルミのカバーで隠されている［2015 年 11 月撮影］

いいが、その下を通り抜けると、そこは中庭。正方形をしたコンパクトな中庭で、庭というより〝上の空いた内部空間〟のようなスケール感。ル・コルビュジエなら、ここにピラミッド状のガラス屋根を架けたかもしれない。

中庭に入って初めて一階の外壁がすべて大谷石で造られていることを意識する。大谷石を意識したすぐあと、二階を見上げて、セメント（石綿セメントボード）とアルミ（ボードの取り付け枠）を意識する（写真2）。大谷石とセメントとアルミ、珍しい組み合わせと言わなければならない。

坂倉の決断

モダニズム建築は、成立当初の〝初期モダニズム〟の頃、バウハウス校舎に代表されるようにコンクリートの壁を白モルタルで仕上げるのが定石であった。ル・コルビュジエも、全作品をそのように仕上げていたが、1932年の〈スイス学生会館〉を機に一転し、打ち放しと石を張るようになり、以後、ル・コルビュジエの影響を受けた建築家に限り打ち放しを中心に石やレンガや焼き物を加えて仕上げるようになり、こうした仕上げを分類指標の一つとして世界と日本にル・コルビュジエ派が成立する。

坂倉が一階に大谷石を使ったのは、ル・コルビュジエ派としては当然であったが、坂倉以前、ル・コルビュジエ派のレーモンドも前川も自然石を使っていないことを思うと、坂倉にとっては一つの決断であったにちがいない。

中庭の大谷石の壁でもう一つ注目すべきは、ポツリポツリとあい

写真3　二階の鉄骨と階段。階段を上がると小さな三階がある［2015年11月撮影］

た四角な穴の存在で、今はあまり使わない言葉になったが〝ポツ窓〟といい、これもル・コルビュジエが編み出したボキャブラリーで、日本では坂倉が初。

一階の大谷石は師ゆずりとして、二階のセメントボードとアルミ枠はどうだろう。アルミのことは置いといて、セメント系ボードはその張りパターンからしてスイス学生会館の二階以上（一階は打ち放し）の人理石パネル張りを意識していると見ていい（写真3）。

こと仕上げについては、坂倉が師の作の中では一番好きだったスイス学生会館の強い影響下にある。

仕上げのことはそう難しくないが、悩ましいのは構造である。鉄骨造。

なぜ鉄骨を選んだのか。戦後のこの時期、前川も丹下も、というより戦後モダニズムをあげて鉄筋コンクリート打ち放しに邁進《まいしん》していたというのに、なぜ鉄骨なのか。この美術館コンペに坂倉と並んで指名された前川、山下寿郎、谷口吉郎、吉村順三の四人とも鉄筋コンクリート打ち放しなのに、どうして坂倉もそうしなかったのか。

坂倉とカマキン（神奈川県立近代美術館鎌倉館の美術界での愛称）の鉄骨について語るには、やはり戦前の代表作〈パリ万博日本館〉を呼び出すしかない。間に戦争と敗戦という断絶を挟むとはいえ、戦前といっても僅か14年前の作なのだ。

パリ万博・日本館での試み

１９３７（昭和12）年にパリで開かれた万博の日本館は、坂倉の名を世界の前衛的建築家の間に轟かせた（写真4）。なぜなら、アールトのフィンランド館、セルトのスペイン館と並んで、ペレ審査委員長によりゴールドメダルを与えられたからだ。

それも、誰も見たことのない鉄骨構造によって。それまで、鉄骨構造はいろいろ造られてきたが、意外に柱と梁によるラーメン（枠組）構造は少なかった。例えラーメン構造を採る場合でも、柱は強調しても水平の梁は天井裏に隠すのが定石であった。

例えば坂倉の日本館に先行して鉄骨構造に取り組んだミースを例にみるなら、〈バルセロナパビリオン〉（1929年）では梁は現場でメチャクチャに走らせていたらしい（図面がなく不明）。〈チューゲンハット邸〉（1930年）の場合、ラーメン構造にはなっているが梁は天井裏に隠して見せていない。

各種鉄骨構造のうち最も合理的なのはラーメン構造だし、その合理的構造の合理的な美を表現するには垂直の柱と

写真４　パリ万博日本館外観。垂直と水平の鉄骨の間にガラスをはめた表現は世界初。左手は斜路　（出典：『建築家坂倉準三 モダニズムを生きる｜人間、都市、空間』2009 年神奈川県立近代美術館 建築家坂倉準三展 図録 神奈川県立近代美術館著 建築資料研究社 2010 年 P6）

写真５　パリ万博日本館、入口ホール。ミースはこの空間に自分の求めていた新しい方向を示唆された、と思われる　（出典 同図録 P10）

一緒に水平の梁も露出するのが一番なのに、日本館以前、誰も試みていなかった。

日本館はそれを試みたばかりか、柱と梁の間には大ガラスを入れ、今日に続く鉄とガラスの表現を世界で最初に実現した（写真5）。その成果は、アールトやセルトより決定的であった。ミースが、アメリカに渡って鉄とガラスの表現を実現するのは、日本館の後なのである。会期中、ミースは渡米の交渉のため一週間パリに滞在していたことが分かっており、あれほど鉄骨の表現に敏感であった建築家が、ヨーロッパのモダニズム建築家仲間の間で話題になっていた日本館を見なかったとはとても思えない。

写真6　H形鋼が池の中から立ち上がる有名なシーン。礎石には穴があけられ、H形鋼は水中の基礎の上に立つ［2015年11月撮影］

坂倉がカマキンで鉄骨を使ったのは14年前の成功体験の延長とみて間違いないが、とすると一つ大きな謎が生まれる。なぜ、鉄骨の柱ばかり表現し、梁は意識的表現から外したのか、と。中庭の大谷石の上には鉄骨の梁はあるがアルミのカバーで隠している。

池の中の石から立ち上がる鉄骨の柱のシーンの美しさは有名だが、私としては天井に水平の梁を見せてほしかった（写真6）。

実は、カマキンの構造は普通のラーメン構造ではなく、〝立体的トラス梁〟という特殊な梁を工夫しており、見せたくとも美しく見せるのは不可能だったのだが。

もし、坂倉がパリ万博で試みた鉄骨の美をここでさらに充実させて実現させていたなら、ミースは坂倉の試みに学んで鉄とガラスの表現を確立したことが、歴史的事実として世界的に定着したにちがいない。

No. 25

京都駅 ― 青い山脈と大きな谷 ―

京都駅で会いましょう

京都駅は珍しい姿をしている。

まず平面からいうと、巨大な横長の建築の中央に、床から天井までの大吹抜けがとられ、上からガラスを通して光が落ちてくる。

世に吹抜けは多く、こう思い返してもたいていは四角な平面なのに、京都駅は横長、それも思いっきりの横長だから、氷河のクレバスの中から上を見上げるような建築離れした印象を禁じ得ない。

建築の吹抜けとしては異例な印象を見る人に与えるのは、吹抜けを下から見上げると、両端にはガラスが張られておらず、直接外気に開かれ、空が見えることだろう。普通、というかほとんどすべての建築の吹抜けは一つ建築の内に閉じており、外に開く例は思い出せない。

完全に閉じずに両端がオープンな例と

写真 1　京都駅の内部。谷間の如き大吹抜け空間

しては、建築ではないがヨーロッパの昔の繁華街の通りの上にかかるガラスのアーケードがある。設計者の原廣司は、竣工当時、ブリュッセルの例を口にしていた。

　建築の吹抜けのように見えながらそうではなく、二つの細長い建物の並びの間に架けたアーケードなのである。だから、吹抜けが思いっきりの横長。

　この細長くて高いアーケードのような吹抜け空間をさらに印象強くしているのは、アーケードの両端から中央に向かって雪崩落ちるような大階段。もし、この両端からの大階段がなくただの垂直の壁になっていたら、吹抜け空間は井戸の底のように自閉性を強め、息苦しくなったにちがいない。

　同じ底でも、井戸の底より擂《す》り鉢の底。

　京都駅を利用した読者も多いと思うが、擂り鉢の底からてっぺんまで大階段を登ったことはあるだろうか。下から眺めていると、二階、三階まで人は多いが、そこから上は急にまばらになる。竣工時に案内してもらって以来20年ぶりに、このたび二度目の登坂を試みた。

　下から眺めた時に思ったより人はいて、階を上がるにつれ減るものの、屋上に到っても数名が腰を下ろして、休んだり眺めたり本を読んだりノンビリと過ごしている。

　両端の屋上は、風で吹き飛ばされないよう、かつ眺望も利くよう注意深くガラスの塀で囲われ、東端は広場状に、西端は庭園状に整備されている。

　広場はちゃんと作られていて、一人の青年が本を読んでいた。私が気に入ったのは屋上庭園の方で、竹を点々と植え、ちゃんと手入れがされているから眺めていて飽きないばかりか、ガラスの塀の向こうに京都の町と周囲の山々が透けて見えるから、屋上庭園が宙空に浮いているように少しだけだが感ずる。古代ヨーロッパ世界の七不思議の一つとして数えられる〝バビロンの空中庭園〟とは屋上庭園のことらしいが、京都の〝空中坪庭〟の発見は今回の思わぬ収穫だった。初めての人と「京都駅で会いましょう」と約束して、改札前やカフェでなく〝空中坪庭〟で会えば、いい印象か悪い印象か知らないが、強い印象を与えるのは間違いない。

〝雅〟の演出

外観について述べよう。

まず、大きい。京都という歴史的都市の背骨の役を果たしてきた南北に走る都大路《みやこおおじ》の南端より少し北側を、衝立のようにして防いで立つ。既存の京都駅がそのようにして配置されていたから当然の結果だが、横幅も高さも、とりわけ高さが拡大されたから、衝立性は決定的に強まっている。

駅前に立つ山田守の京都タワーを蝋燭《ろうそく》、京都駅を衝立に見立てると京都らしい〝雅〟といえなくもないが、山田も原ももちろんそんなことは考えていない。

写真2　谷の向こうには空が覗く

　この歴史的都市のヘソの位置に据えられる衝立の外観をどうするかはコンペに応募した誰もが考えた。ある案は、四角なガラスの衝立だったし、ある案は黒い落ち着いた衝立を立て、中央に大きな穴を開け、都大路のストリート感を上階だけでも再現しようとした。コンペのあと、当選した原案を巡ってかしましくなる中で、後出しジャンケンのようにして出された案は、建築緑化が図られ、スカイラインは山並みのようになっていた。

　原はどうしたのかをみてみよう。平坦な衝立から小さな凸凹が突き出し、時に平坦な壁面は色違いの面でパッチワーク状に細分され、衝立の巨大な印象は弱められていた。

しかし、平坦な面を小割りの造形で充満する美学は、京都駅が初ではなく、私がこの原流デザインをはっきり認識したのは、1986（昭和61）年の〝ヤマトインターナショナル〟の時だったが、振り返ると、出世作の〝慶松幼稚園〟以来の一貫した造形にちがいない。

吹き抜けの大空間も同じ小割り充満路線を貫徹し、加えてキノコの傘のような造形（舞台）もニョキニョキ飛び出す。

独特な材感と色彩についても触れなければならない。

全体の印象は金属質にちがいないが、同じ金属質といってもピカピカ輝くのではなく、鈍い銀色といえばいいか、光沢のある灰白色というか、暖色系ではなく寒色系で統一されている。そして凸凹する小さな造形のせいで、太陽の位置により小さな反射が生まれ、寒色系の一部がキラッキラッと輝く。

太陽の位置と時間と天候によっては、全体が空を映して青みを帯びる時もある。

写真3　人影もまばらな屋上庭園

灰色の打ち放しの一部に薄い蛇紋岩等をパッチワーク状に張った箇所が一階に目立つが、蛇紋岩も青みを含んだ緑色であることを思うと、設計者の色彩感覚の中で〝青〟は重要と推測される。

所々思い出したように黄色が点ぜられているが、おそらく、銀、白、灰、青といった沈みがちな寒色系の広がりに暖色を点じて活気を生もうと狙ったのかもしれないが、うまくいっていない。黄色がそこだけ浮いている。

色彩感覚は天性のもので、訓練ではなんともならないというが、わが身の設計を振り返ってもそう認めざるを得ない。

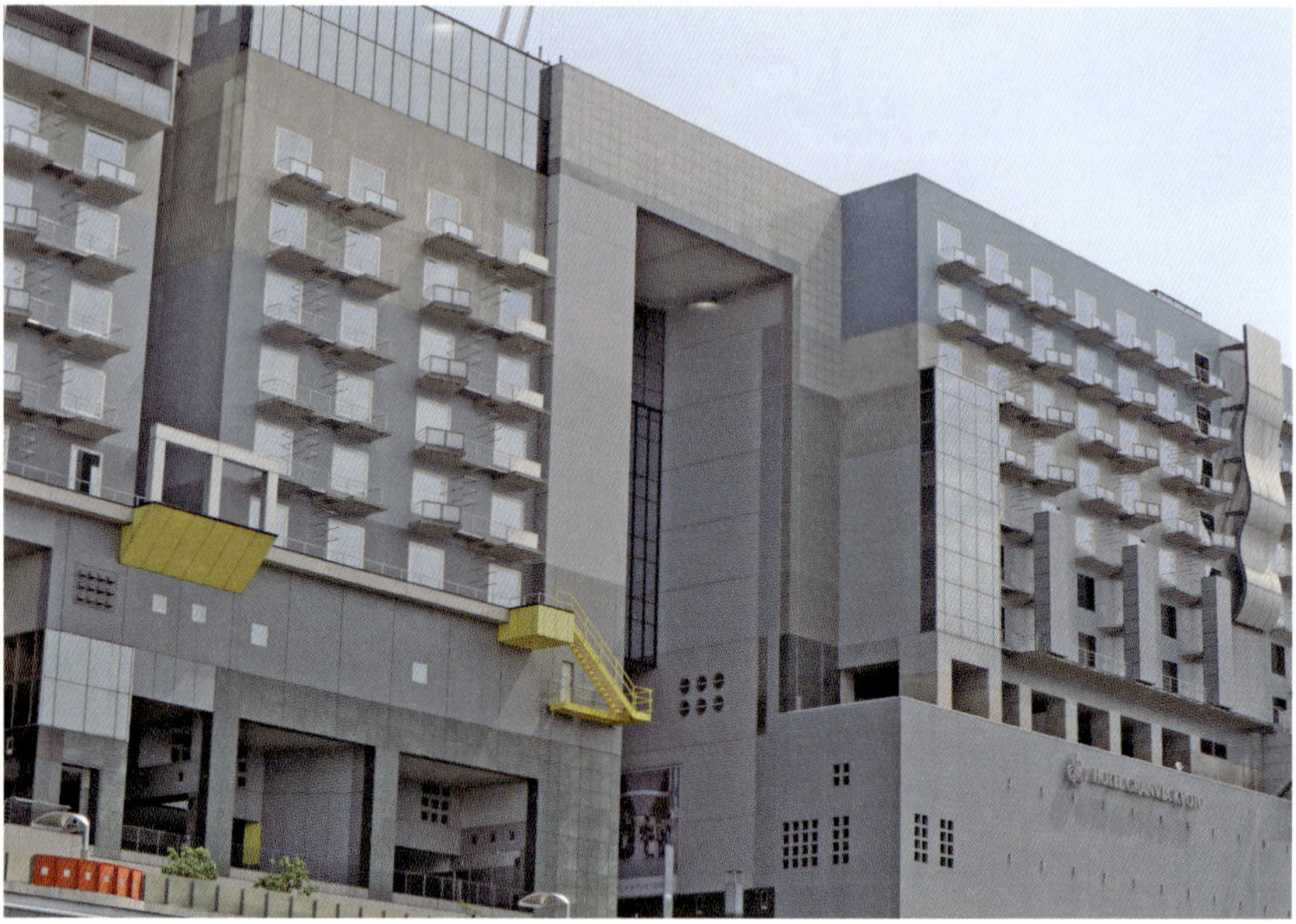

写真４　線路側の外観。中央の大きな門状の作りは、昔の“都大路”を意識したもの

写真５　街側の外観。都大路を意識した開口部とその左の冬の山頂を偲ばせる凸凹に注目

彷彿とさせる信州の山と谷

過剰な横長の、両端が天に放たれた吹抜け空間。上に伸びる垂直の壁に取り付く小刻みな造形。凸凹するスカイライン。銀、白、灰、青の色彩感覚。

いずれの特徴も、原が早い時期から試み、京都駅でピークに到った質である。そうした質に、私は雪をいただく信州の青い山脈を感ずる。山だけでなく、過剰なまでに横長で深い吹抜け空間には、両側を山脈に挟まれた大きな谷を感ずる。

原が育ったのは信州は伊那谷であり、その中心の飯田から東を眺めると目前には南アルプスの山々が連なる。

京都駅ができてしばらくしてから、京都駅は伊那谷と南アルプスに通ずるとコラムに書いたら、本人から「歴史家はすぐそういうことを言うから困る」と言われた。さらに「お前は伊那谷の本当の魅力を分かっていない。伊那谷の奥の深さは、大きな谷に向かって両側の山脈からの小さな谷が流れ込み、谷の両側が襞《ひだ》をなしていることだ」と教えられた。

そういわれて京都駅の大吹抜けを眺めると、大吹抜けの左右の凸凹は激しく、これを襞と言えなくもない。

写真6　蛇紋岩などをパッチワーク風に埋め込んだ柱

No.
26

ボフダネッチの温泉の家 ――キュビズム建築――

写真1　ボフダネッチの温泉の家。全景

チェコで生まれたキュビズム建築

私が学生の頃、世界の20世紀建築に、一つだけ謎の流派があった。ウィーン・セセッション※1とかバウハウスとかデ・ステイル※2とかは建築家の名も代表的作品もすぐ思い浮かべることができるのに、それだけでは見当もつかない。だけどヨーロッパの20世紀建築史の本には一行だけ出てくる。写真も付かずに。それが、〝チェコ・キュビズム〟。

友達と、キュビズムというからには1906年以後ピカソらが始めた絵画のキュビズム（立体派）と関係しているにちがいないが、でも、ピカソの絵のようにあっちから見たり、こっちから見たりしたシーンを一枚の絵の中に組み合わせるような立体的設計を建築でするなんて無理だし、どういうデザインなんだ、と訳の分からなさに興味を持ったのが、この謎のデザインとの関係の始まりだった。

これだけ情報の発達した現代において、そんな実態不明状態が起こったのは、今の若い人には想像し難いだろうが、当時は社会主義陣営と自由主義陣営の東西二つに地球は分割され、

写真２　正面玄関とファサード。斜め面の構成による造形表現が特徴

冷戦状態にあったからだ。チェコの建築事情なんか現状も過去のことも全く伝わってこない。建築関係者の交流なんてゼロ。

今こう書きながら思い返すが、おそらく、冷戦時代にチェコを訪れた最初の日本の建築関係者は私ではあるまいか。学術関係では当時、言語学者の千野栄一先生だけがパイプを持っており、そのパイプを唯一の手がかりとして、１９８８年に私はチェコに入った。その時、千野先生の弟子の女子学生が一人プラハに留学中で、彼女の母親から娘に渡してくれとドル札の束と大量の生理用品を託され、税関で開けられたら何と言おうか心配になった、そんな時代であった。

私が何としてもチェコに行きたいと考えたのは、キュビズムではなくアントニン・レーモンドとヤン・レツルとベドジフ・フォイエルシュタインの三人のチェコ出身建築家の身許調査のためだった。レツルは広島の原爆ドームの設計者。フォイエルシュタインは、レーモンドの共同設計者。

社会主義社会の暗さ沈鬱さは、通りをちょっと歩いただけで分かったし、私たち外国人が泊まっていいホテルのすぐ隣は秘密警察の本拠があり（後で知った）、あたりに地元の人は近付かない。

そんな状況の中で、初めてキュビズムを見た。が、目的ではなかったので、プラハの代表作を外から眺めただけだった。その後、社会主義が終わり、自由に見歩けるようになってから、4回訪れ、全国を回り、重要な作品はほぼ見たし、中にも入った。

その中から、1912年に作られた〈ボフダネッチの温泉の家〉を紹介しよう。設計したのは、チェコ・キュビズムを代表するヨーゼフ・ゴチャール※3。プラハから離れた温泉にあり、訪れたことのある日本の建築関係者は私くらいかもしれない。

カクカクした多面体が特徴

読者の関心の〝どこがキュビズムか〟から、まず説明しよう。ファサードを見ていただこう。妙にカクカクしているだろう。直角に平らに納めればいい面を、斜めに切って納めている。この斜めのカット面こそチェコ・キュビズムの特徴にほかならない。

チェコはガラス細工が昔から盛んで、ボヘミア・ガラスと呼ばれ、とりわけカットグラスのコップや壺で知られるが、そのカット面を建築に持ち込んだと思えば分かりやすい。しかし、もちろんそんな事情でチェコのキュビズム建築が生まれたのではない。

建築家のパヴェル・ヤナーク※4が、パリのキュビズム絵画に刺激され、劇的、動的、鋭敏なものを求め、具体的には錐《きり》に理想形を見出し、そしてヤナーク理論にリードされて、ゴチャールがキュビズム建築を作り出したのだった。理想の形は錐《きり》。アール・ヌーヴォー※5以後のヨーロッパの20世紀建築の動

写真 3.4　カクカクした多面体の壁面と内部の様子

きを眺めても、例のない主張にちがいない。

背景には、当時のチェコの若さがあった。イギリス、フランス、ドイツといった西ヨーロッパが産業革命以後をリードし、西ヨーロッパと東欧の境に位置するチェコは、一歩遅れて後を追い、その頃、追い上げが成功し、精密機械やガラス産業などでは先端に迫り、経済は活力を増し、社会は、西ヨーロッパに負けない独自のチェコ文化創出の気運に満ち、まずアール・ヌーヴォーをウィーン経由で摂取した後、その次のステップとして工夫し提出したのがキュビズムであった。

ところが、アール・ヌーヴォー以後、こんな造形を展開した国はどこにもない。そして、結局、キュビズムは10年以内の短命に終わり、やがて忘れられてしまう。

でも、私は、キュビズム建築を訪れて、うれしかった。今でこそ、チェコだけのヘンな傾向の短命運動などと歴史的に位置づけざるを得ないが、その当時、アール・ヌーヴォー以後のデザインがどう進むかは誰にも分からなかった。先端に位置し、その先を開くということはそういうもので、当時者に必ずしも先は見えていない。

先駆者は先見の明があると思われがちだが、例えば、打ち放しコンクリートをル・ランシーの教会で世界に先駆けて実現したオーギュスト・ペレは、建築費の豊かな次の仕事からは止めて、大理石を張るようになる。意外にも、ローコストのための工夫でしかなかった。

キュビズム建築はチェコの宝物

20世紀建築の成立過程を、詳しく調べれば調べるほど、歴史の歩みは試行錯誤の連続にちがいなく、先端に近い位置にあるいろんな建築家が、いろんな主張をし、さまざまな新しい表現や技術を試み、多くはハズれるけれど、中の一つか二つが当たって、そこから未来がズルズルと引き出されるようにして始まる、というのが歴史の本当のところだと思う。

そう思うと、チェコ・キュビズムは愛おしくなる。若さが故の錐《きり》が如きトンガッタ試みであり、結局、誤ったとしても、ただ先端を真似するよりはずっといい。その証拠に、チェコのアール・ヌーヴォーに注目する歴史家は少ないが、キュビズムとなると好奇の目が輝く。チェコも、今ではアール・ヌーヴォーよりキュビズムを誇りとし、博物館も作られているし、国際展の巡回もしている。

建築の歴史は試行錯誤そのもの

最後に、この若い国の独自の20世紀建築運動が、どこで間違ったかについて、歴史家として冷静に述べておきたい。もう一度、写真を見てほしいが、この錐のようにシャープな建築がどんな構造で作られたか分かりますか。形といい仕上げといい、鉄筋コンクリートに、当時の常としてモルタルを塗っている、と誰でも考える。私も、初めて見た時はそう思った。

しかし、鉄筋コンクリートにしては少しヘンで、柱にせよ窓にせよすべてのスパン（間隔）が短い。鉄筋コンクリートなら普通もっと広く大きくできる。

実は、これ、赤煉瓦を積んで作られているのだ。特徴となる斜めカットされた面は、積んだ後、赤煉瓦を削っている。

チェコのキュビストたちは、アール・ヌーヴォー直後の1910年代に、幾何学的な線と面だけで建築の形を作ったという点では先駆的だが、構造技術には全く関心を払わなかった。鉄骨構造も鉄筋コンクリート構造も、20世紀建築の骨組みに疎かった。

言うまでもなく、新しい建築は、立体、平面、材料、構造、仕上げのすべてが新しくなり、その総合として初めて誕生する。一つだけでは、不可能。

でも、20世紀建築の誕生過程を調べてみると、すべてを一気に一度に革新し、総合する建築家も国もなかった。さまざまな国でいろんな建築家の成し遂げた一つ一つの革新が、やがてどこかで総合されて、新しい建築が生まれる。そして、その新しい建築も一つの姿ではない。

※1　ウィーン・セセッション…1890年代にウィーンに現れた過去の様式に捉われない新たな造形表現を主張した運動のこと。

※2　デ・ステイル…オランダ語で「様式」の意味で、モンドリアンらが創刊した美術雑誌名。新造形主義を掲げた国際的活動。

※3　ヨーゼフ・ゴチャール…1880〜1945年。チェコのキュビズム建築を創始し、「パウエル邸」など数多くの作品を残した。

※4　パヴェル・ヤナーク…1882〜1956年。キュビズム建築の理論的指導者。「多角柱と角錐体」なる論文によりキュビズムを展開した。

※5　アール・ヌーヴォー…19〜20世紀初頭にフランスを中心に開花した、「新しい芸術」を意味する国際的な美術運動のこと。

写真5　玄関の階段と手摺。ここにもキュビズムのモチーフと造形パターンが現れる

No.
27

ミュンヘンオリンピックスタジアム
―スチール・ワイヤー―

写真１　ミュンヘンオリンピアシュタディオン全景

郊外の代表建築

２０１２年ミュンヘンでの展覧会にあたり、〝ヴェジタブル・シティ〟計画のバックに何を使おうかと迷った。ヴェジタブル・シティとは私が立てた未来都市の計画で、名のとおり野菜のような都市をいい、２００９年、『季刊　大林』の特集に合わせて計画し、その時はバックにブラジリアを置いたが、２０１１年の茅野市美術館の〝藤森照信展〟には八ヶ岳を据えた。

今回は何を置こうかと考え、当初、ミュンヘンの大聖堂や遠くに見えるアルプス山系を検討したが、構図が上手くいかない。条件は、その都市や地域のシンボルとして誰もが知り、しかも、建築の場合は名作であること。

ミュンヘンはBMWやシーメンスの本社があり、ドイツ屈指の工業都市として知られ、ビールとゲルマン魂の本拠地としても鳴らすが、歴史的建築に意外と良いのが無く、結局、郊外に建つオリンピックの競技場を選んだ。１９７２年のミュンヘンオリンピックの時に作られたフライ・オットーの名作である。

スチール・ワイヤーによる超現実的表現

フライ・オットーは、ネルヴィ※や坪井善勝と並び、20世紀後半の世界の構造デザインのリーダーとして知られ、構造デザイン家の常として建築家と組んで仕事をしてきたが、ここの仕事については自分が中心でやっている。もちろん、20世紀の構造デザインの傑作として知られ、スポーツ用のスタジアム建築としては、丹下健三（構造担当 坪井善勝）の国立代々木競技場と共に他の追随を許さぬ印象深さを保っている。

どうしてこの二つは、丹下のが約50年前、オットーのが約40年前と相当時間が経つのに、今だに新鮮なんだろう。

一番の理由は〝吊り構造〟にあるにちがいない。吊り構造は、橋では大昔から存在したが、建築の構造としては異例中の異例で、石のように積むのでも木のように立てるのでもなく、屋根を上から吊ってしまおうというのである。そして、この異例が可能になったのはスチール・ワイヤー（鋼索）が生産されたことによる。20世紀の建築を支えた構造技術は、鉄とコンクリートにちがいないが、その鉄の中でも最も高度なのがスチール（鋼）のワイヤー（索）だった。

スチール・ワイヤーによって重い物を空から吊り下げる、というそれまでの建築にはあり得なかった魔術的な技術とその表現が、吊り構造にシュール・リアリスティック（超現実的）な印

写真2　スチール・ワイヤーによる吊り構造が特徴的

象を与え、人の眼と気持ちを引き付ける。

こう書いてから気づいたが、私のヴェジタブル・シティ案も、バナナホールや玉ネギ教室を吊っており、吊り構造という最先端構造技術のシュール・リアリズム的特性に頼った造形といっていい。

その吊り構造のミュンヘンのスタジアムについて、実物を見るまでは、「なんで欧米の人は名作って評価するんだろう」と訝《いぶか》しく思っていた。丹下の国立代々木競技場のあまりの鮮烈さを知る日本の建築家には二番煎じの吊り構造だったから仕方がないが、もう一つ理由があって、スタジアムの立つ地形というか周辺の光景を知らなかったからだ。

このたび初めて実物を訪れ、建築を発表された写真で判断することのアブナサを知らされた。

建築を生かす敷地

ミュンヘンの郊外はまっ平らだが、スタジアムに近づくと小山が盛り上がり、大小の小山の間には湖が広がる。まず小山のてっぺんを目指し登り始めると、散歩やジョギングしながら登る市民が何人もいる。てっぺんに立って周囲を眺めて確信したが、人工的な土盛りにちがいない。その証拠に、オリンピックスタジアムを最も美しく見ることのできるように最高点は盛り上げられ、白鳥やボートの浮かぶ湖も設えられている。

〝敷地を生かした建築の立地〟とよくいうが、これは〝建築を生かすための敷地〟にほかならず、おそらく、建築の設計が決まった後に造園計画が立てられたにちがいない。これまでいろんな建物を見てきたが、こんなに建築向きの敷地は初めて。ドイツ人のトコトン性はしばしば耳にするが、建築に合わせてトコトン地形を作り上げるとこうなる。その意味でも貴重な例といえよう。

地形は公園部分だけでなくスタジアムの中まで続き、観客席のシートは土手の斜面に作られたかのように見える。後ろに回って確かめるとコンクリートが立ち上がっているから少なくとも上部のシートは建築の上に乗っているが、下部は土の上かもしれない。

建築の写真だけでは気づかなかったが、土を盛った地形と建築が密接不離に連続する建築、というか環境というか、公園というか、そういう場所になっている。建築を地形や自然と一体化させたり連続化するのは今では流行ですらあるが、40年以上前、このような試みを見事に実現していたのはさすがドイツ、世界のグリーンパワーの発信地。

吊り構造のあれこれの工夫を確かめながら眺めていて、〝ナンカチガウ〟と思った。吊りの工夫ではなくスタジアム全体の印象が違う。日本の例をはじめいくつかの吊り構造とあれこれのスタジアムに比べ、アッケラカンというか開けっぴろげというか・・・。

どこが違うのか。気づいてみれば当たり前だが、屋根がなんと透明なのである。じっと目を凝らして確かめても、透明な材料が何か分からなったが、ディティールの作りからしておそらくプラスティック系だろう。あるいは、プラスティックを挟んだガラスか。

客席の上に架かる屋根を透明にしたスタジアムは他に例はあるんだろうか。少なくとも日本には無い。

写真３　観客席の傾斜が周辺の地形に馴染んでいる

なぜなら、雨だけでなく日差しを防ごうとすると透明にはできないからだ。日本でもし透明にしたら、女性の観客は激減するか、パラソルだらけで見づらくなるかのどっちかだろう。

違和感の正体は英国式庭園にあり

どうしてミュンヘンでは大丈夫なのか。地元の建築家に聞いてみた。答えは、「イギリス庭園に行ってみれば分かります」とのこと。行ってみなくても先刻承知。昔、初めて訪れた時はショックだった。

ミュンヘンの中央公園に当たるのが〝イギリス庭園〟で、イギリス式庭園を大規模に展開し、市民の憩いの場となっている。イギリス式庭園の常としてごく自然に見え、日本人にはどこが庭園か分からないが、そのつもりで観察すると、地形が緩やかに起伏したり、せせらぎのような水の流れが上手にコントロールされていたり、ボートを浮かべて遊ぶに手頃な湖が手頃な場所にあったり、人々が寝そべったりボール遊びしたりする芝生がいい面積で広がったり、小山の上にローマの神殿風亭《あずまや》があったりする。

日本の庭と反対に、人為性を消すのがイギリス式庭園で、そのことは知識として知っていたから別に驚くこともなかったが、そのいい位置にいい面積で広がる芝生の上の光景がショックだ

写真4　透明な屋根。開放的ですらある

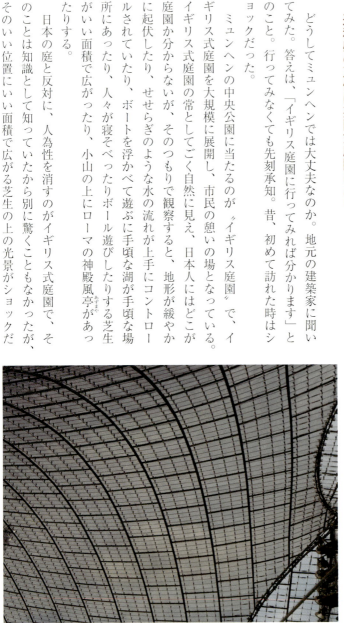

った。

男も女もスッポンポン。年寄りは別だが、若いものは、全裸か着てても下着一枚。ごく普通の女子学生が隣に座り、やにわに服を脱ぎ、ショーツ一枚で寝転がって本を読み始めればタマゲル。目的は、日光浴。長く寒い冬がようやく終わると、人々は太陽を求めて公園に繰り出し、思う存分、日差しを満喫する。

おそらくフライ・オットーのイメージの中には、イギリス式庭園で日差しを浴びる市民の姿があったにちがいない。凸凹する緑と水の地形の上に透明な膜を張ろう、スタジアムはそれでいい、と。

※　ネルヴィ…ピエール・ルイージ・ネルヴィ（イタリア1891～1979年）。構造設計の第一人者として優美な空間デザインを数多く残す。代表作にローマオリンピックの競技場（パラロットマティカ）や聖マリア被昇天大聖堂など。

写真５　イギリス式の庭園に学んだ造園

No. 28

伊豆長八美術館 ―漆喰―

伊豆に現れた純白の美術館

広く知られた建築材料でありながら、建築家たちがなぜか使わない例がある。正確にいうと、大工さんや普通の建築家は平気で使うが、前衛的というか時代の先端を走るような建築家は避けて通る材料がある。

ある時期までの漆喰《しっくい》がそうだった。若い読者は俄かに信じられないかもしれないが、１９８４（昭和59）年、伊豆半島の小さな港町松崎に一つの小さな美術館が出現するまではそうだった。

こう思い出しても気持ちが熱くなってくるが、できたばかりの伊豆長八美術館を見ようと出かけ、松崎のひなびてうらぶれた町並の外れの、山を背にした小さな土地にまっ白い建物がスックと立つのを目にした時、〝ハキダメにツル〟と思った。

最近の事情は知らないが、できた当時、バックの山の緑の素晴らしさに引き換え、道路沿いの土産物屋の姿には悲しいものがあった。土産物屋から少し右方にズレた位置に、伊豆半島の豊かで強い緑を背に、純白に輝く小さな建物が、一つポツンと立っていた。

純白なのはもちろん漆喰の白さによる。同行者が、「今年の建築学会賞でしょう」といい、私は「いや、吉田五十八賞だろう」と答えた。

ずっと後で設計者の石山修武《いしやまおさむ》に聞くと、「学会賞の審査員たちが見に来た時、便所が付いていないがお客さんはどうするの、と林雅子が言い、そのヘンですればいい、と答えたらダメだった」そうだ。

幸い吉田五十八賞は大丈夫で、その賞金をはたいて、同世代の、今こう思い出しても豪華な顔ぶれだが、安藤忠雄、伊東豊雄、高松伸、六角鬼丈《ろっかくきじょう》、毛綱毅曠《もづなきこう》、渡辺豊和などを料亭に招いてくれた。

写真１　美術館・全景

当時、石山は、後に野武士と呼ばれる若い世代のまとめ役というか火つけ役というか、人と人を繋ぐ役回りを果たしていた。そういうアブナイ連中と付き合いの薄かった私など、どれだけ引き回されて知己を増やすことができたか。

伊豆長八美術館を見て、

「石山修武という建築家は、
一つの材料につき、一つの名作を生む」

と確信した。鉄の幻庵※1のことが念頭にあっての確信だが、逆にいうと、一つしか生まない。事実、以後、長八を越えるほどの漆喰建築は作っていない。

長八の施工に当たっては、左官の全国組織の〝日左連〟が全面的にバックアップし、各地から腕自慢が集まり、技を競っている。もちろん長八こそ大工の左甚五郎《ひだりじんごろう》に相当する〝左官の神様〟だったからだ。

松崎出身で、江戸の終わりから明治の初期にかけ、鏝絵※2で鳴らした入江長八の鏝絵作品を集収し展示するのが目的だから、聚楽壁《じゅらくかべ》※3のような土壁系ではなくあくまで漆喰壁、それも技巧を凝らした漆喰壁と鏝絵を見ることができる。

この美術館完成を機に、日本の建築界において、左官仕事、鏝仕事が一気に熱を帯び、それまでそんな昔の材料など関係ないと振り向きもしなかった建築家たちも左官と漆喰の面白さに目覚め、また『左官教室』編集者の小林澄夫さん、左官系写真家の藤田洋三さんの活動も大いにあづかり、左官仕事は陽の日を見るようになる。そして、現在の名人挟《はさ》土《ど》秀《しゅう》平《へい》さんなどの活躍へと繋がる。

表現は技術を刺激する

思い返せば戦後、建築界での左官の立場は悪かった。理由は施工において「乾式工法」が叫ばれたからだ。俄かに何のことかと分からぬ読者もいるだろうが、20世紀の建築は車のように合理的にスピーディーに作るべきで、左官のような仕事は減らさなければならない、との主張が力を得ていた。

「乾式」とは「脱左官」の意味。現場に小屋掛けし、現場でその日の天気に合わせて材料と水を練り、左官がコテを使って塗ってゆく。水仕事だから、周囲にあれこれ飛び散るし、塗り終えた後、固まるまで大事に養生しなければ傷がつくし、スピードを旨とする戦後の建設事情には合っていなかった。

戦後、日陰に隠れてしまった左官の仕事に光を当て、その重要性を浮かび上がらせたのが石山の伊豆長八美術館なのである。

この仕事の後、石山は名言を吐いた。

「表現は技術を刺激する」

技術と表現の関係は20世紀建築の核心

写真2　柔らかな光が注ぐ展示室の天井風景

に位置する問題で、鉄やガラスやコンクリートといった技術を使っていかなる表現をするかについて、多くの先人たちが実践上も理論上もさまざまな努力を積み重ねてきた。そうした長く厚い歴史の中に置いても、石山のこの一言は輝きを失わないだけの力を持っている。（漆喰を使った）デザインが（左官）技術を活性化させた、という意味の言葉だが、石山以前にそのようなことを言い、そのように実行し、成果を残した者はいない。

長八美術館はもう一つ重要な働きをした。左官技術の顕彰の一つといえるが、〝土佐漆喰〟を世に出した。今は土や左官にちょっと興味を持てばすぐ目にするこの四文字を、かつて知る者はいなかった。幸い私は、左官研究の第一人者の故山田幸一先生から名前くらいは聞いていたが、目にしたのは長八美術館が初めてだった。

長八の外観は漆喰で純白に仕上げられているが、アプローチの中庭部分の壁だけがやや黄味を帯びていた。やがて白くなるそうだが、塗られたばかりの土佐漆喰はバターくらいの色をしている。

これが土佐漆喰で、なぜ誰も実物を見たことがないかというと、長八美術館以前、土佐以北で使われたことがなかったからだ。正確には、大阪や愛媛で一、二度使われた例があったが、それっきりで終わったそうだ。

その後、土佐の田中石灰を取材して知

写真３　正面玄関。ドーム状のエントランス

写真４　正面エントランス部分。なまこ壁が美しい

った知識だが、土佐漆喰の固有技術は二つ。

まず、普通の生石灰にワラスサを大量に入れ、しばらく寝かせてワラを発酵させるから、ワラの色素で黄色く染まり、かつ大量のワラの繊維が混じる。その分、ヒビ割れし難くなる。

もう一つは塗り厚で、普通の3、4倍もの厚みに塗る。ワラの繊維のおかげでそれだけ厚くしてもヒビ割れない。日本最強の壁仕上げ。

どうしてこんなに強く厚い漆喰が求められたかというと、台風の時の土佐の〝下から降る〟豪雨に耐えるためだという。

江戸時代に海を渡って南方から伝わり、根付いたのだという。その後、調査したところ、沖縄も漆喰にワラを入れ、色も黄色。さらに、台湾や中国でも漆喰にワラを入れることが分かった。土佐は、日本で唯一、中国式の発酵茶の伝統を持つ。土佐漆喰も由来は変わらず、黒潮に乗って中国南部、台湾から流れ着いた技術にちがいない。

漆喰の原料と生い立ち

最後に、漆喰の原料について書いておこう。石灰石を焼いて、カルシウムと炭酸の結合を切り離せばカルシウムを主成分とする石灰ができる。その石灰に水を加え、空中の炭酸ガスとカルシウムを結合するとまた石灰石に戻る。

ここにひとつ疑問が生ずる。石灰石はサンゴ礁が元だが、サンゴのない北方や、石灰石のない地域ではどうやって石灰を作っていたんだろう。江戸時代を通し、日本中の城や土蔵に漆喰が塗られているが、石灰石の採れない地方では、他国から買い入れていたんだろうか。

ご心配なく。カルシウムがポイントで、石灰石がなくとも、貝殻でも骨でも焼成すれば石灰になる。縄文時代の貝塚から石灰を作っていた地方もあったという。私の故郷では、諏訪湖の〝バカ貝〟の貝殻を使ったそうだ。

少し前まで有明海の浜辺では老人がアサリの貝殻から貝灰を焼いていたが、まだやっているかどうか。三陸ではカキの殻から土壌改良用の貝灰を焼いており、私が設計した茶室の矩庵の内壁に施主の牧野等さんが塗ってみたら、さすが土壌改良用、荒々しく仕上がってとても良かった。

※1　幻庵…石山修武氏が設計した、愛知県の山中にある別荘。コルゲートパイプや鉄筋を組み合わせ、ステンドガラスから注がれる光が静謐な空間を創出する。

※2　鏝絵…漆喰を使用して作りあげられるレリーフのこと。左官職人が鏝を使って仕上げ、外壁の装飾に用いられた。

※3　聚楽壁…日本の和風建築における伝統的な土壁のひとつである。左官塗りの仕上げ材の一種で、茶室等に用いられた。

No.
29

雄勝天然スレート ― 震災を生き抜く ―

東京駅復原のエピソード

2011（平成23）年の東日本大震災の時、かの地に知人のいる人はその安否をまず気にかけたにちがいない。ニュースで宮城県の女川一帯が壊滅したと知り、女川町の隣りの石巻市雄勝町の浜辺に本拠を置く会社〈雄勝天然スレート〉のことを思った。社長の木村満《みつる》さんは無事か、会社はどうなっただろう、スレート張りの木村邸は…。

連絡のつけようもないから会社のことを知る人に問い合わせると、木村さんは当日、一山越えた場所にある東京駅復原用のスレート加工場に行っており無事。

当時、東京駅の復原工事がラストスパートを迎え、スレートについて新聞にニュースが載った。重要文化財工事の原則として竣工当時の材料を使うべく、雄勝天然スレートが大量のスレートを準備し、いよいよ東京に送り出そうという矢先に津波で流され、仕方なく輸入スレートを使うことになった、というのである。

このニュースで初めて、一山越えた場所の加工場というのが北上川を少し上がった河辺であることを知った。ニュースを聞き、すぐ輸入スレートでは文化財工事の原則に悖《もと》る、動かなければならないと思ったが、すぐ森まゆみさんから「関係方面に働きかけるので協力を」との連絡が入り、しばらくして、「作業場もスレートも流されたが、幸い石は重いので近辺に散らばっており、泥と塩分を洗って流せばなんとかなりそう」とのこと。

かくして、東京駅は、竣工当時のスレートで葺かれ、美しい姿を現すことができた。

木村さんが無事だったことを知り一安心し、現場の混乱も収まり部外者が邪魔にならない頃を見計らって、雄勝に出かけた。工場は、木村邸は、スレート採掘場はどうなったのか、わが目で確かめておきたかったからだ。

学習道具から建築用資材へ天然スレートの歴史

私が初めて雄勝天然スレートを訪れたのは、約40年前の大学院生時代、日本の西洋館の屋根葺き用に使われるスレートの歴史を調べるためだった。

日本の西洋館の歴史を辿ると、幕末・明治期の段階では屋根には伝統の日本瓦を葺いて済ませていたが、１８８７（明治20）年以後、本格的にヨーロッパ建築の時代が始まると、辰野金吾をはじめとする日本の生まれたばかりの建築家達は、それにふさわしいスレートを求めた。そして宮城県桃《もも》生《お》郡十五浜《じゅうごはま》村明神《みょうじん》（現 石巻市雄勝町）で産出することが分かるが、しかし当初から屋根用としてあったわけではない。

当初は、伊達藩の御用硯山だった。震災前までは、日本の硯の90％を生産するほどその筋では名高いが、しかし、硯用と屋根用が全く同じ石とは誰も知らなかった。黒い粘板岩を厚く割れば硯用、薄く割ればスレート用になる。

それも、硯用から直ちに屋根用へとジャンプしたわけではなく、別の用途が途中に挟まる。石盤、そう戦前まで小学校で紙の代わりに使われた石盤で、薄く割った後、表面を研ぎ、蝋石《ろうせき》で字を書く。

明治の初め、横浜の貿易商の山本儀平が、海産物を買い付けるため十五浜を訪れ、捨てられて山をなす硯石の廃材を見て、ノート用の石盤と同材であることに気づいた。おそらく、山本は、港ヨコハマあたりで紙代わりに使われているのを知っていたのだろう。

硯に続いて石盤。ともに文房具なのは面白く、かつ、ともにその後長く生産され続ける。

硯、石盤と続き、屋根用は最後に登場する。

日本最初の建築家たちの〝屋根のてっぺんまで純ヨーロッパに〟の要求を満たすべく、１８８６年、篠崎源次郎がドイツに渡り、スレートの生産から加工、葺き方まで習得し、１８８８年、帰国した。篠崎は、広く小学校教育用に流通していた石盤がヨーロッパの建築用スレートと同材であることを知り、１８９０年、雄勝を訪れ、ここから日本のスレート生産はスタートする。

写真１　震災前のスレートの家。屋根や壁の全体に使用されている。窓枠や破風板の白がアクセントとして美しい

陸奥《みちのく》の西洋館

篠崎は、東京にその名も「スレート商会」を起こし、雄勝の浜辺でスレートを買い付け、販売だけでなく施工も請け負った。

硯と石盤の村で始まったスレート生産の中心になったのが木村家だった。木村家は、元々、狭い土地を耕し、手漕ぎの船で魚を獲るような貧しい家にすぎなかったが、明治になると木村幸治が近隣の浜の海産物を買い集め、東京や大阪に運ぶ仕事を始め、これが当たった。その利を注いで裏山の国有林の鉱区を買い、まず石盤、次にスレートを生産し、明治の中頃には、鰹を中心とする漁業と石盤・スレート生産と海運を三本柱とする雄勝屈指の家となった。

そして、大正の初め、父幸治の跡を次男の金次郎が継ぐ。本来は長男の貞助が継ぐべきところ、貞助はキリスト教に目覚め、〝家を捨てて〟上京し、内村鑑三の弟子となり布教活動に入り込んでしまい、お鉢が次男に回った。

次男とて絵描きに憧れ、兄のように東京への脱出を計るが、当時、陸路はまだなく、小舟を漕いで海に出

写真２　震災前のスレート張りの土蔵。さまざまな紋様の形や大きさに注目

たところで見つかり、連れ戻され、しぶしぶ回されたお鉢を受け取った。

　大正の初めに受け取り、以後、大正から昭和にかけ、木村金次郎の経営者人生は順風満帆を続ける。一番古い家業の漁業は、日本最高性能の鰹船を日露漁業と争って入手するまでになり、石盤は日本だけでなく近代化の中で教育熱の高まる東南アジアさらにインド、オーストラリアへと販路を広げる。もちろんスレートも、本格的西洋館の増加に比例して伸び、家の裏山で掘り出したスレートが、東京駅の屋根を王冠のように飾るまでになる。最盛期、従業員は、漁業が１００人、石盤、スレートが３００人、海運他が１００人の計５００人。陸奥《みちのく》の小さな浜は、木村家の浜となった。

　そして、１９２９（昭和４）年、潮が満ちるように金次郎は、浜に家を建てた。スレートの家を建てた。

　ヨーロッパでもスレートは屋根に葺くものだし、壁に張る時も二階の一部に限るが、金次郎の〝スレートの家〟は文字通り屋根から土台までスレートに包まれている。

　大学院生時代、初めて訪れて目にした時、それ以上に驚いたのは、陸奥の浜には不似合いなまでのオシャレ感だった。外壁に露出する木部は白、その他はスレートの黒。これほど鮮やかで上品な白と黒のコントラストは他のスレート張りで見たことはない。

スレートの紋様も、ヨーロッパで行われているさまざまな張り方を見せているから、見本の意味もあったろう。隣り合う土蔵の壁にはヨーロッパにはない亀甲紋様の張り方も試みている。

震災後の雄勝を訪問すると…

私が初めて訪れた時、雄勝天然スレートの社長さんは金次郎の長男の哲朗《てつお》さんで、哲朗さんの没後は弟の満さんが継ぎ、細々とではあるが国産スレートを守っておられた。そして、津波。果たしてあの鄙《ひな》には稀なスレートの家はどうなったのか。

石巻でタクシーに乗り、雄勝に向かった。瓦礫は片づけられ、道は通っているものの、女川の町はビルが倒れ、ホテルは床まで水没したまま。雄勝に入ると、二階建てのビルの屋上に大型バスが先だけ空中に突出して載る。

雄勝の中心部を抜けて明神の浜に至るが、昔の光景

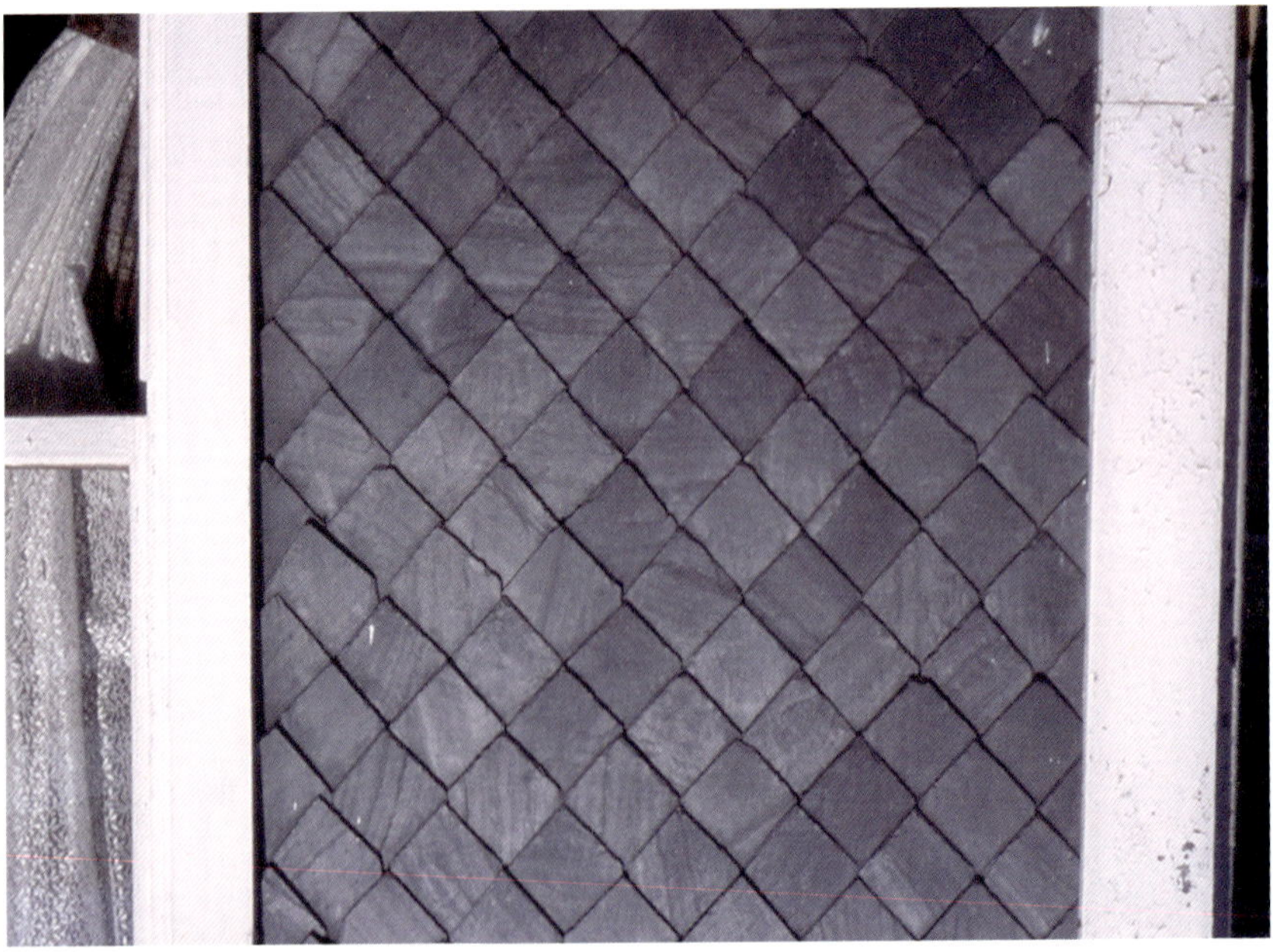

写真３　ヨーロッパにはよくある張り方

は手掛かりすら残さず消え、無人の跡地を山の姿を頼りに歩くと、機械の残骸が転がっている。スレートの破片も散らばる。工場の跡だ。記憶を頼りに工場の西側の少し下った位置を探すと、見覚えあるスレート張りの玄関三和土《たたき》があった。三和土がなければ、跡すら見つからなかった。

写真４　震災前の加工場の様子。これらはすべて流された

No.
30

坪川家 ―茅葺き屋根の力―

写真１　冬は雪深い福井の山の中にたたずむ茅葺きの民家「坪川家」

忘れられた民家の存在

以前、学生たちと雑談していた時に「もし、先生が新しい国宝を選ぶとしたら何にしますか」という質問を受けたことがある。あれこれ迷った。迷った果てに、一つは丹下健三の国立代々木競技場とした。法文上、国宝とは重要文化財の美称ともいうべき存在で、すでに重文指定されたものの中からさらに選ばれるのがルールだが、国立代々木競技場はまだその指定は受けていない。

明治以後に造られた近代建築のうち重要文化財建築は数あれど、国宝は赤坂離宮一つしかない。こと戦後建築に限ると重要文化財すらごく限られ、村野藤吾の広島の世界平和記念聖堂と丹下健三の広島ピースセンターの二つだけ。

そんな中で国立代々木競技場を一気に国宝にしたいと思ったのは、少し前、槇文彦、隈研吾さんらと一緒に国立代々木競技場を世界遺産にするにはどうしたらいいか考え、関係方面に働きかけたことがあったからだ。その時、耐震改修を終えたら国立代々木競技場は重要文化財に指定するという感触を得て、いっそ国宝にしたらいいのにと考えた。

国立代々木競技場の国宝化はすぐ考えついたがその次が決まらない。近現代の国立代々木競技場を選んだからにはもう一棟は歴史的な建物から選びたいが、どれにしたもんかあれこれ思い浮かべても国宝と呼ぶにふさわしい風格のある建築はことごとく、すでに国宝となっている。

観点を変え、歴史的建築のビルディングタイプのうち国宝のないタイプがあるとしたら、その中で一番いいのを選ぼう。で、寺院、神社、城、寝殿造、書院造、茶室、数寄屋造などなどのビルディングタイプの中で国宝を持たないタイプがあるのか当たってみると、民家に国宝のないことが分かった。

民家は日本の建築史の中では長いこと冷や飯喰い状態に置かれ、研究がスタートしたのは1918（大正7）年の柳

写真2　自然の巨木を生かした柱とその上に載る小屋組

写真3　土間の凹凸も民家ならでは

田國男、今和次郎《こんわじろう》らによる白茅会《はくぼうかい》結成以後だし、重要文化財の指定がなされたのも昭和10年代に大阪府の吉村家住宅が第一号。ほかのビルディングタイプに比べ、研究も指定もずっと遅れてきた。

普通の人々の暮らしと仕事（商売）の器である民家などわざわざ国が指定して保存に手間をかける必要などなかろう、と明治以後戦前まで、一部建築関係者を除いて、政府も世間も長いこと考えてきたからだ。

戦後になり国民国家化が進められるなかで、国民の住まいにも目が向けられ、研究も広がり深まり、日本の歴史的民家の全貌が明らかになる。

その中から国宝を選ぶことにして、日本建築学会編の『日本建築史図集』の民家のページを開くと、重要な民家として奈良の〈今西家住宅〉、滋賀の〈大角家住宅〉、伊豆の〈江川家住宅〉、大阪の〈吉村家住宅〉など数棟が取り上げられている。

民家には瓦葺きと茅葺きの二種類あるが、私としては寺院の影響を受けた瓦葺きでなく民家本来の茅葺きにしたい。もし、伊豆の江川家住宅が昔ながらに茅葺きのままだったら選んだかもしれないが、今は戦後の改修で銅板葺き。加えて江川家住宅の小屋組は民家本来のものでなく、寝殿造や書院造といった上層階級の邸宅の造りを採用し、多数の貫が空中を走る様が小屋組の魅力となっていて民家らしくない。民家というからには、黒くて曲がった丸太梁が重なりながら走ってほしい。

写真4　民家の柱、ここにあり

私の一押し

日本の民家の歴史的特徴は、縄文時代に成立した竪穴住居の伝統が、変化を加えながらも近年までずっと生き続けた点にあり、この特徴を色濃く伝える例こそ、私が勝手に選ぶ国宝にふさわしい。

あれこれこれまで訪れた茅葺き民家を思い浮かべ、福井県の〈坪川家〉に決めた。

理由は、室内空間より小屋組より何より、茅葺き屋根がスゴイからだ。

まず茅が厚い。部位によっては1m以上もあるような分厚い茅の層が、大きな屋根を包む。厚いばかりか屋根形式は民家には珍しく入母屋造（普通の民家は単純な寄棟造）を取り、加えてその頂部は異例に盛り上がり、前方に少し傾く。盛り上がるのも前傾するのも意図したわけではないだろうが、いずれも茅の厚さがなした結果にちがいない。

入母屋のうねる破風では、葺き重ねられた茅がその厚過ぎる厚さを身をよじるようにして前方に見せつけ、まるで生きているようにすら映る。草叢《くさむら》に伏し、獲物の接近に少し首をもたげて備える獣《けもの》といえばいいか。

世界中に茅葺き民家はあり、その中で日本の民家は、群を抜いて厚く、屋根の形も多種さを誇り、茅葺き王国と称してもいいが、生きているような印象をもつのは坪川家だけ。

写真５　これだけ厚さを印象深く見せる茅葺きは例がない

茅葺きと土間が紡いできた日本人の暮らし

厚く低い茅葺きの軒下を潜り、板戸を引いて室内に入ると、黒々とした土間の空間が待ち受けてくれる。茅葺きと土間、この二つのコンビこそ縄文時代に根を持つ日本の民家の証。

　私は小学校一年生の時まで、信州の江戸時代に造られた茅葺き民家に暮らしているが、土間の暗さと湿りの感覚は今でも覚えているし、学校から帰って土間に入ると、立ち止まり、まず目を暗さに慣らしてから次の行動に移った。

　土間には一本の太い柱が立って小屋組を支えている。小屋組は左右対称を原則とするのに、この土間の柱は一本だけが太いばかりか、丸太の一部を削っておおよそ四角にしただけで、上方を見ると股に分かれ、その股に梁が載る。こんな柱の形状は民家にしかなく〝股柱〟と呼ばれる。縄文時代には鉄器がなく、材と材の接合部の加工が難しく、股柱にしてその上に梁と桁を載せるしかなかったその名残り。自分の持ち山から伐り出してきた股柱を、一番目立つ位置にドンと立てる心意気が嬉しい。今は根継ぎして自然石の礎石の上に立っているが、当初は掘立《ほった》て柱だったのかもしれない。

　伊豆の江川家住宅の土間の柱のうち一本は掘立て柱で、生えている樹をそのまま家の柱にしたと伝え、〆縄を巻いて神聖視

写真６　民家には囲炉裏がよく似合う

写真７　生きているような表情を見せる茅葺き

していたが、坪川家の一本柱もそれに通ずる力を放つ。

坪川家の土間の上方を見上げると、もちろん天井は張られておらず、丸太を少し削っただけの丸太梁や丸太桁や貫が暗い中を走り、その先には細い丸太の垂木《たるき》が放射状に流れ下り、竹の横材が水平に並び、その先に茅葺きの下地が覗く。垂木と横材が縄で縛って接合されているが、元々は、柱も小屋組もすべてが縄で縛って留めるのが民家のあり方。

残したい日本の原風景

屋根に始まり土間と柱そして囲炉裏の火まで、すべて素晴らしいが、もしこの民家が移築保存されたり、周囲に普通の住宅が迫っていたらどうだろう。獣が野に伏すようなスゴミは喪われてしまったにちがいない。

幸い、坪川家が今も所有し、今も周辺環境を田畑や水の流れを含めて守り、伝えてくれる。かつて日本中に広がっていた山と谷と水と田畑とそして茅葺き民家のある光景が、今もここには生きている。この光景と環境を含めて考えるなら、私ならずとも国宝に値すると思うだろう。

なお坪川家の先祖は武士で、京から流れ来てここに居ついたと伝え、中世には地侍として力を振るい、江戸期には庄屋として地域を指導してきた。地侍という言葉の響きがこれほど似合う民家もないだろう。

No.
31

マジョリカハウス　―タイル―

その歴史は古く、日干し煉瓦に遡る

写真１　日干し煉瓦　（写真提供：INAX ライブミュージアム）

日本のタイルと欧米のタイルは、誕生の事情もその後の発達の様子も違っていることをご存知でしょうか。例えば、日本のビルやマンションの外壁にはいわゆる〝小口タイル〟が専ら張られているが、欧米では小口タイルを見かけることはまずない。ほとんど〝小口〟より二倍ほども横長のタイルが並んでいる。

どうしてこんな差が生まれたのか、まずタイルの起源に溯って話を始めよう。

起源は古く、日干し煉瓦の時代に溯る。煉瓦とは名ばかりで、乾いた泥にすぎないから、戸口の下の部分とか、人のよく歩く床とか、炊事場の水回りとかがすぐ磨り減ってしまう。それではならじと工夫されたのがタイルで、土器を焼く技術で平らな小板を素焼きした。形状は正方形。

煉瓦は日干し煉瓦を焼いた物だから、タイルとは起源が違うし、形状も日干し煉瓦と同じで、厚くて横長。

タイルと煉瓦は発生の事情が違うことをまず頭に入れてほしい。

煉瓦は構造用建材として、タイルは仕上げ用建材として出現し、それぞれ自分の人生を生きてゆくことになる。煉瓦は構造用だから、〝速く〟〝大量に〟〝硬く〟をテーマに発達するが、美しくする必要はない。

一方、タイルは、水が飛び散ったり、汚れたりする場所への仕上げ材として、自分の生きる道を見出した。例えば、水回りの床。水回りの壁。人が集まる部屋の床。

当初は、汚れたり、磨り減らないために素焼きで済ましていたが、次第に高級化して、釉薬が掛けられ、さらに絵も描かれて、現在へ続くタイルがかくして完成する。

ポイントは、施釉と美装とそして正方形。使用箇所は、室内の水回り、台所とか便所とか。そして床。あくまで室内《インナー》用で、四角なタイルが外壁《アウター》に張られることはない。もし張れば、女性がスケスケの下着姿で街を歩くに近い。四角なタイルを外壁全面に張った例を見たことがあるが、ギョッとした。

以上が欧米のタイル。四角、施釉、美装、室内、の四つが掟。もちろんこの掟から逸脱した少数の例外もあり、スペインでは外壁にアズレージョと呼ばれる紺色の絵タイルを張る伝統があって、イスラムから伝わったという（写真2）。

欧米の外壁用のタイルは、煉瓦より硬く焼き、吸水性を減ずるため表面に安い釉薬を薄く掛けて作るから、形状は煉瓦と変わらず厚くて横長。

日本の外壁用タイルが〝小口〟状となったのは、辰野金吾の影響が大きい。辰野は、東

写真2　アズレージョ　（写真提供：INAX ライブミュージアム）

京駅をはじめとする全国各地の赤煉瓦建築の表面に、仕上げ用に特注した小口状の、厚さは煉瓦とタイルの中間の、煉瓦のようなタイルのようなものを張った。

この辰野式のものが、世に広まるに従って薄くなり、今日の日本の外壁用タイルの主流をなす〝小口タイル〟が定着する。同じタイルでも日本と欧米では成立の事情が違い、その結果、現状も違うことを了解していただいて、さて、今回は、そうした成立事情を無視した勇気ある建築家のタイル建築を紹介しよう。

その名も〝マジョリカハウス〟（写真3）。

「歴史主義建築」に対する果敢なる挑戦

〝マジョリカ〟はマジョリカ・タイルの意味で、ヨーロッパでは絵タイルのこと。スペインの外壁用絵タイルが地中海のマヨルカ島経由でフランスに入ったことからこう呼ばれたという。天津甘栗に近い命名。

その名のとおり、絵タイルを建物の全面に張った。それも、花の絵を描いて。

１８９９年、この建物がウィーン郊外の高級住宅地に出現した時、人々は、若い美しい女性がピンクの花をあしらった薄物一枚を覆っただけで街を闊歩するように見え、青年たちは目を奪われ、娘たちは目を伏せ、そして教養ある建築家たちからは批判の嵐。〝こんなの建築じゃナイッ〟

設計した建築家の名は〝オットー・ワグナー〟、

今では建築史の教科書に必ず載る建築家。当時、58歳。分別盛りの建築家が、なんでこんな訳の分からない試みをするのか、多くの仲間たちは首を傾げた。

でも、ワグナーは大まじめで本気だった。なぜなら、これまでの何百年間、建築界の主流であり、19世紀末の段階でも主流でありつづける建築スタイルに対し、強い敵愾心《てきがいしん》を燃やしていたからだ。

敵の名は、〝歴史主義建築〟。

写真３　マジョリカハウス 全景

ギリシャ、ローマ、ゴシック、ルネサンスといった過去に誕生した歴史的スタイルを手本として、19世紀の建築を作り続けていた。日本でいうなら辰野がそうで、例えば東京駅はイギリスのヴィクトリアン・ゴシック※がクラシック化したスタイル。

ワグナーは、やれゴシック・リヴァイヴァルだ、それネオ・バロックだなどと過去を写すのはもう止めて、「過去とは分離した新しいデザインを創り出そうではないか」と果敢にも叫び、試行をはじめ、そして作ったのがマジョリカハウスだった。

それにしてもどうして壁一面にピンクの大輪の花を咲かせたんだろうか。

普通は、「アール・ヌーヴォーだから花」と説明される。

ワグナーの新しい試みは孤立的になされていたわけではなく、イギリスにはマッキントッシュが、ベルギーにはオルタが、パリにはギマールがいたし、建築界の外にもグラフィック・デザイナーや画家たちが似たような試行に取りかかっており、今ではそうした19世紀末の新しい芸術運動のことをアール・ヌーヴォーと一括りにして扱う。

そして、アール・ヌーヴォーは、繁茂《はんも》し、絡み合う蔓草《つるくさ》や咲き誇る花や、美しく若い女性をテーマとした。

だから、ワグナーも花を扱った、と説明されるのだが、この答で満足してもらっては困る。

ワグナーは建築家である。建築家が壁一面に花を描きたくて建築を作るものだろうか。画家やグラフィック・デザイナーではないのだ。

彼の関心は花の絵ではなく、その花の絵を描くキャンバスの方にあり、建築の壁面をキャンバスのように平らに、キャンバスのように無地にしたかった。

無地で平らな壁面を設計した後、おそらくそれだけではなんとも納まりがつかなく思い、当時流行のアール・ヌーヴォーの花と蔓草を描き込んだ。

平らで無地では納まりがつかない、と思ったのは、1899年だから当然だろう。平らで無地でも構わないというモダニズム建築が出現するには、もう30年近く時間を要する。ワグナーの弟子のまたその弟子の世代になってやっと、歴史的様式もアール・ヌーヴォー的装飾もなしで建築は成立することが明らかになる。

写真4　マジョリカハウス バルコニー部

写真５　マジョリカハウス 壁面の花柄タイル

スペインの一部を除くと使われない四角なタイルを外壁に張ったのは、キャンバスのように平らで無地の仕上げを作るにはそうするしかなかったからだ。

それから7年後、１９０６年、ワグナーはウィーン郵便電話局を完成させる。外壁はどうなったか。タイルではなく無地の灰色がかった大理石を張り、もちろん花の絵なんか描いてない。やっとキャンバスのような壁面に到達した。

郵便電話局はワグナーの最高傑作にちがいないが、タイルに花を咲かせたマジョリカハウスの方が歴史的には興味深い。

※　ヴィクトリア女王の治世時代のイギリスに見られるゴシック様式のこと。

No.
32

多治見市モザイクタイルミュージアム　―タイル愛に満ちた博物館―

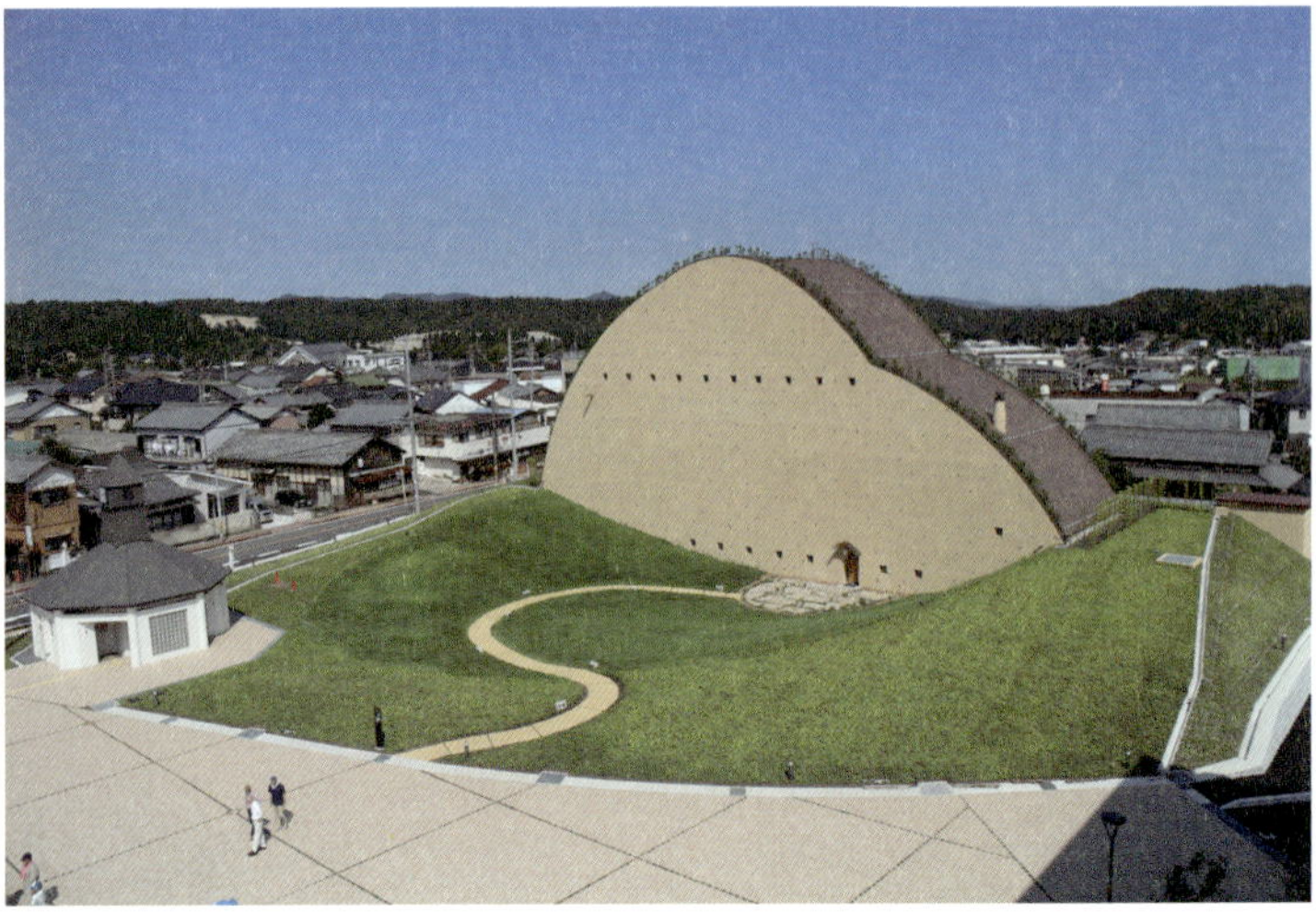

写真１　多治見市モザイクタイルミュージアム。山に囲まれた小さな町の中に、地から湧いたとも、空から飛来したとも思える姿で立つ

きっかけは半世紀前の出来事

大学院生時代に設計事務所でアルバイトしていたとき、使用予定のタイルについて所長が即座に価格を教えてくれた。これが私の『積算資料』初体験になるが、その時、まさか自分が将来、タイルのミュージアムを作り、それについて文を書くようになろうとは…。

当時、設計は止めて建築史に進むことを決めていたし、それ以上に、当時の私たち学生に建材としてのタイルは眼中になかった。時はメタボリズム※全盛期。使われる仕上げは打ち放しに限られ、タイルは町場のビルの仕上げ用、そう見なされていた。

それから四半世紀経った１９９７（平成９）年に、建築史、とりわけ明治以後の近代建築史を専らとする私の研究室に各務寛《かがみ》治さんが訪れ、「昔のタイルを収集しているから、取り壊しの情報があったら教えてほしい」とのこと。

各務さんは多治見市に合併された岐阜県土岐郡笠原町で焼き物用の土を扱う会社のオーナーとして、忘れられ捨てられゆくタイルを惜しみ、収集・保存し、いつの日かミュージアムを造るのを夢見ておられた。笠原町は、モザイクタイルを中心に日本一のタイル産地として栄えた歴史をもつのだという。

各務さんのタイル愛には建築史家として心打たれながらも、博物館が成り立つとは信じられない。タイルは実用品であり、しげしげ鑑賞したり手に取って楽しんだりする性格はもともと有していない。

以後、タイル付き合いを続けていたが、7年前、突然、「目途が立ったから敷地を見に来てほしい。笠原町の多治見市への合併が決まり、その合併債の一部を博物館設立に当てる」とのこと。

かくして日本初の公立の、正確には公設民営の建材博物館が造られることになった。

設計を依頼されたとき、各務さんには言えない難問が私の中にすぐ湧いて出た。建築史家としてはタイルに関心を払ってきたが、設計者としてはタイルと正面から取り組んだことはない。

タイル、タイル、タイルと呪文のように唱えながら、いつもやるようにまずタイルを使った歴史的な名作を思い浮かべる。ウィーンのホフマンのマジョリカハウス、ポルトガルのアズレージョ（青の絵タイル）張りの駅…。

写真２　土を塗って仕上げた壁の上辺には赤松が生え、上には青空

写真３　モザイクタイル以前には、茶碗の特産地として知られた

などなど浮かぶ中で、やはり心に染み込んでいるのはガウディのタイル貼り作品、とりわけグエル公園。割ったタイルを貼り合わせてのタイル表現は、工業製品としてのタイルの大量生産性と均質性を逆手に取り、均質なものを割るという手仕事（人間力の投入）により工業製品をワンランク上昇させることに成功している。

科学技術と人間、工業力と人間力の間の矛盾をどう調停するかを処女作以来のテーマとしてきた私にとって、ガウディのタイル使いは理想。

でも、あんなやり方でなおかつ美しいのはガウディの彫刻的造形能力のなせる技。当然ながら私にそんな力はない。向かないことはやらない。

で、考えた。タイル→焼き物→土、そんな連想をする中で土を削った面に土器や小石が露出する発掘現場や土取場の光景が浮かんできた。そういえば、笠原町にはいくつもの土取場があり、土を削り取った崖の頂部にはヒョロヒョロした発育不全の赤松が生えている。

外観のイメージが決まり、土を塗って仕上げた壁のところどころに小石や土器のように割ったタイルが顔を出し、壁の上辺は小さな赤松が縁取る。

タイルの見せ方で苦心惨憺

かくしてタイルの使い方は決まったが、これまで収集されてきた大量のタイルはどう展示したらいいのか分からない。実用品としてのタイルは家庭の風呂場や便所やカマドに使われてきたし、一方、美的なタイルといったら銭湯のタイル絵や、モ

写真４　１階から４階展示室に上がる土の階段室

ザイクタイルによるモザイク画くらいしかない。それも、モンローの顔を巨大化した図柄や東郷青児ふう裸婦をモザイクタイルでなぞったり…。こんなやり方で建築や住宅に使われてきた実用品や大衆的装飾画をどう見せたらミュージアムとして成立するのか。

考えあぐねて思い至ったのは、ビッシリ量で見せるという方法。一つ一つは弱くても、量でかかれば見に来た人の目への印象は強い。

最上階に集中し、まず床から天井まで新品のモザイクタイルを貼り巡らせ、その中に収集してきた古いタイルやタイル絵を一体化して隙間なく貼り込む。さいわいタイルは耐水性に富むから、屋根に大穴をあけ、太陽の光を導く。ガウディに触発された割って貼るのと、ビッシリ展示、の二つの使い方に至ったものの、しかし不満がある。せっかくタイル初挑戦というのに、自分ならではの新しいタイルの使い方が見つからない。

見つけることができたのは、各務さんが教えてくれた最新のタイル接着法だった。昔のようにモルタルによる圧着ではなく、今では合成樹脂で貼り込む。接着力はモルタルの比ではないし、数時間のうちに固まる。この接着法を生かし、ワイヤーを間に通して両側からモザイクタイルや割れタイルを合わせればタイルのネックレスができるはずだし、それを並べれば〝タイルの簾《すだれ》〟が生まれよう。

さっそく各務さんからタイルと接着剤を届けてもらい、試すとうまくいった。

使い方は、展示室の天井に開けた大穴にクモの

写真5　展示室の大穴とクモの巣状の“タイルスダレ”

巣のように張ろう。

指示通りに張ってもらいタイルを付けると、全体の形はいいが、クモの糸（タイル貼りワイヤー）の密度が足りない。この倍は欲しい。しかし、ワイヤーを張ってからタイルを接着するやり方はプロでも楽ではないという。そこで、まず台の上でワイヤーにタイルを接着し、そうしてできたタイル付きワイヤーを取り付ければどうか。市民ボランティアに参加を求めてやってみるとうまくいった。

割って貼るタイル、ビッシリ展示、タイル簾、この三つの工夫により、タイル初挑戦は山を越えることができた。

なぜか若い女性が列をなして

設計者としては山を越えることができたが、各務さんにはさらなる大山が眼前に控えている。果たして足の便がいいとはいえない場所に開設される〈モザイクタイルミュージアム〉に人は訪れてくれるんだろうか。地元のおおかたは疑っているというし、共犯ともいうべき設計者だって内心はビクビク。

オープン記念には旧知の山下洋輔さんに来てもらい、山下さんの最初のバンド仲間で今は地元で活動するドラムの森山威男さんと久しぶりに組んでジャズコンサートを開いた。二人が昔の仲間を慈《いつく》しむように見つめ合っての演奏には、目頭が熱くなった。

ここまではよかったが、その翌日からどうなるのか。不安を胸に東京に帰り、数日すると、連絡が入り、予想の十倍の人出で館内はむせかえ

写真6　若い女性たちがモザイクタイル貼りにいそしむ

写真７　モザイクタイルの新しい使い方ではあるが、広まるかどうか

っているという。誰がそんなにタイルを見に…。

しばらくして行ってみると、予期せぬことが起こっている。人出の中心は若い女性で、中に入ると、売店横の工房に群れ、写真用の額や小箱にモザイクタイルを貼っている。順番待ちだという。

女性はモザイクタイルに宝石に通ずる質を感じているのかもしれないが、何とも分からない。

２０１６（平成28）年6月にオープンしてから約2年になるが、勢いは絶えないという。

※　メタボリズム…１９６０年代に展開された日本発の建築運動。生物が進化・増殖するように、社会の変化や人口の成長に合わせて有機的に成長する都市や建築を提案した。

No.
33

東京逓信病院と大島測候所
——外壁材料・白タイルの謎を解く——

写真１　東京逓信病院　正面玄関、車寄付近

モダニズム建築における白タイル問題

日本のモダニズム建築は、その草創期において、

〝白タイル問題〟

とでも言うべき過程を経ている。

例えば１９３８（昭和13）年、日本の初期モダニズムの金字塔として知られる白タイル張りの東京逓信病院が山《やま》田《だ》守《まもる》※１の設計で完成したとき、ほとんどのモダニストたちは両手《もろて》を挙げて讃えたのに、まだ学生だった丹下健三のみは、

「あんな衛生陶器みたいなもの」

とうそぶいた。

アールを取った出隅入隅や山田流の流れるように連綿する非常用斜路は、確かに便器のような流線型的造形と言えなくもないが、それ以上に、キャノピー※２の軒裏にまで全面的に張られた純白のタイルは衛生陶器と言われても仕方ない。

取り壊し前に見ているが、山田の白タイルへの偏愛は只事ではない。出隅入隅のアールも、出隅用に一つ、入隅用に一つ役物（やくもの）を用意するなら分かるが、二方向からの隅が直角に重なる箇所のためにまた一つずつ、都合四つの役物を用いていた。

虹色に輝いていた白タイル

タイルは大倉陶園製の硬質の磁器タイルだから、便器と同じように密実に焼き締められ、表面はツルツルピカピカに輝く。加えて、表面の釉薬《うわぐすり》がわずかに盛り上がり、四角なタイル一枚だけでも衛生陶器を偲ばせてくれた。

更に加えておきたいことがある。竣工時の記事を読むと、佐藤功一が、〝表面が虹色に輝いている〟と書いている。純白の白タイルが虹色に輝くなんてどういうことかと訝《いぶか》しく思いながら、各所をチェックしてゆくと、キャノピーの裏面の輝きが壁面とは違いツルツルピカピカに加え、濡れたようにヌルヌルして見える。雨に当たらないから、表面が当初の様子をよく残しているのだ。このヌルヌルが竣工時には光を微妙に反射させ屈折させ、水面に広がる石油の皮膜のように虹色を生んでいたのではないか。

そうした格別な白さについて、丹下青年は衛生陶器と断じたのだった。このとき、丹下のイメージの中には、レーモンドやル・コルビュジエが先駆的に試み始めていた打ち放しコンクリートがあり、それこそモダニズムならではの仕上げ方と確信していたから、山田流の白タイルを批判したのである。

山田だけでなく、同時期、分離派※3仲間の堀口捨己《ほりぐちすてみ》※4なども白タイルを頼りに用いている。日本のモダニズムを切り開いたのは分離派で、彼らは大正期から昭和のごく初期の時期にはウィーンのセセッションやドイツの表現派を範としていたが、１９３０年代に入るとバウハウスの影響を強く受け、作風を一変させ、バウハウス式の〝白い箱に大ガラス〟の初期モダニズムを続々と作るようになる。

バウハウスだけでなく、その頃は、ル・コルビュジエも、白い箱に横長連続窓のサヴォア邸のようなバウハウスとあまり変わらない作風だった。フィンランドのアルバー・アアルトもイタリアのテラーニもそうだった。

1930年代初期の世界のモダニズム運動は、〝白い箱に大ガラス〟一本に収束していたからこそ、山田も逓信病院を作り、金字塔を打ち立てた。

そして脱〝白い箱〟を開始したばかりのル・コルビュジエに敏感に反応した丹下青年は、白い箱としての逓信病院を難じたのだが、このとき、丹下は〝白タイルは日本の初期モダニズム固有の仕上げである〟という歴史的事実を果たして知っていたかどうか。

知らなかった可能性も否定できない。なぜなら丹下は、まだヨーロッパに出かけて実物を見ていないし（丹下が欧米のモダニズムを初めて見るのは戦後のこと）、当時の海外雑誌や本に載る写真の解像力では、〝白い箱〟のその白さがタイルによるものなのかどうか識別は不能だからだ。

白い外壁の正体はモルタル

では、1930年代を飾るバウハウス流の白い箱の白は何だったのか。

〝モルタル〟

だった。ただしイタリアのテラーニはさすが大理石

写真2　車寄から病棟玄関を望む。柱の表面もタイル張り

の国、白いトラバーチンを張っている。白い箱のあの白さが、ただの白セメントのモルタル塗りだったとはガッカリだが、事実だから仕方がない。

もちろん、ヨーロッパの20世紀建築にも外壁に白いタイルを使った例はないわけではない。正確にいうと薄いタイルではなく煉瓦と同じ形状の白煉瓦の表面に白い釉薬を掛けた陶器質の煉瓦タイルを使う例が、1920年代以前に少しあったが、1930年代にバウハウスが出現してからの白は、タイルではなくモルタルと決まっていた。

なのに、なぜ、山田、堀口といった連中は白タイルを張ったのか。

彼らはバウハウスの白い箱の実物を丹下のように見ていなかったのか。そんなことはない。分離派こそ白い箱の誕生を目撃している。例えば堀口は、ワイマール時代のバウハウスを1923年に訪れ、バウハウス流の白い箱に大ガラス第一号の校長室（1923年　グロピウス）を、誕生直後に見ている。分離派にとって、ワイマールの次のデッソウ時代のバウハウス新校舎（1926年　グロピウス）はじめ、グロピウス、ミース、ル・コルビュジエ、ベーレンス、シ

写真３　北東からの外観（出典　写真１～３は『山田守建築作品集』山田守建築作品集刊行会編　東海大学出版会　1967年　P66～69）

写真4　大島測候所　全景。右方に三原山。左方に海

ヤローンといった当時のヨーロッパの前衛が集結して作ったジードルング（1927年　ワイゼンホフ）は、渡欧時の定番的訪問先にほかならなかった。そしてもちろん、それら白い箱が白モルタル仕上げなことも承知していた。

伊豆大島の測候所でも使われる

にも関わらず、どうして分離派世代は、日本で作る自作には、白いタイルを張ったんだろう。

堀口の白タイル作品の代表作として知られる伊豆大島の測候所（1938（昭和13）年）を見てみよう。

三原山の火山の溶岩の上に立ち、風が強いのか周囲の木々の背は低く、緑はあるものの荒涼感の漂う風景の中に孤立していた。スタイルは、白い箱形を基本としながら水平線を強調し、ドイツ表現派からモダニズムへと移行した直後のデザインに相違ない。

火山島の傾いた大地に孤立する姿が見えたとき、堅くて白い磁器質のタイルを張りたくなる気持ちが分かった。モルタルでは、圧倒的な自然の力に対し弱過ぎるというか物足りないというか、とにかくしっかりした人工物を力を尽くして作らなければ安心ならない、そんな気になる。タイルは経年変化で剥《は》がれやすいともいわれるが、ちゃんと張りさえすれば大丈夫。実際、一つも剥がれてはいなかった。

大島ならずとも、日本の気候はヨーロッパに比べ建築には過酷で、夏は暑く冬は寒いだけならまだしも、建築の仕上げの天敵ともいうべき湿気の多さがある。湿気によって壁の表面にバクテリアが繁殖し、カビが生え、汚れ、やがて劣化してしまう。

白く輝いてこその初期モダニズムにとって、汚れは許せなかった。とりわけ潔癖で清潔好きの日本のモダニストはそうだった。日本でのみ白タイルが好まれたのは、そういうことではなかったか。

形状は一寸ほどの方形が主

最後に、分離派世代が好んだ白タイルの形状について述べておこう。日本では当時も今も外壁に張るタイルは長方形の小口タイルを基本とするが、分離派世代は方形のタイルしか使っていない。それも、一寸角ほどの小さなタイルである。

普通、世界でも日本でも、四方形のタイルは室内

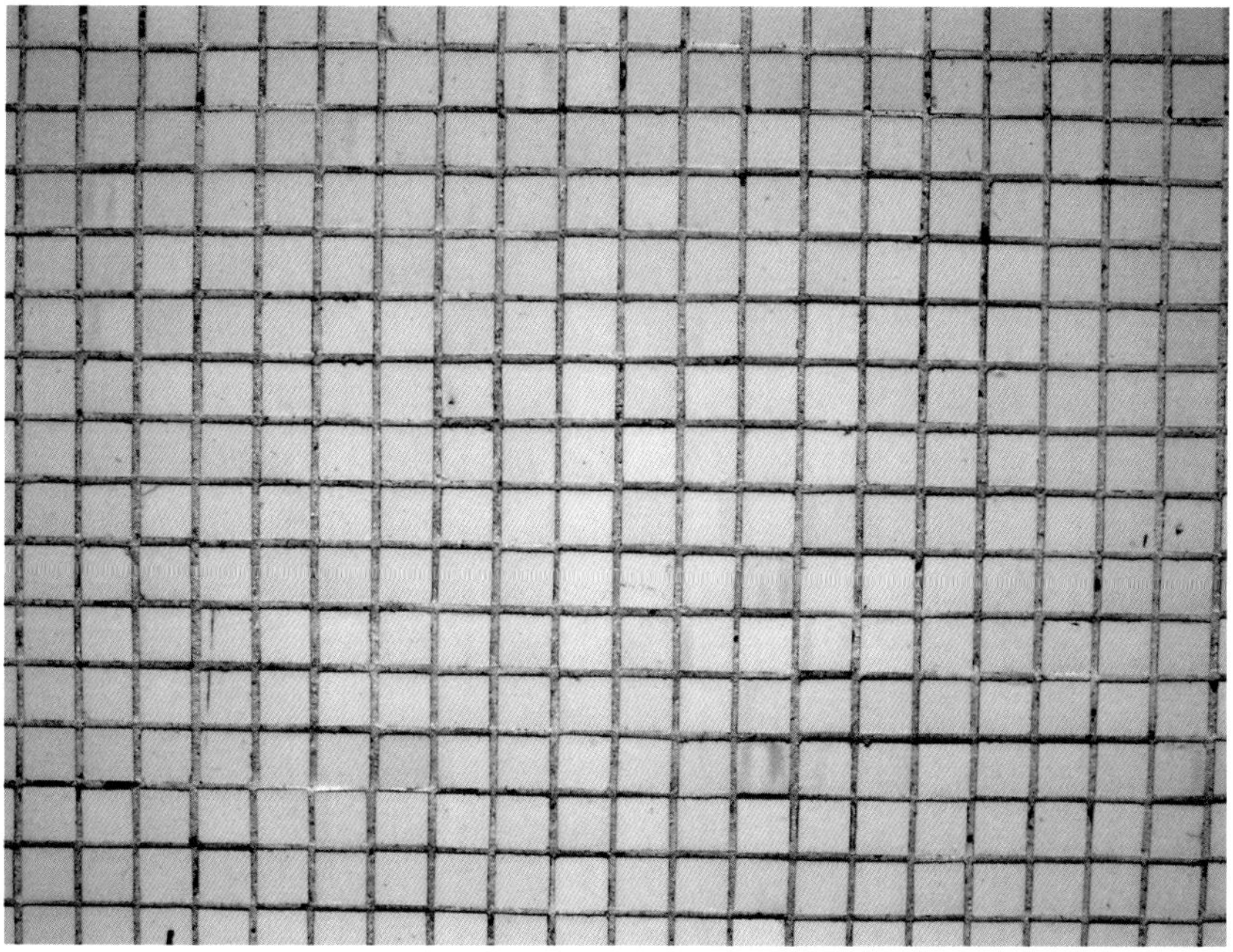

写真5　白い磁器質のタイル

写真 7　玄関のキャノピーの向こうに観測塔が立つ

写真 8　裏側　水平の軒が強調されている

写真 9　写真 7 の右手屋上のパーゴラ　すべて白タイル張り

写真 10　玄関から入って上がる階段

の浴室とか台所とかの水まわりに使われ、外壁に使われることはないのに（ただしポルトガルは例外）、なぜ分離派世代は外壁に四角を張ったのか。おそらく、表現派※5時代に強く影響を受けたウィーンのオットー・ワーグナーの外壁用絵入り方形タイルのせいではないか。ワーグナーは、バウハウス流の白い箱へと作風を変えることはついになかったが、一方、分離派世代は白く輝く表現を心から好んだのである。

なお、大島測候所の建物は、１９８６（昭和61）年に三原山の大噴火の後、取り壊された。現在、分離派世代の白タイル建築を見ようと思っても、戦前の実例は残念ながら絶滅状態である。かつてはあれほどあったのに。

※1　山田守…岐阜県生まれの建築家。１８９４～１９６６年。東京帝国大学建築学科を卒業し、逓信省に入省、電話局の設計に携わる。作品の中には病院も多いが、永代橋、聖橋の他、京都タワーも設計した。分離派建築会を結成し、モダニズム建築を実践した。

※2　キャノピー…建築物において、外部に面する出入口や開口部を覆う庇やテントのこと。航空機などの風よけの覆いも指す。

※3　分離派…１９２０年（大正9年）、東京帝国大学の卒業生である青年建築家が始めた近代建築運動のこと。建築の芸術性を主張した。

※4　堀口捨己…日本の建築家。１８９５～１９８４年。東大同期生と分離派建築会を結成。数寄屋造りとモダニズムとの統合を図った。

※5　表現派…20世紀初頭、ドイツ語圏で出現した表現主義運動のこと。象徴的、様式的な表現をとり、芸術作品としての建築を目指し、古典主義様式よりはゴシック、ロマネスク様式を指向した。

第II章

人物

No.
34

国立代々木競技場
——完成から半世紀 戦後日本建築の傑作——

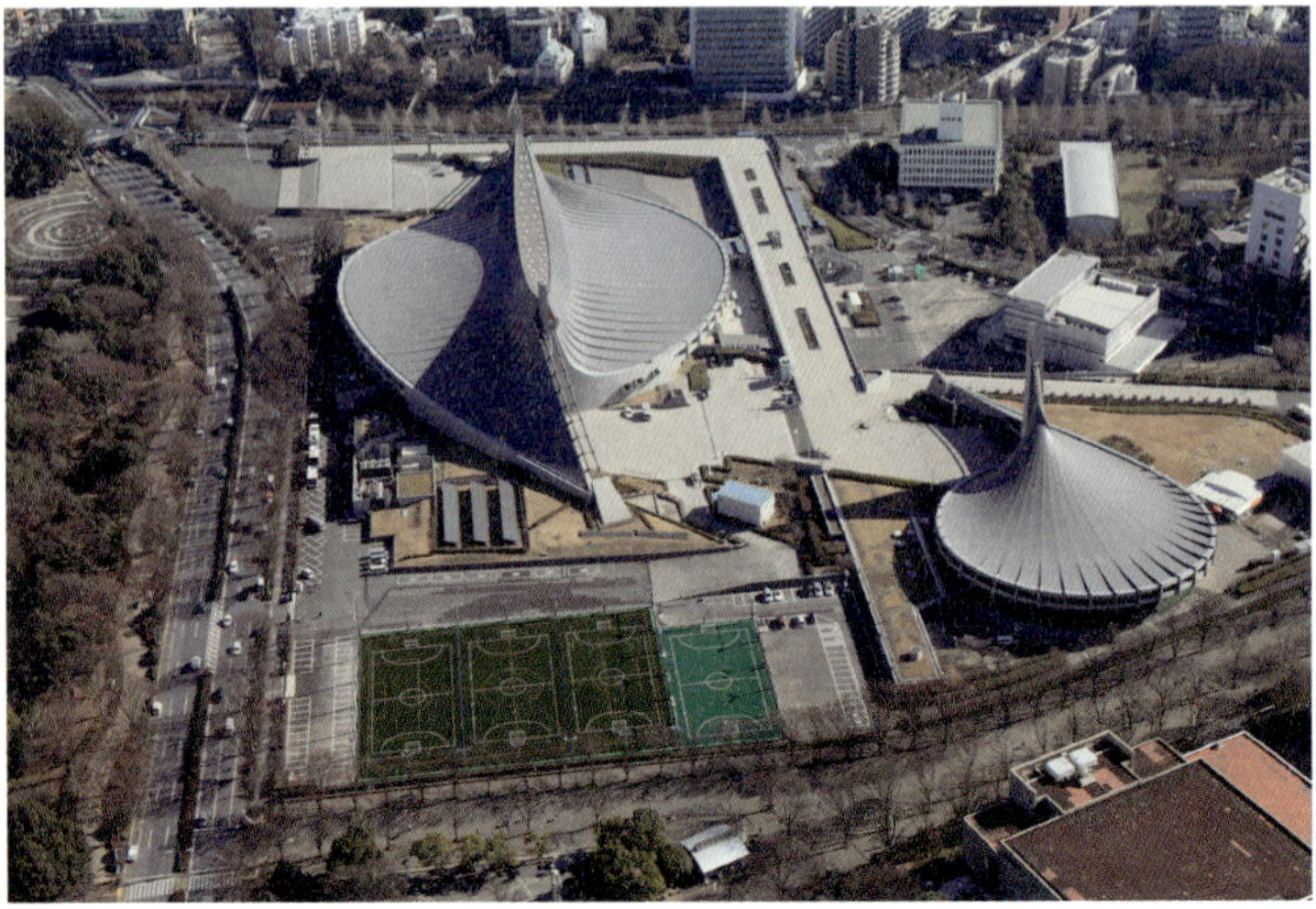

写真1　国立代々木競技場。写真左の半円を少しずらした形状の第一体育館には2本、右の第二体育館は1本の立柱により吊り構造の屋根を創出。建築関係者のみならず見る者すべてに大きな衝撃を与えた　（写真提供：日本スポーツ振興センター）

日本の近代建築が世界の表舞台へ “世界のタンゲ”に痺れ、憧れる

1964（昭和39）年の東京オリンピックの時、水泳とバスケットボールの会場となった〈国立代々木競技場〉を取り上げよう。

当時高校三年生だったから、この建築の出現が社会と建築界にどれほどの衝撃を与えたかについて体験的に知るわけではないが、社会への広がりの一端は覚えている。親が『文藝春秋』を取っており、そのグラビアに競技場の歩廊を颯爽と歩く二人の紳士が載り、丹下健三と〇〇〇と解説されていた。高校生でもすでに丹下の名は知っていたから不思議はなかったが、何をしたのか分からないもう一人が丹下並みの扱いで取り上げられているのに怪訝な思いをし、それでこの一グラビアのことは今も覚えている。

〇〇〇は、構造設計担当の坪井善勝と後に知り、本人にインタビューしたこともあるが、本人としては“半分自分が作った”くらいの気持ちでおられたにちがいない。

近代を事とする建築史家として、〝名作になればなるほど、関与した各人は自分が作ったと思っている〟ことを知ったのは、国立代々木競技場の当時の関係者にインタビューしたおかげだった。これこそ、関係者がそれぞれの持ち場で全身全霊を込めて事が成就したことの証。逆にいうと、各人が自分が作ったと思わないようなのは名作とはいえない。これは建築だけでなくどんな領分にもいえることかもしれない。

建築界への衝撃については、いろんな人から聞いているが、高橋靗一《ていいち》から聞いた堀口捨己の反応について書いておこう。

堀口はもちろん1920（大正9）年の分離派建築会結成でデビューし、戦前の建築界の先端を走った今や歴史的にして神話的な人物である。1936（昭和11）年に、前川國男や坂倉準三など前衛的な若手を集めて日本工作文化連盟を結成し、その時、最若手として加入したのが大学を出たての丹下で、丹下は同連盟の機関誌でもあった『現代建築』を編集していた。当然、丹下は堀口を敬してはいたが、昭和10年代の堀口のバウハウス流デザイン※には否定的で、〝ル・コルビュジエの力動的造形こそわが道〟と思い定めていた。

堀口は、後輩の丹下の反バウハウス的デザインについて戦前一度だけ述べており、丹下が前川事務所で担当した〈岸記念体育館〉（1941年）について、〝構造を強く表現しすぎてあざとい〟という内容の批判をしている。

そう批判した堀口が、23年後の国立代々木競技場をどう見

写真2　第一体育館。吊り構造の屋根がデザインとして斬新なフォルムを生み出す。東京カテドラル教会や大阪万博のお祭り広場など丹下作品における坪井の構造設計の役割は大きい。アーチのように飛び出した座席部分が日本の「屋根」を想起させる
（写真提供：日本スポーツ振興センター）

たかは歴史家ならずとも知りたいところだろう。一緒に見に出かけた高橋によると、「ずっと見歩きながら何も言いません。しかし、最後に、客席の椅子の凹部に穴が開いていないことについて、掃除のオバサンが困るだろう、とだけ指摘された」という。

感動し、圧倒され、せめてもの一言がそれだった。自分を追い抜いて行った18歳下の後輩に、同じ建築家としてのライバル心を最後まで持ち続けていた。建築家のライバル心は墓場まで。

アーチを表現することの難しさ

構造の在り方を表現の基本とするデザインのことを構造表現主義といい、20世紀建築憲法の第何条かはこのことを中心に書かれているはずだが、さて、構造表現主義を理解しない造形的体質の持ち主でもあった堀口まで国立代々木競技場に衝撃を受けたのは何故だろうか。

おそらく、そのあまりの純度の高さと完成度が、建築家各人のそれぞれの好みや主張を吹っ飛ばすほどの力を発揮したからにちがいない。ちょうど古代のピラミッドのように。

これには近代建築史上の事情がある。

白くて四角な箱に大ガラスをはめたバウハウスのデザインが確立した1930年代、それまでバウハウスと並走していたか

写真3　第一体育館内部。東京オリンピックの時はプールであった。メーンケーブルからサブケーブルを架け渡す二重の吊り構造が大空間を実現させ，1万5,000人の収容を可能にした　（写真提供：日本スポーツ振興センター）

に見えたル・コルビュジエが突如、それまで理論家で鳴らしたのに説明もないまま急カーブを切った。１９３２年のスイス学生会館である。以後、彼は四角な箱を離れ、鉄とガラスとコンクリートを駆使して〈チャンディガール首都計画〉、〈ラ・トゥーレット修道院〉、〈ロンシャンの教会〉などの造形性豊かで力動感に富んだ20世紀建築を生み出してゆく。

写真４　第二体育館。丹下は予算不足を当時の大蔵大臣・田中角栄に直談判したとの逸話も。天井に向かって急上昇するワイヤーのうねりは，あたかも高度成長時代の勢いを感じさせる　（写真提供：日本スポーツ振興センター）

こうした後期ル・コルビュジエを特徴づける構造表現主義は、スイス学生会館より早く、バウハウスと並走していた時期まで溯り、原点となったのは１９３１年の〈ソヴィエトパレス案〉だった。

あの案でとりわけ優れていたのは、大ホールの構造で、大きなアーチを天空高く架け、頂部からワイヤーを吊り、屋根を支えようという大胆不敵な構造だった。構造体を屋根面の上に露出するだけでも大胆なのに、その構造体を近代建築好みのラーメン構造ではなく、古のアーチ構造を採用した点は天才と呼ぶしかない。

古代ローマ以来長いことヨーロッパ建築の象徴となってきたアーチとは、その上に建築であれば壁や床、土木であれば橋を載せて下から支える構造なのに、そうした古来のやり方を止め、まず鉄筋コンクリートのアーチを自立させた上で、そこから吊り橋のようにに垂らしたワイヤーでホールの屋根を吊る。

鉄筋コンクリートのアーチは主に圧縮力を、鋼鉄のワイヤーは引張力だけを受け持つ。圧縮力の形と引張力の形を分離した上で組み合わせるという離れ技は、鉄とコンクリートという20世紀の最新技術にのみ可能であったし、アーチが天空に立つ姿は、誰の目にも美しかった。科学技術によって作られた20世紀の虹。

ソヴィエトパレス案は、ル・コルビュジエの最高傑作にして20世紀前半の建築史の代表作になるべきだったが、落選し、実現はしなかった。

そして、丹下が建築家への道を決めたのは、進路に迷っていた旧制高校生時代、図書室の美術系洋雑誌でたまたま目にしたソヴィエトパレス案だった。

鉄とコンクリートが紡いだ虹の彼方

ル・コルビュジエ以後の、ということは20世紀後半を生きる世界の先端的建築家にとって、第一の課題は、ル・コルビュジエすら不十分にしかできなかった鉄とコンクリートによる構造表現主義をどう実現するか。

先行したのはアメリカのサーリネンで、戦後アメリカならではの工業力と富を投じて本書でも後に取り上げる〈西部への門〉（1948年コンペ当選　1965年完成）を実現するが、しかし大アーチだけで吊る構造はなかった。建築ではなく、傾くことのできるエレベーターで登る記念碑だった。続いてサーリネンは、鉄筋コンクリートのアーチからワイヤーを張ってそれを屋根とする〈イエール大学アイスホッケー場〉（1958年）を作るが、規模も小さく、表現も委縮していた。

そして1964（昭和39）年、国立代々木競技場が登場する。

写真5　明治神宮本殿の一直線先には第一体育館が。偶然ではなく計算し尽くされた都市設計の妙は正に丹下式　　（国土地理院の空中写真をもとに作成）

これが吊り構造、それも二重の吊り構造を駆使したことは一目で誰にでも分かるが、アーチも強く意識していた。初期の案を見ると、座席部分は面状のアーチとして作られているし、完成後丹下も、打ち放しコンクリート造の迫り出す座席部分について「アーチ」と説明している。

ソヴィエトパレスはアーチと吊りの構造交響曲を奏で、国立代々木競技場は立柱と吊りとアーチの構造交響曲を響かせた。

20世紀後半に託された世界の建築界第一の課題は、国立代々木競技場により果たされたのである。

堀口はライバル心を押さえ切れずに寸言しているが、当時、まだ現役で活動し、翌年水死するル・コルビュジエはどう見ていたのか、残念ながら知らない。ブラジルのルシオ・コスタに聞かれ〝自分の後は丹下〟と答えたというが。

※（堀口の）バウハウス流デザイン…機能的かつ美的に優れた建築デザイン。

No.
35

戦没学徒記念館 若人の広場
―丹下健三 幻の傑作―

写真1　戦没学徒記念館全景。写真右側の展示室屋上から左側の慰霊塔への道が続く

"なぜ今まで発表されなかったのか"

私は、丹下健三の生前に評伝『丹下健三』(2002年 新建築社刊)を書く機会に恵まれ、何度もインタヴューしているが、意外にも、丹下には優れた作品でありながら完成時に発表しなかったものが三つもあるのだ。

まず一つ目は、東大の教授のために本郷に作られた住宅。図面を引き、現場をちゃんと管理し、ミース張りの大ガラスを特徴とする住宅が思いどおりに完成したのに発表しなかった。発表すれば処女作となったはずなのに。

理由を聞くと、

「私は住宅を作りたくて建築家になったのではありません」

処女作として住宅を発表すれば住宅作家と思われるのが嫌だったそうだが、丹下は生涯を通して、人の暮らしや生活というものに関心を持たなかった。ル・コルビュジエもミースもライトも住宅によって自分の考えと造形を世間に問うことから建築家としてのキャリアを始めているのに、丹下は違った。

二つ目も住宅で、これは自分の家。ピロティーの上に横長の木造住宅が載る例の名作。自分の家にすら関心はなく、戦前、大学院生時代に参加した国民住宅コンペの応募案を所員に渡し、それをもとに造ったが、発表しなかった。それを『新建築』編集長川添登が惜しみ、2年後に初めて雑誌に載っている。

そして三つ目が、今回紹介する1966（昭和41）年完成の〈戦没学徒記念館 若人の広場〉にほかならない。戦中、学徒出陣し戦地に散った学生を記念するため、学徒援護会が施主となり、設計から完成まで4年もかけた作なのに、それも名作といっていい作なのに発表しなかった。

だいぶ後になって一般書店から出された作品集には載るようになるものの、建築界では誰も知らず忘れられていた。この存在を私に教えてくれたのは、アメリカ人のジャクリーヌ・ケステンバウムとデイナ・バントロックの二人で、あまりに勧めるので見に行くと、〝ナゼこれだけの作が〟と思うような出来栄えだった。発表しなかったのは、この施設のオープンの式典が丹下の意とあまりにズレていたからだそうだが、そういう点、潔癖な人だった。

写真２　鳴門海峡を望む山の細い屋根に位置する

慰霊塔をはじめすべてが高次元で構成される

まず立地が尋常ではない。淡路島の東端の瀬戸内海に突き出す岬の、岬といっても高い尾根がノミの先のように突き出した最も狭い部分をわずかに削って得られた細長い平地を敷地とし、尾根の根元の広いほうに展示館と小ホールを設け、それらと離し尾根の先端に塔を立てている。事情を知らなければ、ほとんどもう地中海の要塞か砦の如きおもむき。

まず気づいたのはホールの外壁の仕上げで、粗々しい岩を張っている。もちろん、丹下としても日本の建築家としても初の試みだが、学生時代の課題と卒業設計で張ったことが知られている。

モダニズムは科学技術の時代20世紀を表現しようとして誕生したから、木や岩のような自然物は拒み、鉄とガラスとコンクリートだけで造ることを旨としたが、ル・コルビュジエはこの路線から途中で逸脱し、１９３２年の〈スイス学生会館〉において初めて自然石を使ってみせた。これにすぐ反応したのが学生時代の丹下だが、しかし、実作では長いこと試みていない。

粗い〝錆御影〟の割り石も珍しければ、インテリアはもっとただならず、意外にも打ち放しのヴォールト天井が連続する。もちろん丹下としては初。そしてヴォールトを支える壁には縦にスリット状の窓というか明かり採りが口を開ける。

写真３　展示室内部。石積みの壁、半円状の窓からの光。胸を締め付けられる

そうしたヴォールト天井の下、スリットからの明りに照らされて展示されているのは、穴のあいた鉄兜やひしゃげた水筒などの戦没学徒兵の遺品だった。手紙の類もある。写真を撮るのが憚《はばか》られるような、悲しみの詰まった室内というしかない。

暗く自閉した展示室を抜けると、そこは絶壁の先へと続く痩せ尾根の上だが、普通の尾根道とは違い、石を両側に組んで掘り込んでおり、その掘り込みを上がったり下ったりしながら先端に至ると、細く尖った塔がスックと立ち上がっている。円錐を縦半分に割ったような形だが、正確にいうともっと高度な幾何学的な形にちがいない。打ち放しコンクリートの表面に幾何学の線が打ち出されていて、その曲線がなんだか天文学的図形を思わせる。世界に幾何学な図形をもとにした塔はたくさん作られているが、これほど数学的でかつ美しく感じられるのは他にない。それにしても、よくこんな形の、それも幾何学線を打ち込んだ形の型枠を作ったものだと思う。

塔の根元には灯火が設えられているが、私の訪れた時には点じられていなかった。

そして、灯火を内に抱く塔の向こうには、瀬戸内の青い海が陽光を浴びて西へと広がる。

故郷《ふるさと》の海を眺めても消えることのない緊張感

丹下は、設計のため現地を訪れ、この痩せ尾根を選んだ時、西へと伸びる瀬戸内の先に自分が育った今治があることを知っていたと思う。丹下は設計に当たり、いつも海を意識することを所員に求めていたことが知られている。海に向けて軸を引くもよし、屋上に上がって海が見えるようにするもよし。例えば、倉敷市庁舎の屋上に出ると、とても実用性のないような屋上舞台が設けられ、客席が階段状に盛り上がってゆき、ナゼコンナ?と訝しく思いながら上がり切ると、遠くに瀬戸内が見える。今治の信用金庫の屋上にも無用な屋上広場が作られているが、担当した磯崎新に聞くと、〝銀行の幹部は皆、丹下の父のかつての部下だから何でもやらしてもらえたから〟だそうだ。

子どもの頃、今治の浜で毎日のように遊んで育った丹下にとって、瀬戸内の海こそ目と心の風景だった。

このことを知ると、故郷を望む岬という立地が、丹下の気持ちを内側から刺激したことは間違いないが、しかし、それだけでこの建築の質は説明できない。倉敷市庁舎や今治信用金庫にはない、見る人の気持ちを締め付けるような鋭く固い印象はどこから湧いてくるのか。

哀悼の意を表して

まず、外壁の錆御影の割り石がある。次いで、自閉したコンクリートのヴォールトとスリット。そして、掘りこんだ尾根道と灯火を内に抱く塔。こうして並べてみると、すべてが普通ではない。割れた錆石は激しい砲火を、ヴォールトとスリットはトーチカを、尾根道は塹壕に通じよう。そう、明治神宮外苑での雨の学徒出陣式によって戦地に赴いた学徒たちが立てこもり、そして没した戦場の光景というしかあるまい。そして、その先に立つ塔と灯火は、彼らの墓標であり、詣でた者が合わせる合掌の形だろう。

丹下がこれを設計した時、両の掌を合わせ、灯を

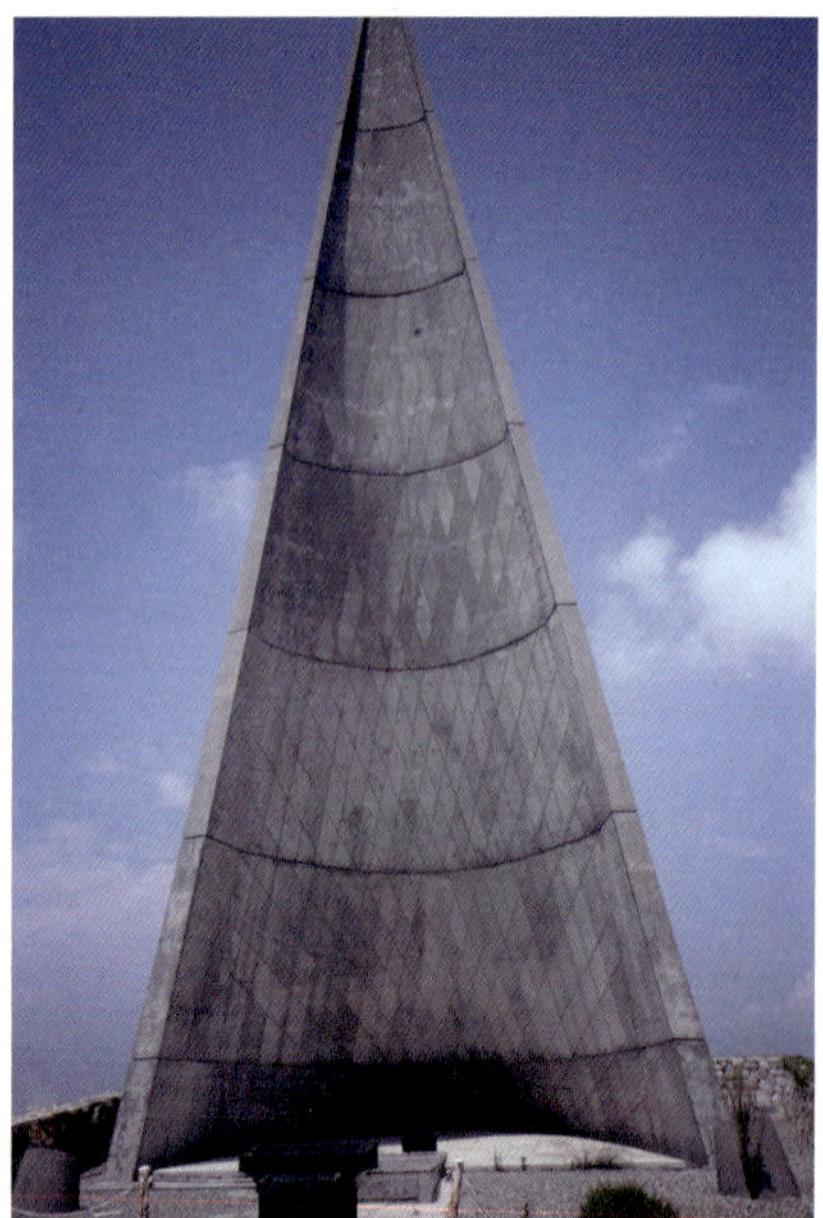

写真4　慰霊塔正面。目地による幾何学線の模様。台座には「若人よ 天と地をつなぐ灯たれ」の文字

写真5　慰霊塔背面。シェル構造の美しい曲面は、丹下が設計した東京カテドラルにも通じる

点ずるのは丹下自身であった。

丹下は戦争に行っていない。一番その可能性が高まった時期には、大学卒業後勤めた前川事務所を辞め、東大の大学院に入っていた。当時、東大の教官でも、私の先生の先生の関野克助教授は二等兵として入営しているが、それは関野先生の専門が建築史学という戦争遂行には不要不急の分野だったからで、例えば構造学や材料学のような分野は、耐爆構造や耐燃材料の研究のため、また都市計画なら防空都市計画の研究のため、教官はむろん大学院生も徴兵されることはなかった。丹下は都市計画の高山英華助教授のところの大学院生だった。

おそらく、丹下は、戦没学徒の記念館の設計に当たり、手を合わせる気持ちでスケッチを進めたにちがいない。

広島ピースセンターに続く二度目の戦没者への私的想いを込めた建物である。一回目は母への、二回目は学友への。

No.
36

香川県庁舎　—丹下健三が創り出す戦後公共建築のスタンダード—

写真１　香川県庁舎。打ち放しコンクリート柱による１階の広大な空間（ピロティ）は、戦前の権威主義的な官庁建築と異なり「開かれた県庁」を具現化している

後世の官庁建築に影響を及ぼした身近な歴史的建造物

丹下健三の手掛けた数々の名作のうち、最高傑作は国立代々木競技場であることに誰も異存はないであろう。20世紀後半の世界の建築史上に輝く作品にちがいない。

でも、影響力という点ではどうだろう。国立代々木競技場は、その強い造形性により建築史上に輝く名作となったが、逆にその強い造形性は他の人が学ぶとか影響を受けるとかは難しい。エベレストのてっぺんに似て、その先はない。ル・コルビュジエでいえば、ロンシャンの教会に近い。

丹下の数々の名作のうち影響力という点からみれば、やはりトップは香川県庁舎にちがいない。今でも、各地の自治体庁舎や文化施設を訪れると、香川県庁舎系とでもいうべきデザインの建物が使われ、戦後復興期から高度成長期にかけての影響力の強さに驚かされる。

県や市の施設ならともかく、町や村のレヴェルのものなど、設計者は自分のやっているデザインが丹下の香川県庁舎に始まるなんて知らなかった可能性もある。そのくらいに広まり、戦後公共建築のビルディングタイプをなしていた。ビルディングタイプとは、典型例のことで、平面でも立面でも一目見ればその施設が何なのか分かるようなものを指すが、丹下のさまざまな仕事の中でも、ビルディングタイプをなすのは香川県庁舎だけである。

雛型としての五箇条

ビルディングタイプをなすからには、その特徴は箇条書きできるくらいに明白でなければならない。次のように。

一．配置

自治体庁舎の機能は〝議会〟と〝行政〟の二つからなるが、この二つを分棟化し、面積の少ない議会棟をピロティの上に持ち上げ、このピロティを通って入り、行政棟へと進む。行政棟は水平に延びる議会棟と対比的に高層化する。ポイントはピロティにあり、道路に面したピロティから直接敷地に入ることにより、自治体庁舎を都市に向かって、社会に対して開くことに成功した。

戦前の官公庁は明治に根を持つネオ・バロック様式を基調としていた。まず配置は、道路から距離をとり、門から入ると歩いて左右対称形の堂々たる建物に近づく。建物には立派な車寄せが設けられ、中に入ると大きな階段がドンと控え、といったように権威と力強さを表現し、決して人々が気軽に入っていけるような作りではなかった。ところが香川県庁舎のピロティは、道路に隣り合い、歩道を歩く人々をスーッと敷地の中に誘い込む。戦後日本のスローガンとして掲げられた〝民主的な社会〟にこれほどふさわしい作りもないであろう。

二．平面

行政棟の平面は、コアシステムによった。コアシステムとは中央にエレベーター、階段、給湯、洗面を集め、周囲を部屋として使う平面で、アメリカのオフィスビルで発達し、戦前、日本でもごく一部のオフィスビルに採用されていた。これを、オフィスビルとは程遠いと思われていた官公庁建築に持ち込んだ。

確かに、行政棟の機能は民間のオフィスビルと何ら変わりはなく、以後、高層化の必要な官公庁はコアシステムを採るようになる。

三、打ち放しコンクリートラーメン構造

鉄筋コンクリートによるラーメン構造を採用している。今でこそそう珍しくもないが、戦前までの鉄筋コンクリート構造は、柱の横に袖壁がついたり、壁で包まれたりして、ラーメン構造であることが分かりにくかった。さらに、その上にタイルを張ったりモルタルを塗ったりして、鉄筋コンクリートも隠されていた。

香川県庁舎は、打ち放しによってラーメン構造を明快に表現してみせた。ただし、香川県庁舎が最初ではなく、先行する広島ピースセンターが第一号になる。

戦前の段階のコンクリート表現を見ると、日本は世界に先駆け、ペレの次にレーモンドや本野精吾が試みているが、しかし、壁構造によって表現し、ラーメン構造を採る時にも、柱は見せても梁は隠し、ラーメン構造全体を表現することはなかった。

そんななかで丹下が広島ピースセンターで初めて試みた

写真２　右が議会棟、左が行政棟。右手のピロティから入り、左手の行政棟に進む。手前は中庭

写真３　行政棟。垂直・水平なラーメン構造。バルコニー下の出梁と垂木がアクセントとなる

打ち放しの柱と梁（桁）の両方を表現の主役とするデザインは決定的に新しかった。

四．角柱

香川県庁舎の柱は角形をしている。今でこそ当たり前だが、それ以前、ル・コルビュジエをはじめとするモダニストたちが独立柱を立てる時、丸柱が普通であった。丹下もそれに習い、戦前の大東亜建設忠霊神域計画コンペ案（1942年）の国民広場の回廊では丸柱の打ち放しにしているが、〝設計している時から丸柱の上に四角な桁や梁が架かるのは不統一だと思っていた〟と私に語り、図面のその箇所を指差して言った。〝今でも直したい〟。

まず広島ピースセンターで直し、次に香川県庁舎で直し、以後、日本の打ち放しラーメン構造の多くは、四角な柱の上に四角な水平材が架かるようになる。

五．バルコニーと勾欄と出梁と垂木

四角な垂直材と四角な水平材で作られる打ち放しのラーメン構造には表現上決定的な難点があった。柱より梁（桁）の断面は大きくなるから、堅苦しくかつ重苦しくなってしまう。この二重苦をどう克服するかが広島ピースセンターでのテーマとなり、おそらく桂離宮に学んだと思われるが、浅いバルコニーを張り出して梁（桁）を半ば隠し、細い勾欄を回し、全体をシャープに見せることに成功する。

この手法をさらに発展させ、香川県庁舎では、勾欄付きバルコニーの下に、構造的には付けなくてもいい出梁と垂木状部材を取り付けた。見上げるとそれらの補助的部材が目に入り、バルコニーの床板の単調さを克服することができた。

以上五つの創見により、打ち放しコンクリート構造は硬さと重さの二重苦を克服し、コンクリート表現に新しい沃《よく》野《や》を拓くことに成功し、戦後日本の建築界に決定的影響を与えるだけでなく、サーリネン、ルドルフ、カーンなどアメリカを中心に世界にも影響は及び、丹下の名を不動にした。

日本の伝統建築を取り入れるもう一つの冴えたやり方

五つの創見の他に実はもう一つ工夫がなされているので、最後に触れておこう。

六．開口部

窓は、普通コンクリート建築では両開きか片開きにするが、丹下は香川県庁舎で引き戸を試みている。障子と襖《ふすま》の伝統を持つ木造建築以外では異例といっていいだろう。

丹下が初めて引き戸に挑んだのは、戦前の前川國男事務所での仕事で、１９４１（昭和16）年の木造の岸記念体育会館の窓と室内で試している。この仕事は、岸田日出刀が前川に〝担当は丹下に〟と条件を付けて与えた仕事であった。日本体育協会の入る岸記念体育会館は、当初１９４０（昭和15）年に予定されていた東京オリンピックに合わせ、協会運営に尽くした故岸清一の寄付で作られ、岸の親友の岸田が白い箱型のモダニズム（おそらく鉄筋コンクリート造）で設計したが、オリンピックは中止となり、仕方なく木造で作ることになった。本来なら岸田自身が設計すべきだが、岸田はベルリンオリンピック視察の折、〝舞姫問題〟を起こし、それを機にデザインへの関心をすっかり失ってしまい、デザインを後輩の前川と、その優秀さに目を付けていた教え子の丹下に任せた。

丹下のデザインでできた建築について、前川は、その構造の強い表現力が〝あざとい〟と感じられて不満であったというが、これを機に若い世代の間では丹下の名が知られるようになる。

前川の嫌がった丹下の構造表現主義は、戦後、広島ピースセンターと香川県庁舎によって最初のピークを迎え、さらに国立代々木競技場によって世界の絶頂に立つのはよく知られているが、その陰で、岸記念体育館に始まる引き戸は、香川県庁舎までは続いたものの、やがて丹下も試みなくなり、消えてしまった。

写真４　県庁舎内部。窓には和紙が張られ日差しを和らげる工夫もされた

No. 37

サンパウロ美術館とセスキ・ポンペイア
――ブラジル女性建築家の代表的作品――

写真１　サンパウロ美術館。ペンキで塗られた赤い柱が全長 70m に及ぶ構造物を支え、その下に広大な空間（ピロティ）を創り出す。中世以降の絵画が 1,000 点以上収蔵され「奇跡の美術館」ともいわれる

巨大建築構造物国家ブラジル

ブラジルには一度だけ行ったことがあり、サンパウロとリオデジャネイロと首都ブラジリアを訪れた。日本の戦後建築についてのシンポジウムに出席し、大学で講演するのが目的の旅だから自由に建築を見歩く時間は少なかったが、それでもブラジリアの都市計画とオスカー・ニーマイヤーの建築作品の主なものを見ることができたのは嬉しかった。

現地を訪れて初めて分かることが建築にはあり、ブラジルの場合は、その大きさだった。とにかく一つ一つの建築が大きい。20世紀以前のヨーロッパ風の建築はそうでもないが、第二次世界大戦後に作られたものは、ニーマイヤー作品だけでなくすべてが大きい。ピロティのスパンなど日本の何倍もあるし、嵩《かさ》も面積も只事ではない。

奇跡の美術館成立の背景

そうした只事ではない戦後建築の中で、日本の戦後建築との関係で注目したのは、〈サンパウロ美術館〉名のとおりサンパウロ市の中心よりやや離れた丘の上というか、急斜面で片方が削られた台地の上にあり、見晴らしは素晴らしい。

建築だけを目当てに訪れ、外を一巡した後、中に入り、展示品を見て、真偽を疑った。ミケランジェロやラファエロが堂々と飾ってあるではないか。ルネサンスの巨匠の作品などヨーロッパかアメリカ以外にあるはずがないと思っていただけに真偽を疑ったのだが、結果は失礼しました真作でした。

なぜヨーロッパの巨匠の真作がブラジルに渡ったのかの事情は、第二次世界大戦中のブラジルの特殊な立場による。中立を保ったのだ。正確にいうと、裏ではドイツに協力しながら、表では中立を保ち、連合軍側と枢軸軍側の両方に物資を供給し、両軍に属する世界のほとんどの国が疲弊を余儀なくされる中でブラジルだけは富をしこたま増やした。この富の一部を投じて、ブラジルのメディア王アシス・シャトーブリアンがヨーロッパ名画を入手したのだった。先に、ブラジルの戦後建築はとにかく大きいと書いたのは、ブラジルが、戦中・戦後の世界各国の疲弊の中で一人富んでいたことによる。新首都ブラジリアの大都市計画が可能になったのも、同じ事情による。

地球の裏側にも丹下建築の影響が

サンパウロ美術館の外をまず一巡した時、三つのことに気づいた。

一つ目は、ピロティのスパン70ｍのラーメン構造というのは、当時、世界最長ではないか。調べたわけではないが、おそらく設計者はそのことを意識して作ったと思う。鉄骨構造ならいざ知らず、現存でも鉄筋コンクリートのラーメン構造でこれだけスパンが飛ぶのはそうあるとも思えない。

二つ目は、打ち放しコンクリートで全面仕上げた後、柱に色ペンキを塗るという美学の珍しさだった。打ち放しの祖国ヨーロッパでも打ち放し天国の日本でも、むろん北アメリカでも見た記憶がない。ニーマイヤーもペンキを塗るが、白に限られる。

三つ目は、これこそ近代をこととする日本の建築史家として不安含みで気づいたことだが、丹下健三との影響関係の一件。

似ている。ピロティによって地上に浮いた横長の箱状といい、箱の縦格子状の窓割といい、打ち放しの仕上げといい、丹下の広島ピースセンターの本館と印象がよく似ている。広島とサンパウロの二作以前、ピロティは発案者のル・コルビュジエはじめ何作か実現しているが、長大な横長の箱を空中に浮かす打ち放しコンクリート建築は、広島の前年に完成したレーモンドのリーダーズダイジェスト東京支社（１９５１年）しかない。広島ピースセンターのコンペ案（１９４９年）は、リーダーズダイジェストより早く世に問われている。

不安は、サンパウロ美術館が丹下に影響を与えたのではないかということにあった。

こんな心配をするのは、広島ピースセンターコンペの前年なされた広島平和記念聖堂コンペ案を巡り、ニーマイヤーの先行作品であるサン・フランシスコ・デ・アシス教会（１９４５年）との関連が取り沙汰されたことがあったからだ。丹下はブラジルのニーマイヤー一派の動きに注目していたとすれば、もしサンパウロ美術館の方が先にできて

写真２　サンパウロ美術館の設計に影響を与えた可能性が高い広島ピースセンター（現 広島平和記念資料館本館）　（写真提供：広島平和記念資料館）

いたとするなら、影響を受けてもおかしくない。

あわてて年号を確かめて一安心。広島平和記念聖堂は、1949年にコンペ当選し、1952年完成。一方、サンパウロ美術館は、ずっと遅れて1968年の完成。

広島平和記念聖堂の計画は、1951年、ロンドンで開かれたCIAM※の第8回大会の時、丹下がル・コルビュジエの前で発表し、評価されていたから、世界のル・コルビュジエ系の建築家の間では〝日本にタンゲあり〟と周知の計画となっていた。

とすれば、サンパウロ美術館の方こそ広島ピースセンターの影響を受けた可能性が高い。

この美術館を設計したサンパウロの建築家の名は、リナ・ボ・バルディ（Lina Bo Bardi）という女性である。今年で生誕100年というから、丹下よりちょっと遅れて生まれたことになり、女性建築家としては世界でも最初の一群に入るだろう。サンパウロ美術館を手掛けたのは50代に入ったばかりの脂の乗った時期。

ブラジルの打ち放し

サンパウロ美術館を一人で訪れた翌日、同行した塚本義晴が〝面白い建築があるから見に行こう〟と案内してくれたのは、サンパウロの住宅地、それもそう恵まれてはいない地域の文化センターだった。〈セスキ・ポンペイア（SESC Pompeia）〉といい、地域の子どもをはじめ人々に文化活動とスポーツ活動の場を提供している。

赤煉瓦の古い工場を再利用し、旧工場は改修してレストランや物販に供され、その脇に巨大なスポーツ施設が新築されている。

左手には水泳プールやバスケットボール場などが入る本体、右手にはエレベーターや便所や事務空間などが納まる塔。二つの間は大きく離され、地上は背後へ抜ける通路に使われ、本体と塔は空中歩廊により繋がれている。

空中歩廊もダイナミックで印象深いが、長年、世界の打ち放しの建築を探訪してきた建築史家の目に鮮やかに映ったのは、普通の人なら大して気にしない二つの作りだった。

まず一つは窓で、粗く仕上げられた打ち放しの肌を不定形に切り抜いて作られている。吉坂隆正が自邸で、〝壁に耳あり〟にちなみ耳の型の開口部を切り抜いているが、ここのは完全な自由曲線による。考えても、なかなかできることではない。やってみても、自由な線が恣意的になり、嫌らしくなる。

ところがこの窓というか開口部は、うまいようなヘタなような、これほど捉われない線はおいそれと引けるものではない。設計者はこうした才に恵まれているんだろう。

写真3　セスキ・ポンペイア。打放し構造による巨大建築物と2棟を繋ぐY形の渡り廊下は圧巻

もう一つ才を感じ、その才が羨ましくすら思われたのは、塔の一部をなすエレベーターの入る円筒だった。

円筒は打ち放しで仕上げられているが、その表情が只事ではない。型枠の継ぎ目の下端が少し出っ張り、影を落とすばかりか、波打っているではないか。こんな仕上がり見たこともない。

打ち放しに影を落として〝毛深く〟するため、型枠をわざと粗くするとか、レーモンドのように〝出目地〟にするとか、いろいろ試みられてきたが、こんなやり方は知らない。

聞くと、ドラム缶を開いて使ったそうだが、大胆不敵にして素晴らしい。

写真4　打ち放しの壁面にある不規則な形状は窓

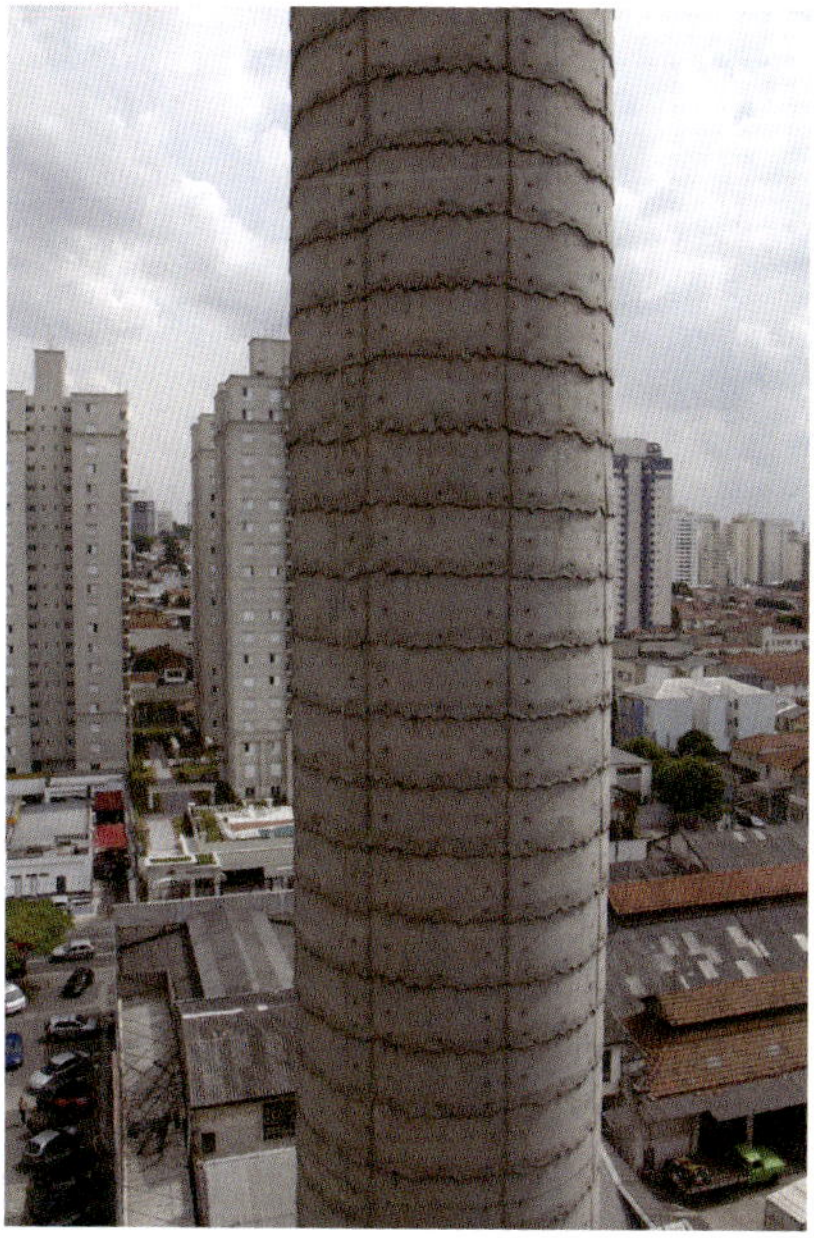

写真5　接合部における目地は単なる凸形ではなくデザインも個性的

すべてに漲《みなぎ》る力強さと打ち放しの肌の新鮮さからして、若い建築家の近年の作かと思った。聞くと、1986年の竣工というから今から30年以上前で、私の予想は大きく外れた。サンパウロの打ち放しは、ヨーロッパ同様、汚れないらしい。

そして設計者は

〝ボ・バルディ〟

リナ・ボ・バルディの娘かと思ったが、本人だった。サンパウロ美術館から18年後の作。ブラジルの戦後建築の隆盛を支えたのは、ニーマイヤー一人だけではなかった。

※　CIAM…Congrès International d'Architecture Moderne（シアム、近代建築国際会議）の略。1928〜1959年まで各国で11回開催された。

No.
38

ジャンヌレ邸・ショウオブ邸・シュトッツアー邸 ― 初期作品から巨匠のルーツを探る ―

写真１　ジャンヌレ邸　父のために建てた巨匠の処女作。ベーレンスの影響がある

探偵団 in ヨーロッパ

これまでの長いヨーロッパ建築探偵行の中で、たいていの国は訪れてきたが、なぜかスイスとデンマークの二国は機会がなかった。デンマークは見たい建築が無いから仕方がないが、スイスはたくさんあるのに何故だろう。回りを囲むイタリア、フランス、ドイツ、オーストリアはそれぞれ十回以上出かけているのに、アルプスの山岳地帯だけがポッカリ取り残されてしまった。

２０１２年、ミュンヘンで私の建築展が開かれることになり、準備で滞在中、二日間空いたので、初めてスイスまで足を伸ばした。もっと早く来るべきだった。古いものではスイス・シャレーと呼ばれる校倉《あぜくら》造りの民家が素晴らしい。近代に入ってからは、ル・コルビュジエの初期作品、シュタイナーのゲーテアヌム。そして現代ではズントー※1の諸作品、と見るべき建築は多い。

今回はル・コルビュジエの初期作品を紹介しよう。

処女作としての困惑する家

ル・コルビュジエをフランスの人、と思っている読者もおられるかもしれないが、生まれも育ちもスイスで、フランス国境に近いフランス語圏の時計産業の町ラショードフォンに生まれている。父は時計職人で時計の文字盤に装飾を施すのが仕事だったというから、一応、芸術性のある環境に育った。

ラショードフォンに入りまず訪れたのは1912年の〈ジャンヌレ邸〉。町の美術学校を出た後、建築家を目指すか画家を目指すか悩みながら〝東方への旅〟に出かけ、ギリシャのパルテノン神殿を見て建築家に決め、帰って来てから、1912年、最初に手掛けたのが父のための白い家だった。もちろん処女作。

日本の若い建築家も最初は親兄弟の家くらいしか仕事はないというが、20世紀を代表する建築家もその辺の事情は変わらなかった。

この処女作について、事前の知識は無かった。名をなしてからのル・コルビュジエが自分の初期作品として取り上げたのは同年の〈ショウオブ邸〉からであり、父の家は公表しなかったから、私の頭には入っていなかったのだ。

公表しなかった処女作に好奇心を掻き立てられ、地図を頼りに町外れの住宅地を進み、急斜面に目的の家を望んだとき、何かの間違いではないかと思った。建っていたのはごくありきたりの郊外住宅だったからだ。どこ

写真３　まるで少女趣味？な壁紙と不思議な形の暖炉

写真２　円形の窓やドアーが困惑の世界へと誘う

写真4　ショウオブ邸　北側ファサード。道路側

写真5　南の庭側

が、20世紀の巨匠…⁉

三角の屋根が載《の》り、層によってデザインが分かれ、装飾的な細部を持つ。特徴といえば、隅々白く塗られているくらい。斜面を登り、テラス状に造られた前庭に出て、前庭を囲む壁の色彩に驚く。純白の壁の一部が真っ青に塗られている。建築では見たことがない青。近年の修復時の間違いではないかと疑ったほど派手でバランスを欠く青。

庭を抜けて戸口に立つと、ドアーには円形が使われている。これも意味不明。

困惑を重ねながら、ドアーを開け、室内に入り、困惑はピークに達した。壁には少女趣味としか言いようのない花柄の壁紙が張られ、曖昧に広がる居間の正面の中央には作り損ねたような変な形の暖炉が居座る。

どこからも後のル・コルビュジエの才も知も忍ばれないから、係の女性に聞くと、当初からの暖炉にちがいないし、壁紙も忠実に復元しているという。その証拠として竣工当時の古写真を見せてくれたし、シャルル・ジャンヌレ（ル・コルビュジエの本名）のサイン入りの原図もある。ただし古写真と図面からは色は分からないから、中庭の青と壁紙の花柄の色はヘンだと思い、確かめると、

「父母は息子の処女作の家を大事に使っていたし、没後はピエール・ジャンヌレが保存に心がけ、色の復元も彼がしているから間違いありません」

建築家のピエール・ジャンヌレはル・コルビュジエの従兄弟であり、ル・コルビュジエのアトリエの良き共同経営者であり、第二次世界大戦中、積極

的にナチスにすり寄ったことで戦後、批判されそうになったル・コルビュジエを救った恩人でもある。そのピエールが太鼓判を押した復元とあれば疑うわけにはいかない。

父の家のデザインには、アール・デコ的造形をベースとしながら、進むべき方向も依拠すべき方法も分からず迷走中というしかない。将来を忍ばせるような先駆性は、どこにも見当たらなかった。

〝田舎アール・ヌーヴォー〟を志向

父の家に続き、隣り近所の初期作品を三つ見た。父の家に数年先立ち、地元建築家に助けられて手掛けたから、処女作ともル・コルビュジエだけの作品ともいえない。アール・ヌーヴォー性が顕著だった。それも、パリやウィーンのように繊細で洗練されたデザインではなく、チェコやハンガリーのアール・ヌーヴォーのように重く鈍く土俗性の混じったアール・ヌーヴォー。言ってしまえば、ヨーロッパの周辺諸国の〝田舎アール・ヌーヴォー〟。

彼がアール・ヌーヴォーをやっていたのは小さな驚きだった。なぜなら、後で偉くなったル・コルビュジエが、〝私の若い頃にアール・ヌーヴォーが流行ったが、現代建築を切り拓くような力は持たなかった〟と、アール・ヌーヴォーを他人事のように述べており、この一文を読んだ時はまさか本人がその流行の体験者だとは思わなかったからだ。この言葉は、〝私が若い頃やったアール・ヌーヴォーは、現在の私とは繋がっていない〟と解釈するのが正しい。

まず〝田舎アール・ヌーヴォー〟、続いて方向を見失った〈ジャンヌレ邸〉。これがル・コルビュジエのスタート点であり、そこから20世紀の建築の巨匠は歩き始めたのだった。

それでも試行錯誤は続く

ジャンヌレ邸と近所の三棟を一巡した後、近くの〈ショウオブ邸〉を見た。ジャンヌレ邸と同年のこの作品をル・

コルビュジエは初めて建築界の目に曝《さら》し、その北側ファサードを自分の黄金分割の適用例として紹介している。確かに、田舎アール・ヌーヴォー性も迷走感も拭いさられ、不自然なまでに平坦かつ幾何学的分割が際立つ壁面といい、パンッと張り詰めたような構成といい、あるいは茶色のタイルやガラスブロックの採用といい、新しい方向性が生まれ、それ故の緊張感も漂っている。ただし、道路側の北側ファサードだけのことで、塀の外から南の庭側を覗くと、当時のありふれたアール・デコ風郊外住宅というしかないだろう。

写真６　シュトッツアー邸　同じくル・コルビュジエの初期作品

世に知られる前のル・コルビュジエの作品を、正しくはシャルル・ジャンヌレの五つの建築を初めて見た。建築の道に入った学生時代、彼の代表的著書『建築をめざして』をフランス語の戦前刊行の原書で読んで感動した身としては、40数年ぶりの宿願を果たしたと言えなくもない。

いずれも大した作品とは言えないし、後の天分の片鱗も見られないことに驚きもしたが、でも、建築史家としてはいたく思考を刺激された。

とりわけ彼の出発点について。ライト、グロピウス、ミース※2などの20世紀建築の創出者たちと違い、時代の推進力の中心からは遠く離れたスイスの山あいの小さな町からスタートしているし（ただし、１９０７年と10年にペレとベーレンス※3のアトリエで働いた経験を持つ）、デザインは時代の先端からは一回り遅れていた。でも、“これではダメだ”と考え、自分なりに新しい方向性を見つけ出そうと試みていた。

パリへの移住が転換点か

こうした周縁に位置し、かつ遅れた青年に転機をもたらしてくれたのはパリへの移住だった。パリに出て、時代の中心かつ先端に位置する都市に根城を移したシャルル・ジャンヌレはル・コルビュジエへと変身する。そして以後の功績は誰でも知るとおり。

もし、ル・コルビュジエに田舎の谷間の時代がなかったらどうだっただろう。グロピウスやミースと並んで走った白い箱に大ガラスのサヴォア邸などの一群は生まれていたにちがいないが、後半の彼を特徴づけるスイス学生会館をはじめとする傑作群は生まれなかったのではないか。自然の石や木を使い、壁を荒々しく仕上げ、曲線や曲面や不規則な変化を好む資質は、スイスの谷間で、静かに深くシャルルの内面に根ざしたものではなかったか。

※1　ズントー…ピーター・ズントー。1943年〜。家具職人の家に生まれ、建築物の実用性と素材に拘る。聖コロンバ教会大司教区美術館（2007年）など。2008年高松宮殿下記念世界文化賞において建築部門受賞。

※2　ライト、グロピウス、ミース…フランク・ロイド・ライト、ヴァルター・グロピウス、ミース・ファン・デル・ローエ。ル・コルビュジエを加えて近代建築の四大巨匠ともみなされている。

※3　ベーレンス…ペーター・ベーレンス。1868〜1940年。建築家にしてインダストリアルデザイナー。電機メーカーAEGのタービン工場（1910年）の設計を手掛けるなど初期モダニズムの代表作を残す。グロピウスやミースもベーレンスの建築事務所に在籍していたことがある。

No. 39

西部への門 ―ステンレス板―

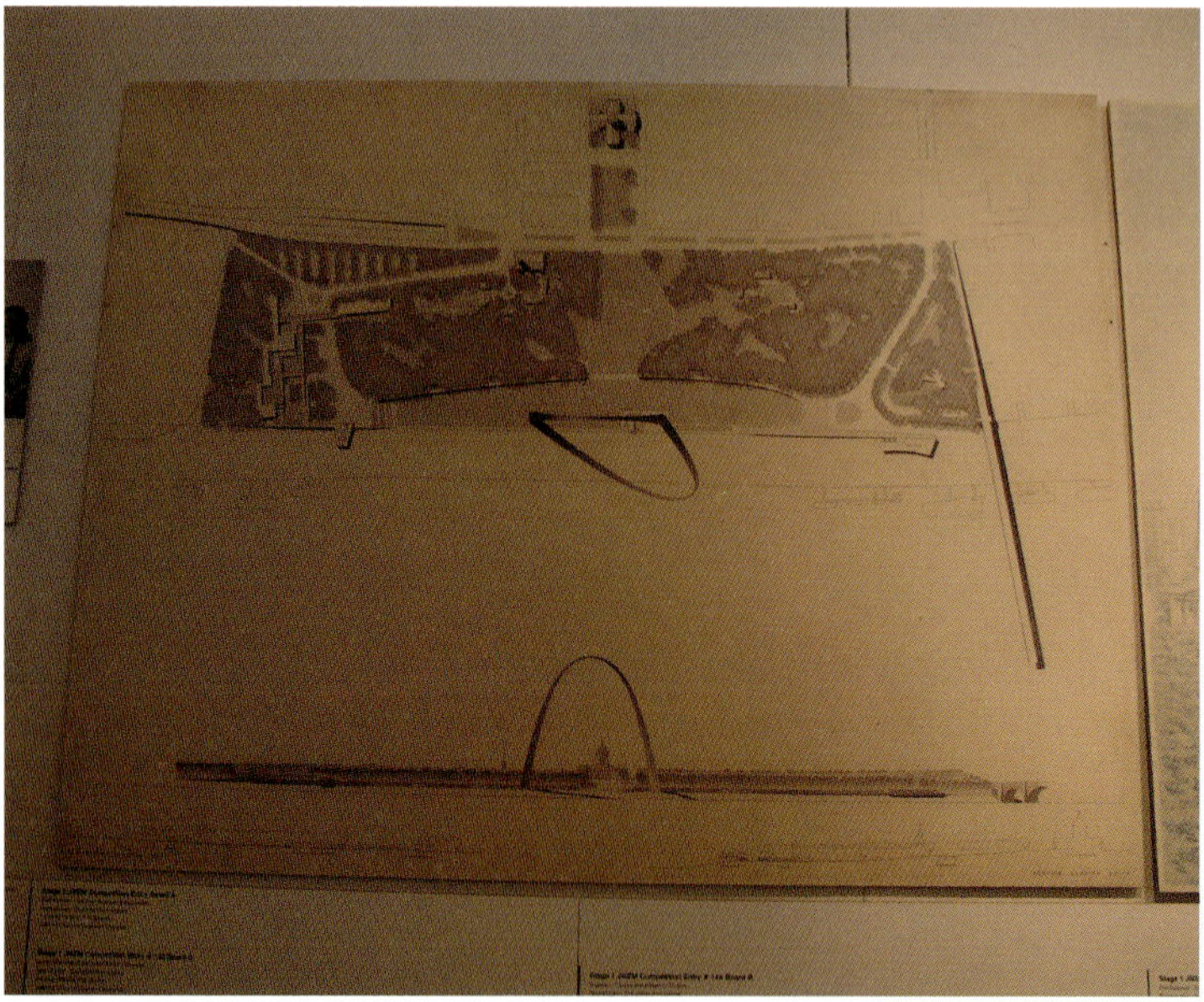

写真1　ゲートウェイアーチ・配置図と立面図

天空に架かる大アーチに遭遇

長いこと見たかった西部への門を、一昨年、セントルイスを訪れて見ることができた。

設計者は、戦後アメリカを代表するエーロ・サーリネン。以後、カーンとかフォスターとかいろいろ現れるが、戦後のアメリカを代表する建築家を一人だけ選ぶなら、サーリネンに尽きるだろう。日本でいえば丹下健三に当たる。

日本の建築界でこの門が最初に注目されたのは、1948年のコンペの段階だった。コンペ案があまりに興味深かったからだ。

私が写してきた写真を見ていただきたい。上は配置図、下は立面図だが、一度見たら目に焼きつく。立面図の、天に架かる虹の如きアーチといい、それを額縁として立つイリノイ州庁舎といい、その記念碑性の演出は見事。

私がそれ以上にタマゲタのは配置図の方で、アーチの影が、手前のミシシッピ川の川面にくっきり落ちている。

写真２　ミシシッピ川河畔にそびえたつ大アーチとダウンタウン

一本の横棒としてしか図示できないアーチが、影のおかげで図面の上にくっきりと立ち上がる。というか、配置図を一枚の風景画として眺めれば、主役は水に映る影。

影が主役の建築図面などこれ以前にも以後にもない。ル・コルビュジエは、屋上のあれこれを苦心して美しく配置し、弟子からの〝誰にも見えないのに〟という批判に〝神様は見ている〟と答えたそうだが、さすがサーリネン、ル・コルビュジエの後の世界の建築界を丹下と共に牽引しただけのことはある。

新たなアーチを表現したル・コルビュジエ

意外と知られていないが、図面の影を強調し、効果的に使ったのはル・コルビュジエが最初で、戦後すぐの広島平和記念聖堂のコンペの時など、審査員の村野藤吾は、前川國男や丹下や菊竹清訓などのル・コルビュジエ派の図面について、わざわざル・コルビュジエ流の影の強調は図面を汚なく見せる、と苦言を呈している。その村野でも、サーリネンのこの図には脱帽するだろう。

このコンペ案が当時話題に上ったのは、案の内容が素晴らしかったからだけではない。サーリネンのコンペ案発表の翌1949年に日本で開かれた一大コンペに、すでに名は通っていたが実作の一つもない若手建築家が、似たアイディアの案を発表し、一等入選したからだった。

広島ピースセンターのコンペに若き丹下が出した案には、大アーチが架かり、アーチの向こうには原爆ドームが覗く。前年の西部への門との類似を指摘する声も上がったが、アーチを除いても原爆ドームを配置の焦点に据えた丹下案の都市デザインは秀逸で一等となった。アーチは結局、政府の予算が付かず実現していない。

晩年、丹下に尋ねると、

「サーリネンの案に想を得たわけではないが、そういわれるだろうな、とは思っていた」

丹下は、サーリネンからではなく、ル・コルビュジエの案から直接、もしくは、ル・コルビュジエ案に学んだイタリアのA・リベラ設計のローマ万博〈海の門〉(1942)も含めて、想を得ている。自立するアーチのアイディアは、戦前から戦後にかけ世界のコンペにしばしば現れるが、元を辿ると1931年のル・コルビュジエの〈ソビエトパレス案〉※2に行き着く。ル・コルビュジエ以前、そんなヘンなアーチの使い方を考える建築家はいなかった。

考えてもいただきたい。アーチは古代ローマに登場して以来三千年以上、石や煉瓦に不可欠の構造として隆盛するが、かならずアーチの上には何かが載るのが当然だった。橋なら車や人が通るし、建物なら上の階が載る。ところがソビエトパレス案を見ると、大ホールの屋根の上に虹にように大アーチが架かるが、上には何も載らない。何も載せないが、構造的には主構造にちがいなく、なんと屋根の鉄骨をワイヤーで吊り下げている。

吊り構造としてのアーチ。ヨーロッパと世界の組積造を代表する伝統的で古典的な使い古しの構造を、全く新しい考え方で使い直し、かつ、豊かな表現を与えた。

20世紀建築には、〝構造と材料を、装飾や歴史的様式で隠さず、そのまま素直に表現しよう〟という大テーマがある。鉄骨なら鉄骨の直線性にふさわしい柱・梁の構造を、コンクリートなら打ち放しを、となるのだが、まさか昔ながらのアーチに、新しい構造と表現があろうとは。

衝撃は大きく、高校生の丹下は外国雑誌でソビエトパレス案を見て建築家になろうと決意するし、その後、幾多の建築家が幾多の案を出したことか。

ステンレス板が建築材料として登場

アーチに限らなくても、構造体を外に表現としてムキ出し、それで天井を吊るという考え方はソビエトパレスから始まり、と書いてから自分で横槍を入れるが、ソビエトパレスコンペの前に同じ革命ロシアで開かれた「ハリコフ劇場コンペ」の時、川喜多煉七郎の構造体ムキ出し案が、グロピウスを二等に押さえて当選しており、あるいはル・コルビュジエが川喜多案をパクった可能性がある。

横槍を抜いて続ける。ソビエトパレスに始まる構造体ムキ出し路線は日本の建築家には合っていたらしく、戦前には村野が宇部市民館を、戦後には菊竹清訓が仙台市公会堂を、そして都城市民会館を手掛けている。

写真3　側面より。断面は正三角形で、一辺は底辺部で16.5mある。頂部は5.2m

構造体ムキ出し路線はいくつも実現しているが、しかしソビエトパレス案の肝所のアーチの実現は難しい。ソビエトパレス案を見ると軽々と宙を飛んでいるが、設計者はどんな構造で作るつもりだったんだろう。絵で見る限り鉄筋コンクリートっぽい。虹のように自立させるだけでも無理難題にちがいないが、そこから下の建物本体の屋根

写真4　アーチ全景。西部開拓史を象徴する歴史的モニュメント

を吊り下げるとなると、今でも無理ではなくとも難題だろう。

私の知る限り、ソビエトパレス案から今日まで約90年経つが、ル・コルビュジエに始まる20世紀の構造表現主義の夢をル・コルビュジエが羨ましがるようなレベルで実現したのは二作しかない。一つはサーリネンの西部への門。もう一つは丹下の国立代々木競技場。

西部への門に戻ろう。ほぼ案のままに実現した。そして、ほぼ案のように感嘆する。

アメリカの中央を北から南に流れるミシシッピ川でアメリカは東と西に分かれ、東から入植したアメリカ開拓者たちが、ミシシッピの大河の畔まで行き着いて作った町がセントルイスだった。

ミシシッピの西側が西部だから、西部への門への観光客は必ずこの門の中を腰掛け式のエレベーターで次第に傾きながら昇り、最後の辺は少し歩き、頂上の壁に開いた穴から西の方の大平原を眺める。

これだけの鉄骨構造を今から半世紀以上前に作ることのできたのは、アメリカだけだろう。なんせ左右それぞれから鉄骨を組み立て、次第に細くなりつつ傾斜を強めながら、頂部で繋ぐ。日照による鉄骨の収縮で左右の端部の位置が変わり、難工事だったと学生時代に聞いた。

ただ、鉄骨についてならもっと前に、エッフェルが作った塔や橋にスゴイ構造表現主義的成果があるし、西部への門では外から鉄は見えないし、中に入るとエレベーターだからこれまた鉄骨は見えても印象に残らない。

鉄骨技術を駆使した西部への門で、見る人の目を捉えるのは、アーチの形とステンレスのカバーの二つ。もしこれが鋼や鉄やタイルのカバーだったら印象は相当違っただろう。ステンレスだからシャープに角が納まり、今もピッカピカに輝く。

ステンレス板がいつどのように20世紀建築に取り込まれたか調べたことはないが、建築表現としてステンレス板が全面に押し出され、主役を張ったのはこれが初めてにちがいない。その後カーテンウォールとしてたくさん使われ、やがて世界貿易センタービルが登場し、ステンレス板ピッカピッカのピークを画すが、今は西部への門が返り咲いた。

※　ソビエトパレス…ソビエト連邦時代にモスクワに計画された宮殿であるが、建設には至らなかった。設計コンペにおいては、ル・コルビュジエの案が画期的で、屋根の架構の露出など、その後の建築設計に多大な影響を及ぼしたとされる。

No. 40

ブラジリア　―ル・コルビュジエ好みの材料―

写真１　国会議事堂　正面左側のお椀を伏せた形の建物が上院、右側の受け皿の形をした建物が下院

人工都市ブラジリアとの出会い

ブラジリアは、行く前から一つ楽しみがあった。20世紀の理想都市として出現してから、しばらくして、〝あんな無味乾燥な都市は住めたもんじゃない〟、という声が聞こえてきた。広場や道は立派だが、繁華街はないはアヤシイ場所はないは、退屈極まりない、というのである。そんな批判が大勢を占めてから大分して、槇文彦さんが〝意外にいい。住んでる人は満足してる〟といった見聞記を新聞に発表していた。

〝住めたもんじゃない〟のか〝意外にいい〟のか、機会があったら自分の目で確かめてみたい。しかし、地球の裏側は遠い。そんな状態のまま十年、二十年と過ぎ、やっと出かけた。

リオデジャネイロから飛行機で内陸に飛ぶこと1時間、ジャングルの中に忽然と唐突に現れる。車で都市に入ると、すぐ中心の広場に出る。久しぶりの大感激に、正面彼方に小さく見える中心施設に向かって駆け出したくな

写真２　外務省１階にある回り階段

った。

細長い中央広場の両側には、各官庁や美術館や教会が並び、芝生の上を歩けどもなかなか中心施設には到らない。芝生の上では、いろんなイヴェントが催され、ブラジル各地から修学旅行やさまざまの団体旅行客が群れをなして行き交う。

空は青く、雲は白く、日射しは強い。

歩くのが嫌になった頃、やっと中心施設の前に出る。中心施設のことを〝三権広場〟といい、この広場を囲んで、司法、立法、行政の三権の中心建築が立つ。司法が最高裁判所、立法が国会議事堂、行政が大統領府。

三権分立とはいうものの、建築的に際立つのは圧倒的に国会で、それを目指して駆け出したくなったのは三権の一権の国会だった。国会は上院と下院からなり、左手のお碗を伏せたのが上院で、右手の受け皿状のが下院。背後の二棟の細長いビルは、それぞれの事務棟。

三権広場の地下には二つの施設がある。一つはもちろんブラジリア建設の博物館で、都市デザインのルシオ・コスタ※1と建築デザインのオスカー・ニーマイヤーの二人のことやコンペの経過などが展示されている。もう一つは日本の茶室を意識して作られたレスト・ハウス。ニーマイヤーは大の日本建築好きだから茶室風にした、と現地の教授が教えてくれた。

ル・コルビュジエのスケッチが都市デザインのコンペに当選

当選した時のコンペの案が展示されていた。今のコンペからは考えられない、というか当時のコンペでも考えられないような内容で、都市のデザインも建築のデザインもほとんど描かれていない。相応の量の文とわずかなスケッチだけ。これでよく勝ったもんだ。

都市デザインについてのスケッチは、俄かに信じ難いかもしれないが、太いフリーハンドの線で十字が描かれているだけ。予定の地形の上に十字の軸線を通し、その頂部に三権を集める、という提案。それだけ。

三権広場に立つ建築のスケッチは、もっと俄かに信じられないが、なんとル・コルビュジエのスケッチなのだ。ルシオ・コスタがコンペに当たり、師のル・コルビュジエに相談したら、こんなのがいいだろうとスケッチしてくれたのをそのまま提出した。師は何を思ったか、広場にはヤシ（王様ヤシとか言う種類）を植えるべきだと主張し、ヤシの絵をしっかり描いている。

ブラジリアは気候的にはヤシは合わないが、コスタは大まじめにヤシを植え、枯れそうで大変だ、と教授が言っていた。

写真３　計画スタート時のブラジリアのジャングル

丹下健三の「広島ピースセンター」が元のモデルか

都市デザインが十字だけからスタートしたことを知って、〝モシヤ〟と思った。丹下の広島ピースセンターの計画を思い出したからだ。あの計画も、地形と原爆ドームに合わせた十字の軸からスタートしている。東と西の山に合わせて横の軸を通し（現在の平和通り）、太田川の囲む三角地（現在のピースセンターの立つ公園）に原爆ドームを目指して縦の軸を通す。

丹下のこの地形に合わせて十字の軸を引く都市デザインは、1951年、ロンドンのCIAM第8回大会で、ル・コルビュジエはじめ世界の指導的建築家たちの前で発表され、ル・コルビュジエは、〝なかなかいい〟と述べている。

ブラジリアのコンペは、それから5年後の1956年に開かれている。

丹下に晩年、聞き取りをした時、都庁舎（現在のもの）の計画のためブラジリアを訪れた時のことを話してくれた。ニーマイヤー邸を使ってルシオ・コスタが大歓迎してくれたが、その時、コスタが、「ル・コルビュジエに、先生の次は誰ですか、と聞いたら、〝タンゲ〟と答えた」というのである。丹下は、「ラテン系の人のお世辞だろうから、書かないように」と言ったが、ル・コルビュジエ先生に生涯心酔していたコスタが、丹下が先生の前で発表し、先生が評価した広島の計画を知らなかったとはとても思えない。

コスタの十字プランといい、ニーマイヤーの茶室風レスト・ハウスといい、ブラジリアと日本の縁は意外に深いのである。

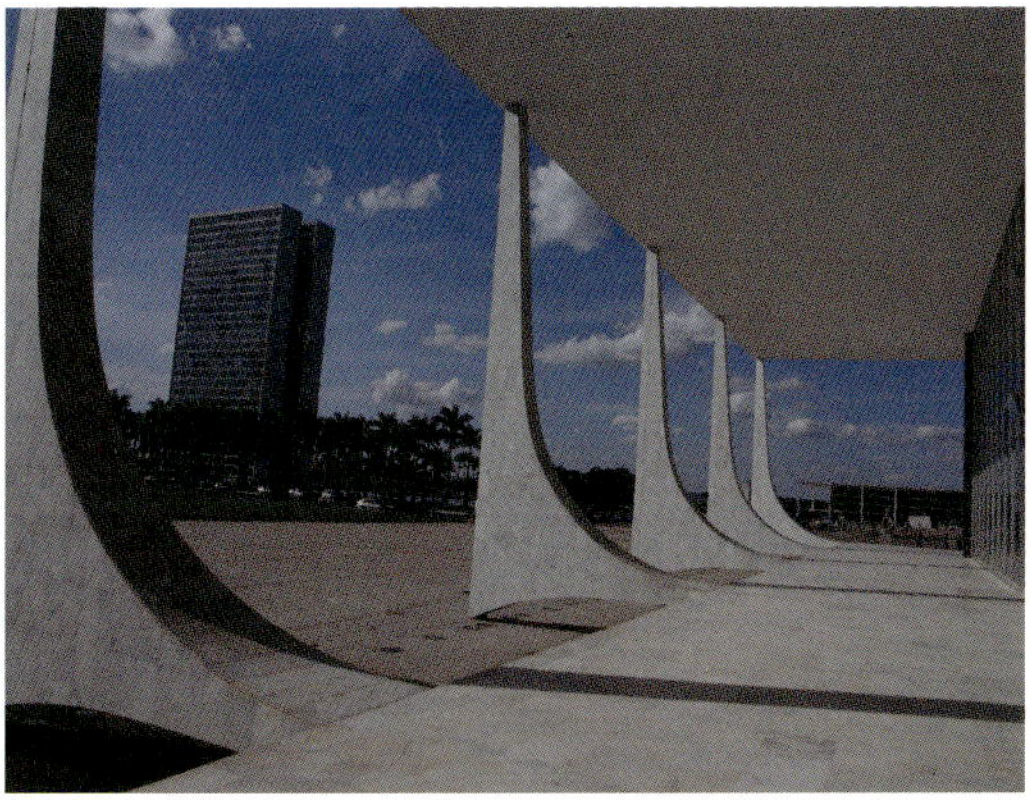

写真4　官庁街にある最高裁判所。庇《ひさし》は6mもある

写真5　立ち並ぶ集合住宅。ピロティが印象的

世界遺産となった20世紀の理想都市

中央広場を歩き、立ち並ぶ官庁建築を訪れ、その後、住宅地と商店地区を歩いて、感激の一日目が終わった。

20世紀の理想都市であることは間違いない。正確にいうと、ル・コルビュジエに心酔するルシオ・コスタと、心酔はしないが強い影響を受けたオスカー・ニーマイヤーの二人の力で実現したル・コルビュジエの理想都市にほかならない。歩道と車道は完全に別システムになっているから、一日歩いても車の存在を意識することはなかったし、立ち並ぶ集合住宅はすべてル・コルビュジエのユニテの原則※2を守っており、私はここで初めて、ユニテのピロティが言葉どおりに生きているのを見た。ピロティで住民がお茶を飲んで憩い、その脇を人が自由に通り抜けてゆく。

翌日、再び中央広場を歩き、いくつかの建物の中を見て、住宅地で昼食を食べたのだが、気持ちの変化に我ながら呆れた。

〝ブラジリアは一日でいい〟と思ったのだ。ル・コルビュジエの理想都市には、ル・コルビュジエの原則と造形しかないから、二日目になると同じフルコースの料理を続けて出されたような気分になる。

アラも目に付く。繁華街がないのは、ショッピング好き、お酒好き、オシャベリ好きでなくともサビシイものだ。

もちろん住宅地区の何千戸かに一ケ所ずつ、映画館・集会所と商店地区が配置され、商店は、クリーニング屋、花屋、靴屋、洋品店、本屋、喫茶店、レストランなどなどと各種店舗が一店ずつ並んでいる。

商店街ではあるが繁華街ではない。

映画館・集会所が商店街とは離れて公園に面して立つのを見て、社会主

写真6　市街風景。商店街はあるが繁華街はない

義の影響を感じた。

30万人の首都なのだ。商店と映画館・集会所を一ケ所に集め、その配置とデザインを自由に任せれば、大きく楽しい繁華街は間違いなく誕生し、本当の理想都市になったにちがいない。

ル・コルビュジエの都市論の中に繁華街という消費の場はなかったし、当時のブラジル政府は社会主義を掲げ、ニーマイヤーも社会主義者として今でも知られる。社会主義の発想にはヘンなところがあって、生産は重視するが消費を軽く見る。生産すればそれだけ同じ消費が生まれる、とは考えない。生産と消費は対称であり、同じことの表と裏で、しかし現れる現象は正反対になる、との発想もない。

今となるとあれこれ言いたくなるが、でも、ぜひ一日は訪れるべき都市であるのは間違いない。世界遺産でもあるし。

※1　ルシオ・コスタ…フランス・ツーロン生まれの建築家、都市計画家。首都ブラジリアの設計者として有名。

※2　ユニテの原則…ル・コルビュジエが提案した「住居単位」という概念。集合住宅において、ユニットを組み合わせていくことで、変化に富んだ建築物に仕上げていく手法のこと。

No.
41

サヴォア邸 ―ル・コルビュジエの遺したもの―

写真１　サヴォア邸。外観を庭側から見る

都市計画で開花した才能

２０１６（平成28）年7月ル・コルビュジエの設計した国立西洋美術館が世界遺産に登録された。その記念というわけではないが、彼の業績について二回に分けて述べてみたい。

まず取り上げるべきは、戦前の１９３１年に作られた〈サヴォア邸〉。一連の作品として登録されたのはフランス、インド、日本など世界各地に及ぶが、中核となるフランスの中で一番知られているのはやはり、サヴォア邸だろう。印象が鮮やかで、一度目にしたら脳裏に焼きついて消えることはない。

パリ郊外の木々に囲まれた敷地の中央に広がる芝生の上に、純白の建物が光を浴びて輝いている。それも芝生の上にドンとではなく、ごく細い丸柱に支えられ、横長の箱がフッと浮くようにして輝いている。

この時期、ル・コルビュジエは20世紀にふさわしい新しい建築のための五つの原則を発表していた。①ピロテ

ィ ②屋上庭園 ③自由な平面 ④横長連続窓 ⑤自由な立面。

サヴォア邸の外観を強く印象付けるフッと浮く姿は五原則の筆頭に挙げられたピロティの効果なのである。ピロティは彼のデザインの定番となっているが、これほど純度高く使われた例はない。

なぜか。訪れて当初の平面をチェックしないと分からないが、ピロティとは一建築のためのデザイン要素ではなく、都市問題を解決するために考え出された工夫であった。

ル・コルビュジエは建築家としてより都市計画家としてフランス人と世界に知られはじめる。なんせ世界の花の都パリを、フランス人がこよなく愛し誇りとするパリを壊して、大きな道路をタテヨコナナメに貫き、道路の両側には十分の緑地をとり、超高層の住居棟が立ち上がる。この一大計画を「輝く都市」と名づけて発表した。

森美術館でのル・コルビュジエ展には輝く都市の原図が展示されていたが、その中に目を疑うような一枚があった。味わい深いパリの街並みが飛行機の爆撃で壊され、黒煙が上がっているではないか。〝前近代のパリなど壊して、私の提案に従って復興しろ〟と主張しているような図であった。これでは、フランスの既存の建築界からは嫌われても仕方ない。

事実、ボザール出身者が握るフランスの建築界と政府からは嫌われ続け、戦前のル・コルビュジエは仕事に恵まれていない。

彼の才能は、まず都市計画において輝き、その一環として考え出されたのがピロティにほかならない。だから五つの原則の筆頭を飾ることになった。

ピロティ空間の妙

公共建築であろうが、個人住宅であろうが、ピロティで持ち上げ、地上は人と車の交通に解放せよ、というのである。この原則を個人住宅に適用したのがサヴォア邸で、訪れると分かるが、ピロティ空間は車道に当てられ、具体的には自家用車の車回しに使われている。だから、ガラスの壁面は車の回転半径に従って円弧を描く。サヴォア邸の地上階は、車の移動と駐車に専ら使われ、家族の生活は回り階段で上がった二階で営まれる。

都市的な提案を個人住宅の敷地の中でやるという無理を承知でピロティの本質を表現してみせたところは、いかにもル・コルビュジエらしい。

写真2　一階のピロティ

理論においては意固地といっていいほど志操は固く、一度言ったことは意地でも引っ込めない。ル・コルビュジエに二言はない。

彼のこうした性格がよく表れているのは、五つの原則の二番目の屋上庭園にほかならない。一階を人と車の通行に解放すると緑地はどうなる、の問いに答えるべく導き出されたのが屋上庭園で、地上の緑を屋上に上げればいいだろう。屋上庭園という、現代ならともかく、90年以上も前に二番目の主張となってしまったのは、ピロティに引っ張り出されたからだった。

サヴォア邸の屋上庭園はどうなっているのか。訪れたことのある人でも気づかないかもしれないが、その気で探すと、鉢植えではなく建築にビルトインされた土と水と緑の三点セットが確かにある。二階の居住階の主室の前に広がる中庭的空間の片隅に畳一枚ほどの面積を占めてある。

サヴォア邸に先立つ小さな住宅で全面的に屋上庭園を試み、おそらく防水か美学上の理由で失敗し、止めようと思ったが、五つの原則の二番目を止めるわけにはいかず、気づかれないように小規模に実行したにちがいない、と私はにらんでいる。

自由な平面・横長連続窓・自由な立面も見事に実現しているが、横長連続窓なんて簡単なことがどうしてわざわざ取り上げるほどのことだったのか、と訝《いぶか》しく思われる読者もいるかもしれない。確かにそうで、横長連続窓など今では当たり前のやり方だ。

ル・コルビュジエなど20世紀建築の先駆者たちの登場以前、厚い壁に開く窓は縦長が基本だった。古来、ヨーロッパでは窓とはそういうものだった。これに対し狭い縦長窓を横に広げてもっと光を室内に導き、中からも外を見晴らせるようにした。

写真３　ピロティから二階に上がる回り階段

写真４　二階中庭の屋上庭園

意表を突く発想で独自な世界の確立へ

写真5　二階中庭から主室を見る

これは20世紀建築の世界の先駆者だけが考えたのではなく、新しいデザインを求める日本の青年建築家たちも考えた。1920（大正9）年に大学を卒《お》えた分離派メンバーの滝沢真弓も、堀口捨己と一緒に参加した1922（大正11）年の平和記念東京博覧会の会場設計の時にそう考えたが、どうしていいか分からず、柱と柱の間に全面的にガラスをはめて連続窓モドキを作って済ませた。その後、ル・コルビュジエのサヴォア邸の写真を見て、こういう解決法があったのかと感嘆した、と私に語ってくれた。

柱より一歩外側に片持梁を出し、そこに壁を立て、横長に穴を開ければ横長連続窓が誕生する。言われてみれば簡単なことを最初に考え出す才能は簡単ではない。

このガラスのほか、五原則を実現するために用いられた材料についてはどうか。というのも、産業革命の成果である鉄とガラスとコンクリートを建築においてどのように表現してみせるかは、20世紀建築の答えなければならない大きな難題であったからだ。

サヴォア邸を見ると、確かに鉄筋コンクリートによって全面的に作られているし、だからこそ連続窓もこんな細い柱のピロティも可能になったのだが、不満が残る。鉄筋コンクリートを使ったといっても視覚的には使われていないも同然。どこにもコンクリートの肌が露出していないのだ。

当時、鉄筋コンクリートをどう見せるかはドイツ工作連盟を中心にあれこれ試行中であり、フランスではオーギュスト・ペレがル・ランシーの教会で世界初の打ち放しを実現していたが、ル・コルビュジエはその辺の試みにさして関心を持っておらず、白モルタルを塗って済ませている。ペレの弟子であるのに、先生の先駆的試みに意外にも鈍感だった。

写真６　二階からその上のテラスに上がる斜路

当時のル・コルビュジエの鉄筋コンクリートという新構造への鈍感さは、構造形式においても観察される。柱の上に梁の載るラーメン構造（枠組構造）を採用したところまではいいが、柱の位置はバラバラだし、柱から伸びる梁を辿っていっても次の柱が見当たらなかったりする。いったい構造はどうなっているのか分からない。

ラーメン構造という構造は自ずと立体グリットを原則とするのに、そうした構造秩序への感覚を欠いている。

サヴォア邸は名作にちがいないが、今日ふり返るとさまざまな難が見えてくる。こうした難をどう克服し、同世代のグロピウスやミースとはちがうル・コルビュジエならではの表現を確立するのか。次項に続く。

No.
42

スイス学生会館と国立西洋美術館 ―ル・コルビュジエの本質―

写真１　スイス学生会館の全景

本性への〝回心〟

世界遺産に登録されたル・コルビュジエの作品群を、1930年初頭の〝回心〟を境に前期と後期に分けて考えると、戦後わが国に作られた国立西洋美術館は、回心後の作ということになる。

回心はいつどんな事情で起こったのか。実作でいうと1932年の〈スイス学生会館〉で起こった。

前年の1931年に竣工した前項紹介の〈サヴォア邸〉と比べると、そのあまりの違いに驚かざるを得ない。

まず全体の姿が違う。〈サヴォア邸〉はただの四角な箱なのに、〈スイス学生会館〉は同じ箱でも階段室の壁は緩くカーブしているし、箱を打ち消すように二階前面に張り出した共通棟の壁は、これ見よがしに大きく湾曲する（写真１）。

上に載る箱を支えるピロティの造形も正反対の姿を見せ、前者は細くて丸い柱だったのに、後者は太くて楕円状のピア（壁柱）となっている。ヨーロッパでは同じ柱状でも細長い柱のことはカラムとかポスト、太くて厚くて幅のある柱はピアと呼んで別物扱いするから、ピアの概念のないわが国と違い、フランスでは一年の差でピロティの柱は別物に変わったと思われたにちがいない。

全体の形に加え、仕上げも大きく変わる。前作では柱も壁も白モルタルで純白に仕上げていたのに対し、後者では、ピロティに支えられた居住棟には大理石を張り、ピロティはピアも梁も打ち放しコンクリートとし、人々を迎える位置に建つ大きくて湾曲した壁には自然石を乱張りする（写真2、3）。

まず乱張りした石で人々を迎え、次に打ち放しの空間に導こうという作り。

直線と平面から曲線と曲面へ、純白のモルタルから打ち放しと大理石と自然石へ、これだけの変化は回心というしかあるまい。

進歩や変化ではなく回心という宗教系用語で事態の説明に努めるのは、ル・コルビュジエという建築家の本心というか本性への回帰とみられるからだ。宗教上では悔い改め本当の信仰心に立ち返ることを回心というが、とするとル・コルビュジエは何を悔い改めたのか。

サヴォア邸の白い箱を悔い改めた。バウハウスのグロピウスやミースと一緒になって、それまでの歴史的様式を守る歴史主義と、歴史主義は否定しながらも装飾性を残すアール・ヌーヴォー、さらに石や赤煉瓦の深い味わいを捨てないドイツ表現派を否定し、建築という表現を造形的には幾何学に、技術的には最新技術に従わせるべく、理論的には、「住宅は住むための機械である」と宣言し、白い箱を実現してきたそれまでの自分の行いを悔い改めた。

悔い改めの契機

直接的な契機としては、１９２７年の〝ワイゼンホッフ展〟があったのではないか。ドイツ工作連盟が主催し、ミースが全体計画を立て、建築家としてはミース、グロピウス、タウト、ハンス・シャローン、ペーター・ベーレンス、Ｊ・Ｊ・Ｐ・アウトそしてル・コルビュジエが参加している。ベーレンスはユーゲントシュティル（ドイツのアール・ヌ

写真２　スイス学生会館の共通棟の自然石乱張り。モダニズム建築に自然石が初めて取り込まれた

写真３　スイス学生会館のピロティ。ル・コルビュジエ初のコンクリート打ち放し仕上げ

ーヴォー）に始まってドイツ表現派を牽引してきた履歴を誇り、タウトとシャローンもドイツ表現派の中心人物にほかならず、またアウトはオランダのデ・スティルのグループの代表として造形表現の幾何学化をリードしてきたが、そうした一昔前の前衛が加わることで、ヨーロッパの前衛の祝祭にして総決算の意味を持つ。

20世紀建築のこの歴史的祝祭にル・コルビュジエは保守的建築家が多いフランスからただ一人招かれて参加し、ピロティと屋上庭園の住宅を作った。彼のことだから自信満々で作ったにちがいないが、しかし、実際に訪れると、意外にも全く目立たず、案内図で確かめないと彼の作とは分からない。理由は、ミース、グロピウスはむろんシャローンもベーレンスもアウトも、壁に原色を塗ったタウトを除くと、ル・コルビュジエを含めて全員が大きなガラスをはめた白い箱を作っていたからだ。

当時、世界の先端をリードしていたドイツ工作連盟のこの展覧会によって、バウハウスの主張と造形こそが、19世紀末のアール・ヌーヴォー以来続いてきた20世紀建築探求の終点であり、かつその後の始点になることが誰の目にも明らかになる。コンクリートの白い箱に大きなガラス窓をはめた建築こそが20世紀という時代の基本形である——そう宣言されたのだった。

内面に湧き上がる新たな造形表現

ル・コルビュジエも同意し、引き続いて手掛けたサヴォア邸も、そのようなデザインをまとっているが、表に出さないものの強い違和感も抱えていたにちがいない。どこか自分の皮膚感覚とはズレている、と。あるいは、納まりきらないものが自分にはある、と。

サヴォア邸の設計が終わり、その工事中に参加した1930年のモスクワの〈セントロソユースコンペ案〉では曲線を多用した全体平面図を、31年の〈ソヴィエトパレス案〉では大アーチを見せ場とした大胆な造形とダイナミックな技術的表現を、そして仕上げ材としては張り石を提案しているではないか。この案へのル・コルビュジエの執着は

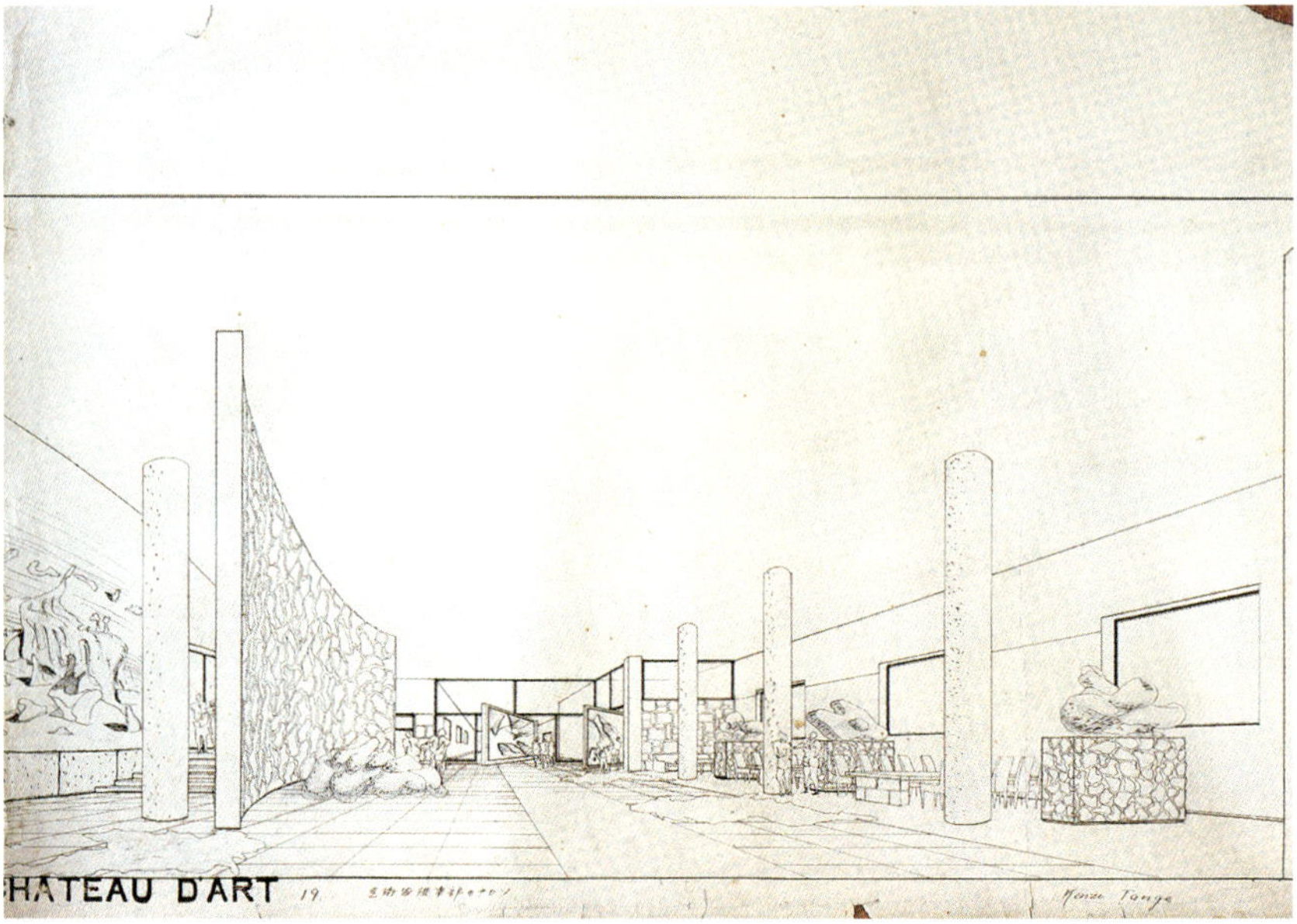

写真 4　丹下健三の卒業設計。スイス学生会館に倣《なら》い自然石乱張りの壁がある
（出典：『丹下健三』丹下健三・藤森照信著　新建築社　2002 年）

写真 5　国立西洋美術館の外階段のダイナミックな打ち放し

凄まじく、落選後も模型に手を入れていたと伝える。

白い箱からはみ出してしまうル・コルビュジエの本質とは、大胆でダイナミックな技術的表現と石による仕上げ、と見てよいだろう。

1932年に完成したスイス学生会館は、まさにソヴィエトパレスと時期は重なるから、実現した小ソヴィエトパレスとも言えよう。

ル・コルビュジエが回心して新たに追及し始めた大胆でダイナミックな造形は、スイス学生会館においては、すでに述べたように曲面と曲線により、技術的表現はピアで住居棟をグイと持ち上げたことにより、そして石の存在感と質感は、自然石の乱張りとコンクリート打ち放しによって実現している。

しかし、スイス学生会館は当時、高い評価は受けていない。白い箱により基礎が固まったばかりの時期に、曲線や曲面や打ち放しや自然石ではあまりに唐突だったし、「住宅は住むための機械である」というそれまでの主張と真逆にしか見えない。

しかし日本に一人、敏感に反応した学生がいた。旧制高校の卒業年に進路に迷っていたとき、ソヴィエトパレス案をフランスの美術雑誌で見て建築に進むことを決めた丹下健三である。

同級生の浜口隆一によると、丹下は卒業設計の一つ前の課題で自然石乱張りの壁を描いて出したが、バウハウス全盛の当時、誰も意図が分からなかったという（写真4）。残念ながらこの課題は残されていないが、翌1938（昭和13）年の卒業設計〈芸術の館〉を見ると、インテリアにおいてスイス学生会館の自然石乱張りを試みているし、外の側壁も緩くカーブして石が張られている。

上野に誕生した回心後の〝会心作〟

回心したル・コルビュジエに日本において素早く反応したのは丹下だった。前川國男はル・コルビュジエの下で学び帰国しているが、白い箱時代のル・コルビュジエに惹かれていたことは、１９３４（昭和９）年の〈木村産業研究所〉が白い箱そのものであることから明らかだろう。

　１９３０（昭和５）年にル・コルビュジエが回心し、１９３８（昭和13）年に丹下青年が反応し、そして、１９５５（昭和30）年、ル・コルビュジエが来日し、１９５９（昭和34）年、西洋美術館が上野に誕生する。

　ル・コルビュジエがスイス学生会館において実行して見せた回心の造形は西洋美術館の至るところに実現している。例えば打ち放しコンクリートのピロティがあり、その上に載る箱には砕いた青石が張られている（写真５、６）。大胆な造形は右手の外階段に、ダイナミックな技術的表現は19世紀ホールの内部空間に（写真７）。

　西洋美術館を訪れて「戦後のいろんな建築で目にするデザインだが、このどこが世界遺産なのか」と訝《いぶか》しく思われる来館者がいるという。確かにそのとおりだが、「戦後いろんなところで目にするデザイン」を世界で最初にやったのがル・コルビュジエなのである。

写真６　国立西洋美術館。壁は青石の砕石をパネル状にして張っている

写真７　国立西洋美術館。19 世紀ホールのダイナミックな空間

No.
43

ミューラー邸 ―ホワイトキューブの元祖―

写真１　ミューラー邸全景

建築史に燦然と輝く2冊の理論書

20世紀建築に決定的な影響を与えた本、それもフランク・ロイド・ライトやル・コルビュジエの作品集のような図版本ではなく、建築の進むべき道を示した理論書となると、次の二冊をあげないわけにはいかない。

まずは、20世紀建築に文化や地域や国籍の差などなく〝建築は一つ〟であることを世界に向かって語ったワルター・グロピウス※1の『インターナショナル建築』。バウハウスが刊行し、白い箱に大ガラスのスタイルこそ20世紀の世界統一規格であることを宣言した。もちろん日本の建築界も決定的に揺さぶられ、昭和初期以後、バウハウス派とでもいうべき勢力が台頭し、その流れは今も健在で、妹島和世や西沢立衛が、世界の建築の先端の一つをリードしている。

『インターナショナル建築』ほど当時世界の建築界に知られていたわけではないが、インターナショナルな建築表現をバックアップした過激な理論書があった。今では、こっちの本こそ20世紀建築を決めた一冊として高く評価されている『装飾と犯罪』。20世紀建築成立以前の世界のどんな建築にも付けられていた装飾を、もっと深くは歴史的建築の表現上の基盤であった各国各地各時代固有のスタイルを否定した。それも〝犯罪〟として否定した。盗みや人殺しと同じだと言うのである。

写真2　ミューラー邸室内　リビングとダイニング

〝装飾〟を排除した大胆なデザイン

著者をアドルフ・ロース※2といい、チェコの工業都市ブルノで建設業者の子として生まれ育ち、建築家になってからはウィーンをベースに活動している。

ウィーンにウィーン・セセッションの建築を見に出かけた建築関係者なら、セセッション運動のリーダーのオットー・ワグナーの名作群に加え、ロースの〈ロース・ハウス〉※3や〈アメリカン・カフェ〉を訪れた人も多いだろう。さらに熱心な人ならロースの原案になる〈シュタイナー邸〉※4（1910）を訪れ、細部や材料がロース好みでなく、インテリアがほとんど旧状を残さないことにガッカリしたかもしれない。代表作扱いされたりするが、日本からの見学者がわざわざ時間を割くほどではない。フンデルト・ワッサーのトンデモ建築に回った方が勉強になる。

『装飾と犯罪』を実物の建築で見るならウィーン、と長いこと思ってきた。ところが二年前、プラハに行った時、案内してくれた建築家が、ロースの〈ミューラー邸〉（1930年）を見に行きませんか、と誘ってくれた。ミューラー家はユダヤ人の工業経営者だったが、ナチスに追われてアメリカに逃れ、以来、ナチス時代、社会主義時代をからくも潜り抜け、やっと修理が終わり、公開されたのだという。〈シュタイナー邸〉の経験から少し躊躇もあったが、せっかくの誘いだから出かけた。

写真３　ミューラー邸室内　エントランスと青い天井

プラハ郊外の緑豊かな高級住宅地の一画に立っていた。車を降り、近づき、〝来るまでもなかった〟と内心思った。シュタイナー邸と同じ。

白い箱に四角な窓をあけただけのタダの箱。それも厳密な立方体の中にキッチリ納めるとか、窓のラインを整えるとかのデザイン上の配慮は全くなく、必要な部屋を必要に合わせて並べ、自ずと生まれる平面上の凹凸をそのまま外観として出し、必要な箇所に必要なだけの窓を開けてお終い。せめて、窓を正方形にするとか、自分が全面否定した歴史主義好みのタテ長窓は止めるとか、できなかったものか。

できなかったわけではなく、意識的にそうしなかった。装飾を犯罪として否定した結果生まれた機能主義を〝必要最小限で済ましてお終い〟と考えれば、こうなるしかあるまい。20世紀建築の原則たる機能主義、合理主義を文字どおり、言葉どおりに貫いた結果だった。イタリアの合理主義者のテラーニは、白い箱を作る時にも注意深く白大理石を張っているが、ロースは白いモルタルを塗って終わり。20世紀建築理論の大本は〝20世紀の科学・技術

写真4　ミューラー邸　蛇紋岩で仕上げられた美しい室内

に基づく表現〞であったから、鉄筋コンクリート構造の上の仕上げは、大理石よりセメントの方がふさわしかった。ミューラー家は豊かだから資金が乏しかったわけではなく、思想に従いモルタルで仕上げた。

室内の仕上げは柔らかな蛇紋岩で

〝来るまでもなかった〞と思いながら、中に入り、まず現れた応接の小空間に息を呑む。

正方形をベースにして壁のデザインを決め、純白に塗ったところまでは〝ロースならするだろう〞程度の印象だったが、息を呑んだのは天井で、線もなく真平らにして、スカイブルー一色で仕上げている。厳密で、緊迫し、かつ美しいインテリア。

〝来てよかった〞

さらに奥に進んで主室に入る。

〝来てほんとによかった〞

正面の暖炉に向かって左手はガラス窓、そして右手には青い石の壁が途中まで立ち上り、壁の先は半階上っての食堂で、デザインのポイントは青い石の壁に絞られている。装飾っぽい作りは一切なく、垂直と水平の面の組み合わせだけで構成されている。

〝装飾は犯罪〟の言葉どおりに作られているのだが、外部とは印象がまるで違い、試合放棄感は無く、むしろ一つの直球に込められた全力投球感がヒシヒシと伝わってくる。緊張感を伴う美しさ。

装飾を削り取るという同じ原則に従いながら、内と外のこの違いはどうしてなんだろう。内も外も、垂直、水平の面と線によってデザインされながら、目を通して見る人の感覚に伝わる印象はなぜ正反対に分かれてしまうのか。

使われた仕上げの素材の違い以外に考えられない。外はモルタル、内は青い石。青の石が目にいい印象を与えている。テクスチャー（質感）は見ても触っても石にしては柔らかく感じられ、色も緑を帯びた青で半透明だから材に深味が漂う。こうした性格は大理石と変わらないが、石の種類としては、〈ロース・ハウス〉と同じ蛇紋岩※5。

この素晴らしい室内を見て、改めて20世紀建築成立期のロースのことを考えた。

歴史的な様式や装飾を否定して１９２０年代末に今に続く20世紀建築は誕生するが、ロースはまさにその時代の先端を駆け抜けた建築家だった。

19世紀末にアール・ヌーヴォーが出現してそれまでの歴史主義様式を否定し、さらに１９１０年代、アール・ヌーヴォーの装飾性も否定されて、次のステージに突入するが、このステージを用意しリードしたのがロースの１９０８年の『装飾と犯罪』であり、１９１０年の〈ロース・ハウス〉と〈シュタイナー邸〉だった。

〈ミューラー邸〉の完成は１９３０年だから20年遅れの最晩年の作となるが、内容は〈ロース・ハウス〉と〈シュタイナー邸〉を合わせて一つにした作と思ったらいい。

〈ミューラー邸〉の外観にはすでに述べたように明らかに欠陥がある。様式や装飾は削ってみたが、全体が厚い壁に囲まれたただの箱になってしまった。それも、様式と装飾のない分だけ無表情で無口な箱と化した。救いは室内の蛇紋岩だけ。壁に囲まれた空間という点ではそれまでの歴史主義やアール・ヌーヴォーとちっとも変わらない。

ロースの入り込んだこの隘路をどう抜け出すかが次のステージのテーマとなり、オランダのデ・スティルのグループが〝面と線の立体的な構成〟という方法で、閉じた箱を内側から打ち破ることに成功する。部屋と部屋の空間は連続的に繋がり、室内空間は大きなガラス窓を通して視覚的に外へと流れ出る。

デ・スティルの原理が建築として実現したのは１９２４年の〈シュレーダー邸〉で、これをもって20世紀建築の基本は決まった。

ミースに引き継がれた蛇紋岩

〈ミューラー邸〉の主室と食堂に見られる空間の立体的構成は、ロースがリードしたステージの次のステージの成果にほかならない。

ロースの先駆性は10年して乗り越えられてしまうのだが、ただ一つそのまま後続建築家に手渡され、より発展した要素があった。それが蛇紋岩。〈ロース・ハウス〉の仕上げに使われたこの石は、やがてミースに引き継がれて、１９２９年、20世紀建築の最高傑作〈バルセロナ・パビリオン〉を生む。そしてその翌年、ロースは〈ミューラー邸〉を作り、その３年後63才で亡くなる。

※１　ワルター・グロピウス…ドイツの建築家。１８８３〜１９６９年。モダニズムを標榜し、バウハウスは代表作として知られる。
※２　アドルフ・ロース…オーストリアの建築家。１８７０〜１９３３年。モダニズム建築の先駆者ともいわれ、代表作に〈ロース・ハウス〉等がある。装飾は犯罪であると宣言した。
※３　ロース・ハウス…アドルフ・ロースの代表作。１９１０年にウィーンで着工され、装飾を排した先駆的モダニズム建築物。ミヒャエル広場の王宮と向き合う位置に建つ。
※４　シュタイナー邸…アドルフ・ロースが１９１０年ウィーンに設計した建築物。シンプルなつくりで丸みを帯びた、半ヴォールト屋根が柔らかみを醸し出す。
※５　蛇紋岩…暗緑色から黄緑色の岩石で蛇のような紋様が特徴、表面は平滑状となることが多い。

No.
44

チューゲンハット邸 ―ガラスとクロームめっき―

写真１　庭側の外観。今は白だが、当初はクリーム色だった

チューゲンハット邸との出会い

初めてチェコを訪れ、ブルノ※1に寄ったのは30年ほど前だった。

〈チューゲンハット邸〉を見たかった。まだ社会主義の時代で、街は薄汚れ、人々の表情は暗く、非公開の建物を見るにはコネとソデの下を必要としたが、それでもぜひ見たいと思ったのは、この邸宅こそ、ミース・ファン・デル・ローエ※2の彼らしい最初の作にして、そしてもう一つ加えると、日本の建築関係者で訪れたという人をまだ聞かなかったからだ。初モノこそ建築探偵の誇り。

ミースの鉄（金属）とガラスの建築といえば、まず誰でも１９２９年の〈バルセロナ・パビリオン〉を思い浮かべるが、元々仮設建築の上、現在見ることのできるのは実物ではない。博覧会のパビリオンゆえ壊されてしまい、今のはちゃんとした図面に基づかない（図面が失われていた）復元もの。その翌年の１９３０年に作られた〈チューゲンハット邸〉こそ、現存する最古の、正確にいうと、鉄筋コンクリートではなく鉄（金属）の構造とガラスを建築表現の前面に押し出したミース建築第一号にほかならない。

現在、世界の建築の最先端を支えるのは、鉄（金属）とガラスの二つだが、この流れの元をたどるとチューゲンハット邸に行きつく。だから、私は、なんとしても見たかった。

見て、やはりたまげた。こんな表現が今から約90年前にチェコの片田舎で実現していたのだ。

まずたまげたのは入口から入ってすぐの回り階段の階段室だった。白ガラスでぐるりと囲まれた空間の素晴らしさを敢えて例えるなら、障子の味わいのガラス版といえばいいか。もしかしたらミースは、障子を透過する光の魅力を写真か何かで知っていたのかもしれない。

読者におかれては白ガラス空間の写真の天地を引っくり返して見てほしい。どっちが床か天井か分からなくなるはず。ミースは、その効果を狙っていたにちがいない。天地とか内外とか、そういう昔ながらの空間秩序から離脱しようというのが、20世紀建築のパイオニアたちの欲望だった。

玄関を通って主室に出ると、写真で見たあの室内光景が広がっている。庭に面した壁面はすべてガラス。それも床から天井まで全面のガラス。世界で初めて実現したガラスの表現。

そして柱は、例のクロームメッキの十字鉄骨。正確にいうと、リベットで組み立てた十字断面鉄骨にクロームメッキの鉄板をカバーしたもの。十字といっても角は立っておらず、丸味を帯

写真２　玄関の近くの地下への白ガラス階段室。天地を逆にしても成立する美学

び、それが歪み一つない見事な鏡面に仕上がり、見ているとなんだかアヤシイ気持ちになる。

回り階段の白ガラスは、上から下まで3m近くはあろうか、一枚モノだったが、歪みはなかった。クロームメッキも継ぎ目のない一本モノ。

ガラスといいクロームメッキといい、1930年の段階では相当の技術力。そこで案内してくれた人に聞くと、当時のブルノは、世界でも屈指の技術力、工業力を誇っていたのだという。とりわけガラス工場は世界一だった。もしチェコが第二次大戦後、社会主義陣営に組み込まれる不幸がなければ、日本やドイツに代わって、戦後の世界の工業をリードしたにちがいないとのこと。

確かに、街を歩くと、その頃の全面ガラス建築が目につく。まだ、全面ガラスなんてほとんど実現していなかった時代なのに。

チューゲンハット邸の全面ガラス

チューゲンハット邸の全面ガラスは、ただの全面ガラスではない。窓として一部を開閉しなければならないが、どのように開閉したか最初見た時は分からなかった。ヒンジがどこにも見当たらないから開き戸形式ではない。かといって、内倒し外倒しでもないし、滑り出しでも回転形式でもない。そういう支持金物が一つも見当たらないのだ。かといってハメ殺しにするは

写真3　右手のガラス窓が床下に降りはじめている

写真４　右手のガラスはすべて降りるように作られている。正面は１枚ガラス

ずはないし。

困惑していると、案内してくれた人が、ガラス面を見ていてくださいという。見ていると、モーター音とともにガラスの一面が床の下に下がり、オープン。下への引き込みというか、上げ下げ窓のやり方。

ココマデヤルカ。１９３０年という年代のことを考えてほしい。世界ではまだ石張りのギリシャ様式の銀行などが主流だった時代に、ブルノではこんな革新的試みが実行に移されていた。

当時ブルノが世界の第一線工業都市だったことと、そしてもう一つ、発注者の事情が大きかった。綿工業を営むチューゲンハット家は、工業都市ブルノを牽引する家の一つであり、そこのモダンな跡取り息子が新婚生活を送るために、ミースに設計が依頼されたのだった。

引き下げ式ガラス窓について追補しておきたい。実は、戦後、清家清が自邸で同じ試みをしており、その由来について弟子の林昌二さんが「チューゲンハット邸からでは？」と尋ねると、応とも否とも答えてくれなかったという。戦後の日本の建築家の多くはル・コルビュジエの影響からスタートしている中で、清家のみはミース的であり、おそらくどこかでチューゲンハット邸についての知識を入手していたものと思われる。

ただし、引き下げ式窓がミースの独創かというとそうではない。起源について向こうの建築家に聞くと、ブルノでもプラハでも、カフェの店内と店外のテーブル席の間のガラス窓は引き下げ式がすでに工夫されていた。私も実例を二つ見たが、その一つは、やがて来日して広島県物産陳列館（原爆ドーム）を設計するヤン・レツルがアール・ヌーヴォーの装飾を手掛けた〈ホテル・ヨーロッパ〉。ドイツ人のミースは、チェコでこのやり方を見て気に入り、自作に取り込んだのである。

全面ガラス、クロムメッキ、モーターによる引き下げガラス窓、いずれも工業力の高さを誇り、いかにも科学・技術万能の20世紀建築をリードしたバウハウスの三代目校長ミースらしい。バウハウスの創立校長はワルター・グロピウス、二代目は生粋社会主義者のハンネス・マイヤー、そして三代目のミースの時にナチスによって閉校に追い込まれている。

こうした事情を知った上で、室内間仕切用の壁を見ると、意外な材料が使われている。

大理石と南洋材の合板。

ミースの建築材料へのこだわり

グロピウスもハンネス・マイヤーも20世紀の工業力がもたらした鉄とガラスとコンクリートの三つで作っていたのに、どうして大理石と木などという伝統的な自然材料を取り込んだのだろう。前年に完成した〈バルセロナ・パビリオン〉でも、緑色の蛇紋岩を印象的に使っていた。同じことが家具にもいえて、クロームメッキ仕上げのパイプ骨組に牛革を張っている。

ミースは、石工の子で、幼い頃から石や煉瓦やノミや金ヅチに馴染み、なかなかの腕前でもあったという。おそらく、そうした伝統的な自然素材の味わいが、手を通して触覚的に身に染みており、理論通りに工業製品だけで仕上げることが許せなかったのではあるまいか。

工業製品だけで仕上げると、どうしても安っぽくなる点も嫌だったにちがいない。そこが、グロピウスやル・コルビュジェと違った。

もしミースがいなければ、20世紀建築では社長室は作れなかった、といわれるが、そのとおりにちがいない。

このことは外壁のコンクリート部分の仕上げにもいえて、長い間白のモルタル塗りと思われてきた。ユダヤ人のチューゲンハット家がナチスに追われてチェコからアメリカへと逃れた後、この家はナチスによって馬小屋として使われ、ナチスが去った後は社会主義体制に入り、そうした半ば放置状態でモルタル塗りになり、私が社会主義時代の末期に初めて訪ねた時も白だった。

ところが一昨年、訪ねると、修理工事が始まっており、修理技術者が新しい事実を教えてくれた。元々の色は淡いクリーム色だったというのである。それともう一つ教えてくれた。単価が書類から分かり、実に坪一千万ほど。鉄製品もガラスもすべて特注品で、チューゲンハットは一切要求を出さず、ミースの自由に任せた結果だという。

※1　ブルノ…チェコ共和国第2の都市、モラヴィア地方の中心都市。
※2　ミース・ファン・デル・ローエ…1886～1969年。ドイツ出身の20世紀モダニズム建築を代表する建築家。

No. 45

落水荘　―自然と建築の一体化―

近代建築の巨匠による晩年の最高傑作

フランク・ロイド・ライトは、20世紀を代表する建築家の一人として知られるが、他の代表者とは違うところがある。

例えば、アール・ヌーヴォーによって20世紀建築のとば口を開いたチャールズ・レニー・マッキントッシュ（1868―1928）、あるいはバウハウスの校長として世界に多大な影響を与えたワルター・グロピウス（1883―1969）などと比べれば分かりやすいが、ライトは長命だった。

生まれは1867年だから、日本はまだ江戸時代。1868年生まれのマッキントッシュより1年早い。亡くなったのは1959年の昭和34年で92才と、マッキントッシュより31年の長命。グロピウスと比べると、16年早く生ま

写真１　滝の真上という大胆な配置が自然との融合を醸し出す落水荘。世界中から多くの見学客が訪れる

写真２　巨大な岩盤が建物を支える。石積の外壁やテラスが水平・垂直に伸びてゆく

れ、10年早く世を去った。

こうした実年齢もさりながら近代をこととする建築史家として強調しておきたいのは、優れた建築を作り続けた年数がマッキントッシュやグロピウスなどと比べてまことに長く、１８９３年には出世作の〈ウインズロー邸〉をものにし、最後の傑作〈グッゲンハイム美術館〉竣工は１９５９年で、完成を見ずにその半年前に亡くなっている。20世紀建築史を飾る傑作を70年にわたって世に問い続けた建築家は他に見当たらない。

試しに、65才以上になってから完成した傑作を数えてみよう。69才の時の〈ジョンソン・ワックス本社ビル〉と〈落水荘〉、71才の〈タリアセン・ウェスト〉、86才の〈プライスタワー〉、そして没後の〈グッゲンハイム美術館〉。

建築家として生まれたからにはどれか一つでもものにしたいと誰もが願うような傑作を、65才を過ぎてから五つも実現している。奇跡というかバケモノというか。

この五作の中で一つだけ読者に薦めるとしたら、やはり〈落水荘〉だろう。ライトの美学が詰まっているだけでなく、〝自然と建築〟というライト生涯のテーマの解答がここにはあるからだ。

日本の伝統建築も採り入れた〝有機的建築〟

訪れ方は楽ではなく、製鉄の町ピッツバーグから車で行くしかない。ピッツバーグ郊外の森の中に別荘として作られたのは、落水荘の施主のカウフマン氏が同地の企業家だったからで、今も同家が所有し、しかし使われずに予約制で一般公開している。

車を降り、森の中をしばらく歩くと、左手の谷の渓流沿いに目指す建物は見えてくる。近づいて、家の対岸の散歩道をちょっと下ると、右手前に滝が落ちていて滝の上の左手にクリーム色のテラスが張り出す有名なシーンを眺めることができる。

しかし、この位置まで下りて来る人は、建築関係者だけらしく、ビジターのほとんどはアプローチから家の中に入り、中を見てテラスから外を眺め、帰ってゆく。

最晩年を除き、存命中は無視され続けたライトだったが、今は、アメリカの20世紀を代表する文化的ヒーローとして絶大な評価を受け、ごく普通の市民がライト建築を訪れる。絶大な評価は、ライトによってアメリカの建築がヨーロッパとは違う独創をなしたから。言ってしまえば、文化的独立のヒーローとしての評価。

確かにそのとおりで、ライトが日本の伝統建築に刺激を受けて※編み出した〝内から外へと流れ出してゆく空間〟は、ヨーロッパのグロピウスやミースに多大な影響を与え、やがてそこから20世紀建築の根本原理の一つである〝空間の流動性〟が出現するからだ。

ただし、ライトの空間は、平面は、流動的なだけではなく、グロピウスやミースが大して重視しなかった性格もある。それは〝十字プラン〟とも呼ばれる平面の構成で、中心点から例えば東西南北へと平面が伸びる。そして、十字の中心点には階段室や暖炉が据えられる。

この十字プランの上に立面が立ち上がると、中央から東西南北へと壁が伸びることになる。

落水荘を外から眺めると、グロピウスやミースに比べ壁の凸凹が多いのは十字プランのせいなのである。

写真３　大きな窓と広いテラス。リビングから水辺に降りる階段があり、アインシュタインが訪れた時にはここを降りて服のまま水に飛び込んだとも

そして、中に入ると、進んだと思えば右に折れまた左に曲がる。加えて、動線には段差があり、少し上がったり下ったり、立体迷路の如き状態。

中心に階段室や暖炉を据え、その周囲に十字型に諸室を配すると、当然のように部屋から部屋への移動は、階段室や暖炉に遮られ曲折を余儀なくされる。移動を考えれば、中心に動線処理を兼ねた大きな空間を配するのが機能的には最適解となるが、ライトはやっていない。

グロピウスやミースから見ると、そのあたりが〝ライトの限界〟だったかもしれないが、ライトの目からはそんなガランドーな大空間は面白くない、ということだろう。

ライトは、自分の影響を受けたグロピウスやミースが、やがて空間の構成においては大空間化し、立面は鉄とガラスと鉄筋コンクリートによる凹凸のない箱と化してゆくことを苦々しく思っていた。人間が使う建築には、さまざまな素材の味わいや、目を留めるに足る装飾的細部が必要との信念を生涯捨てなかったからだ。

落水荘を見ると、鉄筋コンクリート造の壁の表にさまざまな石や煉瓦が積まれ、色のついた漆喰が塗られているのは、こうした信念による。

が、しかし、ドイツの若い連中が確立した白い平坦な壁による外観構成も、最晩年には認めていたらしく、落水荘の滝の上に張り出すテラスの水平の造形がその証拠。

外から滝のある外観を眺めてから中に入ると、意外な感がする。なんと、主要な部屋から肝心の滝は見えない。肝心の滝は迫り出したテラスの床の下。

ライトもこの点はなんとかしようと、主要室よりもう一階下がると流れが見えるように考えているが、効果は薄い。滝を眺める建物ではなく、滝と一緒に眺められる建物。〝自然と建物〟という生涯のテーマについて外観の答えがこれだった。光景として自然と建築を一体化したい。

ライトは外からの光景が一体化していればいいと考えていたのだろうか。

室内にも一体化を創り出す

私自身のことを述べれば、自然と建築の関係において外観の一致以上のことはとても難しい。内外ともの一体化なんて機能上も管理上も環境上も困難を極めるから、せめて外観だけでも、と念じてこれまで設計してきた。

ライトの作品を訪れても、内部空間において自然との一体性を味わったことはない。せいぜい、窓から外を眺めると窓が水平に広がるから木や森が美しく見える程度。この程度で良ければ、日本の伝統的建築は大昔からそうしている。

ライトは、室内から眺めた時の滝との一体感は捨てたが、しかし、室内空間における自然と建築の一体化を思いもよらぬやり方で実行している。

暖炉である。

室内撮影が許されずお見せできなくて残念だが、なんと、暖炉が、床の一画に露出する岩を利用して作られているのだ。それも、岩の上で直接火を焚くように。

外においては建築と滝を一緒に眺め、中にあっては岩の上で火を焚く。

滝と岩と火を通して、落水荘という建築は自然との一体化をついに果たした。

写真４　バルコニーの梁。岩に食い込んでいる

長い長い作品歴の最後に辿り着いた一つの境地だった。

暖炉を見て、アメリカの開拓時代を想った。女性や子どもの乗る幌馬車の行進に先立ち、男たちは何日もかけ馬に乗り原野を巡り地形と安全を確かめた。野営する時は、渓流の畔に下りて石を寄せて炉を作り、火を焚き、岩の上に腰掛けてゆらめく炎を眺めながら寝るまでの時を過ごした。

アメリカのそうした歴史の記憶が、ライトの想像力の中には潜んでいた、と思う。

※　日本の伝統建築に刺激を受けて…ライトは旧帝国ホテルの設計時をはじめ何度か訪日している。浮世絵の収集家としても有名。

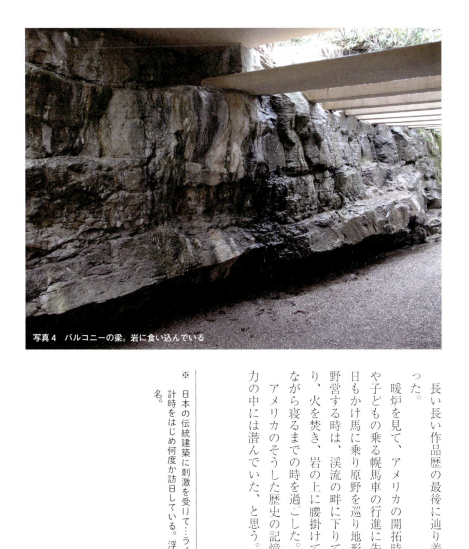

No.
46

ネゲヴ記念碑　―ダニ・カラヴァンの打ち放し―

写真１　ネゲヴ記念碑。砂漠の丘の上に建つ打ち放しコンクリートの不思議な一群

彫刻界からの挑戦状

日本の建築界では知る人ぞ知る存在だが、世界の彫刻界と建築界では、いやもっと厳密にいうなら世界の〝環境芸術界〟では最も高名な人物としてダニ・カラヴァン（１９３０年〜）の名を知らぬ者はいない。

１９９８年には高松宮殿下記念世界文化賞を彫刻部門で受賞しているし、日本でも仙台、大阪、札幌などで印象深い作品が作られている。

大地や周辺環境と一緒になったような表現を世界で最初に志したのはイサム・ノグチ（１９０４〜１９８８年）だが、札幌のモエレ沼公園を例外として十分な成果を残すことはできなかった。その後を受ける形で同じ方向を目指したカラヴァンが力を十分に発揮できたのは時代のおかげというしかない。

ノグチの彫刻は〝芸術〟として高く評価されたにもかかわらず、かの紙の照明ＡＫＡＲＩ®シリーズのような工芸や、彫刻と融合したいくつかの庭などは〝非芸術〟

として芸術界では否定的に扱われた。しかし、その後、環境への関心が高まり、環境芸術が着目されて、カラヴァンは時代の表に浮上することができた。

彼の作品歴を辿ると、イスラエルでの仕事が一貫して多い。その理由は、１９３０年にテルアビブで生まれ、青年時代からシオニスト運動（イスラエル建国運動）に加わってきたからだ。若き日には絵と彫刻を志し、フィレンツェとパリで学び、１９６８年に環境彫刻家としてデビューを果たし、今はパリを本拠に世界を飛び回っている。

砂漠の中で踊る打ち放しの塊

そのデビュー作品を紹介しよう。〈ネゲヴ記念碑〉といい、シナイ半島に近い砂漠地帯の丘の上にエジプトの方を向いて建っている（写真1）。

この記念碑を目指し、死海からシナイ半島に向けて乾燥地帯を車で通り過ぎると、所々に見慣れぬ光景が現れる。乾燥地帯といえど所々にオアシスがあり、その周囲には古《いにしえ》よりアラブ人が小さな集落を作り、小麦やブドウを栽培して暮らしているが、それともまるで光景が違う。オアシス集落の外側には

写真２　閉ざされた室内に入ると、鋭い裂目を通して外が見える

古より遊牧民のベドウィン族がテントやバラックの仮設的建築を置いて定住化しているが、それとも違う。

そうした古よりの自然条件の中で成立した集落の光景と違い、農家でありながら集合住宅化しているし、家の周辺に展開する農地の光景も、例えば椰子の樹もオアシス集落のようにまばらではなく、整然と列をなしてたくさん植えられているし、農地もよく耕地整理されているばかりか、強い日射を防ぐための黒の紗《しゃ》で覆われた仮設的建物がズラリと並ぶ。日射を防ぐことで、日本の温室と反対の人工的環境を作り、作物を育てている。

こうした村のことをキブツといい、戦後成立したイスラエルが、世界中から受け容れたユダヤ人に農地を与えるため作った集団的開拓村にほかならない。ソヴィエトのコルホーズ、中国の人民公社と並んでイスラエルのキブツも、戦後の早い時期、日本人の間でも話題に上がり、日本人の若者のキブツ体験記も出版されていた。

乾燥地帯であり、作物の育つ土地はすでにアラブ人により、草の育つ場所もすでにベドウィン族により占められていたから、それ以外の荒地に、遠方より水を引き、深井戸を掘り、農地と化したのだった。その過程で、現地の人々といろいろなトラブルがあったことは想像に難くない。

乾燥地に忽然《こつぜん》と現れるキブツの光景を車窓に眺めながら3、4時間走ると、目指す村に着いた。村から少し離れた小高い丘に向かって乾いた砂利道を歩くと、丘の頂部に変わった姿の構築

写真３　壁にスリットの入る四角な筒状の構築物は、ただの収納か機械室のように見える

物が見えてきた。お皿のように端部の跳ねた造形と天に向かって伸びる筒の組み合わせは〟一見奇抜だが、水平方向と垂直方向の二つの動きの結合にちがいなく、造形の原理には適《かな》っている。

乾いた土と小石をガリガリと踏んで近づくと、すべてが打ち放しコンクリート、それも相当粗い肌の仕上がりである。こんな仕上げの打ち放しを見るのは何十年ぶり。

さまざまな形の打ち放しの塊が、上に伸び、横に突出し、斜めにうねり、時にうずくまるように丸まるが、いずれの塊にも裂け目と室内がある。裂け目はシャープに深く入れられているから目にきつく、刺さるようだ。

室内に入ると、裂け目から外光が差し込み、小穴から丸い光が入って来るが、光に包まれる浮遊感は感じられず、閉じ込められた中から外を窺《うかが》うような閉塞感しかない（写真2）。

そうした造形の群れる中に一本、四角い断面の筒のような造形が地を這って伸び、所々に切れ目が走る。外観は単調で、何か長い物の収納のようにも見えた。入口がさり気ないのも収納風で、案内してくれたパリ在留建築家の佐々暁生さんに指摘されなければ見落とすところだった（写真3）。

この地道な造りの地を這う細長い四角な筒状の中に、これまで見たこともないような打ち放し空間が潜んでいようとは。

差し込む光は剣《つるぎ》の如く

中を写した写真を見ていただきたい（写真4）。下の方が地べたで、左右と上部が打ち放しのコンクリート。四角がわずかに歪み、隙間から光が差し込み、その光が地に落ちるだけで、決定的な空間が出現している。

大地とコンクリートが光によって結ばれ、光を介して二つが同類であることを証している。

打ち放しと光の関係を象徴的に示した例として安藤忠雄の〝光の教会〟が名高い。この〝光の筒〟は、空間としては人が潜る程度の大きさしかないが、分かり易さと印象深さという点では負けていない。

光の筒は1968年、光の教会は1989年。打ち放しと光の関係という分野があるとすれば、カラヴァンが環境彫刻の中の小空間として示した内容を、21年後、安藤は建築空間として実現したといえよう。

建築が彫刻に遅れたわけだが、これは当然のこと。私も何度か彫刻展の審査をしているが、いつも感嘆するのは、彫刻を業とする人たちの素材感や皮膚感覚への敏感さだった。同じ石でも微妙な変化を使い分け、石と木、木とステンレスと材は違っても、木に竹を接ぐような違和感がなく接合してみせる。光の当たった時の効果と影や陰の利用も巧み。

1968年といえば私は建築学科の学生であったが、カラヴァンの名もこの記念碑のことも日本にはむろん世界の建築界にも伝わっておらず、光の筒とは直接の関係なく安藤の光の教会は生まれている。

打ち放し、閉じた空間に開く裂け目と穴、差し込む光。そして全体に漂う刺すような厳しい感じ。まるで激戦地のトーチカのようではないか。

帰りがけ、入口に立つ解説板を読んで事情が分かった。まさに、激戦のトーチカを意識した記念碑だった。

1968年完成のこの記念碑は、「シナイ半島に近い砂漠地帯の丘の上に立ちエジプトの方を向いて建っている」と先に書いたが、「シナイ半島」「エジプト」の二つに、この記念碑が計画された1963年を加えれば、何がここで起こったかは当時のニュースを思い出せば分かる。

写真4　ただの箱のように外観は見えたが、中に入るとこの空間が待ち受ける。大きさはかがんで歩ける程度

１９５６年、アラブの盟主ナセル大統領を頂くエジプト軍が、イスラエルをシナイ半島から追い出すべく、戦車を連ねて侵攻した。当時、小学４年生の私も覚えている。以後、この地一帯が今日までずっと戦争状態にあるのは周知のとおり。

その戦争の時、侵攻してきた戦車隊を、近くのキブツの青壮年が民兵として迎え撃ち、激戦の果てに食い止めたのがここだった。碑の一部に死者の名が刻まれている。

写真５　野越え丘越えてきた列柱による一直線は四本柱をもって止まる

乾いた大地に心震わせて

ネゲヴ記念碑を見た後、造形への感動の余韻を残したまま、もう一つの記念碑へと向かった。数キロにわたり、野を越えてキブツを横切り、砂の上を渡り、高さ10mほどの土色をした円柱が一直線上に点々と続く（写真5）。これもカラヴァンの作品にちがいないが、私の一番の関心は乾いた大地に引かれたこの一直線がどこを目指しているかだった。

一直線沿いの道を車で飛ばして辿ってゆくと、列柱は一点で止まり、そこには4本の柱が立ち、そのすぐ先には頑丈な鉄製のバリケードが立ちはだかっている。その先はエジプトの領土。私には、中断された直線がシナイ半島を突っ切ってエジプトの中心部を目指しているように思えてならなかった。なぜなら、ユダヤの民の遠い遠い故郷はエジプトと、旧約聖書の「出エジプト記」は伝えるからだ。

第Ⅲ章

宗教

No.
47

ウマイヤモスク　―心のオアシス―

写真１　中庭から見たウマイヤモスクの正面（ファサード）。現存する世界最古のモスク。外壁の装飾が美しい

建築遺産の危機を憂う

２０１３年の冬、シリアの緊迫した政治情勢をニュースで聞いて、かの地の建築遺産の安否が心配になった。かつて、アフガニスタンの崖に刻まれた古の仏像が爆破によって失われたようなことが起こらなければいいが。

ニュースにしばしばダマスカスが登場した。日本ではシリアの首都としてしか知られていないが、世界の文化史と建築史上欠かせぬ都市としてその筋では轟《とどろ》き、例えば明治中期に日本人として初めて中国からヨーロッパまでを横断調査した伊東忠太も訪れているし、私も訪れた。

理由は、この地一帯には古い時期のキリスト教遺産がよく残されているからだ。キリスト教は、今のイスラエルで始まった後、よく知られているように西の地中海地方へと広がるが、それだけでなく、というよりそれ以上により近い東方や北方にも伝わり、その辺にちょうど陸続きで位置していたのが今のシリアだった。

その後、キリスト教に代わってイスラム教が広がり、キリスト教は消えてゆくが、奇妙な現象が起こり、砂漠に囲まれた大きな都市の中で公然と、また人も寄りつかぬ砂漠のオアシス村の中で人知れず、陸封されたマスのようにキリスト教は生き延びてゆく。

岩山から滲み出る水を頼りに陸封された小さなオアシス村では、今もキリストが喋っていたという古語を使い、キリストの生前か刑死直後に建てられたという小さくて地味な教会が残されている。現在、イスラエルやローマにわずかに残る初期キリスト教会は早くても5世紀だから、俄かに信じられないが、近年、ドイツの学者が梁に使われた木材を年代分析したところ1世紀という数字が出たという。私が5年前に訪れた時は、アメリカやヨーロッパからのバスツアーの聖地巡りの客が並んでいた。このオアシス村も、反政府軍か政府軍に占拠されたという。

首都ダマスカスの攻防戦はニュースにしばしば登場するが、この大都市の一部にキリスト教地区が陸封され、聖書にも描かれた通りが今も残り、教会もあれば修道院もあり、イスラム教に囲まれた中でキリスト教地区が奇跡のように生き延びている。

イスラムの法隆寺

私が心配になるのはこの地区のことではない。おそらく、イ

写真２　この地方独特の過密した商店街（スーク）

スラム同士の内戦だからキリスト教地区に立てこもる武装勢力はないだろう。心配なのは旧市街。中心部にはウマイヤモスクがあるからだ。

モスク(イスラム寺院)は、イスラム教をムハンマドが610年にメッカで開いた当初から作られているが、その後改築され、現在までに伝わる最古の例は714年創建のこのモスクにほかならない。仏教建築における法隆寺に当たり、時期がほぼ重なるのは偶然といえ面白い。

法隆寺のように広々とした田園地帯にスックと立っているわけではなく、スークと呼ばれる過密で雑多な迷路状の買い物市場の只中に埋もれるようにあり、入口に近づくまでは何が何やら分からないが、厚い城壁のような入口で靴を脱ぎ、裸足になって中に入ると、光景は嘘のように一転する。スークの肩のぶつかり合う人混みも、大人や子どもの物売りの声も、怪しげな屋台のにおいも、それらを包む薄暗さも消え、代わって床も壁も回廊の柱も白い大理石で作られた前庭のような広場のようなオープンな空間が現れ、その向こうには礼拝堂が来る者を迎えるように立つ。

前庭を横切りまず礼拝堂の中に入るが、意外につまらない。正面にはミフラーブと呼ばれるメッカの方向を示す小さな窪みがあるだけだし、そこに向かって柱が並び、絨毯が敷かれ、ただそれだけの薄暗い場が広がるだけ。

教会にキリスト像を置き、教会を神のまします天上界の地上

写真3　薄暗い礼拝堂の内部。写真右側が聖地メッカの方向

版として作ったキリスト教と違い、神像を作るのも飾るのも禁じ、モスクはメッカの方向に向いての礼拝の場としたイスラム教の〝近代性〟がこうした素っ気ない空間をもたらしたにちがいない。

私の経験では、古く成立するほど派手、新しいほど地味で合理的という教会建築法則が観察され、ロシア正教（東方教会）が一番賑やかでカトリックが続き、プロテスタント、イスラムの順になる。もちろんイスラムにも例外はあり、スペインはコルドバのメスキータなど素晴らしいが、いかんせん天井が低い。モスクは、教義上、天を目指す必要はなく、メッカに向かって水平に伸びればそれで十分。

写真４　白い大理石が敷き詰められた中庭。太陽が反射して水を張ったかのように見える。まさにオアシス

刻の流れを錯覚させる中庭

でも、それで信者の心は満たされたのだろうか。せっかくモスクに来たのに、薄暗く天井も低い場でメッカに向かって祈るだけでは物足りないだろう。

ここで、さっき横切った幅１３７ｍ、奥行き63ｍの中庭の空間が重要な働きをする。

まず、靴を脱いで入る。砂漠地帯に固有の土も砂も落として、白大理石の床に素足で上がり、まっすぐ進むと小さなドームの載る屋根つきの水場が設けられており、噴水と流水があり、口をすすぎ、足を洗う。体を拭っている人もいる。

イスラム教は礼拝の時刻が決まっており、それ以外の時間、入ってきた信者たちは三々五々、中庭の回廊に日差しを避けて座り、瞑想したり、語り合ったり、うつらうつらの一刻を過ごす。

回廊に坐して眺めると、幅137m、奥行き63mの広場は全面白大理石が敷き詰められ、真っ平らに磨き上げられているから鏡のようにも水面のようにも見え、この絶対的水平感が時間の流れをゆったりゆったり、時には止まっているようにすら感じさせる。信者に混じって旅行者も一眠り。

素晴らしき黄金のファサード

一眠りして、目を開けると、大理石の鏡のような表に、夕日の当たり始めた礼拝堂の正面壁が光を浴びて映っている。

落日に光り輝く豪奢な黄金のファサード。東方の仏の国からの旅行者は、西方浄土を想った。

立ち上がりファサードに近づいて眺めると、モザイクによる壁画で、地には金箔張りの石を、その他の図柄にはさまざまな色の大理石やガラスの小片を埋め込み、豊かに枝を伸ばす樹々や草花や、たわわに実る果実や、そして中央に宮殿を描いている。

他の宗教なら、神様や天使や天上に暮らす善なる人々や聖なる動物が描かれるのに、そうした聖なるイコンを欠くのは、聖なるものの図像化を固く禁じたが故にちがいない。緑滴る草花と王宮の描かれた黄金の壁画が正面に立ち上がり、さらにそのまま左右に伸びて回廊伝いに一周する。黄金と緑に縁取られ、中央に泉のある純白の空間。砂漠の民にとってこの世の浄土にちがいない。

この緑滴る黄金の壁画を誇るモスクを現存第一号とするが、しかし、これ以後の他のモスクでそのような壁画を見たことがない。壁画が描かれても、紋様化した植物やコーランの飾り文字に限られ、樹や草花や果実が描かれることはない。その後、イスラム神学が進み、具体的図像の禁止が徹底化されたんだろうか。泉の湧く清浄な中庭も見ることは少ない。

地域の社交場として

でも、幸い、モロッコの古都カサブランカの下町を訪れた時、狭い通りに面して小さなモスクがあり、扉が開いていたので靴を脱いで入ると、ウマイヤモスクと同じ原理の中庭が回廊高塀で画され、大理石が敷き詰められ、中央の泉の湧く水場は、くるぶし程度と浅く、池のように広く、白い民族衣装の老人がのんびり足を洗っていた。

さすがに異教徒が同じ水で体を洗うのはマズカロウと思い、壁に背をもたげてうとうとしていると、後から入ってきた若者が疑いの目をこっちに向けるので、早々と退散した。

純粋な信仰の場というより、地域の人々の心身の憩いの場としてのモスクの存在を初めて知り、その雰囲気の良さに、翌日、同行した友人を連れてゆくと、異教徒は禁止だった。

中近東からアフリカにかけてのイスラム教国の過密な下町のあちこちには、水の湧く白い空間が埋め込まれ、過密都市の健康を保つ肺の働きをしているのだろう。

写真５　中庭でくつろぐ人々

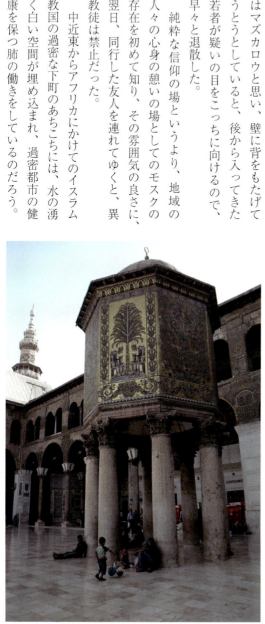

No. 48

死海写本神殿 ―白と黒とのエクスタシー―

時は西暦1947年　世界を揺るがす一大発見

イスラエルはユダヤ教の拠点であるばかりか、キリスト教発祥の地でもある。なぜなら、キリスト教は、ユダヤ教の中の革新的グループとしてスタートしているからだ。ユダヤ教の聖典を『旧約聖書』といい、キリスト教の聖典を『新約聖書』といい、現在のユダヤ教は旧約のみを、キリスト教は、新旧両方を聖書として扱う。

ユダヤ教とキリスト教にとって『旧約聖書』こそ最も根源的な聖典にほかならないが、当然、当初のものが今に伝わっているわけではない。8世紀に作られた『古事記』や『日本書紀』すら、後の写本しかないのに、それより800年以上前の書が歴史の有為転変をやり過ごせるわけがない。とりわけ、ユダヤの民は流浪を余儀なくされているし、キリスト教だってキリスト没後300年ほどしてようやくローマ帝国により禁教を解かれている。

戦後、ユダヤ教、キリスト教にとって刮目すべき一大発見があった。終戦直後の1947年、死海の畔で紀元前2世紀の旧約聖書の写本が発見された。旧約はいくつかの書の集合からなるが、その一つ『イザヤ書』を中心に羊皮紙に書かれた写本の一部が、それも2140年も前のものが見つかったのだから、ユダヤ、キリスト教関係者ならずとも、大発見にちがいない。

現在、その実物はエルサレムのイスラエル博物館の〈死海写本神殿〈Shrine of the Book〉〉に展示されていると聞いたので訪れた。博物館は考古学を中心とした歴史的史料だけでなく美術品も展示し、その一つに〝彫刻の庭〟があり、ピカソやカルダーといった20世紀美術の巨匠たちの彫刻が並ぶ。庭そのものはイサム・ノグチの作と聞き、楽しみに出かけたが、斜面に点々と巨匠作が配されているとしか見えず、どこをどうノグチが手掛けたのか判然としなかった。

その庭の隣りに目指す『死海写本』の神殿棟は立っていた。遠くからその独特の姿を目にし、「キースラーの唯一の

写真1　死海写本は白い建物の真下に展示されている。黒い壁の手前から地下に降りて中に入る

実現作ともいわれるのはこれだったのか」、と何十年ぶりかの納得をした。

脳天貫くインパクト

フレデリック・キースラー（1890〜1965）は、ウィーンの建築家で、私たちの学生時代、磯崎新が紹介する20世紀の先駆的建築家群の中に必ず登場するのだが、その異彩ぶりは目玉を通して脳まで届き、今も消えることはない。

まず、他の先駆的建築家のように実作によって20世紀建築を切り拓いたわけではなく、最初からアンビルド※1で鳴らした。例えば〈エンドレスハウス〉※2は、三半規管を巨大化したようなというか、蝸牛《カタツムリ》の殻が中で回廊化したというか、空洞状の室内がメビウスの輪のようにエンドレスで循環する。中にキースラーが入る巨大な模型写真を見て、建築を学び始めたばかりの学生は、「こんなことをやってもいいのか建築って…」と目のウロコがなだれ落ちる思いがした。

２００６年に第10回ヴェネツィアビエンナーレ建築展※3に参加した時は、オーストリア館に直線材の交差だけでできたスケスケの巨大な建築模型が再現されており、キースラーのアンビルド計画の衝撃を久しぶりに新たにした。自分の頭に浮かんだ像をそのまま模型にして提出し、できるとかできないとかの論議を跳び越えてしまう、そういうイメージの強力さを持つ。

イメージ模型により、戦前の建築界をアンビルドで刺激したキースラーが、戦後になってから手掛けた唯一のビルド作品は漏斗《じょうご》を伏せたような白い小さな建築で、美術館だか博物館に使われているとまでは頭に入っていたが、いつどこに何のために作られたかの記憶は蒸発して久しかった。

外はタマネギ中はトンボが目を回すが如く

建築は現地を訪れなければ分からない。写真で見た時には、白い漏斗を伏せた姿しか映っていないからそれがすべてと思っていたが、近づくと白い伏せ漏斗の向こうに黒く厚い独立壁が立ち上がり、両者は地下で繋がり、白から黒までの間が神殿の範囲となり、来場者は黒い壁の後ろに回って地下に下り、館内に入る（写真1）。

　入る前に、白い伏せ漏斗について述べよう。この不思議な形は『死海写本』が納められていた素焼きの壺

写真２　タイル張りの上に噴水がかかる

写真３　死海写本展示室の内部

写真4　死海の畔のオアシス

のフタから想を得た、と案内には説明されていたが、本当の壺の形と比べると似ているような似ていないような。伏せ漏斗の周囲には水が張られ、しきりに噴水の水が注がれていたが、水は死海の水を意味するのかどうか。タイルの表面を流れ下る水紋を設計者は見てほしかったのかもしれない（写真2）。

中に入ると、伏せ漏斗の形はそのまま室内空間となり、天井の中心の穴からは光が射し込み、天井の波状凸凹を照らし、そして光の真下には、かの壺に近い形の彫刻が天井を目指すように立ち上がっている（写真3）。写本は周囲の壁に展示され、とても小さい羊皮紙に小さな黒い文字で書かれている。思いのほか保存状態はいい。

〝水を浴びる白〟と〝黒く厚い壁〟の対比。いったい何を意味するんだろうと考えながら、翌日、死海に向かった。

死海たる由縁

まず訪れたのは死海の畔のオアシスの村。かつて修行中のキリストも訪れたと伝えられ、世界最古の村との表示が出ている（写真4、5）。

砂漠地帯に広がる死海は、海抜マイナス410mに加え、日射が強いから気温は40度近く、ほとんど竈《かまど》の中状態だが、オアシスだけは別世界で、冷たい地下水が湧き、ヤシの樹が茂る。昼寝にもってこい。

もちろん若き日のキリストがこんなパラダイスのような村で修行したわけではなく、村を見下ろす高い崖の中腹の洞窟に籠り、洞窟の奥に湧くわずかな水の滴りをすすり、村人が運ぶパンとブドウと干し肉を糧に、悪魔の誘惑と闘い、悟りを啓《ひら》いたという（写真6）。

洞窟は、今はロシア正教により管理され、キリストが悟りを得たという腰掛け岩の背にはキリストの姿が描かれているが、岩のままの方がいいような…。

オアシスとキリスト悟りの洞窟を見た後、『死海写本』の遺跡に向かった。熱射を避けるため、村とはいっても家の跡が散在するわけではなく、密集して一つの塊となって半地下状の村をなしている。新石器時代このかたの中近東の乾燥地帯の集落のあり方を伝える。

すべてを終え、いよいよ死海へ。岸辺は岩も砂利も枯木も枯草も塩の結晶で白く包まれ、塩分約20～30％の水は青味を帯びて白く、上方にはわ

写真5　オアシスの村の少年と山羊

写真6　キリストのこもった洞窟のある絶壁

写真7　死海の岸辺は塩で包まれている

ずかな水分により靄《もや》がかかる（写真7）。

世界からの観光客が手脚を突き出して浮いているが、誰も潜ったり水しぶきを上げたりはしない。理由は、水をなめて分かった。まるで酸でも含んだように口の中に痛みが広がる。目に付くと酷いことになるという。生物にとっては、白い死の海にちがいない。

キリストは、このような絶対的環境の中で何かを得た。

キースラーの建築の白と黒は、死海という場所の絶対的環境を示すのは分かったが、水は、死海のものなのか、それともオアシスのものなのか、それが謎。

※1　アンビルド…実現を目指さず、既存の建築やそれを取り巻く制度に対する批評や刺激剤として構想される建築。

※2　エンドレスハウス…キースラーによる「建築空間を作る際、柱や梁に左右されず自由な形態を構築できないか」という観点からの提唱。

※3　ヴェネツィアビエンナーレ建築展…1895年からヴェネツィアで開催されている現代美術の国際美術展覧会。「美術のオリンピック」とも称される。

No. 49

聖墳墓教会 ―キリストの跡を訪ねて―

写真１　向かいの丘からエルサレムの城内を眺める。金色に輝くのはイスラム教のモスク。その昔、ソロモン王の王宮が建ち、“モーゼの十戒”の石板が納められていたと伝えられる

建築探偵 神々が集う聖地へ

見たいと思いながら訪れないまま歳月を過ごしてきた建築に、聖墳墓教会がある。

キリスト教が古代ローマ皇帝によって313年に公認されると、次々に教会が建設され、それら4世紀のものを初期キリスト教会と呼ぶが、世界でも十棟に満たない。これまで機会を作って探訪してきて、最後に残った一棟が、エルサレムの聖墳墓教会なのである。

キリストはゴルゴダの丘で十字架にかかり、十字架のそばに埋葬され、4世紀になってから墓の上に初めて教会が建てられ、名は聖墳墓教会と呼ばれ、バチカンのサンピエトロより何より重要な教会として信仰上は位置づけられている。なぜなら、サンピエトロはカトリックだけの総本山だが、聖墳墓教会はアフリカのコプト教を含め、世界中の各派キリスト教すべての聖地に当たるからだ。

現在のエルサレムはユダヤ教を国教とするイスラエ

ルの都市だが、厚く高い壁で囲まれた旧城内は、ユダヤ教、キリスト教、イスラム教、アルメニア正教の四区に住み分けられている。治安は重武装したイスラエル軍兵士により守られ、旅行者としては緊張感を禁じ得ない。

まず城壁都市エルサレムの全体を眺めるべく、谷を隔てた向かいの丘の上に登った。丘の麓をユダヤ教徒の寝棺状の墓石が埋め尽くし、その向こうには高い城壁が立ち上がり、場内には家並みがギッシリ詰まり、中に忽然と大きな八角形の建築が立ち上がり、大ドームが金色の光を放っている。聖墳墓教会かと思ったが、確かめるとイスラム教の大モスクだという。

残念ながら、異教徒は見学することはできない。大モスクの丘は元を辿るとユダヤ教の聖地であり、7世紀にイスラム教がエルサレムを握ってからは、ユダヤ教徒は丘を支える厚い側壁に向かって嘆くしかなく、今も世界中からユダヤ教徒が訪れ、〝嘆きの壁〟に向かって本気で嘆きの声をあげ、時々、女性のすすり泣く声も聞こえてくる。カミもホトケも一緒の国からの旅行者としては、一神教というものの厳しい信仰心に慄然とする。この地こそ、ユダヤ教、キリスト教、イスラム教という一神教の生まれた場所なのだ。

石畳の街角を彷徨う

城門から中に入ると、狭くくねる石畳の路地の両側に厚い壁で囲まれた家が隙間なく並び、途中、橋のように家が路地を跨いだりもする。ヨーロッパの中世に由来する城壁都市だと分かり、なんだかホッとする。順序は逆で、中近東で成立した城壁に囲まれた過密の都市の在り方が西ヨーロッパに伝わって

写真２　聖墳墓教会の全景

中世の城壁都市が生まれている。

世界中からのキリスト教巡礼者が行き交う街のところどころに聖蹟が残っている。ローマ兵に捕らえられたキリストは、この街の中を引き回された後、城外に出て石切り場に向かい、そこで十字架にかかったと伝えられ、歩いた跡にはいくつかの聖痕が残っている。最初に見たのは、立ち止まって母マリアと言葉を交わした時の跡で、地面に二つの足跡がモザイクタイルで描かれている。次のは、家の壁にはまる一部が深く凹んだ石で、重い十字架を背負って石段を上がるキリストが、よろめいて手をついた石だという。凹んでいるのはもちろん巡礼者が同じように手をつくから。

キリスト教が公認されるまでの300年以上、キリストの事跡も教えも秘密裡にしか伝えられなかったし、公認された後も、イスラム教に支配されてキリスト教徒は絶えたも同然で、やっと復活するのは1098年に十字軍がエルサレムを奪還してからになる。その時期に、エルサレムに残るキリストの跡が初めて調査されているが、すでに1000年も経っており、果たして跡は本当なのかは分からない。分からないが、巡礼の人々に混ざって跡を辿っていると、信じないより信じる方が歩き甲斐はある。

写真3　処刑前、マリアと会った時のキリストの足の跡が床に描かれている

曲がり角ひとつ間違えて

ウロウロ歩いているうちに、巡礼者の道から外れたらしく、発掘された遺跡に出た。遺跡といっても、古い道の跡

で両側に列柱が並び、その奥は石の壁が囲っている。道は広く一直線で石畳が敷かれ、列柱はコリント式。古代ローマの商店街の跡だという。ということは、キリストもこういう商店街を歩き、買い物をし、布教したのだろう。4年前、シリアのアレッポに行ったとき、聖書にも登場する商店街の通りが今もそのままの幅で残り、使われているのに驚いたが、中近東の古い都市では古代ローマもキリストも今でも生きている。なお、アレッポは、内戦とそれに続くイスラム国の侵攻により破壊が激しいというが、あの道はどうなったのか。

巡礼の道に戻り、人々の後について聖墳墓教会へと向かったが、事前のイメージとは大分違う。キリストが十字架にかかった城外の刑場をゴルゴダの丘といい、石切り場でもあったというが、丘らしい感じも石切り場ならではの切り立つ崖もなく、石造の狭い街並みが続くだけ。ブリューゲルの「刑場に引かれるキリスト」の絵とは大分違うが、2000年前と今が同じ光景を保っているはずもない。

それにしても、もうちょっとナントカ、と言いたくなるのが〝聖墳墓教会の立つ光景〟であった。壁の間を潜り抜けると突如、四周を高い壁に囲まれた狭い凹地が現れ、その凹地を前庭として、四周の高い壁が押し合いへし合いする中に混じって、教会風のファサードが身を縮めるようにして顔を出す。それが、私の初期キリスト教会建築巡りの最後の一棟だった。

写真4　聖墳墓教会のファサード

迷路状の教会内部

ファサードのスタイルはロマネスクとゴシックの中間だから12、13世紀の建築だろう。

建築史の本に当たると、4世紀に建てられた最初の聖墳墓教会の建築は、十字架の跡と墳墓を大事にする平面であったが、当時の建物そのものは、その後のイスラム教による破壊や、十字軍による増改築により、何ひとつ残されていない。十字架の立っていた位置と墳墓の位置だけは変わらず、前者は礼拝コーナーとして、後者は墓室を持つ大きな石造の盛り上がりとして今はある。墓室の中の棺にキリストの遺体が今もあるとは思えないが、大勢の巡礼者が長い列を作って順に中を覗いている。あまりに大勢なので私は並ぶのを止めた。

写真５　上からの光を浴びるのが、キリストの埋まる墳墓

教会の中は、普通の教会のように広々としてはおらず、ほとんど迷路状態を呈す。理由は二つあり、一つは石切場の跡地を使ったことから、あっちに穴が開きこっちに壁が切り立ち、平地に作る教会のようにはいかなかった。小さな墓から始まり、次第に上へ下へ横へと拡張していった増改築の宿命であった。

でもキリスト教会には例のない迷路状こそ、ここでキリストが十字架にかかった証拠ともいえよう。そうでなければ、もっと広いところにもっと分かりやすく作ったにちがいない。

迷路状にはもう一つ理由がある。最初は一つの教会であったが、その後、カトリック、ロシア正教、アルメニア正教がそれぞれの礼拝場所を画すべく、壁を立てて区切ってしまった。墳墓や十字架などのキリスト由来の場を除き、共通の空間は削られ狭められ、その分各宗派専用の礼拝の場が広がった。なおプロテスタントには巡礼の概念はない。

香油のご利益

共通の場の中に、地面に露出する大きな平らな自然の岩があり、人々がしゃがんで囲み、祈りを唱えながら、ハンカチで岩に付く液体を拭っては肩や足を擦ったり宛てがったりしている。聞くと、残された信徒が十字架から降ろしたキリストの遺体をこの岩に横たえ、衣服を脱がせて傷痕を清めた後、当時のユダヤ教の習いに従い香油を塗ったのだという。

巡礼者は香油を自分の体の痛いところに当てて、病気の平癒を願っているのだ。日本のお寺でも線香の煙をそのようにする。

キリストの歩いた道の両側にはたくさんの土産物屋が軒を連ね、巡礼者相手の飲食店が客を呼んでいるが、聖墳墓教会も、日本の浅草寺や成田山や善光寺と同じようなものと思えば、すべてのシーンは腑に落ちる。

写真６　キリストの遺体が横たえられた岩。香油が塗られている

No. 50

サグラダファミリア ― 教会建築家ガウディの果てしなき挑戦 ―

ガウディに注目した日本の建築家

今や世界中にファンのいるガウディ※は、長いこと忘れられた建築家だった。

彼は、サグラダファミリア教会の工事中、ファサードの出来上がった段階で亡くなっている。道を歩いているとき、路面電車に轢《ひ》かれ、病院に運ばれ没したが、その時、この老いぼれた爺さんが誰なのか知る者は無く、没後数日の間、身元不明の老人として病院に放置されたのだった。

写真１　サグラダファミリア（聖家族）教会全景

没後、このガウディに世界の建築界で最初に注目したのは日本の今井兼次だった。今井は、１９２６年に渡欧中、イギリスの雑誌に載ったサグラダファミリアの小さな写真に特別なものを感じ、予定外のバルセロナ探訪を決め、サグラダファミリアを見るだけでなくガウディに会おうと考えた。

しかし、バルセロナに着いてみると、数日前にガウディは事故死していた。仕方なく、今井は、トボトボ歩いてサグラダファミリアに向かった。そして、見た。

そのあと日本から訪れた青年建築家はどうしたか。一目見ると、〝振り返ってはならない〟と思いながら早足で現場から離れ、駅へと向かった。何か尋常ならざるもの、言ってしまえば畏《おそ》れすら感じたのであった。

帰国後、今井は、あれこれ探して集めたガウディ作品の写真を、日本建築学会で開かれたヨーロッパ建築の新動向を伝える展覧会に出しているが、おそらく世界で初めての〝ガウディ展〟の可能性もある。

今井がガウディに出会ってから、30年ほどして1965年に私は大学に入ったが、その頃ようやくガウディは建築界でも注目されるようになり、私世代は建築写真家の二川幸夫さんの写真でガウディを初体験することになる。それ以後のガウディのブームは誰もが知るとおり。

柱の基礎部に配置された海亀や蛇

もちろん私も見に行った。そして、誰もが体験するようにタマゲ、アキレながらカメラを向けているとき、奇妙な物に目が留った。

カメそれも海亀が、正面の左右に立つ二本の柱の根元にいる。正確にいうと、亀の背中の上に柱が立っている。ナンダコレハ!?

私には〝建築探偵〟の他にもう一つ〝路上観察〟という倣いがあり、街や建物に隠れた知られざる物件には鋭敏に

写真2　柱の下にいる海亀、右手の人物の位置に蛇体が潜んでいる

写真3　リンゴを咥《くわ》えた蛇

反応する。

予想もしない場所に隠れていた海亀、正確にいうと堂々と露出しているのに気づく人もいない海亀が、脳のスイッチを建築探偵から路上観察へと切り替えた。

ファサードを隅からチェックし始めると、まず、教会の名の元となった聖家族（サグラダファミリア・キリスト一家）のシーンが展開する中央の見上げの左右に、大トカゲのようなイグアナのような動物が顔を出している。キリスト誕生から磔刑までの聖書ストーリーにこのような動物が登場するなんて聞いたこともないが、もし読者でキリストとトカゲの故事を知る方がおられたらご一報願いたい。

こんな依頼を誌上でするのは次の一件があるからだ。

海亀、大トカゲの次に蛇体を、それも玉を咥《くわ》えた蛇体を見つけ出し、そのことを朝日新聞に書いたところ、読者から「玉ではなくリンゴではないか」との一報があった。しかし私の写真では玉ともリンゴともつかないので、二川さんに〝機会があったら撮ってほしい〟と依頼していたところ、サグラダファミリア撮影30数回目の折り、撮ってきてくれた。読者の言うとおりリンゴにちがいない。

蛇とリンゴとくればこれはもうアダムとイヴの楽園追

放の物語。蛇に唆されて知恵の果実のリンゴを食べ、アダムとイヴは急に裸であることを恥ずかしく思い、無花果《いちじく》の葉で性器を隠した。そのことが神に知られ、二人は楽園エデンの園を追放され、地上に降り子どもを産む。そしてこの子どもから人類はスタートする、というのが旧約聖書における蛇とリンゴの物語にほかならない。

私がリンゴを咥えた蛇体を発見したのは、正面の中心に立つ小さな柱の根元だった。石が風化しないよう古い鉄の網でカバーされているから、気づかなくとも当然なのだが、建築の場所としては最重要箇所。教会建設に当たり、最初の礎石が据えられ最初の柱が立つ、その礎石に蛇体が刻まれていたのである。

設計思想にもキリスト教の影響

〝聖家族（サグラダファミリア）〟という名だけれど、キリスト一家の物語だけでなく、最初の礎石にはリンゴを咥えた蛇が、その真上の尖塔にはノアの方舟の物語を象徴する鳩とオリーブの葉が彩色陶器で表されている。

下から順に辿ると、まず礎石の蛇体とリンゴによって〝人類の出現〟を、その上方のキリスト誕生のシーンによって〝人類の救い〟を、そしててっぺんのノアの方舟で〝人類の再生〟を表現している。こうした三つの根本的な話を、教会ファサードの中心軸の上、中、下の三ヶ所に刻んだ例を私は他に知らない。ガウディの関心が、中世以来の教会のようにキリスト礼賛に止まらず、〝キリスト教と人類〟といったもっと深く広い領域まで届いていたからにちがいない。20世紀の教会建築家ガウディが、そうした深さと広さの中でキリスト教を考えたのは当然だろう。なんせ20世紀は「神は死んだ」とニーチェによって宣言された時代であり、真摯なキリスト教徒なら、キリスト礼賛では済まない時代に突入していた。

路上観察の目は、サグラダファミリアのファサードに海亀、大トカゲ、蛇体の三物件を発見した。しかし、ことはそれで終わらなかった。ついでに右側面に回り、バットレスの上部を眺めると、また何匹かの蛇が見える。リンゴを咥えた蛇とは様子がまるで違い、まずデカい。色が黒い上、作りがリアルで、軒から壁に身をくねらせて垂れ下がりながら下を窺《うかが》っている。リンゴを咥えてはいないから、ただの本当の大蛇というしかない。

ガウディの真意は何処に

海亀、大トカゲ、大蛇―これはいったい何を意味するのか。

帰国後、日本におけるガウディ研究の第一人者として知られる早稲田大学の入江正之名誉教授に聞いてみた。初耳だったらしく驚いておられた。二川さんも入江先生も知らず、もしかしたら私が世界で最初に気づいたのかもしれない。とすると、路上観察も捨てたもんじゃない。

以下は発見者（だとして）の特権で自由に解釈する。

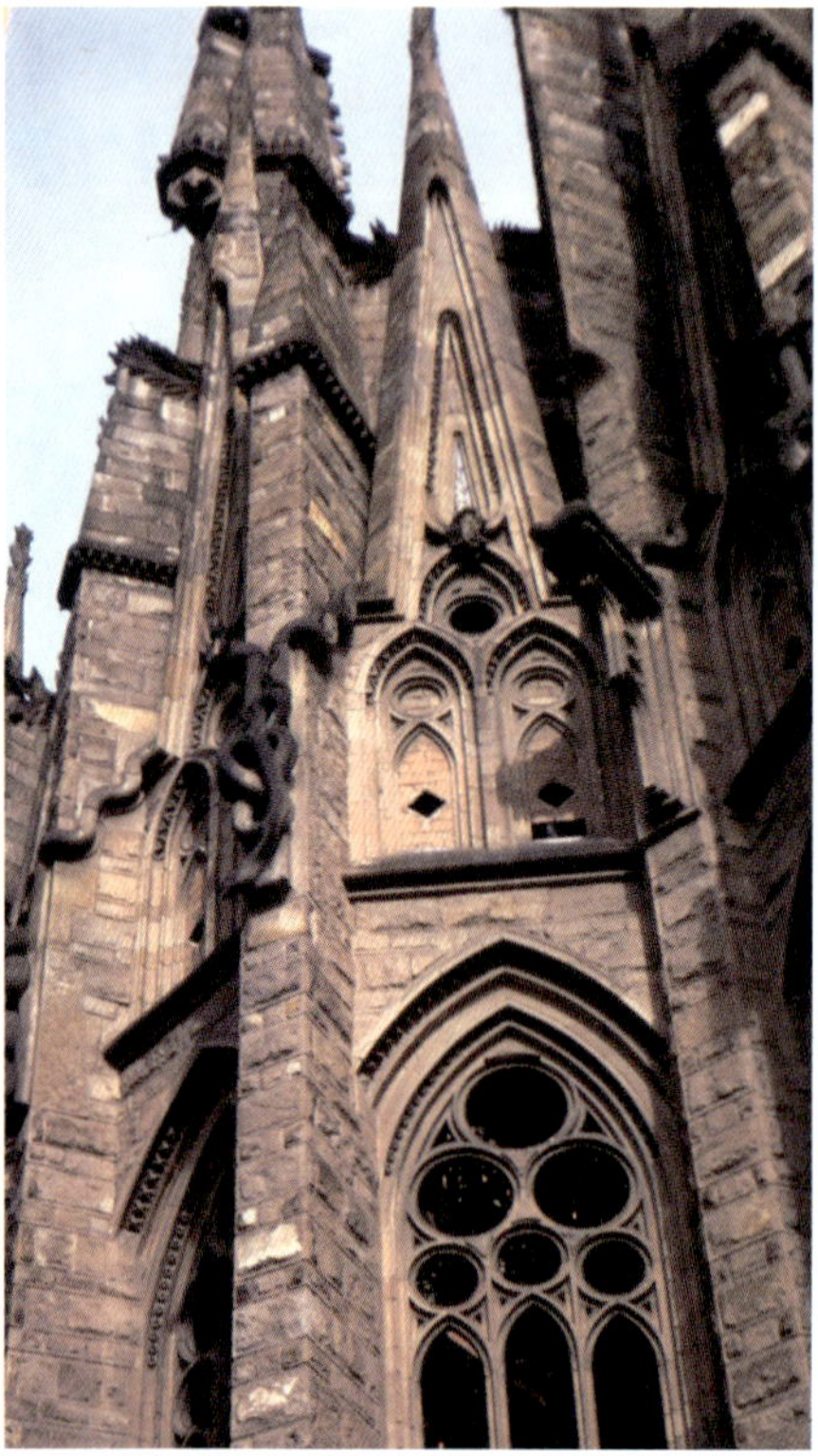

写真4　バットレス上部にいた大蛇たち

教会建築には異例な動物達は何を意味するんだろう。

リンゴを咥えた蛇はアダムとイヴの蛇にちがいないが、しかし、そのような蛇体を聖なる教会の最も重要な場所に刻んだ例を私は知らない。なぜなら聖書物語の中では悪の化身として扱われているからだ。

ここでは、リンゴを咥えた蛇が、性と関わる存在として登場する点に注目してほしい。もっと深く広く現代的にいうなら、生命現象のシンボルとして登場する。

リンゴを咥えない蛇も、世界中の古い習俗の中では共通して性と生命現象のシンボルとして扱われていた。トカゲのような爬虫類もそう。亀は、インドと中国では大地のシンボルだった。亀の背中に碑を立てる中国や朝鮮の古い習いも同根である。

そして、古の人類は、生命現象は大地の中に住まう地母神の司るところと考えていた。

こうした人類の母なる大地への地母信仰について、人類の信仰の古層について、ガウディがどこまで意識していたのかは、残念ながら分かっていない。

※　ガウディ…アントニ・ガウディ。1852〜1926年。スペイン・カタルーニャ地方出身の建築家。バルセロナを中心に活動し、サグラダファミリアは世界遺産に登録されている。曲線と細部の装飾に特徴があり、生物学的な建築・デザインは後世に大きな影響を与えた。

No.
51

シナイアの僧院　―ルーマニアのキリスト教会―

写真１　シナイアの僧院。中庭には礼拝堂が静かに立っている

まだ見ぬ聖堂建築を訪ねて

ヨーロッパの数ある歴史的建築のうち、私にとって〝見るべきほどのことは見つ〟状態に至っているが、一つだけ訪れていない建築があった。ルーマニアのキリスト教会の一群である。

黒海を東に臨むルーマニアは、古代ローマ時代にローマ帝国の属領に組み込まれ、周囲の、例えば南のブルガリア、西のハンガリー、セルビア、北のウクライナとは異なった歴史を歩んで今に至り、古代ローマ時代に早くもキリスト教化している。といってもいわゆるローマに本山を置く後のカトリック系ではなく、コンスタンチノープル（現イスタンブール）に発した東方教会の流れに属する。建築史、美術史的にいうと、東ローマ帝国のビザンチン文化の系統となる。同じキリスト教だが、カトリックやプロテスタントに対し、〝正教（オーソドックス）〟と自ら名乗る。自分たちこそ由緒正しいキリスト教との思いを込めての名乗りだが、キリスト教がヨーロッパの西の外れの地（現イスラエル）で起こり、東に伝わってやがてローマ帝国の国教となり、その後の帝国の東西分裂によってコンスタンチノープルを本拠とする東ローマ帝国の版図《はんと》に伝わり、東ローマ帝国がトルコの侵入により滅びた後は、ルーマニア、ブルガリア、アルメニア、ギリシャ、そしてロシアに生き残り今に至る、という複雑な歴史を思うと、彼らがその後のヨーロッパ史の中で優勢を占めるカトリックやプロテスタントに対し、自分たちこそオリジナルと言いたくなるのは当然だろう。

正教が昔のキリスト教のあり方を伝えるのは本当で、カトリックやプロテスタントのようにその後の激しい変化（進化）は経ず、建築スタイルは初期キリスト教会の集中式を守っているし、教会の中での儀式もプロテスタントやカトリックに比べ、合理化、近代化はしていない。正教会の信徒の建築家として知られる内井昭蔵は、「儀礼や教えをもっと近代化して分かりやすくしないと若い人が入ってこない」と嘆いていた。

ロシア正教を筆頭に、ルーマニア正教、ブルガリア正教、アルメニア正教、ギリシャ正教、と数ある正教の聖堂建築のうち、これまで訪れたのはロシア、ギリシャの二つだが、ルーマニアはそれと同じなのか違うのか、行ってみないことには分からない。

今回は、まず、首都ブカレストから少し離れた町にあるシナイア僧院の17世紀末の礼拝堂を紹介したい（写真１）。当時、ルーマニアは南北二国に分かれ、南のワラキア公国の王が建てた僧院（修道院）として知られ、完成後に次の王がヴェランダと鐘楼を増築して今に至る。

まず感銘を受けたのは、手入れもよく行き届き、大事にされていることだった。ルーマニアは第二次世界大戦の後、共産主義陣営に入り、その後１９８９年に共産主義の独裁者チャウシェスク大統領が倒され、今は民主化されている。長い共産党独裁時代に教会は抑圧されていたはずだが、中国のように破壊されることはなく、息を潜めながらもちゃんと続いていた。ルーマニアは地政学的に見てもヨーロッパ大陸から西アジアにかけての中央に位置し、異民族や異文化が国土を駆け抜けた歴史をもつが、そうした中で正教会も生き延びる知恵を身につけたのだろう。

原型の記憶を残して

外観を見るとカトリックやプロテスタントとは異なる特徴をもつ。前面にヴェランダがあり、その先には塔が二つ立つ。手前のは明かり採りがないから鐘楼、奥の八角形は明かり採りのスリットが開くから礼拝室のドーム、と分かる。こんな小さな聖堂に二つも塔が立つのは、それだけ大事にされてきた証。

ヴェランダと鐘楼を除くと17世紀に作られた当初の姿になるが、その単純さに驚かざるを得ない。正方形の礼拝堂の上にドームが立つだけの集中式教会の原型に戻ってしまう。おそらく、キリスト教会が作られるようになった5世紀の古代ローマにおいて、正方形や円形の礼拝空間の上にドームを一つ載せただけの教会が各地に次々と建てられていたにちがいないが、この教会建築はそうした原型の記憶を色濃く残している。

そんなことをあれこれ考えた後、ヴェランダに入る。このヴェランダこそがワラキア公国のルーマニア正教会を特徴づけるもので、他の国の正教会には見当たらない。

ヴェランダの柱とアーチを見ると、ギリシャ、ローマの様式を基本としながら、自由に崩している（写真2）。17世

写真２　ヴェランダを支える柱には土俗的な造型が刻まれている

紀といえばカトリックはバロックの時代に当たるが、そうした西ヨーロッパの動きとは無縁に自由に崩す伝統が何世紀も続いた果ての崩しにちがいない。

写真３　ヴェランダの天井には聖人とキリストのフレスコ画。聖人の周りには絵解きの内容が描きこまれている

見どころは壁から天井にかけてのフレスコ画※１にある。教会の図像は字の読めない信者に聖書の内容を絵解きするために描かれ、当然のように天国と地獄を二大テーマとして描く（写真３）。神を信じ教会と僧を大事にすれば救われて天国へ、そうでないと地獄へ。右が地獄絵で、信仰心に欠けた者が赤い色をした流れに運ばれ、巨大な蛇体に呑み込まれている（写真４）。一方、左は救われた人々を描き、その絵は渦を巻きながら壁から天井へと上昇し、その途中には聖人の物語が描かれ、扁平なドーム系天井の頂部にはキリスト像。

フレスコ画は専門画家ではなく僧たちにより描かれているから稚拙を極めるが、でもその素朴さが当時の人々の信仰の篤《あつ》さを偲ばせてくれる。こうした絵を見て地獄を恐れ天国に憧れ、信仰を深めたにちがいない。

11、12世紀のカトリックにおける素朴で稚拙なロマネスク的表現が、ルーマニア正教においては17世紀までも続いていたことが分かる。ロマネスクと同じように、キリスト教以前の土俗的信仰も色濃く混じっていたにちがいない。

写真４　フレスコ画は地獄を象徴する蛇体から始まり、呑み込まれる赤い流れには亡者が描かれる

写真５　礼拝堂の正面には聖障（イコノスタス）が立ち上がり、聖人画（イコン）が描かれる

聖画を通じて実感する

ヴェランダから竣工当初の入り口を通って礼拝室の中に入る。ほの暗い正方形の空間の上に八角のドラム（円筒）が立ち上がり、ドラムの頂部には正円のドームが載る。

そして、礼拝堂の正面には聖障《せいしょう》（イコノスタス）が立ち上がり、聖人画（イコン）が描かれているが、聖障の先の小空間には特別な日に特別な信者しか入ることは許されない（写真5）。

壁もドラムもドームも絵、絵、絵。ひたすら聖画が描かれ、その頂部にはキリストがいて下を見ている（写真6）。

正教においては、ドームは神（ゴッド）のまします天上界とされ、人の目には見えない神に代わって神の代理人たるキリストが人間界をじっと見下ろしている。カトリックやプロテスタントではドームを神のまします天上界と見なす解釈はないが、正教は初期キリスト教のそうしたドーム解釈を堅持した。

このドーム解釈がある限り、ドームの下に信者が集まることは変えようもなく、正教建築は集中式を今に至るまで守っている。一方、ローマを本拠とするカトリックとプロテスタントに繋がる古代ローマの初期キリスト教会は、集会所に由来する長細い平面のバシリカ式を集中式と並んで採用し、やがてバシリカ式が集中式を凌《しの》いで教会の一般解となり今に至る。

これほど濃厚な聖画に包まれた経験はこれまでになく、教会が字の読めない人のための聖書であったことを実感する。黒い服に身を包んだ僧たちが、聖画の一コマ一コマについて農民や牧童に解いて明かし、その声が堂内に朗々と響いた。頭で読む聖書ではなく、目と耳を通して実感する聖書。

神のましますドームを見上げてこれまでギリシャとロシアで正教会を訪れた時には気づかなかった一つの建築的現象を発見する。写真6で分かるように、ドラムに描かれた絵よりドームのキリスト像のほうが鮮明に見える。ドラムの8本のスリットから入った光は、光の当たらないドームの内側を照らしてキリスト像を明るくし、同時にドラムの内側を過剰に明るくしてハレーション※2を起こさせ、あたかもキリスト像が光の中に浮き出てきたように見せる。

写真6　礼拝堂の上にはドラムが伸び、頂部のドームにはキリストが描かれる

ルーマニア正教建築の魅力は、建築そのものより聖画にある、と言いたくなるほどの充実であった。

※1　フレスコ画…壁などの下地に漆喰を塗り、乾ききらないうちに水に溶かした顔料で描く西洋絵画の技法の一つ。
※2　ハレーション…強い光の当たった周辺が白くぼやけること。

No. 52

ヴォロネツ修道院附属教会

――教会はフレスコ画だらけ――

写真1　プトゥナ修道院の塀は高く厚く、城壁のようである

フレスコ画で埋めつくされた外壁

ルーマニアには世界にも稀なキリスト教会があることを、この国がまだ社会主義を堅持していたチャウシェスク大統領の頃から知っていた。

その教会は、もちろんカトリックやプロテスタントとは違うルーマニア正教で、煉瓦造の外壁を漆喰で塗り固め、その外壁全面に聖画を描く。フレスコ画である。

キリスト教会はその成立当初から壁面に聖書関係の絵をモザイクや絵具を使って描いたり、ゴシック様式以後になると窓にステンドグラスをはめて聖人像を表したりしてきたが、教会内の壁か、教会内から見るステンドグラスに限られていた。

ところが、ルーマニアの正教会では内壁に描くのはむろんのこと、外壁にも空白がないまでに克明に描く。他のビルディングタイプでも、外壁のすべてを全面的に絵で飾る例はない。もし描くとしても、正面の一部に限られる。

こうした教会がルーマニアに作られたのは地域も時代もごく限られ、地域はルーマニアの北部、ウクライナに隣接する山がちなブコヴィナ地方、時代はモルドヴァ公国全盛期の16世紀初頭。16世紀に入ってもこの地はまだルネサンス前の中世。モルドヴァ公国とは、イスラムのオスマン朝がルーマニアに許した二つの〝公国〟の一つで、国に準ずる自主性を持ち、キリスト教も許されていた。

ルーマニアの首都ブカレストから一日一便の飛行機で1時間、ブコヴィナ地方の中核都市スチャーヴァに着く。町はこじんまりしているが、ルーマニア正教とハンガリーカトリックとそしてイスラム教の三つの教会が狭い町の中にそれぞれの型のドームと尖塔《せんとう》を突き出しており、近年はイスラム教が大流行だという。東欧諸国、とりわけトルコからハンガリーにかけての一帯は、長い長い歴史の中で民族と宗教が行ったり来たりを繰り返し、民族と宗教が斑《まだら》模様に分布して今に至る。

しかし、こうした町の中のルーマニア正教会に目的の絵が描かれているわけではない。町や村の教会の絵は、正教会の伝統に従って室内にイコンが描かれるだけ。

目指す教会は、人里を遠く離れた修道院の中の附属教会に限られる。

スチャーヴァから車で1時間、まず訪れた修道院は、城壁の如き高い塀に囲まれ、入り口には城門の如き門構えに囲まれ、外からは中の様子は全く窺うことができない。

引き続いて主なものを訪れたが、いずれも高い塀と堅い門構えばかり。一番本格的なのはプトゥナ修道院で、高塀の出隈には本格的な櫓《やぐら》まで付き、中世の田舎の城のおもむき（写真1）。

理由を聞くと、敵の攻撃から守るため。正教、カトリック、イスラムといった宗教とそれぞれを支える民族が行ったり来たりした結果なのだ。修道院は、王や貴族や信者たちからたくさんの金銀財宝と土地の権利の寄進を受け、貯めこんでいたのだから、敵としては真っ先に襲いたくなる。

フレスコ画が一番よく残っていたのはヴォロネツ修道院で、よりたくさん絵を描くためかどうか、開口部が極めて少ない（写真2）。窓は銃口状の縦長の小窓が開くばかり。おそらく本当に銃眼として使う〝とも想定したのだろう。

写真２　ヴォロネツ修道院附属教会は女子修道院らしく花畑に囲まれている

写真３　正面入口側には壁が立ち上がり、入口は壁の両端のバットレスの陰にある。絵のテーマは“最後の審判”

入り口も正面にはない。本来なら出入り口として開口部が付くべき位置には壁が、それも左右のバットレスまで連続させて広く大きな壁が立ち上がる。この珍しい作りは、キャンバスを拡大するためにちがいない。

左のバットレスから絵は始まり、中央の壁を経て右のバットレスに至る大画面だが、左から始まったと思うのは、左側には天国の様子が、右側には地獄の様子が、克明に描かれているからだ。左が天国、右が地獄は、ルーマニア正教の壁画に定番的に描かれる〝最後の審判〟の描き方である。

天国と地獄をテーマとした絵は、ヨーロッパ中世だけでなく日本にも多いが、つい仔細に見てしまうのは、退屈そうな天国ではなく地獄の方。中央上端に位置する神によって最後の審判が下される。左下に描かれたこの世での行状が裁かれ、信心深い者は左に移り、不信心な者は右手に振り落とされ、神の右下から始まる地獄への流れへ。色が赤いから血の川か炎の川か、そこに落とされて地獄へと真っ逆さま。地獄への赤い流れの中には悪魔と溺れる人々が蠢《うごめ》く（写真3、4）。

写真4　最後の審判で不可とされた者は地獄へ続く赤い“流れ”に落とされる

フレスコ画と北斎

側面にもビッシリ、多くの聖人と、聖書にまつわるさまざまなテーマが描かれる。いずれの絵もバックは青をベースとする。正面の地獄への帯が殊更に印象深いのは青をバックに赤で着色されているからだ。

画題に引き込まれながらも一般的に絵のバックには何色がいいかと考えてみた。赤、黒、黄の類いはダメで白か金の二つと思ってきたが、青もいい。白、金、青をバックにすればたいていの絵は何とかなる。江戸の北斎は当時輸入され始めたばかりの〝ベロ青〟を多用したことで知られる。

ヴォロネツ修道院は、外壁だけでなく内側のフレスコ画も素晴らしい。ルネサンス以前の中世の稚拙な描き方をしているが、稚拙さと濃厚な絵の具が一体化して、腕や技量に頼らず信仰と熱意の二つを注いだように感じられ、一人でここに取り残されたら少しコワイ（写真5）。

建築を営む者としては、普通の人のように絵に感心しただけで済ますわけにはいかない。建築の内外を絵で埋め尽くすと建築はどうなるかについても考えなければならない。

結論からいうと、建築は蒸発して消える。絵が平坦な壁面で留まらずに外壁においてはバットレスやアーチ、室内においてはアーチやスキンチ※やドームといった各造形要素にも等しく描かれた結果、各造形要素は本来の役割も全体構成の中での位置も失い、同じ大キャンバスの一部と化してしまった。ちょうど蔦が建築を覆うように。

昔、ウィーンでオットー・ワーグナーが手掛けたアール・ヌーヴォーのマジョリカハウスを訪れた時、タイルを使って描かれた蔓性の草と赤い大きな花の図柄が壁面だけでなく窓枠などにまで繁茂する様を見て、〝装飾の本質は、建築から少し浮き、建築を下地として扱うこと〟と認識したが、この本質の元を辿るとルーマニアのフレスコ画教会に至る。

フレスコ画が全面を覆い、建築は消えてしまった、と書いたが、例外があり、屋根は残った。屋根だけは建築であることを止めていない。

写真５　教会の内部。絵具の濃さが強い印象を与える

軒の演出

ヨーロッパ各地のキリスト教会を、４世紀の初期教会からモダニズムまで、南はイタリア半島南端のプーリア地方のバロックから北はノルウェーのスターブチャーチまで、ほぼ巡ってきたが、教会で屋根と軒の存在を意識したのは初めてだった。

初期キリスト教会もゴシックの大聖堂も、目立たないが屋根はあり、その屋根は誰も気づきもしないが木造で作られている。例えばゴシック大聖堂の天井は、中に入って見上げると石造のヴォールト天井になっているが、そのヴォールトの上には木造の屋根が載っている。なのに屋根が意識されにくいのは、軒の出がないからだ。軒をもう１ｍでも２ｍでも出しさえすれば、木の垂木が現れ、垂木の上の野地板も顔を出し、軽々と載る木造の屋根が意識されるはずだが、ヨーロッパの教会は決して軒を出さなかった。

一方、日本の木造は、軒を出すことに努め、平安時代には大陸にはない桔木《はねぎ》という優れた発明をして、世界最長の軒の出を獲得している。長く、広く、薄く、軽く。その日本と共通する軒をルーマニアのキリスト教会で見よ

写真６　広く伸びた傘のような軒

うとは。

教会だけでなく他のヨーロッパのビルディングタイプを思い浮かべても、さらに世界の中でも、それだけで美しい軒は、日本以外にはルーマニアの北の外れの山中にしかない。

日本の場合、夏の高温多雨により柱の下部と土台が腐るのを防ぐために軒を発達させたが、ルーマニアの山中ではなぜ軒は先へ先へと伸びたのだろうか。

フレスコ画を雨と雪から守るためにちがいない。さらに、フレスコ画がよく見えるように傾斜を緩くしたにちがいない。開口部のほとんどないマッシブな固まりが地面の上にあり、固まりの上には軽く薄い屋根がそっと置いたように載る。

フレスコ画よりこの造形のあり方に私は惹かれ一度は見たいと思ってきたのかもしれない。

※　スキンチ…平面が正方形の部屋に円形のドームを架ける時、荷重を支えるため四隅に置かれた部材のこと。石や煉瓦が使用された。

No. 53

スルデシュティ村の教会 ―ナゾだらけのアーチ構造―

天を突く尖塔

ルーマニアのキリスト教会建築について続けよう。ヨーロッパとアジアの接点に位置することから、さまざまな文化と民族と宗教が併存して今に至るが、中心は東ローマ帝国時代に首都コンスタンチノープル（現トルコのイスタンブール）から伝わったルーマニア正教で、二つの特徴ある建築を今に伝える。一つは前項の外壁全面壁画のヴォロネツ修道院附属教会。もう一つが今回の木造教会である。

写真１　スルデシュティ村の教会。墓地の中央に立つ高い鐘楼のルーマニア教会

壁画修道院と同じ北部の山地に分布し、山のすぐ向こうにはウクライナの大沃野が広がる。山地の谷筋や盆地のあちこちに世界遺産に登録されるような二つもの独特の教会建築が成立して今に残ったのは、やはり、山によって閉ざされていたからだろう。閉ざされていたからこそ発酵し熟成することができた建築の形式。

今回のもう一つの世界遺産は、壁画修道院ほど特異な表現ではない。現地を訪れる前に写真を見て、既視感を覚えた。ノルウェーのフィヨルドの奥に残る〝スターヴ教会〟と似ている。屋根葺き材を含めてすべて木造で、急傾斜のトンガリ屋根に低い壁。屋根も壁もシングル（割り板、柿《こけら》）で包まれ、前方には木柱に支えられたヴェランダが張り出す。板を削ったアーチはゴシックの先頭アーチではなく、その前のロマネスクの半円アーチ。

ローマ帝国がコンスタンチノープルの東ローマ帝国とローマの西ローマ帝国に分裂した後、東ローマ帝国はゲルマン民族の南下によって滅びるが、それから数世紀して、ローマを本拠とするカトリックの信仰はアルプスを越えてゲルマン民族地域へと北上してゆく。この過程で成立したスタイルをロマネスク（ローマ風の意）と呼ぶ。古代ローマ帝国時代のスタイルが元になっているからだ。

カトリックの信仰とその器としてのロマネスク建築は、フランス、ドイツと浸透し、バルト海を渡ってスカンジナビア半島に上陸し、フィヨルドの奥にまでロマネスク様式の教会が建てられ、それが今はスターヴ教会と呼ばれる。木造にしたのはもちろん日本以上に使いやすい針葉樹が無尽蔵にあり、それに合わせた木工技術も日本ほどではないが発達していたからだ。

ルーマニア北部山地の木造教会は大小さまざま残っているが、マラムレシュ地方の〝スルデシュティ村の教会〟をまず

写真2　すべては柿《こけら》に包まれている

写真3　正面のヴェランダはカトリックの教会でいうロマネスクからゴシックにかけての細部

訪れた。

十字架の立つお墓に囲まれて立っている。前も横も後もお墓だから、この地域の信心深い農民は、没後はまずここに埋葬され、その後、遺体から抜けた魂は中心に立つ教会に導かれて天にまします神の元へと昇ってゆく、と視覚上も確信しているにちがいない。

ツンツンと天に向かって立つ十字架の群れに囲まれて、四角な木造の塔が、群れを率いるようにして高く高く72ｍも上昇し、鋭く尖った先は本当に天まで届いているかのように、これを建てた３００年以上前の村人には思えたにちがいない。

カトリックではこういう尖塔はゴシック様式のしるしだが東方の正教（ギリシャ正教、ルーマニア正教、ロシア正教）にゴシックというスタイルはない。言葉がないから歴史的建築をどう説明したものかと戸惑う。東方教会の美については、東ローマ帝国全盛期のスタイルをビザンチン様式と呼ぶことは学び知っているが、ルーマニアやロシアへと伝わった段階でもビザンチン様式といっていいのか。ロマネスクやゴシックに相当するような美学上の概念を出してほしいが、あるいは西ヨーロッパのようにロマネスク→ゴシック→ルネサンス→バロックといった明快な変化の歴史は辿らず、同じスタイルのままずっと続いたのか。

高い尖塔は鐘楼。野山を越えて遠い農家や畑地まで鐘の音が届くようにだろう。かつてドイツのブレーメンを黄昏時に訪れた時、教会の鐘の音が響き始めると人々が急に足早に広場を横切り始めるのに出会い、今も鐘の音がそこに住む人々の日々の生活と年何回かの記念の日のリズムを刻んでいることを知った。

畑を耕し、牛や羊を追う村人にとって、教会の鐘の音は日々と年々のリズム以上に、安堵と悦びの時だったのかもしれない。ミレーの絵〝晩鐘〟のように、鐘の音が野に届くと夕日の中で祈った。

ロマネスクの美しい言い伝え

西ヨーロッパのロマネスク教会の成立については〝農民たちは開墾のため畑を耕して出てきた石を毎日持ち寄り、少しずつ積んで教会を作った〟との美しい伝えがある。ロマネスクの建設事情について、イタリア半島の〝プーリア〟から北の〝スターヴ〟まで「見るほどのものは見つ」状態の経験に照らしていうと、ロマネスクには畑の石で農民が作ったものからプロの石工集団が手掛けたものまでいろいろある。

スルデシュティ村の木造教会は、ロマネスクの美しい伝えをそのままに、村

写真５　厚い角材に穴をあけただけの窓

写真４　壁はログ（丸太）を角材にしたログ構造

写真６　堂内はなんとログによるヴォールト構造

人が開墾のため伐った森の樹を、その都度墓地に持ち寄り、時々加工し、貯まったところで村人総出で建て上げたのではないだろうか。

その確信を得たのは、近づいて壁の作りを見た時だった。下まで伸びる急傾斜の軒先に隠れて気づかなかったが、壁体は角材によるログ構造。丸太から四面を削り取った太い角材を水平に並べて組んでいる。ログこそ、鍬を斧に持ち替えれば素人にも可能な木構造にちがいない。

スターヴ教会と比較すると面白い。スターヴとは〝柱〟を指し、北上してきたキリスト教会が柱を立てて天井の高い内部空間を作ったからこう呼ばれた。建築はログ構造と決まっていたところに柱を立てる作りが導入された一番の理由は、ログでは高い建物が作れなかったからだ。ロシアのキージ島のように※無理して丸太を積層すれば遠からず倒壊する。

ルーマニアの北のノルウェーと同じようにログ構造を常とする森林地帯に南から正教系のキリスト教が届いた時、農民はどうしたか。慣れない柱を立てて高い内部空間を作る代わりに、ログ構造の上に先の鋭く尖った屋根を載せ、高い鐘楼を立て、外見だけは新しく伝わったキリスト教という特別な宗教であることを示して済ませた。

ドームこそ神の国のしるし

その程度で済んだのは、正教がロマネスクほど内部空間の高さを求めなかったからだ。初期のロマネスクを訪れると、異常なまでに内部のプロポーションが縦長なのに驚く。この伝統は次代のゴシックに流れて例のカテドラルの高天井に至るが、理由は、カトリックでは信者がそこに立つ内部空間が遮るものなく上昇すればするほど神の国に近づくと考えていたからだ。

一方、正教は、自分の立つ内部空間の上に掛かるドームこそ神の国のしるしと考え、だからドームの天井にはキリスト像がくっきりと描かれる。大事なのは、ドームがあり、そこに描かれたキリストが自分たちを見ていてくれること。高い天井が必要なのではない。高さは、キリストと目が合うくらいがちょうどよい。

外を一巡した後、中に入り、天井を見上げるとまさにそうなっている。

ただし一つ違い、ドームではなくヴォールト（カマボコ天井）になっている。それも壁と同じ角材を並べてヴォールト状にしている。ログで作るのは日本の校倉《あぜくら》造でも北欧やロシアでも垂直の壁と決まっているのに、ログでアーチ構造（ドームとヴォールトの二つある）を作るとは…。

ログでドームは無理だから、ヴォールトで代用するよう決めたにちがいない。

ログの壁からログのヴォールトに移るあたりの造りを知ろうと観察するが分からない。ログの上端には厚くて幅の広い大きな板が走り、その迫り出した端からヴォールトは立ち上がっているが、こんなにしたらヴォールトの起点で板が下がり、すぐ崩壊するだろうに。

外に回って観察しても謎は深まるばかり。そもそも、ヴォールトの上に載る尖った屋根とヴォールトの関係はどうなっているのか。まさかヴォールトに屋根の加重がかかっているはずはないし…。

謎が解けたのは、帰国後、太田邦夫の近著『木のヨーロッパ』の参考図を見てからだった（図1）。ヨーロッパの木造建築についてこれほど広範かつ建築的に詳しく扱った本はなく、名著です。図と写真を眺めているだけで飽きません。是非手に取ってください。

※　キージ島のように…1990年に世界文化遺産に登録された多くの木造教会建築のこと。

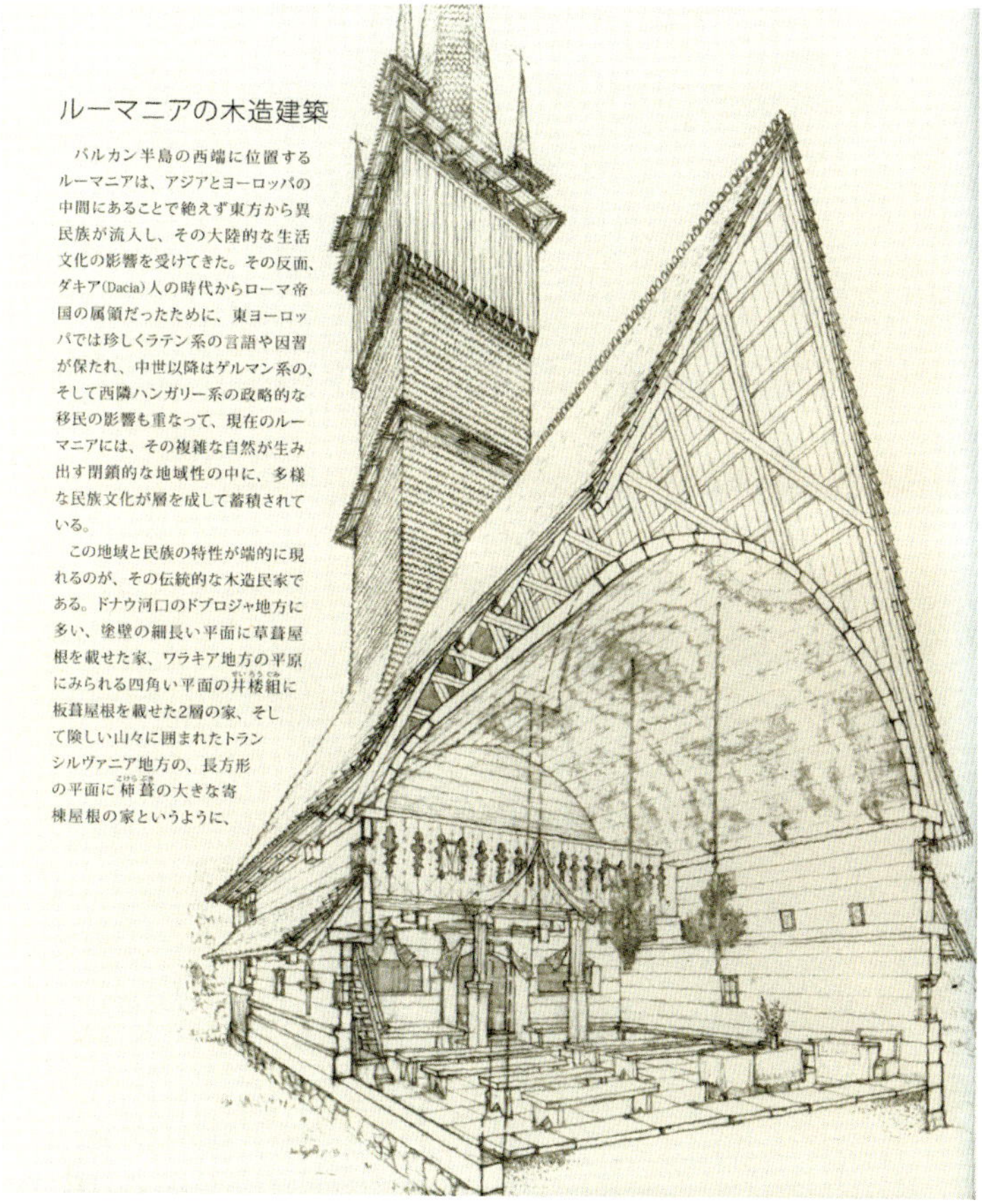

図１　木造ルーマニア正教のログ構造の秘密を教えてくれる図
（出典『木のヨーロッパ／建築とまち歩きの事典』太田邦夫著　彰国社　2015 年　P167）

No. 54

メテオラの修道院 ――天に向かってより高く――

ストイックを突き詰める

日本の伝統的宗教とヨーロッパのキリスト教との違いは、とりわけ建築的に見たときの違いは、修道院の有無だろう。

写真１　メテオラの岩山

古代に開かれた南都北嶺（奈良の興福寺、京の比叡山延暦寺）も、中世の禅宗や浄土宗なども、キリスト教の修道院に当たる施設は持たない。

修道院は、都市の中心に立つ大聖堂に付設する場合もあるが、有名な例はたいてい人家から遠く離れた地に、それも荒野に近いような地に、世間からは隔絶して営まれている。こうした立地が選ばれたのは、もちろん、若き日のキリストが荒野で一人修行し、日本風にいえば〝悟り〟を開いた故事に習ったのだが、故事とは違う点もあり、修道院に入ったものは、キリストのように悟りを開いたのち社会に戻って布教に勤めたりせず、生涯を修道院で送り、自分の方から町に出てきたり村人と会ったりはしない。

修道院が歴史的に身近でなかった我々日本人は、そんなあり方で経済的、物質的に成り立つのか心配になるが、大丈夫。荒地の中にわずかな適地を見出して、畑を耕し、羊を育てて、自給自足の日々を送る。加えて、町や村の人々から、時には土や領主からの寄進もあるし、裕福な一族の娘が持参金や持参土地付きで入ってくることだってあった。

一般的ではないが、金融をやっていた場合もあり、かつてフランスきっての修道院として鳴らした旧フォントネー修道院のロマネスク様式※1の建物を訪れたとき、なぜ廃止されたかについて尋ねると、フランス革命のとき、高利貸しをしてきたことを理由に人々が襲撃し、略奪し、その後、広大な施設は紡績工場になった、と説明してくれた。

これまで、ヨーロッパ各地で多くの修道院を訪れてきたのは、その建築が旧状をよく残すのと、高い精神性がそこはかとなく漂うからだが、こう思い返してまず浮かんでくるのは、ギリシャのメテオラの修道院群である。

断崖絶壁の世界遺産

旧状をよく残すにはキリスト教史上の事情がある。

ギリシャのキリスト教はギリシャ正教と呼ばれ、トルコのイ

写真2　中央の突出する岩山の頂部に注目すると小さく見えるのが修道院

スタンブールを本拠とする東方教会の流れを汲む。古代ローマ時代、キリスト教は東方教会とローマに本拠を置く西のカトリック系の2つに分かれた。西は、法治を旨とするローマ帝国の影響を受けて合理化するのに対し、東はキリスト活動期の古代的性格と習俗をよく守った、といわれる。東方系は、後にロシア正教、ギリシャ正教、ルーマニア正教などに分かれるが、いずれも「正」と付くのは、自分たちこそ正統との誇りによる。

修道院も正統、つまり正しい伝統を受け継ぎ、ギリシャ正教の修道院としての純度をよく守るアトス山の修道院群は、今も、関係者以外は入山禁止で、修道士たちは中世以来の修道生活を守っているというが、行ったことはないので正確なことは知らない。

アトス山に次ぐのが今回紹介するメテオラの修道院群で、世界遺産に登録されている。ただし、あまりの不便さから消えたものもあり、今はいくつかが修道士により守られているが、里の人々の寄進だけでは足りないらしく、観光客を受け入れている。

アテネから列車とバスを乗り継いでメテオラの町に着き、町外れに聳《そび》える山々を見上げて、たまげる。鋭く切り立つ岩山の中腹やてっぺんに点々と建築が立っている。中腹のは絶壁にへばりつくようにして、てっぺんのは岩山がそのまま伸びて建築物と化したようにして。

とても見学者が歩けるような傾斜ではないから、ロープウェイで登った。途中に展開する岩山の光景の中にただならぬ人工物が混じっている。例えば、絶壁の一部に窪みがあり、人の暮らしたらしき様子が窺える。かつてそこで修道士が厳しい修練に明け暮れた跡だという。切り立つ岩壁に梯子《はしご》を取り付けた跡が残り、その先には小さな窪が見えて、中には人工物の残骸が覗く。かつて修道士が一人で住み、死後、埋葬した跡だという。

こんな天上に近いようなところで生活するにしても、下界の社会との交流は、例えば食料の寄進を受けるとか、頼まれて祈りを捧げるとか、天水が不足すると水を貰うとか、そういう時はこの断崖絶壁をどう登ったんだろうか。

岩壁の内部を削って回り階段状にしたり、それも無理な時は、垂直に梯子を掛ける。オーバーハング※2してそれも無理な場合は、巻き揚げ機で人も物も吊り上げたという。近年まで現役だったという巻き揚げ機が残されていたが、本

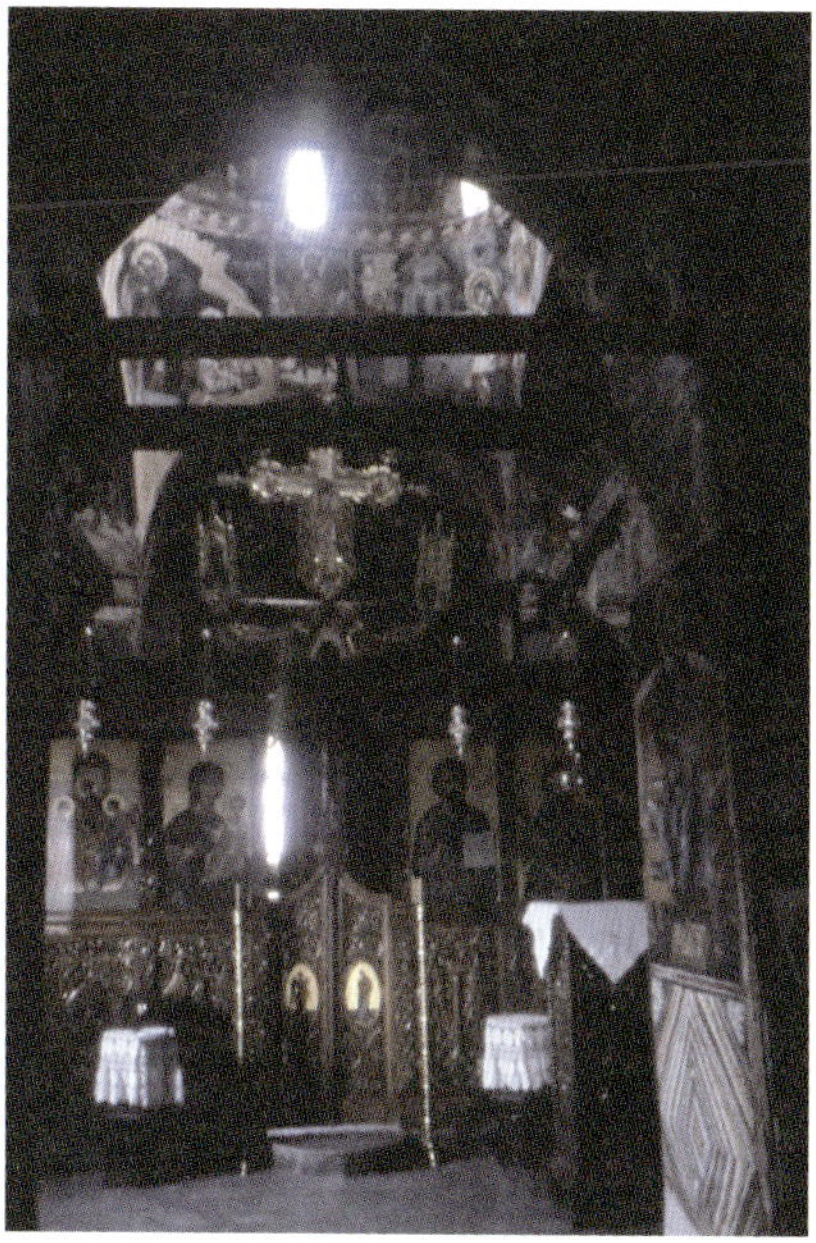
写真４　聖堂の中

写真３　巻き揚げ機

格的な作りであった。

日々の水はどうしたか。岩山の上には僅かながら平地があり、だからこそ建物を作ったわけだが、その上に降る雨水を集めて樽に貯水していた。残された大樽を見て呆れた。日本では竹のタガで締めるが、竹もなく鉄も乏しかったメテオラでは、なんと太い木をいくつか繋ぎ、無理やり締めてタガとしていた。必要とあれば人はなんとか工夫する。もし世界で樽オリンピックが開かれれば、格闘技部門での金メダル確実。

メテオラの歴史を簡単に述べよう。歴史はそう古いわけではなく、14世紀、アトス山の著名な神学者のアタメシオスが、静けさを求めてこの地に移り、大メテオラ修道院を開いたのが最初で、以後、地元の領主の庇護を受け、次々と修道院が建設され、加えて独立した少数の修道士グループが入り込んで祈りと感謝の日々を送るようになり、最盛期の修道院の数は24に達したという。

今も現役なのはごく少数で、その一つを訪れた。崖の上に位置するのは他と変わらないが、上の平地が他より広く、菜園もあり、小さいながら聖堂もあり、観光に助けられてなんとか今日まで…。

小さなドームと光が天上界を演出

見所はもちろん聖堂。ドアを開けて一歩中に入り、その暗さと狭さに驚く。前日まで古代ギリシャ大理石の純白遺跡ばっかり見てきたせいもあるが、それにしてもどうしたことか。

ギリシャ正教もロシア正教も聖堂は集中式平面※3を採り、カトリックに多い縦長のバシリカ式とは異なる。それもあるかナと思いつつ、さらに進んで集中式の中央まで進んだところでドームを見上げて思った。〝建築は実物を見ないことには分からない〟。写真では大きさとプロポーションが掴めないのだ。

見上げると、まるで井戸の庇から眺めたみたいで、ずっと上方にドームが小さく見える。

東方教会の拠点となったイスタンブールのハギア・ソフィア大聖堂（現在はイスラム教のモスク）の空間は、もっと広々としていたのに、どうしてこんなに縦長のプロポーションになってしまったのか。

似たプロポーションの聖堂空間を思い返すと、モスクワのロシア正教会がすべてそうだったし、カトリック系ではスペイン北部とドイツの初期ロマネスク教会が井戸底化していた。いずれも、そう富に恵まれない時代と地域の聖堂にちがいなく、おそらく、面積を押さえてでも高さを求めた結果だろう。

キリスト教の聖堂にとって一番大事なのは広さではなく高さだった。より天に近く。

さて、より天に近いメテオラの修道院の聖堂の中で天を見上げると、そこにはキリストを中心に使徒たちが下を見下ろしていた。堂中の暗さの中で、そこだけは高窓からの光が当たり、確かにこの世とは別の世界を見上げたようにも感じられる。こうした正教会の金色を多用した聖なる絵のことをイコンといい、ここのは有名なイコンだという。

イコンとしてのレヴェルは分からないが、保存状態は確かに良く、イコン独特の絵の具の濃さは保たれているし、濃いが故の剥落やひび割れも目立たない。

キリストと使徒の表情を眺めながら、かつて訪れたトルコのカッパドキアの修道院の無残なイコンのことを思い出した。キリスト教地帯が後にイスラム教に組み込まれ、その時、イコンの目が削り落とされてしまっていた。ギリシャもトルコに支配されているが、幸い無残なことにならなかったのは嬉しい。

※1　ロマネスク様式…中世ヨーロッパで主に教会や修道院に用いられた建築様式。厚い壁と小さい窓が特徴。
※2　オーバーハング…建物の上階の部分が下階よりも飛び出した状態。
※3　集中式平面…建物の中心部を円形や正方形または多面体で構成された教会堂建築。

写真5　ドームに描かれたイコンが下を見つめる。ギリシャ正教ではドームは神のまします天上界として扱われる

No.
55

ル・トロネ修道院
―差し込む光に神を見た―

写真１　南仏プロヴァンスの奥地にあるル・トロネ修道院。地味なチャペル

祈り、労働、感謝

朝、起きてまず祈り、皆と質素な朝食を食べ、畑に出て耕し、羊の世話をし、日が沈む頃に帰り、皆とまた質素な夕食とワインを飲み、終わると厚い石の壁に囲まれた小さな部屋に戻って聖書を読み、黙想し、そして麦わらの上に布を敷いただけのベッドで眠りにつく。

人と言葉を交わすのは、朝食後、畑作業に行く時の打ち合わせだけ。そのようにして祈りと労働と神への感謝の日々を送るのが、フランスはシトー会の修道士だと聞いたことがある。

その昔、シトー会を代表したフォントネー修道院が、前項で触れたようにフランス革命のとき、高利貸しを理由に労働者と農民に襲われ廃止されたことを思うと、シトー会といえど世俗に塗れていたにちがいないが、今回紹介するル・トロネの修道院に関しては祈りと労働と感謝の日々は確かだった。

訪れるとそう思わざるを得ない。フォントネーと違い、人里離れ過ぎているし、立地も悪い。畑は砂利混じりの粘土質に加えて南フランスは雨が少ないから、ろくな樹も植物も育たない。

そんな乾ききって痩せた光景の中に、粗末な外観の教会建築が現れる。中の建築について前もっての知識がなければ、誰だって引き返すだろう。

中に入る。ちゃんと管理はされているものの、祭壇の飾り付けはなく、ガラーンとしている。建物が作られた頃に比べれば修道院としての機能は著しく縮小し、かつてのチャペルも食堂も講堂も中庭も使われなくなり、今は公開しているからだ。

フォントネー修道院はフランス革命のときに潰されたが、本当に清貧のうちにあったル・トロネが衰えたのは、フランス革命よりずっと昔の宗教改革のときだった。

ドイツに始まった宗教改革の嵐がアルプス以北に吹き荒れ、フランスが30年もの内戦状態に陥ったことは歴史の知識としては知っていたが、人里離れた清貧の修道院にまで影響が及ぼうとは。

宗教施設としてはガラーンとしているが、建築を見るにはその方がありがたい。ル・トロネにしかない建築の質が、剝き出しに目に迫ってくるからだ。

写真２　チャペルの内部。石の表面が艶やかに輝く

石造りの本質

石を積んで壁とし、石を飛ばしてアーチやドームやヴォールトを宙に架けて建築が生まれた。ヨーロッパ建築の基本である〝石造〟の本質をこれくらい高い純度で今に伝えてくれる例は他にない。普通、どんな石造建築を訪れても、柱の上部に飾りが付いていたり、石の表面に仕上げが施されていたりするが、ここには、文字どおりただ石だけがある。それも、ノミで粗く削られた石だけがある。

石だけを感じさせる修道院は他でも見たことはあるが、しかし、少し違い、堂内に積まれた石の表面が光で濡れているというか、粗い石なのに艶やかさと柔らかさがある。こんな印象は私の過剰反応と思われるかもしれないから他の証言を引くと、人気建築家の藤本壮介は〝物質から光が分離する瞬間を見たように思った〟と何かの折に話してくれた。

あまりに珍しい印象なので、目を近づけて石の表面を観察すると、石と同質の土が目地とその周囲に付着している。わざわざ薄く塗ったわけではなく、石を一つ一つ積むために使った目地用の土が、汚れのようにして残り、そうした土の粒に、光が当たり、微妙な乱反射を生み、石の表面で光の粒が戯れているような珍しい質感をもたらしたにちがいない。

こんな効果がもたらされたのは、建

写真3　祭壇、今は宗教儀礼は行われていない。これほど美しい石の空間は滅多にない

築の作り方による。石の扱いに習熟したプロの石工ではなく、修道士たちが慣れない手によって、石を切りだし、運び、積み上げげた。だから、石も粗いままだし、作りは簡単だし、仕上げもしていない。畑を耕すようにして建築を作った。建築の原点の一つがここにある。

チャペルの次は回廊。普通の修道院を訪れると、付属教会より回廊のほうが印象深い。修道院というビルディングタイプを特徴づけるのは回廊で、回廊の回りに個室をはじめ食堂、台所、集会室などが並び、その結果、どの部屋からドアを押して外に出てもそこは回廊、という分かりやすい平面をとる。

回廊を歩きはじめ、初めて壁体の厚さに気づいた。チャペルも厚かったはずだが、光に浮かぶ室内の壁面のあまりの素晴らしさに、壁面の奥には壁の厚さが控えていることを忘れていた。忘れたのは、チャペルには珍しく窓がなく、僅かに正面の聖壇の壁に開く窓もごく小さく、室内と室外を見通して壁の厚さを確認することはなかったからだ。

写真４　中庭から見た回廊。装飾的なものは皆無

回廊を歩きはじめ、窓越しに中庭を眺めながら、初めて壁の厚さに気づく。厚い、それにしても厚く感じられる。構造上はおそらくこの三分の一で足りるはずだが、ここまでにしたのは、そうしたかったからだろう。

チャペルの側面に一つも窓がなかったのも、実は同じ理由で、できるだけ開口部を少なくして、内向的に自閉的に、いってしまえば荒野の中の洞窟に閉じこもるようにしたかったからではあるまいか。

内面を見つめる

世界の宗教を見ると、禅宗は達磨の〝面壁《めんぺき》九年《くねん》〟※の故事から知られるように、洞窟にこもって自分の内面を見つめることにより悟りを開く宗教もあるが、ル・トロネを作った中世の修道士たちも似たような心持ちになっていたのだろうか。

でも、禅とは少し違うと思う。達磨は、石の洞窟の中にこもり、洞窟の奥の石の壁に向かって修行したと伝えられるのに対し、ル・トロネの修道士たちは、チャペルでも個室でも、小さいとはいえ窓から差し込む光に向かって座り、祈っていた。その光が神の印でもあったからだ。

700年の眠りから覚めて

そう考えると、洞窟の中で奥に向かって座っていた禅の始祖は珍しい修行をしていたことになる。神や仏の光もない中での徹底した内省、ということか。

これほどあれこれ感じて考えることを誘う建築なのに、ル・トロネの修道院は、ヨーロッパ建築史の本には、概説書だけでなく彼の地で出された専門的な本にもほぼ全く取り上げられることはない。私にしてみても、磯崎新の本で初めて知ったくらい。

写真５　回廊。石の厚さが心を打つ

写真6　回廊から中庭を見る

理由は、歴史的にはこれといった重要性も典型性もないからだ。ヨーロッパ中世はキリスト教会全盛の時代で、前半の11、12世紀はロマネスク、13、14世紀はゴシックと前後に分かれ、ル・トロネは1160年に起工し1190年には完成したから、ロマネスクの末に位置づけられる。末という時期から当然のように新しい試みがなされたわけでもないし、チャペルのヴォールトを見ると頂部がやや尖り、ゴシック化の兆しも見受けられ、ロマネスク様式としての純度も高くはない。絵も工芸も見るべきものがないのも、無名化の一因かもしれない。

でも、だからこそ、フェルナン・プイヨンはル・トロネの建設を舞台に名作『粗い石』を書き、神への祈りと感謝が、修道士の手とノミを通して粗い石に一打一打刻まれてゆく様子を描いた。

石という材料とアーチ（ドーム、ヴォールト）という構造の二つだけしかない表現が建築家に理解されるようになったのは、20世紀の機能主義の時代になってからだった。できて700年後に初めて理解された建築ということになろう。鎌倉幕府が開かれたのとほぼ同時期に作られたことを思うと、長い時間がかかったが、今は、世界の建築界の一部に熱烈に支持されている。

※　面壁九年…中国南北朝時代、達磨師匠が中国の嵩山《すうざん》の少林寺に籠もり九年もの長い間、壁に向かって座禅を組み続け、悟りを開いたという故事。

No. 56

サン・ピエール修道院 ―聖職者と石工による様式美の創造―

回廊と中庭

キリスト教の修道院を訪れて、一番心打たれるのは中庭を囲む回廊だろう。理由は、日本の建築にはそれに相当するものがないからだ。

写真１　教会の正面。入口周囲は当時のまま

そんなことはない、日本の歴史を振り返ると、寝殿造の対屋《たいのや》と渡殿《わたどの》に囲まれた空地のことを中坪《なかつぼ》といい、藤が植えられれば藤壷、桐が植えられれば桐壷で、その対屋に住む女性は〝藤壷の女御〟とか〝桐壷の更衣〟と呼ばれていたのではないか。大きなお寺を訪れると、建物にぐるりと囲まれた場所は樹と石と苔が占めて庭化しているだろうに。京都の町家の坪庭だって…。

でも、思い返せば分かるように、平面も使われ方もまるで違う。修道院の回廊は、庭の回りをぐるりと一周回っていたのに、日本のは、廊下が回ってもせいぜい二辺で、あとの二辺は部屋が占めている。修道院の各部屋は、回廊と庭に向かって窓一つなく固く閉じ、ドアだけが開いていたのに、日本のは、どの部屋も廊下越しに庭を眺めることを前提としていた。

修道院の回廊と中庭は、日本とは違い空間として独立しており、だからこそ日本からの来訪者の視線と気持ちを引きつけてやまない。

修道院に中庭付き回廊は付きもので、修道院の制度が確立した11、12世紀のロマネスクの時代以後、ゴシック、ルネサンスさらにバロックそして今に至るまで続いてきたが、やはりロマネスクのものが一番いい。

前項のル・トロネもロマネスクで、石という材料とアーチ（ドーム、ヴォールト）という構造の二つが生む空間の素晴らしさから取り上げたが、中庭付き回廊という形式の魅力が発揮されていたわけではない。回廊の魅力は、片方が完全に石の壁によって閉じ、もう一つの側が中庭に向かって大きく開く点にあるとするなら、ル・トロネはいい例とはいえない。

これまで訪れた修道院をあれこれ思い浮かべ、フランスは南部のモワサックにある例を取り上げることにした。

聖地で見た奇怪な像

そもそもの歴史は古く、7世紀前半に溯るというから、キリスト教がまだアルプスの北には根を下ろしきらない時期に当たり、西からのアラブ人や北からのヴァイキングの略奪を経験したという。丘の上の目立つ場所という立地からして、あるいは、はるか昔のケルト時代の聖地の跡にキリスト教が入ったのかもしれない。フランスの有名な聖堂や修道院を訪れると、そういう例にいくつか当たり、宗教は変わっても聖地は聖地であり続けるらしい。

現在の建物は12世紀初頭に完成しているからロマネスクの最盛期の作にちがいないが、しかし建築より修道院付設のサン・ピエール教会の彫刻で名高い。正面入り口のアーチの下の壁のことをタンパンといい、ここに彫られたキリストと使徒のレリーフはロマネスク彫刻の最高作と評されているらしいが、私の目を引いたのは向かって左側の壁に刻まれた奇怪な像のほうだった。
（写真2）の右手の下のほうのレリーフを見ていただこう。裸の男女一組が立っているのはマアありとして、女性の胸のあたりに絡みついた二匹の蛇が下に向かい、一匹はなんと股間に頭を突っ込んでいる。左手の男は女性を誘惑する悪魔で女性と悪魔の顔の間にはガマガエルも刻まれている。

この奇怪な図像は〝邪淫〟と称され、性に溺れる罪を諌《いさ》めている。人間の本来の営みである性を〝原罪〟とするキリスト教会が、こうしたレリーフを掲げるのは分からんでもないが、それにしても諌め過ぎではないか。

さて、回廊と中庭である。大きい。大きくて広々としている。おそらく、修道院として全盛した頃には中庭はただの芝生ではなく、水場とか花壇とかシンボリックな樹とかが生えていたにちがいない。水場の隣には洗濯場があってもおかしくなかろう。そういう古い例を見たこともある。

修道士は、農作業で外に出る他は石の厚い壁の中がすべてであり、祈りと感謝の合間に野外の空気と日差しを味わえるのは中庭しかない。とりわけ、農作業に携わらない老いた

写真2　当初の姿を残すロマネスク彫刻

者や農作業以外の任を持つ者にとって、グルグル歩くための回廊と風と光のある中庭は、健康維持に不可欠。

回廊誕生の起源

修道院の中庭付き回廊の起源としては、キリスト教出現の地の気候風土が関係するとの説がある。今のイスラエル周辺の気候は乾燥し、乾いた大地の日射と熱気を防ぐため自閉的な住まいが求められた。そしてせめて家の中だけでも快適にと、日差しを防ぐ庇付きの回廊が生まれ、水場が設けられ、緑が植えられ、その伝統が修道院にも流れ込んだ。

もう一つ戦後になってからの説だが、中庭付きの回廊は、どこにいてもすべて見通せ、相互監視できるから。このアヤシイ説にも一理あり、私がさる家の設計を頼まれたときの夫人の要望はただ一つ、「何人もいる男の子が、どこで何をしているかすぐ分かるような家にしてほしい」とのこと。そこで、中庭付き回廊平面にしたらとても喜ばれた。

中庭付きの回廊は、平面計画上も合理的だし目にも美しいのに、なぜ現代の建築家は採用しないのか。理由は、修道院を特徴づける平面だからだろう。20世紀建築がヨーロッパで成立したとき、正面の敵はロマネスクやゴシックやルネサンスなどの歴史主義であり、その歴史主義の軸となっていたのが教会建築だったからではないか。あるいは、20世紀のモダニズム建築は、区切るのではなくオープンなスペースを求め、部屋と部屋の間を細かく区切り、外との間に厚い壁を立てる修道院プランを嫌ったのかもしれない。

ロマネスクの修道院を訪れる楽しみはもう一つあり、回廊を支える柱の上部に付く柱頭飾りの彫刻が面白い。建築にこのような面白さがあろうとは、ロマネスクの修道院を見歩く前まで考えもせず、一時は病み付きになった。

様式の真空状態から生まれた柱頭飾り

ギリシャ、ローマ、ルネサンスの古典系様式の柱頭飾り（キャピタル）には例の三大オーダーがあり、逸脱は許されなかったが、ロマネスクは違い、自由。石工たちが自分の思い思いの造形をしてよかった。条件は、下の細い柱と上の大きいアーチの基部の間を繋ぐ働きをするから、下は小さく上は大きく広がる形に納まりさえすればいい。

その結果起きたことは〝自由な造形が全体的統一の中には納まる〟という建築デザインの一つの理想。

例えば数ある柱頭飾りの中から、ここに三つを紹介しよう。

一つは、上部に耳が立つから動物か、それとも表情から人間か、あるいは人獣一体か、そんな顔が彫られ、顔の下には蔓草に由来する植物文様が絡み合う。

もう一つは、葉先が丸まった蔓草文様が全体に展開し、上部には花らしき飾りが六輪並んで刻まれている。

もう一つは、一見すると似ているが、よく見ると蔓草も上の並びも少しずつ違っている。石工が一人一人思いのままに刻んだのか、それとも、同じ石工がその時その時の気分で変えたのか。柱頭飾りに目がいった来訪者は、一周ぐ

写真3　教会付設の修道院の中庭と回廊。世界で最も美しい回廊の一つとして知られる

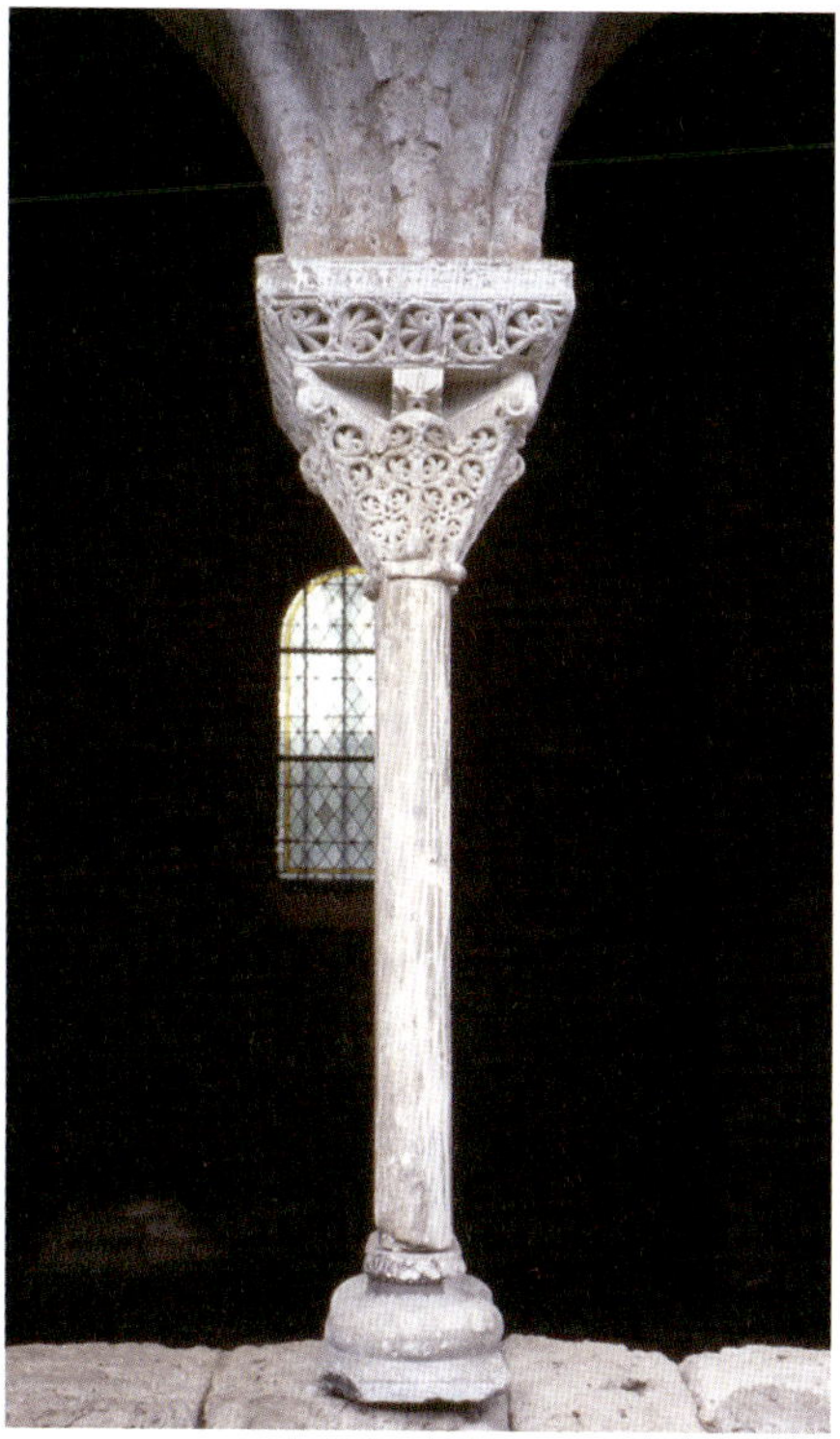

写真６　柱頭飾りと柱のプロポーションが素晴らしい

写真４　動物と植物文様の柱頭飾り

写真５　植物文様の柱頭飾り

るりと見て歩く。

柱頭飾りの起源は古代のギリシャとローマにある。ローマ帝国がゲルマン民族の大移動によって終わり、その後、イスラムやヴァイキングも来襲し、そうした大混乱が納まった後、ロマネスク建築は誕生しているが、おそらくその頃の人々は、聖職者も石工も、古代のルールを守ろうという意識はまるでなかったにちがいない。いってしまえば様式の真空状態の中で、造形意欲にあふれる石工たちがこのような像を刻みつけた。

No.
57

モン・サン・ミッシェル修道院

―技巧の限りを尽くしたゴシック様式の頂点―

写真１　草原と海の向こうの島全体がモン・サン・ミッシェル修道院

ロマネスク派かゴシック派か

ギリシャ正教、ロマネスクとキリスト教の修道院が続いたが、ゴシック様式の修道院をもう一つ取り上げて終わりにしたい。なぜなら、キリスト教建築が最も盛り上がったのは中世のゴシック様式の時代にほかならないからだ。

とは言ったものの、私はゴシックの修道院をそうたくさん訪れてはいない。建築界の好みはゴシック派とロマネスク派とでもいうべき両派に分かれ、どちらかが好きだともう一方は嫌うからだ。私はもちろんロマネスク派で、ロマネスクとあらば、南はイタリア半島の南端から北はノルウェーのフィヨルド海岸の奥まで探訪してきたが、ゴシックは代表的なものだけを歴史家としての義務感から、何かのついでに寄っただけ。そんな貧しい蓄積の中から拾い上げたのが、今回のモン・サン・ミッシェルの修道院。

フランスのドーバー海峡沿いの海岸から少し離れた小

島の上に、島全体を基礎のようにしてゴシックの修道院が立ち上がる。中央の鐘楼が天を目指して伸びる姿は、絵葉書に打ってつけだが、建築専門家としてはちょっと気恥ずかしくなる。

8世紀の初め、サン・ミッシェルの夢告を受けた司教が修道院を置いたのがスタートというから、この地方にキリスト教が伝わってきた最初の頃からの歴史を誇る。

フランスの他のいくつかのキリスト教聖地と同じように、キリスト教布教以前からケルト民族のドルイド教の聖地だった可能性もあろう。

聖地の条件

中世には、聖地の一つとして大切にされ、フランスはじめヨーロッパ各地から巡礼が訪れて賑わっている。巡礼が目指す聖地の条件の一つに〝行きづらい〟があり、〝行きづらい〟を克服してこそご利益が増すのは日本の巡礼路と変わらず、モン・サン・ミッシェルの場合は岸辺から島までの渡海であった。

平たんな砂の浜辺の先に広がる遠浅の海の中に忽然と立つ島を目指すのだから、日本の江の島のように潮の引いた時を見計らって浅い海をチャプチャプ歩いてゆ

写真２　修道院の入口には跳ね橋があり要塞としても使える

写真３　暗い回廊と明るい中庭のコントラストが素晴らしい

けばいいのだが、江の島と違い、ここに落とし穴が待ち受けている。上げ潮という落とし穴。

なんと昔の最大潮位差は14ｍもあり、上げ潮が津波のようにして押し寄せ、目測を誤った巡礼者は呑み込まれた。今は海流の変化などにより潮位差は減じているが、それでも、上げ潮を体験しようと島の付け根で待っていると、沖から寄せる先端の波頭のスピードは日本の海辺の比ではなく、ちょっと怖かった。

フランスよ、お前もか

まず遠くから眺めた。かつての遠浅の海の多くは今は地上化して草原となり、海の只中の忽然感は失われているが、それでも、島がそのまま上に伸びて建築化した姿は他では得られない強い印象を持つ。私もいつかはこんな建築と自然の光景を作ってみたい。

遠浅の海辺の多くが草原化したとはいえ、それでも100ｍくらいは遠浅の海の名残りはあるのに、残念なことにその上に橋を掛けて道が島まで通じている。江の島と同じ。

フランスよ、お前もか、と思いつつ、橋の上を多くの

写真４　回廊の中庭側を支えるアーチは２列からなり、かつズレている

観光客に混じってゾロゾロ歩いて島に入ると、狭い通路の両側に軒を連ねるのは土産物屋さん。再び、フランスよ・・・。

あまり意識されていないことだが、ヨーロッパの名所旧跡の〝日本観光地化現象〟はこのところ著しい。冷戦が終わり、東西両陣営の人の移動が自由になったり、アジアの新興国からの旅行者が増えたりと、フランスやイタリアの名所旧跡への観光客の集中は激しく、その結果、門前には大量の土産物屋や飲食店が並び、日本の観光地と似た光景が出現している。これまで我々は、こうした日本の観光地光景をヨーロッパにはない日本的現象として恥ずかしく思ってきたのだが、なんのことはない、日本は〝先進地〟で、今やヨーロッパが後を追っている。コントロールする方法はあるんだろうか。モン・サン・ミッシェルでは、遠浅の海を復活する方向で進んでいるというが、フランスといえど橋の撤去までできるかどうか。

ゴシックの技巧

建築について述べよう。まず目に入ったのは、入口の門の跳ね橋だった（写真２）。修道院ではあるが、海の向こうにはかつて敵対したイギリスがあるから、イザという時には出城として使うことになる。事実、ジャンヌ・ダルクの登場で名高い英仏が長期に戦った100年戦争の時には、要塞として使われている。

　こうした跳ね橋も私は好みの一つとして注目してきたが、ヨーロッパ中でこれまで三つしか見ていない。いずれも、思いのほか短いが、持ち上げるためにはこの程度が限界だろう。ちなみに私が設計した二つの跳ね橋は、もっと短い。奥に進むと、回廊に出る。修道院の見所の第一にふさわしく、中庭も広くて美しいし、それ以上にぐるりと回る回廊の柱とアーチのコンビが只事ではなく、呆れるようなレベルにある。

　キリスト教建築は、ロマネスクを高度化してゴシックが生まれた、と説明されるとおり、柱一本の立ち姿も細部の彫りも技巧の限りを尽くし、繊細な美を実現している。日本の木造建築の歴史でいえば、江戸時代の過剰彫刻の社寺に近い。ヨーロッパの中世はロマネスクとゴシックを合わせて400年、日本の江戸は300年。300～400年安住した時代が続けば、石の建築も木の建築も、似たあたりに収束するということか。

　技巧の程を紹介しよう。回廊の庭側は柱の上にアーチが載る形を採るが、只事ではないのはここ。ロマネスクなら、ル・トロネのように柱は壁状でアーチはただの半円アーチという素朴極まりない作りも許され、よくてヴェズレーのように、細身の柱一本の上に半円アーチだった。ところがこの回廊ときたら、細身の柱二本の上に、細くて先の尖った尖頭アーチがそれぞれ載るばかりか、仰天すべきはなんと、本来一体化すべき内側の作り（柱とアーチ）と、外側（庭側）の作り（柱とアーチ）が半分ずつズレているではないか。技巧を尽くすでは止まらず、限りを尽くした結果にちがいないが、ここまでヤルか。

　ゴシック修道院のことは詳しくないから、ここまでやった例があるかどうか知りたく思い、手元のゴシック関係の本をめくってみたが、見当たらなかった。こと回廊については、ゴシックの頂点にある。

写真５　２列のアーチの間

写真６　大食堂のヴォールトとタイバー

隆盛と衰退

ゴシック様式は最盛期を迎えた後、晩期ゴシックと呼ばれる過熱の時代に入り、柱は木造に近いほど細くなり、天井面を支えるリブは網のように交差して絡み合い、その交点はついに垂れ下る。石が垂れるということは、石を止めたに等しいだろう。そして全体の印象は軽く薄くなり、石で作ったレースと化す。ここまで過熱してゴシックの時代は終わり、ゴシックを否定してルネサンスが登場する。

建築の一つの様式は、過熟して建築以外のものに近づいて終わる、といえるのだが、この回廊のズレた二重のアーチという作りも、晩期ゴシック的過熟現象といっていいだろう。

ズレた二重のアーチ同士はどう繋がっているのか知りたく思い、顔を突っ込んで見上げてみたら、狭い空間の中をアーチからアーチへとリブが走っていた。ここまでやれば、ゴシック嫌いの私としても、見るべき建築として認めるしかない。

回廊に比べ、附属教会は建築的には面白くない。これは修道院建築の定めといっていいだろう。

意外に目を引かれたのは、大食堂のヴォールト天井の作りだった。ヴォールトを鉄のタイバーで引っ張り、ヴォールトの表面には板を張っている。機会があればやってみたいデザインとして心惹かれたが、でも、冷静に考えれば、後世の改修にちがいない。ゴシックのヴォールトは石のリブを使う交差リブヴォールトのはずだし、鉄のタイバーもゴシックの後のルネサンスのやり方だからだ。

世界遺産に登録されて人だらけではあるけれど、一度は訪れたい数少ないゴシック建築である。

第Ⅳ章

歴史

No. 58

ナチスドイツの建築 ―戦時下における国民住宅の二面性―

ナチスドイツ建築の特徴を紐解く

今回は戦時下のドイツの建築を紹介したい。正確には、ヒトラー率いるナチスが1933年に政権を握り、1939年、第二次世界大戦を引き起こし、1945年に終わるまで、ドイツではいかなる建築が推奨され、どんな作品が実際に作られていたのだろうか。

ミュンヘンがナチスドイツの拠点であったことは知っていたし、その昔私がミュンヘンを初めて訪れたのもアザム兄弟※1のドイツバロック作品とナチス時代の建物として知られる〝芸術の家〟を見るためだったが、まさかその他にも日本の歴史家として見ておくべき諸作が残されているとは思わなかった。

2012年、ミュンヘンで〝藤森建築展〟を開き、翌年その縁でミュンヘン市から新都市に作るモニュメントの指名コンペに招待されて出かけた時、ガイドしてくれた研究室OGのハーン・マイコさんから〝国民住宅〟がまだ残っていることを聞いた。

コクミン・ジュウタク、と訊けば捨て置けない。なぜなら、戦時下、正確には日米開戦直前の1941（昭和16）年、若き日の丹下健三と浜口隆一が深く関わっているからだ。

ナチスドイツの政策に学び、〝国民住宅〟への関心が民間でも建築界でも俄かに高まり、当時前川國男の設計事務所に勤めていた丹下青年は、同潤会※2他が主催したコンペと建築学会が主催したコンペの二つに応募し、前者で佳作を得ている。卒業設計以来初の設計となり、余程気に入ったのか、戦後（昭和28年）の自邸もこの時の案をもとにした、と丹下は語ってくれた。

浜口は、戦争末期にナチスの政策に触発されて『日本国民建築様式の問題』と銘打つ論文を発表し、戦後、自己批判している。

デザインの丹下と理論の浜口、昭和10年代後半という実作の難しくなった時代に建築界にデビューした二人の俊英の心をギュッと掴んだのがナチスドイツの国民住宅だった。それはどんな建築だったのか、日本の近代建築史家としては是非知っておきたい。これまで誰も紹介していないし。

まず驚いたのは、相当しっかりした計画によりちゃんと遂行されていることだった。そのことを知ったのは、ハーンさんの勤める設計事務所の所長のハンネス・レスラーさんから見せていただいた『国民住宅』と銘打つ厚い本からで、ナチスドイツの号令を受けて、全国各地の建築家たちが次々と完成させた実例を写真と図面で紹介しながら、良い例、悪い例を具体的に指摘している。

悪い例としては、ゴシックとかロマネスクとかルネサンスなどの歴史様式をちゃんとやろうとしているもの。良い例とは、そうした歴史的様式を離れ、全体の形を細部もスンナリ、アッサリ作っているもの。言ってしまえばモダニズムのセンスで過去の歴史様式を洗ったもの。とはいえ、もちろんナチスはバウ

写真１　シンプルな形状の集合住宅。右側の小屋が車庫

ハウスのような本格的モダニズムを国籍不明のユダヤ的表現として排斥しており、当然建築家たちもそのことは承知しているから白い四角な箱に大ガラスをはめたようなデザインではなく、伝統的な民家系の姿をモダンな水で洗い、古臭さを洗い去ったようなのが推奨されている。

フォルクス・ワーゲンと防空壕

実物を見てみよう。

ミュンヘンの東の郊外にあり、すぐ近くにはヒトラーの肝いりでミュンヘン空港が建設されたが、今はニームと名づけられ、新都市として再開発されている。再開発され飛行場本体は消えたが、飛行場の発着を眺めるための長大なスタンドだけは歴史的記念物として残され、私がミュンヘン市より招かれたのは、そのスタンド周辺に作るモニュメントのコンペだった。

ミュンヘンの東の郊外に国民住宅を作り、そのさらに先にミュンヘン初の民間用飛行場をヒトラーは作った。

写真２　現在は仕切りに生け垣が使われている

車が古い伝統的住宅地を抜け、〝ここからが国民住宅です〟と言われ、車を降りて眺めると、思いもよらぬ光景が現れた。目の前にはよく整備された緑豊かな郊外住宅地が広がっている。

これがヒトラーが国民に与えた住宅なのか。これなら国民は満足しただろう。

相当広い面積を画して開発し、歩車分離の広い道路をわざとカーブして縦横に通し、独立住宅を基本とするが、ある区画には単身者用なのか集合住宅もある。

敷地を見ると、塀は禁じたのだろう、今は生け垣か金網で仕切られているが、生け垣は小さく、竣工時は何も仕切るものはなく、歩道から庭の芝生に直接続いていたのかもしれない。

芝生の庭の向こうに、あるいは家の側面を歩道に向けて住宅は立ち、それぞれいろんな配置と大きさをしているが、住宅の基本形は切り妻のシンプルなデザイン。敷地と住宅の作りを見て、すぐ思い浮かべたのはイギリスのレッチワースに19世紀初頭、ハワードが作った田園都市だった。よく似ている。

見歩くと、各敷地の道側に小屋を付設した家が多い。物置にしては出入口が小さい。でも、もしかしたら小型の、そうフォルクス・ワーゲンの車庫ではないか。そうだった。

今も続くドイツのフォルクス・ワーゲンは、日本語に訳せば〝国民車〟となり、ヒトラーが、国民住宅とコンビにして国民に約束し、実現した小型車なのである。

国民車用車庫の付いた国民住宅を一巡した後、もう一つ全く別の表情をした国民用住宅を見た。国民住宅より遅れてスタートし、ミュンヘンでは二棟実現しただけで敗戦となった〝防空住宅〟である。

戦時中、前川事務所から大学院に戻った丹下の指導教官であった高山英華が、ドイツを手本に防空都市計画に取り組んでいたことは承知していたが、ドイツの計画の実態は知らなかった。ミュンヘンの〝防空住宅〟もその一駒にちがいない。

ハーンさんに案内されたのは、ミュンヘンから東に向かう通りに面する大規模な集合住宅だった。この通りの先には国民住宅と空港がある。

写真３　左側の部分が防空壕。壁には銃眼が開く。上部には飾りとして壺が並ぶ

車を降りて、あまりのデカサと硬直したデザインに呆れはしたものの、この集合住宅のどこが〝防空〟なのか分からなかった。しかし、長大な住宅の両端のヘンな作りを見て〝もしや？〟。そう、両端に作られた窓のない部分こそ日本の防空壕代わりで、敵機来襲の時にはここに逃げ込む。

屋上には高射砲を据えることができ、いざという時には逃げ込むことのできる防空住宅を、通りに面してズラリと並べる計画であったという。

我が闘争の果てに

丹下や浜口や高山は、ヒトラーが取り組んだ国民住宅や防空都市計画の実態を知っていたはずだが、〝日本では無理〟と思ったのか、それとも〝やればできる〟と思ったのか。丹下が戦時中の無理な国策から目が醒めたのは敗戦の数カ月前、浜口から「この戦争は負けるから戦後の用意をしておけ」と教えられた時、と私に語っている。

写真４　側面にも大きな窓はない。まさに鉄壁

※１　アザム兄弟…ドイツの芸術家兄弟。兄コスマス・ダミアン（１６８６〜１７３９）は絵画、弟エギト・クウィリン（１６９２〜１７５０）は彫刻を中心に活躍。教会をはじめ共同で建築も製作した。

※２　同潤会…１９２４年関東大震災の義捐金をもとに設立。東京と横浜に住宅供給を行う。１９４１年に住宅営団に業務移管の後、解散。

No. 59

芸術の家とナチス本部 ―ドイツの負の遺産―

ドイツを凝縮した街に残る影

日本人には分かりにくいが、ドイツは元々一つの国ではなく、プロイセンとかバイエルンとかヘッセンとか諸王国の集まりで、お互いに戦争もすれば、ナポレオンが攻めてきた時など、ある国はナポレオンに付き、ある国は戦ったりしている。１８７１年、プロイセンによって統合され、ドイツという一つの国が生まれてからも旧王国の独立性を残したまま今に至る。

１９３３年にヒトラーが政権を獲った後も、ヒトラー政権への親近感には旧王国ごとの温度差があり、なんといっても一番熱かったのはバイエルン州（旧王国）だった。

ミュンヘンを州都とするバイエルンは、サッカーでもドイツ一、ビールの消費量もドイツ一、伝統の強さ、保守性でもドイツ一として鳴らし、北はアルプス越しにスイス、東は峠を経てオーストリアに続く。

この峠の向こうからやってきてミュンヘンに居ついた芸術家崩れの小柄で暗い青年が、やがてバイエルン州の政治を握り、ついにはドイツ全体を支配して、ヨーロッパを壊滅の淵まで連れて行くことになる。

ヒトラーは、政権を手に入れ、ほとんどの時間を首都ベルリンの官邸で過ごすようになってからも、自宅はミュンヘンに置き、またナチス党の本部もミュンヘンから移さなかった。

そして、ヒトラー邸とナチス本部は今も残り、西の郊外の自邸は封印され、主人の日常生活をそのまま残して凍結的に保存され、中心部の本部は音楽高等専門学校として使われている。

初めてミュンヘンに行ったのは、ナチス建築の典型として建築史上で知られる芸術の家を見るためだったが、まさかその近くにナチス本部が残っているなんて思いもよらず通り過ぎてしまった。

写真１　芸術の家（独 Haus der kunst）。柱は直線的にまとめられている

今回は、芸術の家とナチス本部を紹介する。

超越的無表情

芸術の家（竣工時はドイツ芸術の家）はヒトラーの肝いりで、コンペが開かれた。当時、まだバウハウスは追放されておらず、グロピウスも応募し、その案はハーケンクロイツ型の平面だった、と学生時代に先生からその平面図を見せてもらった建築家が教えてくれた。事実とするなら、ハーケンクロイツ型平面の上にバウハウス校舎のデザインが立ち上がっていたのだろう。

もちろん落選。当選したのはパウル・ルドウィヒ・トローストという歴史主義をよくするミュンヘン建築界の名士であり、ヒトラーのお気に入りだった。彼の死後、アルバート・シュペアー※1が気に入られる。

トローストの死後、未亡人の尽力によって１９３７年に完成した建築は、ひたすら列柱を強調するギリシャ神殿をベースとするが、しかし、例えばペディメントを省くなどモダンさもある。列柱のデザインもギリシャそのままではなく、ローマ時代のトスカーナ式（ドーリス式の簡略版）を採るが、ベースの作りをよく見ると曲線であるべき細部を直線化している。

全体としていうなら、古代のギリシャ・ローマ様式をモダンに合理化したもので、ギリシャの美に憧れ、ローマ帝国の復興を夢見たヒトラーならではの美学が体現されている。その美学を一言でいうなら〝超越的無表情〟。独裁者好みのこの超越的無表情美術館を使ってヒトラーは〝大ドイツ芸術展〟※2を開き、さらに未亡人に多額の慰労金を与えている。ちなみに大ドイツ芸術展をリードしたのは、恥毛を正確に描くことで知られる三流画家だった。

私はかの〝退廃芸術展〟※3もここで開かれたのかと思った。ヒトラーの政策に合わない当時の前衛的美術作品を、例えばゴッホ、ゴーギャン、セザンヌ、マチス、ピカソ、シャガールなどの作品を展示して告発するために開催されている。聞いてみると、「ヒトラーが嫌いな絵を自分の肝いりで作った美術館に展示するはずはなく、近くの雨風の当たる野外で開かれた」という。

写真２　ナチス本部。正面入口の３階にはかつて象徴たる鷲の紋章が掲げられていた

消極的無表情

次に、１９３６年完成のナチス本部を見てみよう。

第二次世界大戦末期、米軍は本拠地ミュンヘンを猛爆撃し、カテドラルや街を破壊し、当然のようにナチス本部も目標とし、何棟かのうち中心部は跡形もなく吹き飛ばしているが、大通り沿いの二棟はほぼ無傷で残った。

進駐した米軍は、吹き飛ばした中心部の跡にアメリカ文化センターを建築し、ドイツの民主化、アメリカ化に努めている。日本の場合は東京の日比谷にアメリカ文化センター※4が作られているが、同じことをドイツでもやっていた。

残った二棟は音楽高等専門学校として今は使われているが、あまりに目立たない建物だから、言われないとそれとは分からない。

でも、改めて眺めると、奇妙なデザインというしかない。例えば、窓回りなんか四角な石の枠を額のようにはめただけ。玄関を支える4本の柱も四角。軒の出も四角。芸術の家は、ギリシャやローマを偲ばせるのに、そういう歴史主義的な配慮もなく、ただただ四角くて武骨な印象だけが伝わってくる。芸術の家は、威風堂々、力を誇示しているのに、こっちはそういう積極性に欠け、重く沈む。もしこういうタイプの人がいたら、あまり付き合いたくないし、付き合っても楽しいことはないだろう。言うならば〝消極的無表情〟。とても〝超越的無表情〟と同じ建築家により同じ時期に作られたとは思えないが、無表情さは共通する。

ドアの向こうに真実は見えるか

どこか不気味な感もあり、玄関の扉の前で立ち止まっていると、案内してくれた若いマティアス・ハンプ君が、扉のノブを指差した。真鍮製のノブは、ノブには珍しく筒状の単純なもの。

写真3　入口のドア。実用性一本槍

「僕のおばあさんの好み。アア嫌だ」

おばあさんが、こんな太くて単純で武骨なノブを好むなんて、日本では考えられない。

私が怪訝な表情を見せると、「おばあさんは、ナチスの時代にミュンヘンに育ち、影響が生涯、抜けなかった」という。

日本では、戦時下の軍国主義への反発から、戦後は、民主主義や平和を大事にした人はたくさん知っているが、普通のおばあさんからナチスの影響が抜けなかったとはどういうことなのか。

「政治的な影響は抜けていたが、発想や感覚には染み込んだままだった。例えば、若者や移民による社会問題が起きると、複雑な背景を無視してすぐ断定的な結論を下すし、服や日用品のデザインも、このノブのような実用性一本のものを好み、孫の私には好きになれなかった」

そのナチス好みのノブを握ってドアを開け中に入ると、意外だった。手すりや階段親柱などのディテールは外観用の四角好みが貫徹されてはいるが、天窓からの明かりが差し込むホールの空間はなかなかいいし、スケールもヒューマンだ。

都市計画と芸術の家のような記念碑的建築にギリシャやローマの記念碑性を求めて、大スケールを好んだ独裁者なのに、ナチス本部のこの小さなスケール感はど

写真４　階段室は意外にやさしい

うしてだろう。なぜ、背丈をもっと高くし、列柱を並べ立て、大きな感じを演出しなかったのか。とにかく、高さがその辺の中学校程度に低い。

もしかしたら、儀礼や行事のための公的な場ではなく、自分が作った政党の本部だったからかもしれない。自分の身の丈に合わせたのか。この独裁者は、政治指導者としては稀に見る小男だったことで知られる。

写真5　これほど無表情な建物も珍しい。設計は芸術の家と同じトローストによる

※1　アルバート・シュペアー…1905~1981年。すべての建築は美学的に優れた廃墟となるべきという「廃墟価値の理論」を提唱し、ヒトラーに支持される。ベルリン再開発の「ゲルマニア計画」にも関わる。

※2、3　大ドイツ芸術展と退廃芸術展…1937年7月18日に第1回大ドイツ芸術展が、翌日ホーフガルデンギャラリー（ミュンヘン）で退廃芸術展が開催された。

※4　（日比谷）アメリカ文化センター…1945年民主主義の普及や教育改革を担当した民間情報教育局（CIE）が設置したCIE図書館を前身とする。

No. 60

クノッソス宮殿 ―クレタ島の迷宮―

逆立ちする柱

学校で西洋建築史の授業を受けると、必ず登場するヘンな建築がある。古代エジプトの後、古代ギリシャへと続くが、その古代ギリシャの原型として〈クノッソス宮殿〉なる建築が登場し、これが摩訶不思議な姿を見せる。

まず平面が変わっていて、厚い壁に囲まれた狭い部屋がギッシリと密集し、宮殿というより地下要塞に近い。

平面以上に異例なのは柱の形状で、上広がりなのである。古代エジプトも古代ギリシャも、むろん日本の法隆寺も、古《いにしえ》の柱というのは上に行くに従って細くなるのが当たり前なのに、上も下も同じならまだしも上に行くに従って太くなる柱があるなんて。柱の逆立ち。

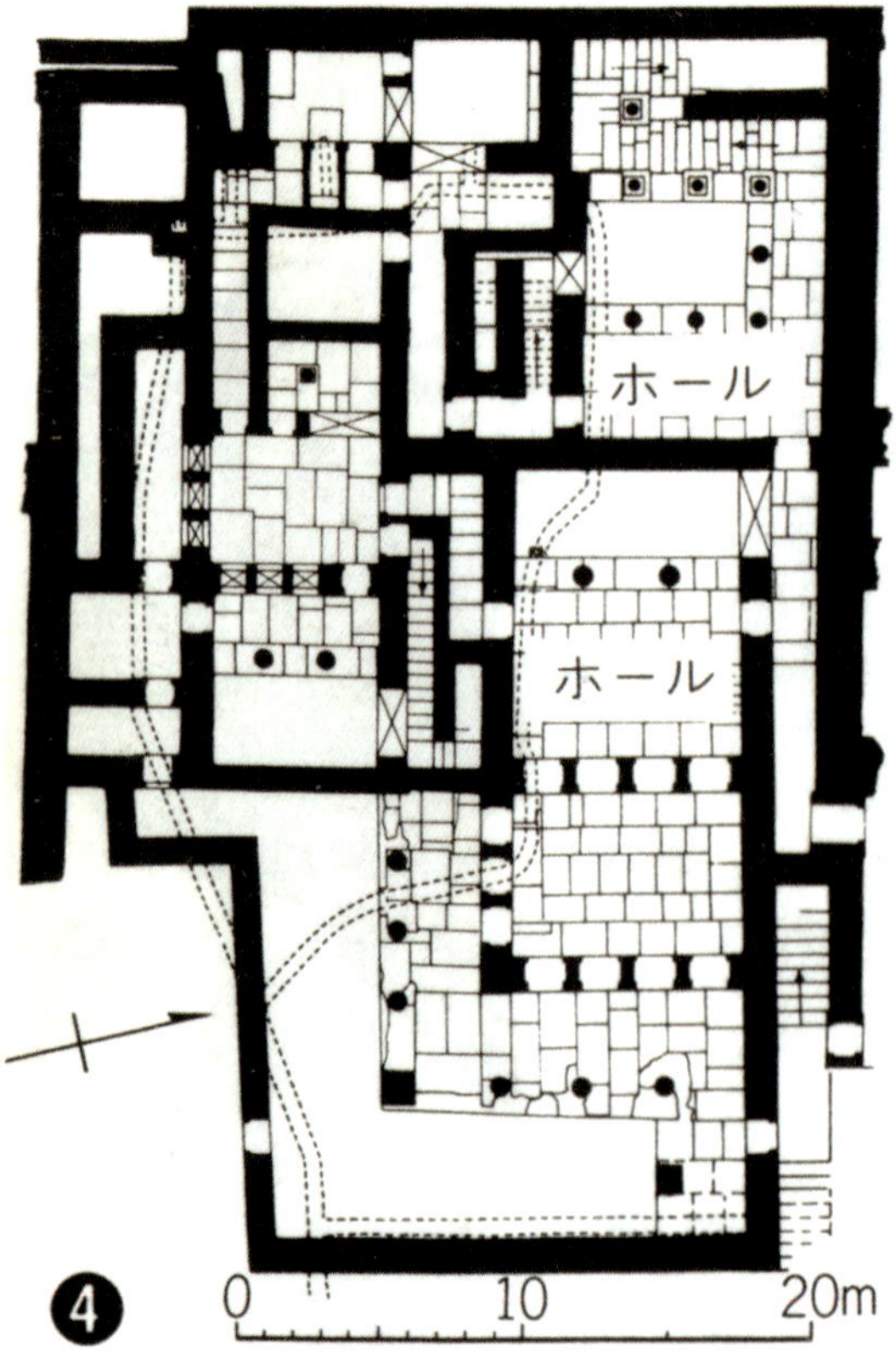

写真1　一部の平面図。地下迷宮の如き造り（出典　『西洋建築史図集　三訂版』日本建築学会編　彰国社　1981年　P10）

パルテノン神殿やギリシャ神話で知られる古代ギリシャの文明のことを〝ヘレニズム〟と呼び、それに先立って登場した文明を〝プレヘレニズム〟というが、クノッソス宮殿はここに属する。またこの宮殿を中心とするクレタ島近辺の文明をミノア文明ともいう。ミノア文明はプレヘレニズムの代表格で、地下の要塞のような迷路のような作りは、ギリシャ神話の奇怪な登場人物〝ミノタウロス〟の住処《すみか》ともいう。ミノタウロスは、半牛半人の怪物で、地下の迷宮に住み、毎年12人の若者と処女が生贄《いけにえ》として供されたという。

ギリシャ神殿は一度見れば十分、どれも同じと思わせるところがあり、ギリシャを訪れてもクレタ島まで足を伸ばさずに過ごしてきたが、この度、イスラエルへの帰路、時間が空いたので寄ってみた。

寄って正解だった。寄らなければ、これまでの説を鵜呑みにし続けただろう。

クノッソスの宮殿跡は、ミノタウロス神話もあって大量の観光客が押し寄せているが、たいていの人は退屈そうにガイドの説明を聞き流すか、足早に歩いてゆく。建築に興味がなければ、それも美しいとか立派とかより古の人類がどのように建築というものを発生させたのかという起源論に関心がなければ、クノッソスはただの瓦礫の山のそここに極彩色の壁画が剥げ残るだけにすぎない。

まず、地下要塞的な過剰密集平面の件から。

平面図からは読み取れなかったが、小さな丘の頂部を占めて宮殿が造られ、西側は急斜面となり谷底には川が流れている。丘の上の要塞的な密集住居は、地中海沿岸の小都市の特徴で、起源は古く、新石器時代まで溯る。などと自信ありげに説明するのは、世界の新石器時代を代表するチャタルホユクの街の復原案を見ると、密集どころか外から街に入る道も、街の中の通路もなく、各家々や施設には屋上を通って中庭に降り、そこから家の中に入る。異民族や異集団からの攻撃を防ぐための工夫にほかならない。

古代エジプトとか古代ギリシャとかのように一大勢力圏を築いて初めてオープンな街が可能になる。それ以前、人々はむろん王様といえど、厚く固い鎧を着たような狭い街の中で窮屈な日々を送っていた。

学生時代に平面図を見た時、一番印象に残ったのは細長い部屋の並びで、いったい何に使われていたのだろうか。現

写真２　遺跡の全景。ただ石がころがるばかり。ふつうのギリシャの遺跡なら一番目立つはずの柱が残されていないのは、木柱だったから

場の解説を読むと、何のことはない、ただの食料庫だった。

全体の配置は意外に単純で、北側から南下して王宮に入ると、大きな中庭に出る。中庭の周りには、玉座の間、王妃の住まい、浴場、台所、ブドウ酒搾り場、工作場などさまざまな用途を配する。一番重要なのは、中庭の北西角に面した玉座の間と、南西に面した儀礼の間。

二つの間に近いところにはいくつも柱が立っているが、すべては復原で、実物はカケラ一つ発掘されていない。なぜか。

マサカ、マサカ！　マサカ!!

現場を見て初めて知ったが、若き日の私の目に焼きついた逆立柱は、なんと石造ではなく木造だったのだ。まさかと思い、かつては柱があったが、今も復原をしていない柱の位置を確かめると、根元の石の床に丸い穴があいている。この穴の中に根本を差し込んで木の丸柱が立っていた。セメントで復原された木柱の表面が赤茶色く塗られているのはベンガラ塗りを示すのだろう。本当の木の柱にベンガラを塗って復原してくれ、と日本から訪

写真３　復原された逆立柱。柱の下の基礎と柱の上の梁は茶色く塗られ、それ以外は石造りであることに注目

れた建築史家は言いたくなる。

木の柱をセメントで復原しペンキを塗って済まそうとする遺跡復原の在り方に対する憤りは、私の思考を逆立柱そのものに向かわせた。

本当に上広がりだったのか。壁画に描かれた列柱は確かにそう見えなくもないが、小さ過ぎ、これから逆立柱ということは難しい。博物館でテラコッタ製の小さな家屋を見ても、上広がりには見えないし、後で訪れた同時代のミケナイの獅子の門には石造の柱が付いているが、これも上広がりではなく、上も下も同径のただの丸柱。アテネの国立博物館には発掘された長い柱が展示されているが、これも上広がりのようなそうでないような。

クノッソスの宮殿に復原されている逆立柱は、今も世界中の建築史の本に登場するが、物的証拠はないのではないか。

西洋建築史の常識を疑うような発言はこれくらいで止めて、もう一つの驚きに移りたい。

ベンガラ塗りと思しき木の柱の下には黄色く塗られたセメント製の基礎が走り、上にも黄色く塗られたセメント製の梁が架かり、両者の下と上は石で作られている。基礎と柱と梁という基幹は木造、その上下は石造。上と

写真４　玉座の間の列柱も逆立ちする

下の石造の中間に木造が差し込まれているのである。

ギリシャの源流だから純石造と思ってきたのに、強い石造の中間に弱い木造を混ぜ込むなんて・・・マサカ。

このマサカがマサカでないことは近くの町家の古そうな壁を見て知った。石の壁の間に木が水平に積み込まれている。

内田祥哉先生にお会いした時、中世や近世などのヨーロッパでは壁の中間に厚い板をサンドイッチ状に積み込むのがそう珍しくもないことを教えてもらった。石と石の接合面を馴染ませるための技法というが、元を辿ると、クノッソスの宮殿の〝目立つところは木造とし、その上下左右は石を積んで済ます〟という古の地中海地方の伝統の混合構造に由来するのではないか。日本人には考えにくい造りだが。

写真５　壁画に描かれた柱は上広がりのようなそうでないような

写真６　クノックスと同時のプレヘレニズムのミノス文明を代表する＂獅子の門＂の柱。この遺跡は、かのシュリーマンの発掘になる

写真７　アテネの国立考古学博物館に展示されている柱。上広がりのようなそうでないような

写真８　古い町家の石の壁には木材が積み込まれている

No.
61

エピダウロスの円形劇場 ――調和のプロデュース――

写真１　エピダロウスの円形劇場。最も大きく、最も保存状態の良い古代ギリシャの円形劇場として知られる

紀元前に起源あり

古代ギリシャは、今日まで影響の及ぶ三つの建築タイプを作り出した。まずはもちろんギリシャ神殿で、今でも石造建築の美の規範としての力を失っていない。次は競技場で、２０２０年の東京オリンピックも、長楕円をスタンドが囲む形式の中で熱戦が繰り広げられるにちがいない。正確にいうと、ギリシャの長楕円がローマ時代に楕円になり今に至る。

そしてもう一つが、今回取り上げる円形劇場にほかならない。舞台を扇状に開いた客席が囲む平面といい、階段状の座席から見下ろすように眺める断面といい、現代の劇場形式の元を辿ると、古代ギリシャに行き着く。

まず円形劇場という言葉から入りたい。全体の形は横長の舞台に扇状の客席だから、円形とは言えず、扇型劇場とすべきなのにそう言わないのは、まず舞台側が二つに分かれ、細長い舞台の客席側にもう一つ円形がある。この円の回りに、客席の円形は描かれている。

劇は〝ロゲイオン〟と呼ばれる細長い舞台の上で演じられるとして、さてでは、その前の円形の場は何のために作られたのか。この場の名を〝オーケストラ〟と呼ぶことから分かるように、ここでコーラスが歌われている。現在のオペラ座でいうオーケストラピット。ヨーロッパの劇場の原型はギリシャにあり。

すり鉢の底で神を演じる素晴らしき音響効果

数多く残る古代ギリシャの円形劇場の中で、建築的に見て最も素晴らしい例を紹介したい。大きさ、デザインと細部の作り、保存状態、いずれをとっても紀元前4世紀後半に作られた〝エピダウロスの円形劇場〟が一番素晴らしい（写真1）。

訪れた観光客は舞台の裏から入場するが、細長い舞台の位置に立つものはおらず、舞台を通り過ぎてオーケストラの中心へと進む。これが円形の求心力というもの（写真2）。

私も他の観光客に続いて直径20ｍの円の中心に立つと、円形という形式の力が自ずと理解できた。自分を中心としてすべてが放射線状に広がり、一方、周囲の見えるものすべてが自分に向かってくる。古《いにしえ》のギリシャ劇の役者たちは、遠くの客席からも分かるように大きな仮面を着けて神々の悲喜劇を演じたそうだが、舞台の上に立つだけで高揚し、自分も神々の群れに入ったような気持ちになっただろう。

写真２　舞台側より。斜面を深く掘り崩して作られているのがわかる

観光客の中には、朗々と詩を吟じたり、歌を歌う者もいる。高揚してそんな劇的な行為に走っているかと思ったが、仲間が席の後ろの方からあれこれ応答しているのを聞き、声がどこまで届くか確かめているらしい。私も、確かめるべく、一番離れた席に座り、歌声を聴いて驚いた。素人の声でも、すり鉢の座席の石の上を滑って届き、つい耳元でささやかれたように鮮明に聞こえる。その距離70m（写真3）。

客席面積は5，870㎡あり、観客数は1万3，000から1万4，000人。万を超える客の集まる劇場だった。万を超える人々がすり鉢状に取り囲む中でのすり鉢の底部での演技。神々に紛しての神々の話だからできたものの、現代劇のように人間による人間の話ではこの演劇空間の持つパワーに押し潰されるだろう。

相撲と劇場の共通点

しばし古代ギリシャの劇空間をイメージした後、座席に向かう。

舞台側から眺めると、危ないくらいに急傾斜に見えたが、階段状の通路を歩いてみると、意外に歩きやすい。傾斜は二分の一。一番歩きやすい階段は三分の一というから、それより急だが、踏面が広いから安心できる（写真4）。

広い座席にゆっくり座り、舞台を見下ろして息を呑む。舞台の向こうには青空の下、ギリシャの山々が広がっている。古代

写真3　円形舞台の中央で声を出すと客席全体によく通る

には、奥行3m強、幅27mというやたら細長い舞台の背後の楽屋が立ち上がっていたから、今のように劇場内と野山が仕切られていた。それでも客席の上の方からは楽屋越しに山々が望まれたにちがいない（写真5）。

今さら言うまでもないが、円形の野外劇場なのである。

写真4　階段状の石の段は、動きに方向性のある独自の美しさを持つ

野外と円から日本の昔の相撲のことを思った。辰野金吾が1909（明治42）年に両国国技館を作るまで、大相撲はずっと長い間、野外の興行だった。円形の土俵が発生したのは織田信長の頃で、それまでは取り組む二人の周りを観客は丸くなって眺めていたという。

演劇の原型を今に伝える春日大社の〝春日若宮おん祭〟を見に行くと、皮付きの丸太を組み、桧の枝と葉で屋根を葺いた神さまが仮に宿る〝神社〟の前に土を盛り上げ芝を生やし、その上で古い舞や劇が演じられている。これこそ劇と劇場の原型で、芝（草）の上で演じられるから芝居（しばい）。

今は劇場建築の屋根の下で行われる劇も、相撲やスポーツと同じように元々は青空の下、野山に囲まれた中で演じられていた。エピダウロスの劇場の座席に腰を下ろすと、ギリシャでも日本でも演劇が神々と繋がっていた頃の大らかにして晴れやかな演劇空間を偲ぶことができる。

げに難しきかな自然と建築の親和性とは

すり鉢状の客席を一巡りしてから、もう一度、すり鉢の底部に戻り、全体を見晴らし、〝自然と人工〟について考えた。

建築という人の作った物と神が作り賜うた自然との関係をどうするかは、長年の私の根本テーマであり続けるが、建物を見るたびに書きつけているフィールドノートのエピダウロスのページを開くと、「負けた！」との書き込みがある。自然と人工の関係という点で自分の設計より上であることを認め、よって「負けた！」と書いた。その下には「安藤さんのちかつアスカの階段の元」ともあるが、これは大阪の〝近つ飛鳥博物館〟の石の大階段はここから想を得たのだろうとの私の勝手な推測を記したもの。

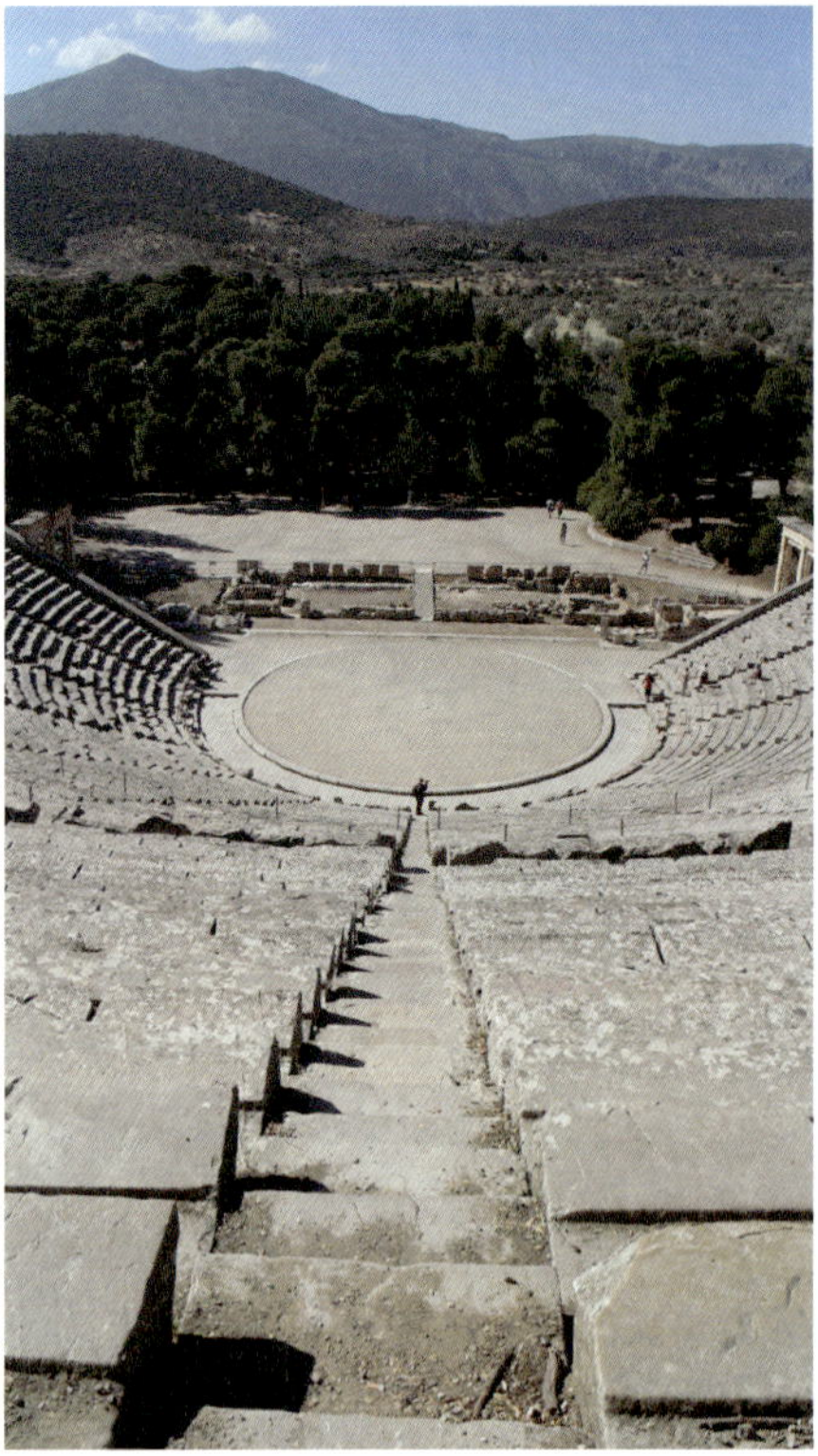

写真５　客席の上部に座ると、今は崩れた楽屋越しに、ギリシャの緑をなす山と青い空が望まれる

「負けた！」と思ったのは、扇状の客席が、山の斜面を大きくえぐり、地形に沈み込むように作られている点だった。この沈み込む感は、客席の端部によく現れ、客席のすぐ上には地山の樹が客席に覆い被さるように茂っている。そして茂る樹の上には地中海の抜けるような青空が広がる。人工性の強い石造建造物でありながら、周囲の緑と大地と青空とよき関係を堅持している。

建築と周囲の自然との関係をどうするかは楽ではない。一歩間違うと自然を壊すか、建築を消すか、どちらかに至る。どっちにも陥らずに自然と建築がいい関係であるようにするにはどうすればいいのか。そこで私は、自然と親和力のある自然由来の素材を多用することを試みてきたが、こうしたやり方以外にも方法はあることを２２００年前の建築が現物をもって教えてくれた。

勘所は二つ。一つは自然の斜面がそのまま人工物の斜面へと繋がっていること。平面と違い斜面には一方向に向かう視覚力が働き、その力をうまく活かせば、人工と自然の連続性が生まれる。すり鉢状は斜面の力だらけ。もう一つは、建造物と自然との接点の処理にあり、両者が断切していないように見せること。

最後に、この二点の教えを指標として、日本の現代建築に当たってみよう。

例えば吉阪隆正の〈箱根国際観光センターコンペ案〉（１９６９年）。コンクリートの現代建築でありながら山に囲まれた地形の中にすり鉢状に沈み込み自然との間に視覚的な断切を生まないことに成功している。しかし、コンペ案としてのみで実現はしなかった。

実現例では、安田幸一の〈ポーラ美術館〉（２００２年）は、建物を山の斜面にすり鉢の底だけを支点にして埋めるという意欲的試みをしている。残念ながら周囲の木々が茂り過ぎ、本当に埋まってしまい、周囲の自然環境との間の連続性が見えにくい。

すでに述べたように、自然の中に埋めるやり方の勘所の第一は、建物と自然の両方をもしくは片方を斜面とすること、実際は違ってもそう感じられるように見せかけること。もう一つは建物との接点の処理で、建物が地山と一体化し、地山側にのみ緑が生え、その緑が建物側に覆い被さるように設定すること。この二つのやり方により、西沢立衛の〈豊島《てしま》美術館〉（２０１０年）は〝自然と人工〟の対立を調停することに成功している。

No. 62

パルテノンとパエストゥム ――試される建築家――

写真1　ギリシア神話の最高女神ヘラを祭る第一ヘラ神殿。紀元前６世紀に造られた

ギリシャが先か イタリアが先か

ギリシャ神殿は、建築家にとって試金石のような働きをするらしい。

例えば、吉田五十八《いそや》※1は若き日に初めて見た時、〝このような建築とは勝負にならない〟と、和風建築への回帰を決め、吉田流の新興数寄屋確立へと進んだという。

私は逆で、初めてパルテノン神殿を見た時、学生時代に授業で習って以来の事前知識があり過ぎて、感動はしたものの想定内の感動で少しがっかりした。本当は自分はギリシャ建築が好きではない、と感じた。

でも、建築史をやっている立場上、ヨーロッパ建築の原点を好きにならねばとの思いもあり、旧状をよく残すと評判のシチリア島のアグリジェントの神殿を見に行ってみたが、使われていた石が茶色で、〝白大理石にしてくれ〟と言いたくなった。小雨が降っていたのもまずかった。ギリシャ神殿は、青空を背に、白大理石を輝かせてこそ価値がある。

パルテノンやアグリジェントの神殿はまだいい方で、たいていのギリシャ神殿は基壇と礎石と列柱のごく一部が残っているだけで、全体の印象は大きな白い石がゴロゴロ転がるばかり。理由は、後の人々が自家用に取っていったから、と聞いた。円柱のような個人の家に不向きなものは、焼いて石灰にしたそうだ。

もし若い人から、「ギリシャ神殿を訪れたいがどれがいいか」と聞かれたら、何と答えるか。「パルテノンを見てからパエストゥムを」と答えたい。パルテノンを見てないと、パエストゥムのすごさが際立たないからだ。

パエストゥムは、ギリシャではなくイタリア半島のナポリの少し南に位置し、古代ギリシャの植民地であった。ナポリからローカル鉄道に乗り、無人駅で降りて、田舎道を海に向かって長く歩いてやっと到着するが、イタリアの観光地としてはとても寂しい。周りに何もないし、そもそもローマ時代に栄えたイタリアで何故ギリシャ遺跡を、という根本的な疑念もある。

遺跡の保存状態は異例にいい。列柱もペディメントもちゃんと旧状を留めている。ギリシャ神殿の二大造形であるこの二つを今も伝えるのはパルテノ

写真２　第一ヘラ神殿はズングリムックリした列柱が並び、パルテノン神殿のような整然とした印象は乏しい

ンとパエストゥムなど数例しかないが、パルテノンとはまるで違う理由で旧状を留めている。

パルテノンは、高い丘の上に立つ侵しがたい風格のおかげで、古代ローマ時代も、その後のトルコ支配時代も生き残り、内部と屋根が壊れたのは17世紀のヴェネツィア共和国の艦砲射撃による。

一方、海辺の川口に立っていたパエストゥムは、洪水にやられ水浸しの地となり、マラリヤ蚊が発生し、人々は街を放棄し、その後もマラリヤ蚊を恐れて誰も近寄らなくなる。人々は、街を捨てる時、家具調度や貴重品は運び出したが、神殿の建築はそのまま残し、やがて地震で崩れ、草に埋もれた。そして近代に入ってから発掘され、崩れた部材が再び組み立て上げられると、建築史家や美術史家は目を見張った。なぜなら、見たこともないギリシャ神殿が姿を現したからだ。

完璧か破格か

石の柱は、パルテノンと同じドーリス式で、土台はなく床から直に立ち上がり、フルーティング(柱溝)が刻まれ、上に載るキャピタル(柱頭)は扁平な皿型をしている。パルテノンとはずいぶんプロポーションが違い、長さの割りに太く、ズングリムックリし、その分エンタシスの曲線は膨らみが強調され、フルーティングの溝も深まって見える。

パルテノンの柱は、完璧なプロポー

写真3　円柱の直径はおよそ1m44cm、高さ6m45cm。上部直径は下部より三分の二に縮小され、その分、エンタシスは印象深い

ションの内に寸分の狂いもなく納まり、それゆえピタッと止まっているように見えるが、パエストゥムは、完璧なプロポーションを内側から押し破ろうと柱の石がムクムク盛り上がり始めている、そんな印象。

この印象を良しとするかどうかが試金石たる由縁で、パルテノン好きはこれを美の破綻として嫌い、一方、パエストゥム好きは石が生きているようで好ましいとする。完璧なパルテノンか、破格のパエストゥムか。

パルテノンで〝想定内の感動で少しがっかりした〟私の美学は、想定外の躍動感を見せるギリシャ神殿に強く引き付けられたのは言うまでもない。

パエストゥムへの想に通ずる都庁舎コンペ

日本の建築家で、この神殿に初めて着目したのは、若き日の丹下健三だった。

丹下は処女論文として知られる１９３９（昭和14）年の『MICHELANGELO頌――ル・コルビュジエ論のための序論』の中で、パエストゥムの写真を大きく掲げた。他に写真を載せたのはミケランジェロの仕事だけだから、いかに深くパエストゥムに想を寄せていたかが窺えよう。

ただし、丹下青年がヨーロッパに行くのは戦後であり、論文を書いたときにはまだ見ていない。丹下のみならず、戦前、日本の建築家や美術関係者で、パエストゥムを訪れた者はい

写真４　ポセイドン神殿。紀元前５世紀に造られた。ドリス式神殿としては最もよく旧状を残す

なかっただろう。

丹下が、具眼の士にしか知られていなかった神殿を取り上げたのは、ル・コルビュジエの魅力を、それもスイス学生会館以降、明白になる後期ル・コルビュジエの魅力を読者に説得するためだった。

昭和10年代、モダニズムの先端はバウハウスにあり、前期ル・コルビュジエもその仲間と見なされていた。ところがスイス学生会館（1932年 フランス）を機に、ル・コルビュジエはバウハウス流の〝白い箱に大ガラス〟を離れ、曲面と打ち放しコンクリートと自然石を駆使し、もっと造形的で力動的なデザインへと向かってゆく。

学生時代の丹下は、新しいル・コルビュジエにいち早く反応し、そのバウハウスとの違いを理論化しようと努め、大学を卒業後一年して仕上げたのが『MICHELANGELO頌』だった。

バウハウスとル・コルビュジエを比較するという同時代的目印のため、歴史上よりルネサンス期のブルネレスキとミケランジェロを、さらに溯って古代ギリシャよりパルテノンとパエストゥムを呼び出し、パルテノン‐ブルネレスキ‐グロピウスの系統を〝死んだ幾何学〟として否定し、パエストゥム‐ミケランジェロ‐ル・コルビュジエの流れを、〝生きた幾何学〟として称えた。

しかし、この処女論文は、丹下青年の深い思索と熱気は伝わるものの、全体の意味はよく分からないという難があった。理由は、ル・コルビュジエの敵役のグロピウスの名が伏せられていたからだ。本人にその理由を聞くと、「グロピウスは当時の世界の代表※2であり、敵役として明記するのは憚《はばか》られた」との返答。

戦前の丹下が注目し引用して以後、建築史分野を別としてパエストゥムに言及する建築家は現れず、私もそのままにしておいたが、近年、磯崎新と茶室について幅広く語り合っている中で〝丹下とパエストゥム〟の一打を撃つと〝磯崎とパエストゥム〟が響いてきて嬉しかった。打てば響く人はそうはいない。

パエストゥムが発掘された時、その造形的魅力を説明するため、パルテノン的美に対し、シュプリーム（崇高性）の概念が提示されたことを磯崎から教えられた。

シュプリームと聞いてピンときた。都庁舎コンペの時、丹下は自案の本質を「記念碑性」と設計主旨に書いていたのに対し、磯崎は「崇高性」と明記していたからだ。

都庁舎コンペは、他の案が実用的なオフィスビルを提案していたのに対し、丹下と磯崎の二人は、オフィスビルには納まらないシンボリックな案を出していたから、さすが師弟、その本質は共通すると思ったが、正確にいうと共通はせず、師は「記念碑性」を弟子は「崇高性」を求めていた。

具体的な現れ方は違うけれど、二人とも、パルテノンではなくパエストゥムを自分の造形的資質と通底する歴史的建築と見なしてきた。

※1　吉田五十八…1894～1974年。東京生まれ。近代数寄屋建築の創始者。歌舞伎座（第四期）、外務省公館、日本芸術院会館など。

※2　当時の世界の代表…モダニズムを代表する建築家として、「近代建築の四大巨匠」の一人とされている。

写真5　神殿は海辺の川口の町であり、「パエストゥム」の名に由来があるギリシア神話の海神ポセイドンを祭る

No. 63

パンテオン ―建築インテリアはここから始まった―

その量は圧倒的

大学で西洋建築史の授業を受けると、〝古代ギリシャは質〟、〝古代ローマは量〟といった区別を教わる。ギリシャは、建築各部のプロポーションに意を注ぎ、精緻な美の世界を築くことで今日まで至る建築の古典としての地位を確立したのに対し、ローマは、美的典範としては然したる意義もないが、ギリシャの典範の延長で大きな構造物と空間を造った。

そのとおりなのだが、このように教わると、学生は、質のギリシャに憧れても、量のローマには興味が向かない。ナンダ、ただデカいだけか…。

写真や図版にあたると、古代ローマはただデカい。水を張り軍艦

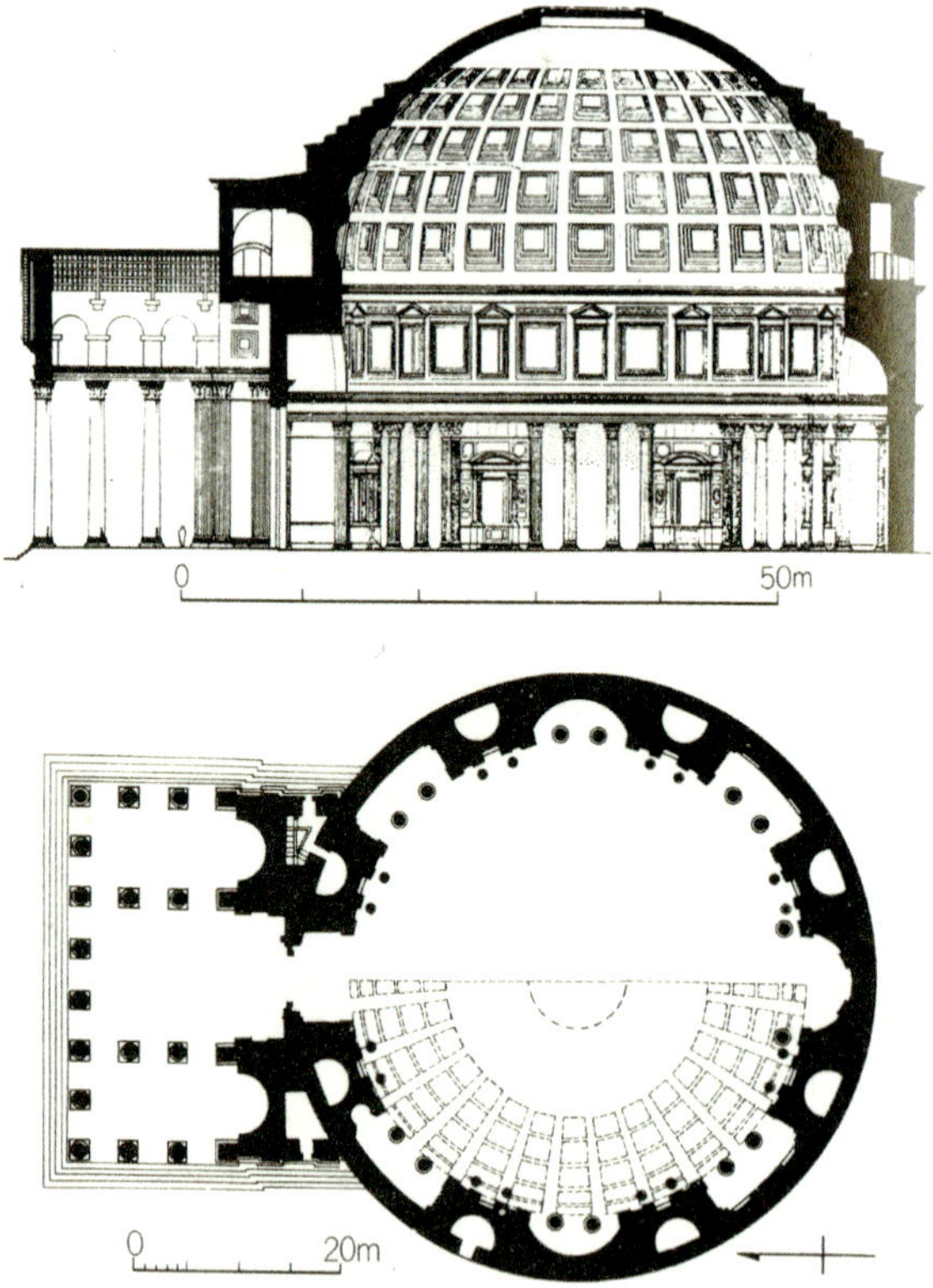

図1　パンテオンの平面と断面図。直径42mの球が納まる。構造は煉瓦と天然コンクリートと石。この単純にして明快な空間は、多くの建築家にインスピレーションを与えてきた（出典『西洋建築史図集 三訂版』日本建築学会編　彰国社　1981年　P20）

を浮かべて模擬戦をやったという コロセウムをはじめ、谷を越え野を横切って町まで水を引いた連続アーチの水道橋、そして直径42mのドームのパンテオン神殿（図1）。

いずれもギリシャを何十倍、何百倍も凌ぐデカさ、と頭では認識しても、紙の上の限界で実感はない。

何十年か前、初めてローマを訪れたとき、紙の上の知識を実物で確かめ、深い感銘を禁じ得なかった。夜、空港に着き、車でローマ市内に入り、車の窓の右手に古代ローマの城壁がライトアップされて現れたとき、その高さと悠揚迫らぬ落ち着きに、古代ローマの量の魅力に目覚めた。

人の感性の中には、〝量によって圧倒されたい〟という性向が元々あるのでは…。そうでないと、ピラミッドから現代の超高層ビルまで、なぜ実用性をあそこまで超えて建築を造るのか、説明がつかない。

古代ローマ帝国の巨大構造物の中でどれか三つをと言われれば、ローマ市内の〈コロセウム〉と〈パンテオン〉、そしてスペインはセルビアの〈水道橋〉を挙げたい。闘技場はあまりのデカさから、水道橋は光景の素晴らしさから、そしてパンテオンはインテリアから。

中はスゴい

古代ローマは五つの丘の合間に造られた都市で、道は曲折し、建物はアッチ向きコッチ向きして迷路状を呈し、私たちの中にある広い道が真っ直ぐ伸びるイメージとは程遠い。谷の合間に小さな広場が画され、そこに面して巨大なパンテオンが立っているから、なんだか掃き溜めに鶴というか象のような印象で、立地にがっかりする。

外観も決していいとは言えない。側面はただセメントを塗りっぱなしのようにしか見えないし、肝心のペディメント※1はさすがに堂々としてはいるものの、ただデカいだけ。セメント塗りっぱなしの側面とただデカい正面の上に覗く大ドームも、下からは扁平なお皿を伏したようにしか見えない（写真1）。

立地も外観も冴えないのは、あとから考えると、内部を際立たせるための天の配剤というか歴史の配剤なのかもしれない。
ペディメントを支える太い列柱（写真2）の間を抜けて中へ進むと、扉の向こうには、小さくうめくしかないような空間があった。

写真1　狭くてゴミゴミした広場に唐突に現れる

図面では知っていたが、これが直径42mの球体がスッポリ納まる空間なのか。デカいけれど、決して間の抜けた感じはなく、空気がギッシリ詰まっている感じ。

紀元120年頃に造られた42mのスパンは、その後の歴史に照らせば、一つの奇跡に近いだろう。人類がこのスパンを越えることができたのは、近代になって鉄骨構造が生まれてからになる。それまでの1700年以上にわたり、人類はこんな大空間を造ろうとしなかったし、造ろうと思っても技術がなかった。古代ローマを越えることができたのは、やっとエッフェルたちの時代になってから。

間抜け感を免れた理由の一つは、壁の造りで、円形平面の全周の壁にはいくつものニッチが彫り込まれ、列柱が立てられ、さまざまな色大理石で見事に仕上げられている。床の色大理石もいい（写真3）。

壁面に神を祭るニッチや像を掲げる額縁がいくつも取り付けられたのは、この神殿の性格に由来し、多神教であった古代ローマの神々の全員が集まるための施設だった。パンテオン神殿は〝汎神殿〟と訳される。

写真２　入口の列柱。とにかく大きい

写真３　内部は神殿にふさわしく色とりどりの大理石で飾られている

古代ローマの汎《すべ》ての神々はパンテオンに集まり、古代日本の八百万《やおよろず》の神々は、10月、出雲大社に集まったという。そのせいか、両神殿ともデカい。

パンテオンの建築としての緻密な質は、色とりどりの大理石で飾られた床とニッチの連なる壁にあるが、このくらいの緻密さなら後の教会建築でいくらでも味わうことができよう。

パンテオンでなければ味わえない魅力は、大理石で埋め尽くされた壁の上方にある。そこに乗る巨大な正円ドームは外壁同様セメントと思しき灰色だが、幸い四角な格間《ごうま》によって凸凹が付き、かろうじてスケール感と半球状を強調してくれる（写真4）。おそらくかつては、しかるべき材料で仕上げられていたにちがいないが、今はニッチの中や額縁の中の神像同様、どこかへ消えてしまっている。

四角な格間による凸凹が、灰色にもかかわらず生き生きと迫るのは、上方から差し込む光が照らすからだ。

そう、ドームの頂部には径４ｍの大穴が開き、そこから光の太い束が、窓一つない暗い堂内に光跡を描いて落ちてくる（写真5）。

これほど印象深いインテリア空間を、他に知らない。これ以前にも以後にも誰も知らないと思う。

これ以前の歴史について述べるなら、インテリア空間は存在しない。あったはずだが、伝わっていない。古代エジプトの王宮の謁見の間も、ギリシャ神殿の内部も、現物が一つも残っておらず、インテリア空間を実感することはできない。

やすらぎの空間

人類の建築のインテリアの歴史は、パンテオンから始めるしかない。

ここからインテリアについて考え始めるとしたら、まず、建築における外観と内部（インテリア）との関係の件がある。

中の充実を味わってみると、パンテオンの外観のつまらなさは、必然というか宿命というか、これを設計した今は名の伝わらない建築家も外観はハナから捨ててかかったのではないか。内部のために必要な巨大なガスタンク状の円筒は何とも手に負えず、正面にペディメントを付けてお終い。

パンテオンが教えてくれるように、建築における外観と内部の関係は、元々矛盾し、二律背反的と見なした方がいいかもしれない。少なくとも、外観と内部を一致させることは、楽ではない。これをやすやすとできたのは、日本の伝統的木造建築で、世界的には例外。

ドームの穴をしばらくボーゼンと眺めていると、出入りする

写真４　ドームを支えるドラムの外壁は、かつてはどんな仕上げだったのか

周囲の大勢の観光客のざわめきが気にならなくなり、広い堂内に自分一人が立っているような気持ちがしてきた。空間に包まれているという安心感が湧いてきた。人によっては、差し込む光の束に導かれて、穴から天空へと抜け出るような気持ちになるかもしれない。

そんなヘンな気分に誘われて、丹下健三から聞いた話を思い出した。丹下はイタリアでローマの再開発はじめいくつもの都市計画を手掛け、いくつかの都市では実現し、その功績により、ローマ法王からパンテオンの床下への埋葬を許された。それも、20世紀を代表する芸術家ヘンリー・ムーア※2と並んでの埋葬。

どう答えたのか聞くと、

「自分はクリスチャンじゃないし、あんな冷たい石の下で眠りたくない」

丹下は、死の間際、洗礼を受け、今は自作のカテドラル※3の床下に眠っておられる。洗礼名は、タンゲ・ヨセフ。ヨセフとはマリアの夫の大工の名で、建築家故の命名だが、普通ならヨセフ・タンゲとすべきところ、「天国でヨセフと呼ばれても自分のこととは思えないから、タンゲを先にした。先例がないので、ヴァチカンに許可を得た」とのことだった。

※1　ペディメント…古代西洋建築の正面上部に見られる三角形の壁面。
※2　ヘンリー・ムーア…1898～1986年。イギリス出身。日本にも国立国際美術館や箱根彫刻の森美術館など多くの抽象彫刻が展示。
※3　カテドラル…1964年東京都文京区に竣工したカトリック教会。十字架状の外観など丹下建築の代表作の一つ。

写真５　人類の建築史上、現存最古のインテリア空間。この穴から、光も雨も入ってくる

No.
64

ストロベリー・ヒルの家
―ゴシック・リヴァイヴァルの震源―

写真1　ストロベリー・ヒルの家。今は記念館として公開されている

日本の西洋館スタイルのルーツ

仕事に行ったついでに、余った時間を利用して訪れた建築が良かったりすると、思わぬ得をしたような気持ちになる。

そんな得を、ロンドンですることができた。

日本の国際交流基金とイギリスのバービカンセンター※1の共催で〝日本の戦後住宅展〟が開かれた。普通、建築展というと、図面と写真と模型ばかりで淋しいから、本当の建築が求められ、私の茶室に白羽の矢が立った。茶室なら、展示室の吹き抜け空間に作ることができるからだ。現地の建築家の早津毅さんと彼が教えるキングストン大学の学生たちと一緒に、3m四方の、日本人の体格に換算すると四畳半の茶室を作った。

ロンドンに三回出かけて無事完成したが、その折、たまたま空いた日を利用し、早津さんおすすめのロンドン近郊の邸宅を訪れた。18世紀に作られたゴシック・リヴァイヴァル様式の邸宅だという。

写真２　一番の見所の回廊。この色彩と造形に多くの人が感動し、ここからゴシックがリヴァイヴァルする

日本の近代建築とイギリスのゴシック・リヴァイヴァルの縁は深い。このスタイルは、大英帝国が七つの海を支配したヴィクトリア朝にて隆盛したことからヴィクトリアン・ゴシックとも呼ばれ、１８７７（明治10）年に来日したコンドルがもたらし、自作で使うばかりか学生にも教え込んだ。かくして、日本の本格的西洋館はゴシック・リヴァイヴァルから歩み出している。

コンドルのロンドン時代の師をウィリアム・バージェスといい、彼こそ、ゴシック・リヴァイヴァルが最盛期を迎える19世紀初頭を代表する建築家にほかならず、華やかで繊細でロマンティックで時に幻想的ですらある造形を展開している。

辰野金吾→コンドル→バージェスと、日本の本格的西洋館のスタイルのルーツを溯り始めると、結局どこに行き着くか？ そう、今回のロンドン近郊の邸宅に行き着く。ホレス・ウォルポールの設計になる〈ストロベリー・ヒルの家〉（１７７６年）こそ、イギリスばかりかヨーロッパをはじめ世界中に広まったゴシック・リヴァイヴァルの震源にほかならない。

尖り帽子の再生

見てみよう。外観はそう印象深くはない。18世紀のありふれた邸宅を増改築したからバラバラ感は否めないものの、尖り帽子の屋根のつく円筒状の塔とお城のようなバトルメント※2がいかにもゴシックっぽい。

中世のゴシック時代の建築の中心は大聖堂でその次が城となるが、その後、城の多くは見捨てられ尖り帽子の塔など見当たらなくなっていたのを、ウォルポールが再生したのだった。

ディズニーランドをはじめとするテーマパークの建築は、ゴシック・リヴァイヴァルを手本に設計されているから、テーマパークも溯ればこの外観に行き着く。

「外観はそれほどでもないナ」、「こんな地味な建築からあのゴシック・リヴァイヴァルが本当に始まったんだろうか」、と訝しく思いつつ一歩中に入ると、庭に面した長細いギャラリー（廊下）の中には華麗と繊細とロマンティックの三つが充満し、もし西日の中で見たら幻想的ですらあったろう。

まず目を奪う天井から説明しよう。天井には傘を逆さにしたようなリブ（筋）と曲面が壁から立ち上がり、傘の先はリブが絡み合い、絡んだリブは中央で垂れ下がる。こうした網目状になったリブは晩期ゴシックの特徴で、中央で垂れるリブも同じ。リブは、ゴシック誕生の頃には交差リブヴォールトの構造的要素として働いていたが、晩期になると構造的意味を失い、華麗な装飾と化している。

その晩期ゴシックの特徴的造形をウォルポールはさらに突き詰めた、というか構造的な意味を空無化し、晩期ゴシックでも石造だったリブを、木材を芯にして紙を盛って再現した。紙塑のような技法で形を作り、塗料と金箔で仕上げたのである。

石を紙で形だけなぞるなんて真似は建築家にはできない。そのとおりで、ウォルポールは小説や評論で知られた文化人で、『オトラント城奇譚』という中世をテーマとした伝奇小説も書いている。

この館の作られた1776年といえば、ヴィクトリア朝に先行するジョージア朝であり、産業革命がすでに始まり、

写真3　暖炉。繊細すぎて火を焚いて大丈夫だろうかと心配になる

写真４　天井の紋章

アダム・スミスが資本主義のバイブルというべき『国富論』を発表し、まさに科学技術を時代精神とする近代のスタート地点にあった。建築のスタイルは中世のゴシックを打ち倒したルネサンスの流れがネオ・クラシシズムと呼ばれる状態に辿り着き、古代ギリシャ神殿を範として強くて硬くて合理的で理知的な相を見せていた。

そんな季節に反時代ともいうべきムードの表現が最初の芽を吹いたのである。どのような領分であれ、最初の芽は前の時代の末期に生まれて次の時代を予見する、とするなら、ウォルポールもまた、産業革命の成果によって七つの海を支配して栄えるヴィクトリア朝の美学を先取りしたといえるだろう。

ヴィクトリア朝の美学

１７７６年にロンドン近郊でゴシッ

写真５　ステンドグラス。青を地にした装飾は材が何であれ心地いい

ク・リヴァイヴァルが芽を吹き、育ち、繁茂し、そして１００年後の１８７７（明治10）年に、コンドルによって日本にもたらされた、と歴史を見晴らすと分かりやすいだろう。建築において日本は１００年の遅れをとっていたことになる。

ギャラリーを抜けて各部屋を巡ると、ギャラリーとは違い全体より各部造形の方が印象深い。

例えば暖炉。暖炉上部の火にこんなに近く本物の絵をはめ込むのは絵の保存を考えると危険にもかかわらず、お構いなしなのが設計者の本領にちがいないし、絵の回りの金糸の織物の如き細身で軽やかな飾りを見ると、実用性を無視して一枚の絵としてこの暖炉を作りたかったことが分かる（写真３）。

あるいは天井。父が首相を務めた伯爵家御曹司の誇りを込めたのだろう、紋章を中央に刻み、周囲にもこの家のこの内装の成立に協力した文化人や友人のものなのか14の紋章が取り囲む（写真4）。当然のように各紋章の色付けはバラバラだから全体としては多彩と化す。こうした多彩化は回廊や暖炉回りでは現れていなかった。ゴシック・リヴァイヴァルの特徴の一つの多彩化は、もしかしたらこの天井の紋章が元かもしれない。

多彩といえばステンドグラスこそ本領発揮。ステンドグラスはゴシック様式の成立とともに隆盛したことで知られるが、ここでも装飾の主役を張り、随所にいくつも作られている。ステンドグラスは多くの場合、細かく作り過ぎてチマチマしがちだが、一点だけ、大振りで伸びやかなのがある。

尖塔アーチの窓を、高さより幅を大きく取って広々と作った上で、地を青の色ガラス一色で統一する。青は空、青

写真6　階段室。このペラペラ感を前にすると、建築関係者なら不安になるだろう

写真7　既存の煉瓦壁の上に木材と漆喰と紙によりゴシックの形を作っている

は天上、光を取り込む窓としてはこれ以上の色はない。その青の地にはめられた楕円形の透明ガラスにはさまざまな図柄が描かれているが、この図柄は顔料を絵筆で描いて焼き付けている。ステンドグラスの図柄は、大きなものは色ガラスを鉛枠で縁取って描くが、顔の表情など細かい描写は筆で描いて焼き付けるのが中世以来の伝統（写真5）。

こういう全体としては伸びやかで、しかも生き生きした細部を合わせ持つステンドグラスなら、いつか自分も試してみたい。

イギリス貴族の邸宅としてはそう広からぬ家を一巡すると、弱点も見えてくる。例えば二階に上がる階段室はどうか。作りも造形もあまりに場当たり的というか、ペラペラ感満載で、もっとちゃんと作ってほしい（写真6）。

そのちゃんと作る役を果たしたのが引き続く建築家たちで、ストロベリー・ヒルの家の世間的大人気を受けて、〝紙〟のゴシックを〝石〟のゴシックに置き換えてゴシック・リヴァイヴァルを実現する（写真7）。

素人の紙がプロの石をリードした珍しい現象であった。

※1　バービカンセンター…1982年完成したヨーロッパ最大の商業文化施設。ロンドン中心部にある同センター内には、コンサートホール、劇場、映画館、図書館、レストランなどの施設がある。

※2　バトルメント…城の最上部などにある凹凸状の壁。胸壁。本来兵士を守るため設置されたものだが、装飾的な意匠も兼ねた胸壁もある。

写真１　セセッション館全景 上部には“金のキャベツ”なるドームを頂く

No.
65

セセッション館 ―コンクリートと鉄―

輝けるウィーン分離派の登場

19世紀までは、やれゴシック・リヴァイヴァルだ、それネオ・バロックだと、ヨーロッパの過去のスタイルを再生し折衷する歴史主義の時代であった。

そうした歴史主義を建築の抜け殻として全面否定し、科学技術の時代20世紀にふさわしい建築表現を求める動きは、19世紀の末からヨーロッパ各地で澎湃《ほうはい》として巻き起こってくるが、そのセンターの一つとなったのが世紀末から世紀初頭にかけてのウィーンで、この動きのことを〝ウィーン・セセッション〟と呼ぶ。セセッションとはドイツ語で分離を意味し、過去の歴史主義からの離脱を目指した。

輝けるウィーン分離派※1である。このグループの動きがいかに大きな影響力を持っていたかは、会長である画家のグスタフ・クリムトや、建築家のオットー・ワーグナー、ヨーゼフ・オルブリッヒ、ヨーゼフ・ホフマン、さらに周辺で関係する理論家のアドロフ・ロースや画家のエゴン・シーレといった名を思い浮べれば十分だろう。影響は遠く日本にも伝わり、1920（大正9）年、堀口捨巳、山田守、石本喜久治らが、その名も「分離派建築会」を結成し、ここから今日までに至る日本の20世紀建築の主流は流れ出る。あれこれ端折って言うなら、堀口捨巳→前川国男→丹下健三→磯崎新、と続いて今に至る。

運動の象徴とも言えるセセッション館

そのウィーン分離派の栄光の名を冠した建物が、ウィーンの中心から少し離れた位置に立っている。セセッション館といい、1898年、運動のセンターとして、メンバーのオルブリッヒ※2の設計で完成した。過去からの分離を掲げる運動にふさわしく、使われた材料もコンクリートと鉄のみ。

写真2　正面入口部 蛇・トカゲ・女性の顔が配置される

20世紀建築を作り上げた運動は、イギリスのアーツ・アンド・クラフト※3に始まりアール・ヌーヴォーなど数あれど、運動を象徴し、その名を冠した作品は、このセセッション館とバウハウス校舎の二つだけ。

ウィーン分離派のデザインは、大きく分ければ19世紀末に始まるアール・ヌーヴォーに属する。ウィーン版のアール・ヌーヴォー、世紀末芸術と思えばいい。

ウィーンのアール・ヌーヴォーといえば、まず何といってもセセッション館の翌年完成するワーグナーのマジョリカ・ハウスとなろう。平坦な壁面全面に蔓《つる》草が茂り、薄いピンクの大輪の花が幾つも幾つも咲き誇り、アール・ヌーヴォーの造形的本質が、深いところで、繁茂する蔓性植物や花と繋《つな》がっていることを教えてくれる。

写真３　入口の上部をアップ 特徴的な女性の顔とネックレスのような蛇

　マジョリカ・ハウスの一年前のセセッション館にも、アール・ヌーヴォーらしく植物と花はある。上に乗る鋳鉄製のドームには、勝利のしるしとして月桂樹の葉が茂り、実がなり、壁の角には、蔓《つる》草のようにうねる幹を持つオリーブが繁る。もちろんオリーブは、ヨーロッパでは豊饒《ほうじょう》のしるし。

　でも、このオリーブ、アール・ヌーヴォーの植物としては抑え気味で、むしろ禁欲的過ぎるように見える。なぜ、先生のワーグナーのように、もっと華やかで官能的で分かりやすい植物装飾を前面に出さなかったのだろう。

　植物を抑えたのには理由があった。動物を際立たせるためだった。といっても、背後の壁の角に彫られたフクロウではない。フクロウは美の女神ミューズのしるしとして刻まれているが、ギリシャ神話に由来するフクロウのこうした使い方は、むしろ敵対する歴史主義の得意技にほかならない。

モチーフは植物よりも動物に焦点

オルブリッヒが植物を抑え、フクロウを後ろに回して際立たせたかった動物とは何だろう。

まず正面の入口周りをしかと観察してほしい。3匹の蛇と2匹の大トカゲがいるだろう。

金色ドームのすぐ下の壁を観察すると、数え切れないほどの蛇がフォークダンス状にグルリと回っている。

さらに、正面入口の左右の植木鉢を見てほしい。鉢はそれぞれ4匹の亀の背の上に乗っているのが分かるだろう。

蛇、大トカゲ、亀。建築の装飾としては異例というしかない。いったい、何がここでは起こっているのか。蛇やトカゲや亀を登場させ、オルブリッヒは彼らに何を語らせようとしたんだろうか。この一件につき、これまで触れた文章を読んだことがない。

となると、私好みの独壇場、以下、言いたい放題を続ける。

まず蛇から。蛇が三人の女性の顔に絡んでいることに興味を覚えてほしい。女性の髪が蛇になっているのはギリシャ神話の女の怪物メドゥーサで、メドゥーサと目が合うと、見た人間はその場で石と化す。

最初、見たとき、メドゥーサかと思ったが、ここに登場させては来場者が石と化すから困るし、第一、蛇の様子をちゃんと見ると、髪ではなく首の周りに、ネックレスのように絡んでいる。

女性の表情にも注目してほしい。目の周りにシワを寄せ、口を半開きにしている。こうした箇所に登場する女性としては

写真4　玄関両脇の植木鉢 4匹の亀の上に乗っている

なはだ不可解な表情と誰しも思うだろう。最初、能面的だと思った。顔の丸みを帯びた輪郭と半開きの口と、何となく無表情というかボーゼン自失状態というか、日頃は目にしない表情からそう思った。気持ちはいいのに苦しそうな目元の歪み、無防備に開いた半開きの唇、謎深い表情というしかあるまい。とすると、蛇はもちろん男性のしるし。左右のトカゲも、蛇と同じように性的シンボルと見て間違いないだろう。亀の背の植木鉢はどうか。鉢が半球状であることと、下の方から海の波の紋様が立ち上がることの二つに注目すると、これが地球のしるしと読める。亀の背に地球が乗る、大地が乗る。実は、古代のインドと中国の地球観・宇宙観にほかならない。

建築的表現の新たなる解釈

オルブリッヒは、こうした図像によって何を語ろうとしたんだろうか。

まず、女性と蛇とトカゲについて言うと、脱キリスト教がある。キリスト教における蛇は、悪役で、エデンの園の果実のりんごを食べるよう誘い、食った二人は自分の裸体が恥ずかしくなり、局部をいちじくの葉で隠し、楽園を追放され、地上に降りた二人の間に生まれた子どもから人間の歴史が始まる。

キリスト教は、この人類誕生の物語において肝心なことを言外に隠しているが、要するにアダムとイヴは性の悦びに目覚め、そのことで楽園から追放され、そして地上に降りてから性の悦びに目覚めた結果として子供が生まれ、そこから人類の歴史が始まる。この性の悦びに目覚めたことこそ、キリスト教の言う〝原罪〟にほかならない。

キリスト教が罪とみなす蛇と性の悦びに目覚めた女性の姿を正面に掲げることで、セセッション館はいったい何を訴えようとしたのか。

キリスト教倫理の否定がまずあった。同じドイツ語圏のニーチェ※4が、『ツァラトゥストラはかく語りき』の中で、「神は死んだ」と宣言しヨーロッパに激震を走らせたのは、1885年だから、それに13年遅れて、ウィーンの芸術界もついにキリスト教思想の死を告げたのである。

ニーチェはキリスト教の死を宣告した後、ニヒリズムの立場に立つことになるが、ウィーンの建築界はどうしたか。その勘所を、蛇とトカゲと女性と亀が語っている、と私はにらんでいる。

蛇、トカゲ、女性は、直接的には生殖行為を意味するが、深くは生命現象への着目を語る。そうした生命現象の舞台として亀に象徴される大地がある。そして繁茂する蔓草《つる》や花も、生命現象のしるしにちがいない。とすると、アール・ヌーヴォーが好んで登場させる動物と植物が語るのは、「20世紀はキリスト教の代わりに〝生命〟を発見した。そして、以後の芸術表現の原理は〝生命〟にある」ということになる。

なお文を書き始めた時、アール・ヌーヴォーと生命現象のことは予定していたが、まさか、ニーチェやアダムとイヴまで登場し、アール・ヌーヴォーの出現を「神の死」と関係させようとは考えてもみなかった。

※1　ウィーン分離派…19世紀末にウィーンに現れた芸術家集団。画家クリムトを中心に結成され、新たな造形表現を主張、モダンデザインへの橋渡し役となった。
※2　オルブリッヒ…ヨゼフ・マリア・オルブリッヒ。1867～1908年。19世紀末から20世紀始めに活躍したオーストリアの建築家。オットー・ワーグナーに建築を学び、「建築は必要にのみ従う」という理念の元、ウィーン分離に参加し、セセッション館等を設計した。
※3　アーツ・アンド・クラフツ…英・ウィリアム・モリスが提唱したデザイン運動のこと。生活と芸術の一致を模索し、美術工芸運動ともいわれた。
※4　ニーチェ…ドイツの哲学者・古典文献学者。1844～1900年。近代批判、理性批判の現代思想の源流といえる。超人思想等を唱えた。

No.
66

ソウル駅　―大正期のアール・ヌーヴォー―

写真１　ソウル駅。赤煉瓦やドームなど東京駅を髣髴《ほうふつ》させる外観

復原作業に貢献する

２０１３（平成25）年、ソウルの高麗大学で私の建築をテーマにしたシンポジウムが開かれ、数年ぶりに出かけてきた。ここ十数年というもの、いつ行っても、蓋をされていた河が再生されたり、新しいビルが建ったり、王宮が復原整備されたりして目を見張るが、今回は一泊二日の日程故、的を絞りソウル駅に案内してもらった。

どんな修理がされたのかちょっと心配だったが、使われている材料や構造やディテールまで調べて、元通り復原するちゃんとした文化財修理がなされており安心した。加えて、修理の工程を見せる映像と、建物の表皮を剥いで下地を見せる現物展示もあり、復原にかける関係者の熱意が感じられて嬉しかった。

さらに嬉しかったのは、展示の一部に設計図の彩色原図のコピーが出され、ハングルを読んでもらうと、提供者として私の名があった。

話は遡るが、ソウル駅を誰が設計したかは、朝鮮戦争などで資料が失われ、長い間謎だった。手掛かりがあったのは、戦前、京城高等専門学校（現ソウル大工学部）の教授を務め、後に東大に戻られた藤島亥次郎先生からで、「昔、駅前を伊東忠太先生と歩いていたら、コレは塚本さんだヨ」と言ったというのである。当時東京帝国大学教授だった塚本靖の可能性が高まったが、この説を裏付ける資料がなんとも見つからない。

それからしばらくして、塚本の遺族から連絡が入り、家にある資料を渡したい。そして渡された資料を調べてゆくと、ソウル駅の立面図が見つかり、設計者は晴れて確定し、その原図のコピーをこの度の修理にあたり提供したのだった。

辰野式建築の色濃い外観

まず外観を見た。赤味を帯びた煉瓦に白い石が混じり、当時〝辰野式ルネサンス〟と呼ばれた東京駅と共通したスタイルにちがいない。世界的に見れば、専門的過ぎるけれど、イギリスのヴィクトリアン・ゴシックが、ヴィクトリア朝の後、次第にクラシック化してゆく途上にあり、しかもイギリスでも日本でも、そこにアール・ヌーヴォーに始まる20世紀の新しいデザインが流入し、なんとも言葉では説明しにくいスタイルとなっている。

例えば、左手にヒョッコリ張り出した車寄せに注目すると、ア

写真２　駅中央入口。白い列柱と半円状の窓

ーチの大きさに比べ支える柱が短か過ぎると感じられるだろう。定型化し安定したバランスをわざと崩す、というのもこの時期らしい新技だ。

でも、塚本にしては辰野金吾過ぎると感じた。塚本は辰野の愛弟子の一人で、アール・ヌーヴォーという言葉を初めて使い、アール・ヌーヴォーのデザインを紹介した先駆者として歴史に名を留める。塚本の日記を読むと、かのアール・ヌーヴォーを世界に広めた1900年のパリ万博に画家の浅井忠などと出かけ、かのヴィングの店（ヴィングこそ、アール・ヌーヴォーの言葉を広めた張本人）で買い物したりしている。

その塚本にしては、新味に欠ける。当時、東京では東京駅建設の最中であり、国の威信の発揮を考えると、やはり辰野先生のように少し古風にやろう、ということだったのかもしれない。

アール・ヌーヴォーの紹介者として面目躍如

中に入り、中央ホールを見上げても、白い列柱が立ち並び、威信は強まるばかり。アール・ヌーヴォーを紹介した時のあの新しさはどこに消えたのか。せっかく、数少ない後世の知己が訪れてきたというのに。

不満は中央ホールから左手の諸室に入ってやっと解消する。正確には部屋ではなく、その廊下と階段室で解消した。

階段も階段室の壁も、グリーンに染まっているではないか（写

写真3　グリーンを配色とした階段

真3）。グリーン仕上げの床材や壁材は珍しいから、目を近づけて確かめると、〝人造石研ぎ出し〟、略せば〝人研ぎ（じんとぎ）〟で、何語起源か知らないが〝テラゾー〟ともいう。いくらテラゾーがどんな色にも染まるからといって、中央駅でグリーンはあるまい。改修にあたり配色を間違えたのかと疑い、改修記録展示室に出向いて古材に当たると、竣工時から確かにグリーンだった。

塚本センセイ、隠れたところでやる時はやるのだ。

実は、以前、一度だけグリーンの仕上げを見たことがある。いずれも外壁で、一つは旧朝日新聞（石本喜久治※1設計）を解体した時、竣工時の印象記に〝黄味がかったヘンな色〟とあり、解体に当たって確かめるべく出かけ、屋上の塔屋の壁を削ってみると、一番古い塗りは薄いグリーンと薄い黄色の中間の色だった。

もう一つは、小菅《こすげ》刑務所（蒲原重雄設計※2）で、中央の白鳥が翼を広げて立ち上がったような姿の時計台がグリーンだった。

今からは考えにくいが、緑染めの建築があったのだ。それも、中央駅、刑務所、新聞社といったちゃんとした建築で。時期はソウル駅が1925（大正14）年、朝日は1926（大正15）年、小菅が1930（昭和5）年といずれも大正の終わりから昭和の初めにかけて設計され完成している。朝日と小菅は、明治末のアール・ヌーヴォーに代わり大正期をリードした表現派の代表作として知られる。

塚本は、一世代後の若い世代が先駆的に試みる表現派のグリ

写真4　中間色のタイル

ーンをそっとやってみたにちがいない。

廊下の壁に張られたタイルを見ると、水平性を意識せずタテヨコの目地を通した張り方といい、テラゾーのグリーンに通じる曖昧な中間色といい、いかにも大正期らしい（写真4）。塚本と並んでアール・ヌーヴォーの紹介者として知られる武田五一※3の1907（明治40）年の名和昆虫博物館の記念昆虫館で似た中間色のタイル（煉瓦タイル）が張られているから、アール・ヌーヴォーの続きでこうした中間色が使われていたことが分かる。

過剰な表現はまだまだ続く

塚本センセイ健在を喜びながら、二階の旧レストランに入った。レストランには白大理石の大ぶりの暖炉が据えられている。近づいて、塚本センセイのさらなる健在ぶりにタマゲテしまった。

いくらアール・ヌーヴォーの紹介者だからといって、これはやり過ぎではないか。柱の柱頭飾りがしたたり落ち始めている。石がローソクみたいに溶けているのだ（写真5）。

アール・ヌーヴォーは、蔓草《つる》のように自由にうねる曲線の官能性で知られるし、そうした草花起源のデザインの中に、若

写真5　暖炉と柱。過剰なアール・ヌーヴォー的表現

い娘やトカゲやヘビが描かれていたりもする。

確かにアール・ヌーヴォーのバックには、エロスの滴りが、もっと深くいうと沸々と蠢く生命の世界が控えているにちがいないが、でも、ローソクの滴りではあまりに直截過ぎよう。

イメージの拡大にミュシャの影響が

塚本家に出かけた時、塚本が最後まで身近に飾って大切にしていたという大判のポスターを見せてもらった。花と蔓草と若い娘の髪が絡みあう図柄だから一目でアルフォンス・ミュシャの手によると分かる。色調もミュシャらしく、ピンクも緑も黄色も中間色にして、全体の印象を優しく柔らかく統一している。

このポスターを毎日眺めているうちに、塚本のイメージは中間色化し、さらには形が滴り始めてしまったのではないかと思ったりするが、でも、普通、大理石を滴らせるまでは行かない。手前で止める。

オソルベシ、塚本靖。

※1　石本喜久治…1894〜1963年。兵庫県出身。山田守、堀口捨己らと分離派建築会を結成（2012年6月号参照）。代表作に日本橋白木屋（百貨店）があるが、1932年に日本初の高層建築火災を起こした。
※2　蒲原重雄…1898〜1932年。岡山県出身。司法省営繕課時代に小菅監獄所（後の東京拘置所）設計のほか豊多摩監獄所（設計後藤慶二）の復旧に努める。
※3　武田五一…1872〜1938年。広島県出身。近代日本を代表する建築家。主な作品に京都府立図書館、関西電力京都支店など多数。片岡安をはじめ関西在住の建築家を中心に関西建築協会（現日本建築協会）を創立。「関西建築界の父」とも言われた。

No. 67

瀋陽故宮 ―中華趣味の源―

故宮の原型は瀋陽に

中国への旅行者は増えているけれど、東北地方の瀋陽を訪れた人は少ないだろう。日本人の好きそうな名所旧跡も乏しいからだ。

2016（平成28）年より江戸東京博物館の館長を務めているが、当館は中国と韓国の歴史博物館との交流を続けており、その一環として瀋陽を初めて訪れた。

瀋陽はかつて奉天《ほうてん》と呼ばれ、戦前には多くの日本人に馴染み深い都市だったが、戦後、今の名に変わってからの日本との繋がりは薄い。奉天と呼ばれた頃は、日本が旧清朝最後の皇帝（ラストエンペラー）愛新覚羅《あいしんかくら》溥儀《ふぎ》を担ぎ出して満州国を創っているが、溥儀にとっても清朝にとっても切っても切れない都市だった。

なぜなら、江戸時代初期、瀋陽を本拠とする〝満族〟が漢族の王朝である明国を倒し、清国（清朝）

表1　唐時代以降の中国の王朝、主な皇帝

年	王朝		都	王	日本	
618	唐		長安	高祖		飛鳥
626				太宗	710～	奈良
690				則天武后		
755				玄宗	794～	平安
907	五代十国時代		開封	朱全忠		
960	宋（北宋）			太祖		
1115	金	北宋		阿骨打		
1127				高宗	1185～	鎌倉
1234	蒙古	南宋		チンギス・ハン		
1271	元		北京	フビライ・ハン		
1279	元			フビライ・ハン		
1368	明		南京	朱元璋	1336～	室町
1421			北京	永楽帝	1573～	安土
1616	明	後金	興京	ヌルハチ	1603～	江戸
1636		清	瀋陽	ホンタイジ		
1644	清		北京	順治帝		
1662				康熙帝		
1736				乾隆帝		
⋮				⋮		
1909				宣統帝（溥儀）	1868～	明治

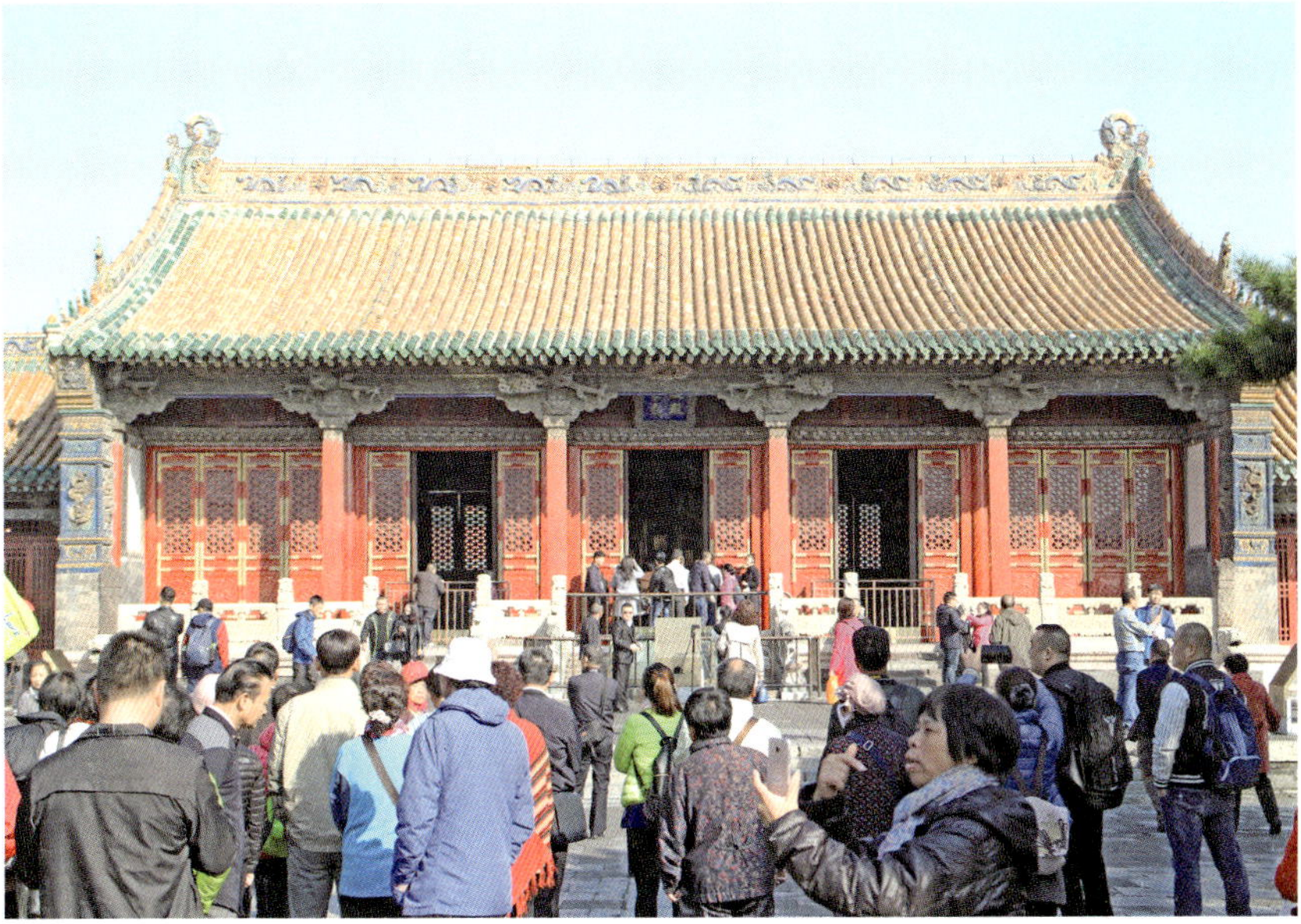

写真１　瀋陽故宮の門。中国人を中心に観光客は多い

を打ち立てているからだ。現在、中国に出かけて訪れることのできる北京の故宮をはじめ、ほとんどの歴史的建築は清朝時代の作だし、いわゆる中国服や中華料理をはじめ中国伝統といわれる生活習慣も元を辿ると清に行き着く。言ってしまえば、瀋陽こそ現中国の伝統的と思われているものごとの源となった都市なのである。

物証もある。清朝皇帝は、王宮（現 故宮）を北京に置くだけでなく、もう一つ瀋陽にも離宮を置き、何かにつけては出かけている。

瀋陽故宮は北京の故宮に比べると、敷地も建築群もあまりに小さ過ぎるが、しかし近づいて見上げると柱の上や軒の辺りが北京以上に激しく色とりどりに飾られている。ただし、規模は小さくいかにも北京の故宮の小型版〝出張所〟のように見える（写真1、2）。具体的には屋根を両端で支える煉瓦造の壁には濃い色の造形タイルが張られているし、正面の木の列柱の上部には中国式の極彩色の木組み。中に入ると、玉座が置かれ、左右の柱には皇帝だけに許された龍の彫刻が絡みつき、玉座の作りは北京の故宮を小型化したもの（写真3）。

わざわざ田舎版を見に来なくてもと思い、足早に次に進もうとすると、気づいた向こうの博物館の館長が一言。

「これが北京の故宮の元なんです」。

出張所と思ったが、本当はこれが先で、北京の故宮は孫のフリンの代に作られている。

歴史の教科書にも登場する清朝を築いた満族の王の〝ヌルハチ〟は自分の存命中には万里の長城を突破できず、本拠地の瀋陽にこの王宮（現 瀋陽故宮）を建て、ここで政務を執っている。子のホンタイジも叶わず、やっと孫のフリン（順治帝《じゅんちてい》）の代になって北京に入り、宮殿（現 故宮）を建て、移り、ここは離宮として使われるようになる（写真4）。

中国美は宋がピーク？

中国の建築と工芸の美学について触れておこう。中国の美は、唐で生まれ、次代の宋で完成したとされる。宋の美学が室町時代を通して日本に伝わり、山水画や庭や焼き物などの後に日本的といわれるような美の元になってゆく。宋の後は、まず北方の満族が南下して金を、すぐ続いてモンゴルが入って北京に元朝を打ち建てる。さらに元を追い出して漢族の朱《しゅ》元璋《げんしょう》が、南京で明朝を起こす。その漢族の王朝をヌルハチが倒して北の民の清朝が始まる。なお満族の富の源泉はツングース族から仕入れた黒テンの毛皮の交易

写真２　門の左官の壁。いかにも清朝風に賑やかに飾られている

写真３　玉座の前の柱に取り付く龍。龍は中国皇帝のしるし

写真４　この八角堂の前にヌルハチの兵団（満州八旗）は整列した

であった。

こうした中国史の流れの中でみると、美的には宋がピークで、元、明、清と下がるに従い美的センスは低下し、清朝において極彩色でゴテゴテに飾った中華ドンブリ風悪趣味に辿り着く、と私は理解している。宋をピークに清を底に置くこの理解は、中国国内においては多分に漢族中心の、日本においては大正以後のモダンな美学の反映であることを認めるとしても、清朝の建築や工芸を見るとそう感ずる自分の感覚を隠すわけにもいかない。清朝の美学は江戸中期には沈南蘋《しんなんぴん》の絵を通して長崎に入り、その影響は近世日本の画家伊藤若冲にも流れ込んでいる。

清朝の建築については私は例外的に北京の故宮を高く評価し、とりわけ天壇は中国建築の最高傑作と認めているが、しかし故宮以外は好みには合わない。その合わない好みの源が目の前にある。案内してくれた瀋陽故宮博物館の館長に、ついに印象を一言も喋らないまま建築群の間を歩くことになる。

建築より関心を払ったのは、後宮（私生活空間）を再利用した博物館だった。ヌルハチの時代の服や剣や印やデスクが展示されている（写真5）。後宮でのファーストエンペラーのイス、テーブルもそのままに残されている。なお、再度正確にいうと、ファーストエンペラーは孫の順治帝＝本名・愛新覚羅福臨《あいしんぎょろふりん》。その次が大帝として名を残す曽孫の康熙帝《こうきてい》。

瀋陽故宮の次に連れて行ってくれたのは、満族の中の有力者の子としてヌルハチの生まれ育った城と、一本の樹だった。

現在、瀋陽を中心に40万人ほどの満族が少数民族の一つとして集まっており、文化と伝統をなんとか守っている。なんとかと形容せざるを得ないのは、満族の言葉と文字を使える人は専門の研究者を除くとほとんどいないからだ。

小さな城跡には生まれた家が復原されており、当時の瀋陽の上級の住まいを偲ぶことができる（写真6）。目を見張ったのは、壁と屋根の作りだった。壁は日干し煉瓦（ただの土）を積み上げ、その上に丸太で束立て式の小屋組みを載せ、屋根は樹皮葺き。樹皮の防水性は高く、葺厚はごく薄い。家のプランも簡単で、入ると土間となっており、土間の左右に床を張り、座卓と寝具を置くだけ。窓は障子状の紙張りの観音開きの形式。

城の次に一本の樹を訪れた。瀋陽より車で30分ほどの農村の山の中に立っ

写真5　清朝の美学を体現した皇帝の服

写真6　ヌルハチの生家（復原）

ていた。

農村地帯に着き、中国史に関わるかねてよりの疑問について尋ねた。満州族とモンゴル族はどういう関係なのか。

答えは単純で、モンゴル族の遊牧に対し、満族は元々は狩猟民であったが、後に遊牧と農耕の両方を生業とし、モンゴルが優勢の時はその下につき、満族が力を持つとモンゴルがその下につく。例えば、宋を滅ぼした〝金〟は満族の王朝で、その金を露払いとして南下し元朝を建てたのはモンゴル族。ヌルハチの王朝は当初は〝後金〟といい、モンゴル族を旗下に従え、元が開いた北京に都を移す。日本の古代史（飛鳥・奈良・平安時代）に大陸北方の一大勢力として出てくる〝女真族《じょしんぞく》〟も満族のこと。その女真族の西に〝遼＝契丹《きったん》〟が、北に〝韃《だっ》靼《たん》〟があった。

満族のシャーマニズム

一本の樹がある。それは小さな谷筋を登りつめた位置に古墳のような土盛りの上に立っていた（写真7）。

ヌルハチは戦いに挑む前にはここにきて、樹の前で出兵の可否を占い、先勝を祈願し、後には清朝の皇帝たちもそれに倣い、康熙帝や乾隆帝のような名君も訪れている。

写真７　神樹と壇

よって〝神樹〟として扱われ、具体的には神樹を仰ぐ位置に築かれた壇の上でシャーマンが天の声を聴き、天に祈った。北京の故宮の天壇の大元はここの小さな壇にほかならない。

中国北方や朝鮮半島に古《いにしえ》より分布するシャーマニズムは草原の上で鐘や太鼓を鳴らしながら神がかりして天に祈るとばっかり思ってきたが、少なくとも満族のシャーマニズムは樹を前にして祈り、天の声を聴いていた。

東アジアの伝統的信仰の底は、仏教などよりはるかに深い。

No.
68

ウォータース・ブラザーズ・カンパニー　―アイルランドの山師三兄弟―

写真1　アイルランドにあるウォートルスの父が開発した通り。左側手前がウォートルスの生家

幕末に来日した謎のアイルランド人

日本の近代建築には〝神話時代〟と呼ばれる一時期がある。幕末の開国から明治初期までを指し、長いこと実態は忘却の霧の向こうに霞んでいた。神話時代を脱したのは、1877（明治10）年、コンドル先生が来日して工部大学校造家学科（現 東京大学工学部建築学科）の教授に就いてからで、それ以後になれば建築雑誌も刊行され、コンドルをはじめ建築家たちの作品集もまとめられるようになり、日本の近代建築は〝文字に書かれた時代〟へと進み、今に至る。

でも、歴史家としては、文字に書かれた時代より神話時代の方が面白い。謎が深く広いからだ。とにかく人名からして怪しいし、どこから来て日本近代と交差し、どこへ消えたかも分からない。

富岡製糸場を手掛けた建築技師のバスティアンだって、製糸場建設以後のことは謎だったのを、二十数年前、建築史家の堀勇良と私が墓を突き止め、富岡の後、上海で働き、最後は横浜の外人墓地に埋葬されたことを明らかにした。

その神話時代のヤマトタケルともいうべき人物の名をウォートルスという。私が神話時代を研究し始めた頃は、〝イギリス人のウォートルス〟と言われていたが、その後の研究により、アイルランド人で、トーマス・ジェームス・ウォータースが正しい。でも、ここでは神話時代のウォートルスの名で呼ぶ。

ウォートルスの謎の経歴がほぼ明らかになったのはつい最近で、まず、私たち日本の近代建築研究者と銀座史の研究者が長い時間を費やし、世界を股に掛けて移動した彼の生涯の大筋を明らかにし、オーストラリアの研究者が彼の親族の子孫からたくさんの手紙を入手し、オーストラリアで本を刊行し、ほぼ全容解明に漕ぎつけた。その間、40年。

私自身、彼の足跡を追って、上海、アイルランド、アメリカに出かけ調べてきたので、その折りの写真を使いながら、神話時代のスターの生涯を辿りたい。

世界を駆け抜けた冒険技術者の軌跡を追う

トーマスが生まれたのは１８４２年、日本でいえば天保13年で、日本近海に〝異国船〟が姿を見せ、幕府が慌て始めた時期だった。場所はアイルランドのバーという内陸部の田舎町。

バーを訪れると、ウォートルス家は地元では結構重要な家だったことが分かる。医者であった父親が町の真ん中に新しい歩車分離の道を開いて近代化のために貢献し、その功により教会の壁に記念碑が飾られている。

新道に面して、今は人手に渡ったウォートルス家の建物は残っているが、町作りに貢献した割には小さな家だった。

トーマスは三人兄弟の長男として生まれている。次男をアルバート、三男をアーネストといい、三人で生涯をともにし、日本時代はトーマスが獅子奮迅の働きを見せ、日本を離れてからはアーネストが中心で働いている。

トーマスは長いこと日本では建築技師として知られ、仕事は専ら建築だったが、世界的にいうなら三人とも鉱山技師といっていい。トーマスは、鉱山開発のための部分的技術として簡便な建築の作り方を身につけており、日本ではそれを専ら発揮したのだった。次男のアルバートは、日本の鉱山開発に名を刻み、彼が開発した群馬県の中《なか》小《お》坂《さか》鉱山の跡を訪ねると、地元の資料館にさまざまな史料が残されている。

アイルランドに生まれたトーマスは、ロンドンに出、さらにドイツの鉱山学校に学び、その後いよいよ大英帝国の版図を、腕一本を頼りに渡り歩く技術者となる。

まず、香港に渡り、造幣工場建設に加わった後、幕末の日本に入り、薩摩藩の洋式工場建設を指導した。この仕事を通してかのグラバーと縁が生まれ、長崎に移って高島炭鉱を開発する。

薩長土肥の主導により明治の新政府が誕生すると、かつて薩摩のために働いた経歴を買われ、新政府が火急の用とするさまざまな建築を一手に引き受けてゆく。

その代表が、大阪の造幣寮の一大工事建築と東京の銀座煉瓦街計画だった。とりわけ１８７３（明治６）年から4年かけて実行された銀座煉瓦街計画は壮大なもので、以後今日まで、一つの重要な街が道路から建築まで丸ごと一人の手で作られるなんてことはない。現在の銀座の道路パターンも道幅もウォートルスが決めたまま。

これだけの仕事を残しながら、明治新政府の判断は冷徹で、銀座以後の本格的建築の時代に、鉱山技師の生半可な建築能力では役に立たないと分かると、首を切る。その後、コンドル先生

写真２　東京銀座中央通り。道幅は 120 年以上前のまま

がお雇い外国人建築家としてやってくることになる。

日本を去ったウォートルス三兄弟は、上海に本拠を移し、それぞれ鉱山開発や電燈敷設などに実績を残すかたわら、東アジアでの活動に限界を覚えるようになったのか、太平洋の向こうの未開発地に目を向け、トーマスはニュージーランドの、アルバートとアーネストはアメリカはロッキー山脈の鉱山事情を下調べした後、有望と踏み、移住し、開発に投じてゆく。

三兄弟は文字どおりの山師なのである。当たれば大きいが、外せば素寒貧の野垂れ死に。東アジアまではいい目も見たが、太平洋を越えた向こうのヤマにはどんな運命が隠れているのか。

ニュージーランドに渡った兄は、特許を取るなどそこそこの足跡を残すが、当たるというほどではなかったらしい。

一方、アメリカのロッキー山脈に分け入ったアルバートとアーネストは、シルバーラッシュの渦に投じ、二人でも手に余ったのだろう、兄をニュージーランドから呼び寄せ、兄弟三人で働いた。

アメリカ開拓史上の西海岸事情を述べると、まずゴールドラッシュによりカリフォルニアの町が開発され発展し、それが終わった後、ロッキー山脈でのシルバーラッシュによりデンバー他が発展するという歴史を辿る。

ここまで分かった時点でデンバーを訪れ、地元の鉱山開発史

写真3　デンバーのウォータース・ブラザーズ・カンパニーのビル

の研究者と会った。

野垂れ死んだにちがいないウォートルスについて尋ねると、答えは意外だった。三人の名を知っているばかりか、そもそもシルバーラッシュをリードしたのは三兄弟だったというのである。

まさかと疑うと、デンバー駅前の大きなビルを見ろという。スケールは小ぶりだが東京駅前の丸ビルみたいな四角な赤煉瓦の建物が立っていて、これこそウォータース・ブラザーズ・カンパニーの入っていたビルだった。

三兄弟が拓いた鉱山町の名をテリュライドといい、今はリゾート地として知られ、訪れると昔ながらの通りが残る一画に、彼らの敷いた鉄道と駅舎が保存されている。

残っているので鉱山の跡も行きたいと思ったが、町よりはるかに高いロッキー山脈の中腹にあり、本格的な登山をするしかないというので諦めた。

写真４　ウォータース・ブラザーズ・カンパニーが拓いたロッキー山脈の鉱山町

写真５　同上　駅舎

そして、約束の地へ

生誕の地を訪れた私としては、彼らの最期も見てみたい。

教えられた市営墓地を訪れ、ナンバーを頼りに探すと、一番いい位置に三兄弟の墓は立っていた。長いこと人の訪れた様子がないのは、三兄弟の子孫はデンバーを離れてしまい、広いアメリカでは跡の追いようがないから。

持参した花を墓前に供え、手を合わせた後、墓をじっくり眺めた。

三兄弟は、まずシルバーラッシュに大功のあった三男アーネストが1893年、次に長男トーマスが1898年、最後に次男アルバートが没している。

一番立派なのは、アーネストの墓で兄のトーマスが立てたにちがいない。その墓石は墓地の中では特異で、アイルランドのスタンディング・クロスの姿をしている。アイルランドのスタンディングストーンの伝統が、キリスト教時代に持ち越されて生まれた十字架として知られる。

三兄弟は、アイルランド人としての高い誇りを決して喪わずに、地球を三分の二周し、成功した山師として没した。

写真６　デンバーの三兄弟の墓

No. 69

網走監獄 ―監獄建築にみる日本の近代化―

写真１　網走監獄 旧庁舎。この奥に五本の房舎が放射状に広がる

ここは地の果て 流されて

日本の刑務所で網走刑務所くらい名高いところはない。刑務所としては一番格が高いわけでも、刑務所建築として優れているわけでもないのに有名なのは、もちろん、高倉健が主演した「網走番外地」の映画と主題歌による。

30数年前、全国の近代建築を見て歩いた時、各地の刑務所は中に入れなかった。それからしばらくして、法務省の営繕課長の紹介状を持って、時には課長と一緒に、鹿児島から網走まで主要な刑務所を見せてもらった。だが、その時は、受刑者がいるから写真は遠慮した。

１９７３（昭和48）年に10年計画で、網走刑務所が建て替えられることになり、明治に造られた主要部分が近くに移築され、「博物館 網走監獄」として１９８３（昭和58）年7月にオープンした。２０１６（平成28）年2月には、国の重要文化財に指定され、その記念のシンポジウムに出かけた。若い時からの研究仲間である角幸博館長から詳しく説明を受け、写真を撮ることもできたので、今

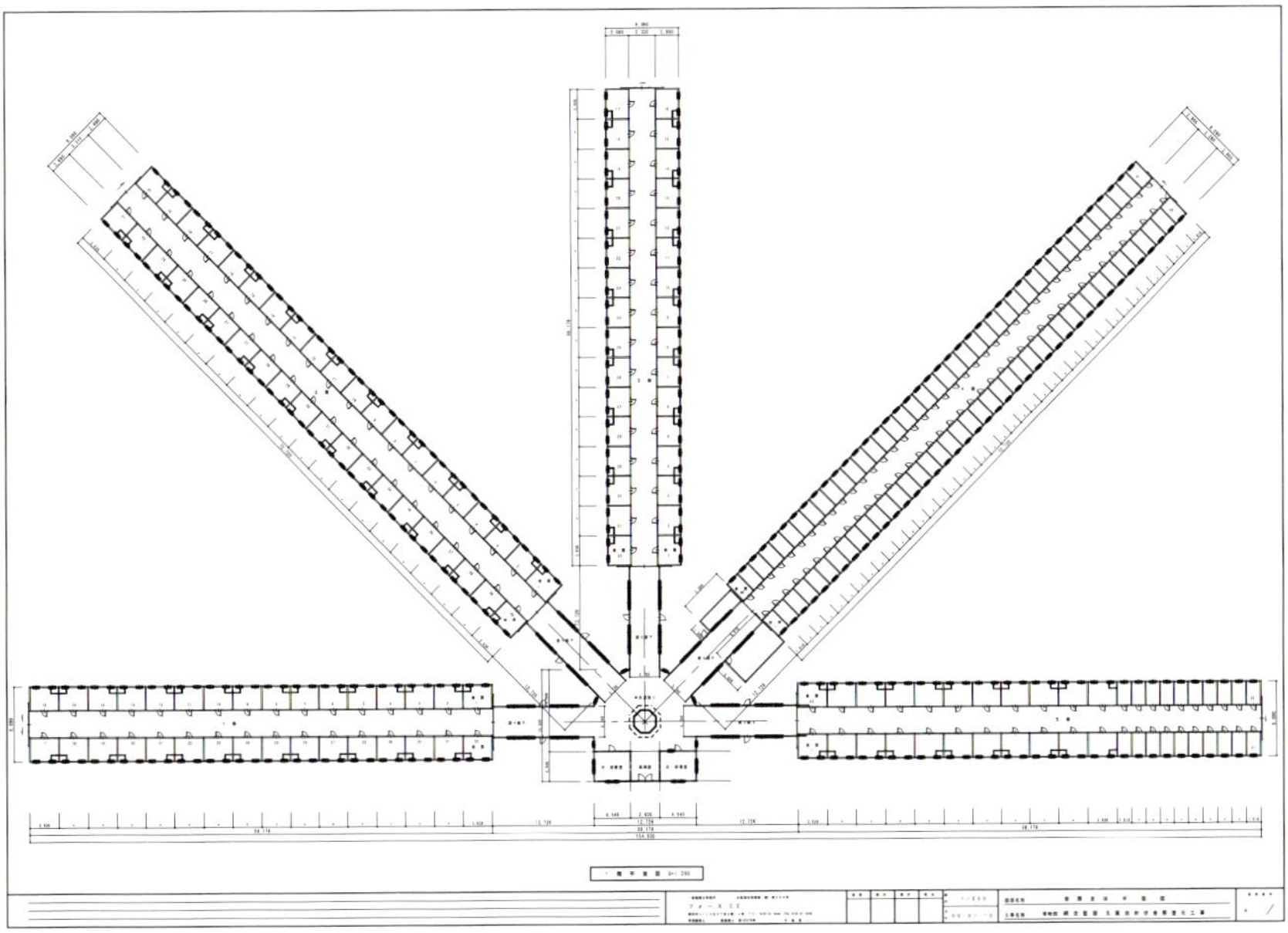

図１　網走監獄の平面図　（資料提供　博物館 網走監獄）

回、紹介したい（写真1）。

監獄の平面原理

世にあるビルディングタイプの中で、昔の刑務所くらいそれと分かるものはない。なぜなら平面が尋常ではなく、放射線状をしている（図1）。理由は簡単で、中心位置に立つ看守は、頭をグルリと一回りしただけで、すべての舎房（部屋）の様子を見ることができるからだ。

まず、この特異な平面の欧米における成立事情から述べよう。

昔の刑務所も監視が楽なようにさまざまな平面を工夫していた。一番面白いのはドーナツ型で、内側の回廊に立つと、すべての舎房を一目で見渡すことができる。キリスト教の修道院と同じ平面原理となっており、修道院も相互監視のためにそうなったという説もあるが、真偽は知らない。

いろんな平面が工夫される中で、決定打が出たのは1825年、日本にあっては欧米列強の接近に対し幕府が〝異国船打払令〟を出した年に当たる。工夫したのはアメリカの建築家ジョン・ハヴィランドで、フィラデルフ

写真2　舎房の外観。長い建物が右手奥の中心から放射に伸びる

イアの〝チェリーヒル・イースタン監獄〟を純度の高い放射状プランで実現した。中心位置から実に9本の廊下が伸び、両側に舎房がびっしり並ぶ。これを刑務所界ではハヴィランドシステムと呼ぶ。

ここに注意しておいてほしいのは、独居房をびっしり並べた理由で、独居させるのは懲罰のためではなく、雑居房が〝犯罪教室〟になるのを防ぐためであり、また受刑者のプライバシー保護のためでもあった。

1825年にハヴィランドシステムが打ち出されると、直ちに合理的な監獄平面として世界に広がり始める。

明治の新政府が着目したのは早く、1872（明治5）年、シンガポールに係官を派遣し、彼の地の進んだ監獄のあり方とその克明な図を『監獄則』と題して刊行した。法務関係の内部資料というより広く世間に向けた出版であり、政府内だけでなく広く社会にも新しい監獄のあり方を啓蒙しようという意図があったにちがいない。

明治5年の『監獄則』から1912（明治45）年の網走刑務所までは40年もある。この間の事情について述べよう。『監獄則』に則って日本にも一部に小規模ながら十字状プランが導入されるようになるが、昔ながらの獄を根底から改めたというにはほど遠い。雑居が基本だし、格子を通して寒い外気が通り抜けるところは江戸

写真３　中央の監視所から眺めると不思議な空間であることが分かる

時代のまま。

政治が決意しない限り、何であれ根本的な変革は難しい。

明治の新政権は、成立以来の懸案である不平等条約改正を欧米列強と重ねる中で、１８８４（明治17）年、二つの近代化政策に乗り出す。一つは、日本と欧米が対等であることを内外に分かりやすく喧伝するための鹿鳴館外交の発動で、鹿鳴館を建て、欧米と日本側の紳士淑女が手に手をとってダンスをし、日本の文明開化ぶりを見せようとした。今から考えると〝マサカ本気デ〟と呆れるれるような政策だが、当時の外務大臣井上馨は本気だった。

この政策は当然のように失敗するが、もう一つの政策は至極真っ当で〝不平等条約改正には日本国内の法体系の確立が前提だろう〟という欧米列強の忠告に従い、法体系の確立に取りかかった。

監獄建築は近代化の証

法体系の確立という新政府の方向を示すには、その体系を容れる器も新しくして、誰の目にも分かるようにしなければならない――中味と器の相互関係について当時の新政府をリードしていた伊藤博文と井上馨は確たる信念を持っており、法体系を容れる建築の整備に取りかかる。具体的には、法を作る国会、法行政を司る司法省（現　法務省）、違反者を裁く裁判所（現　最高裁判所）、そして違反者を収容する監獄（現 刑務所）の四つである。

四つの結果を見ると、エンデ＆ベックマンの設計※で開設を目指した国会は、結局、木造の仮建築で間に合わせたが、司法省と裁判所はエンデ＆ベックマンの手で見事な赤煉瓦のドイツ建築が立ち上がった。

監獄はどうだったか。国会から監獄までの法体系の最末端にあり、かつ犯罪者の収容施設だからそう本気では取り組まなかっただろうと思われがちだが違う。江戸時代までの、劣悪な環境の内に沈んでいた監獄のような施設を立派に文明的に造ることこそ近代化の証――という考え方は新政府内でも社会でも支持されており、本気で本格的な監獄造りが始まる。

そのための建築家として白羽の矢が立ったのが山下啓次郎だった。山下は、もちろんチェリーヒル・イースタン監獄のハヴィランドシステムはじめ、欧米の先進的施設を歴訪して学び、帰国後、１９０７（明治40）年から41年にかけ、鹿児島、長崎、奈良、金沢、千葉の五カ所に、石造と煉瓦造による立派な洋風建築を完成させた。これを〝明治の五大監獄〟と今は呼ぶ。

さて、網走である。五大監獄には選ばれず１８９０（明治23）年に開設後、建築的には昔タイプの施設であったが、火災の後、１９１２（明治45年）に木造で再建され、その時の建築群を移設して今の〝博物館 網走監獄〟となっている。

まずは監獄の本体をなす舎房である。〝五大監獄〟と違い木造ではあるが、ちゃんとハヴィランドシステムに従い、放射状となっている。放射状の中心点に置かれた中央監視所に立って房舎（舎房の集合体を房舎と呼ぶ）を眺めると、説明しにくい視覚体験に襲われる（写真2、3）。先に向かって長く続く空間にはちがいないが、大工場のように機械があったり人が立ち働いたりはしておらず、何もない空間がずっと先まで伸び、なんだか土の中の穴を覗いているようにも思うが、所々に上から光が落ち、突き当たりにも光が点じ、人に関わる施設であることは分かる。現役時代には、穴の両側の舎房から人の気配が、薄明るい中に漂い出ていたことだろう（写真４）。

こうした奇妙な穴が五つ、中央監視所に立って見渡すと、どっちを向いても次々に現れる。それも五つとも同じ形式で。監獄以外には味わうことのない視覚体験というしかない。

写真４　五大監獄により決められた明るく衛生的な廊下の造り

写真５　太い木の格子は、江戸時代から続く伝統

写真６　今も網走刑務所に残る煉瓦造の正門

各舎房を見ると、通路側の壁は太い木の格子を組んでいる(写真５)。これは、五大監獄にはない日本伝統の造りにちがいない。江戸時代の獄舎は、通路側だけでなく外側の壁も太い格子で造られ、外気に吹き曝しで、その筋ではキリギリスの籠みたいだから、〝ギス監〟と呼ばれていたそうだが、その名残にちがいない。

博物館には放射状房舎の他に、教誨師《きょうかいし》が講話をしたり芸能人が〝公演〟する〝教誨堂〟、さらに網走監獄だけが運営し、現在も運営している牧場などの昔の建物も移され、明治の木造監獄の様子を今に伝える唯一の博物館となっている。

なお、網走刑務所の房舎は全く新しくなり、今訪れると、刑務官の宿舎と変わらないような房舎が並び、ハヴィランドシステムは過去の形式となったことが分かる。ただし、正門と塀は昔のままに保存され(写真６)、この正門は後藤慶二設計と目されているが、証拠がない。後藤は、山下に続く監獄建築のスターだった。

※　エンデ&ベックマンの設計…明治政府がドイツから招へいした、ヘルマン・エンデとヴィルヘルム・ベックマンによる官庁集中計画における各官公庁舎の設計。

No.
70

万葉亭 ―黒木と堀口捨己―

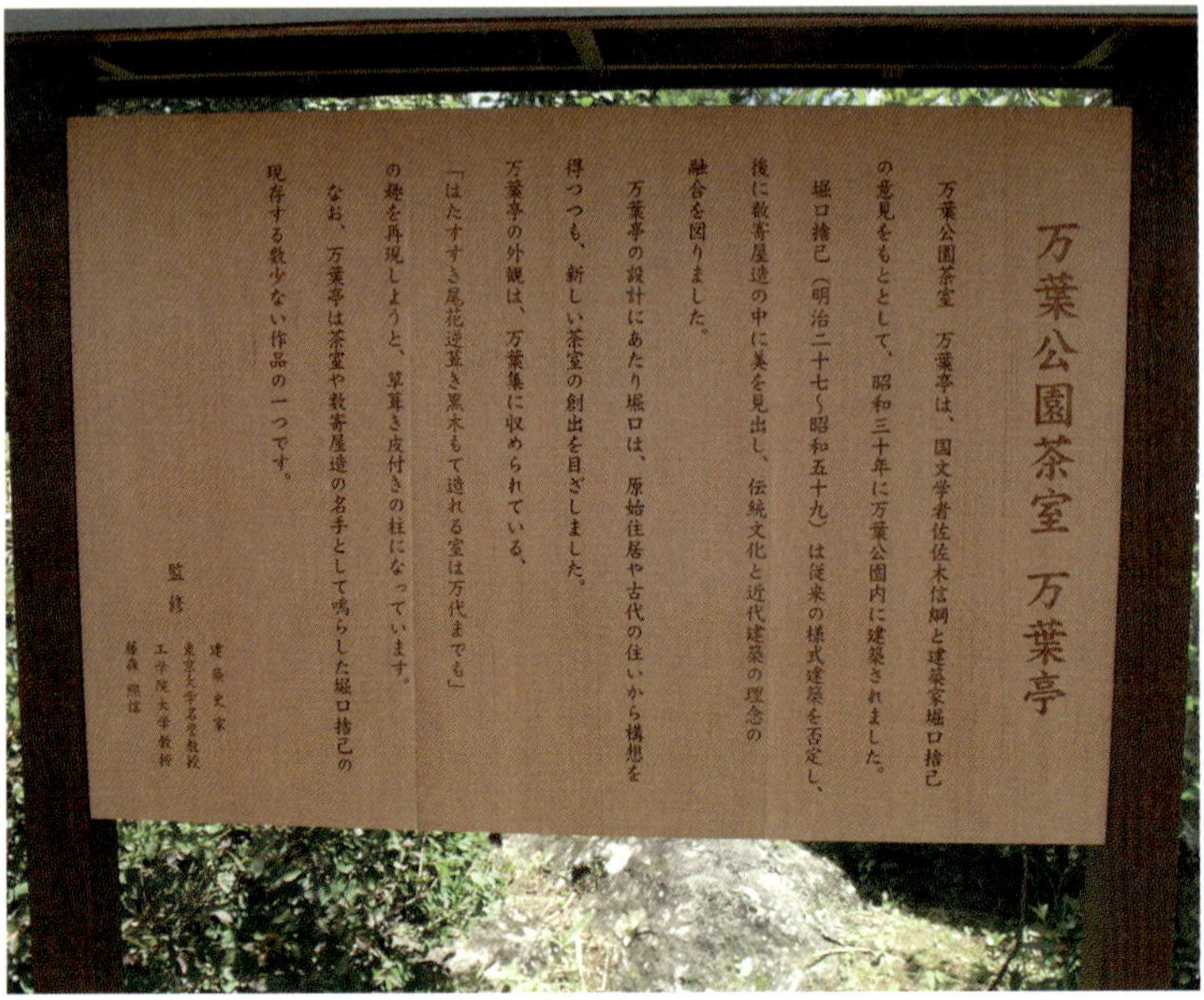

写真１　湯河原温泉の中心部にある万葉公園。園内には今回の万葉亭をはじめ、万葉の歌碑、国木田独歩碑等がある

茶室研究の第一人者

今の若い人たちにとって丹下健三がそうであるように、戦後の建築界にとって堀口捨己（1895〜1984年）は神話的人物であった。

なんといっても1920（大正9）年に分離派建築会を結成し、それまでの歴史主義建築を否定し、今に続くモダニズムの扉を押し開いた歴史的功績は大きい。前川國男、坂倉準三はじめ若き日の丹下※まで、戦前いっぱい、堀口をリーダーとしてモダニズム建築は確立していった。

モダニズム建築の初期のリーダーだけだったら、分離派仲間の山田守や石本喜久治と似た評価の内にあったかもしれないが、もう一つの仕事が堀口の〝格〟を別格にまで押し上げた。それが、堀口が設計活動の傍ら、昭和初期から力を込めてなした

〝利休と茶室の研究〟

にほかならない。それまでこの方面の研究は趣味人が

余技でなしていたものを、東京帝国大学出身のレッキとしたインテリが本気で取り組み、古文書にあたり、伝説に包まれていた千利休の茶と茶室に近代的歴史学の光を当てたのである。

以来、利休は日本文化史上の最重要人物の一人となり、茶室も日本建築史上に欠かせぬビルディングタイプへと上昇した。

とは書いたものの、過日、磯崎新が若い頃、利休の待庵を初めて訪れた時の様子を聞いたら、当時、建築関係者以外に待庵に興味を持つ人は稀で、室内には埃が積もり、土壁には穴が開いていたという。

分離派結成といい利休と茶室の研究といい、もし堀口なかりせば、日本の近現代建築の流れはずいぶんメリハリを欠いたものになったにちがいない。

今回、その堀口が、戦後すぐの時期に手掛けた茶室〈万葉亭〉を紹介したい。

意気込みや半端なく

堀口の茶室について調べてみると、意外にも戦前にはごく少ししか手掛けていない。デビュー作〈紫烟荘《しえんそう》〉（1926年。現存せず）の茶室がまずあり、〈岡田邸〉（1933年。現存せず）の茶室が続き、戦前はこの二作だけ。前者は、プロポーションといい構成といい見るに堪えぬシロモノだし、後者も、すでに他人の設計で出来上がっていた四畳半を茶室に途中変更したシロモノで、桂離宮の月見台に想を得た竹簀子《すのこ》を除くと見るべき点はない。なんせ、途中変更だから、本来室内に設けるべき水屋が

写真2　茅葺き屋根の万葉亭

室外にある、なんて惨状を呈している。

　あれだけ戦前の段階で利休の茶室のモダンさに言及しながら、手掛ける機会には恵まれていなかった。さぞかし、欲求不満は募っていたことだろう。

　そして、戦後すぐ堀口に茶室に関わる三つの仕事が前後して入ってくる。一つは、東京のデパートで開かれた、新しい茶道のための展覧会での仮設の茶室の設計。もう一つは、縄文住居の復元設計。さらにもう一つは、湯河原の万葉公園の一画に計画された茶室で、これが今回の主役。

　一つ目は、戦時体制下では不要不急の遊びの領分として軽視されていた茶道界が、戦後息を吹き返し、平和の時代こそ我らの時代と意気込んで開いた展覧会で、堀口も大いに意気は上がり、茶室〈美似居〉を作った。仮設とはいっても、石も土壁も使った本格的なものだったが、思いもかけぬ試みをした。土や石や竹に加え、なんとビニールを取り込んだ。それで美似居（ビニィル）。ずいぶん大胆な試みだが、それだけ茶室という保守的領分改革への意気が盛んだった。

　もう一つの縄文時代の竪穴住居の復元はどうか。尖石《とがりいし》遺跡は私の生まれ故郷（長野県茅野市）にあり、子どもの時から訪れて知っているが、建築を学ぶようになって堀口

図 1　尖石遺跡（外観想像図）

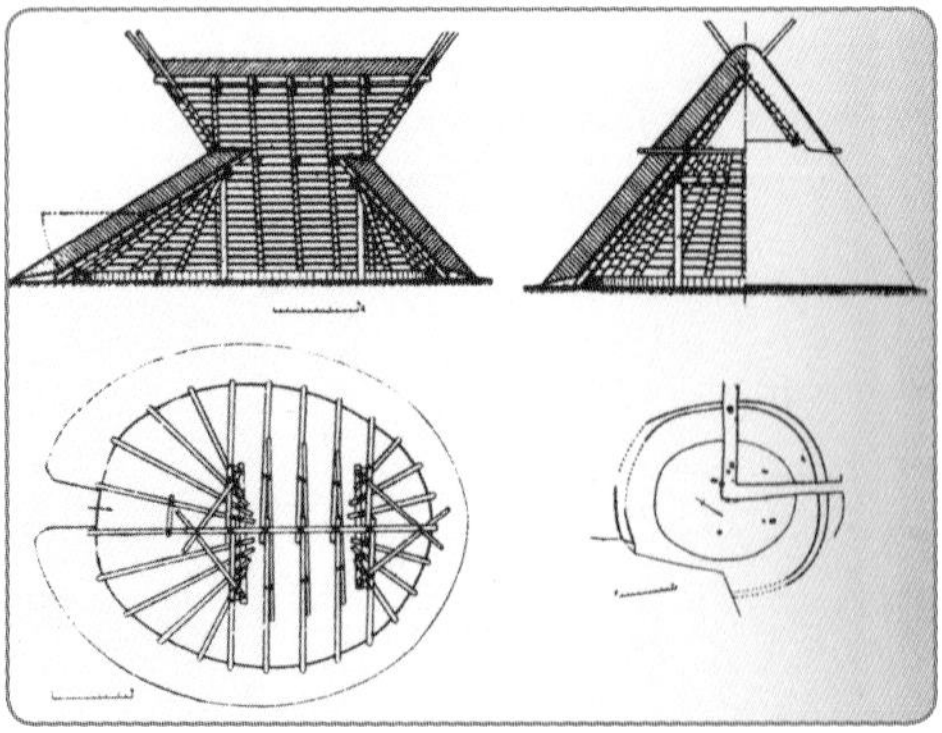
図 2　尖石遺跡の内部構造
（図 1、2 とも 出典『建築文化』8 月号別冊 “堀口捨己の『日本』” 彰国社 1996 年　P110）

による復元設計と聞き、ウソもしくは関係したとしても本気でやったわけではないだろうと思った。でも、調べると設計もしているし、現地で指導しているから、本気で取り組んだことが分かる。

そして三つ目はどうか。湯河原町から頼まれた事情は調べてみても分からなかったが、おそらく歌人の佐々木信綱の紹介によるのだろう。湯河原町が計画した万葉公園の中に博物館と茶室を手掛けている。

茶室とはいっても相当ヘンな作りで、外から眺めると茅葺き屋根の民家風だが、中に入ると見たこともない作りが展開する。なんと、柱も梁も皮付きの丸太を使っているのだ。

加えて、炉が尋常ではなく、土間を少し掘り下げ、石で囲っただけの炉。周囲にはベンチがあり、そこに座って茶を喫《の》むという世にも珍しい趣向をとる（写真3）。

もちろん、土間の続きには畳敷きの部屋もあり、畳の上で茶を楽しむこともできるが、作りからして土間の方に力瘤を込めていたのは明らかだ。

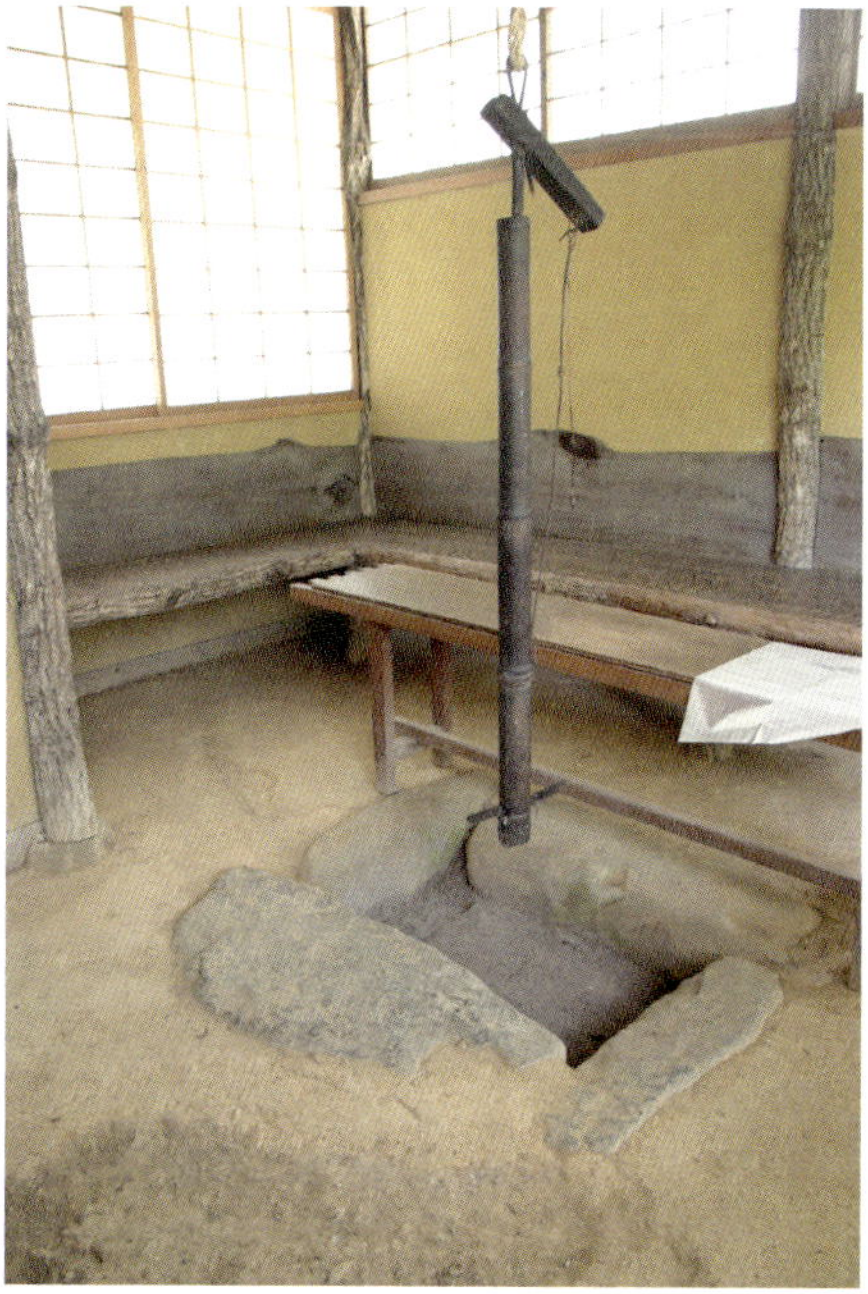
写真3　炉は石囲ったシンプルなものに。竪穴住居の影響か

いったい何なんだこの茶室は、と誰でも思うし、後に堀口が手掛けて名作の名をほしいままにする〈八勝館御幸《みゆき》の間〉（1950年。名古屋市）や茶室〈磵《かん》居〉（1965年。東京都港区）との作りの差に驚く。銘木を使い、大工の腕の限りを尽くす後の二作は、戦後を代表する数寄屋造と茶室だというのに、戦後、初めて自由に茶室を作る機会を得てなした万葉亭のこのランボー力はどこから湧き出たんだろう。

その想いは万葉の刻を越えて

皮付きの丸太を黒木という。皮を剥いだ赤木、製材した白木と対比され、黒木は万葉の昔から、ただ粗末な材ではなく建築用材の基本として認識されてきた。その証拠に、天皇即位の大嘗祭《だいじょうさい》は、黒木に茅葺き壁に土間の作りを守っている。

優れた歌人でもあった堀口は、万葉集が成立した古代への想いを込めて黒木を使ったのだろうが、それだけではなかったと私はにらんでいる。

黒木に土間に石の炉とくれば、縄文時代の竪穴住居の作りそのものと言わなければならない。そしてここで、尖石遺跡の復元住居と繋がる。

戦前の段階で、堀口は、茶室の美学の起源について追っていたにちがいない。その果てに、基本が四畳半という狭い面積といい、狭い中に炉が切られる異例さといい、縄文時代の竪穴住居まで溯っていたのではないか。でなければ、尖石の復元なんか引き受けなかっただろう。

戦後すぐの時期、なぜ縄文的な二作と未来的な美似居の二組を作ったんだろう。

おそらく、利休以後、長い時間の中で定型化し、創造性を喪って久しい茶室の改革を願い、始原方向と未来方向の両方に向かって想

写真4　柱のほか至る所に皮付き丸太（黒木）が使用されている

写真5　天井部分。ここにも黒木が

像力を伸ばすことで、現状突破を企てたのにちがいない。

いざ実行してみると、建築界からも茶道界からも無視されたばかりか、自分でも、成果は上がらず、失敗だったと認めざるを得なかったのではないか。

その後、伝統の世界に帰り、八勝館御幸の間と磵居を作った、と私は解釈している。

その証拠となるかどうか、堀口の後を受けて茶室の歴史研究と設計をリードする中村昌生から次のような思い出を聞いた。

「若い頃、美似居を見て、新しい茶室の世界に可能性を感じ、堀口先生について茶室の勉強をするようになった。そして、折に触れて〝茶室の未来はどうなるんでしょうか〟と訊くと、いつも、話を逸らされた」

この話からすると、おそらく堀口は、茶室の未来についてどうしていいか分からなかったんだと思う。

そして、八勝館御幸の間と磵居を作った。

二作とも、名作にちがいないが、伝統の茶室と数寄屋の枠を一歩も越えてはいない。

写真6　四畳半の和室

※　若き日の丹下健三…堀口より18才年下の丹下は、堀口が理事長を務めた日本工作文化連盟（1936年結成）の機関誌『現代建築』の編集も担当していた。

No.
71

国宝 待庵 ―茶室の源―

写真１　妙喜庵の庭の石灯篭や庭石の後ろにひっそりと佇む待庵

諸説乱れる茶の湯の流れ

現在まで400年を越えて生き続ける日本の茶室は、千利休の手掛けた待庵《たいあん》を起源とするが、しかし、当の待庵の建築は謎だらけ。

まず、利休が手掛けたという証拠は何もないにもかかわらず、そのことを疑う者もいない。実際に訪れて、そのあまりの独創性と完璧なデザインを目のあたりにすると、建築を理解する者ならだれでも天才的芸術家の作品であると納得するし、当時の茶の世界でそれだけの才を持つのは利休しか見当たらない。

利休の手になるのは建築史家も茶道研究者も一致して認めるが、しかし、〝利休の茶室が日本の茶の流れの中でどんな流れに属するか？〟、〝いつ建ったのか？〟の二つについて、意見は千々に乱れる。

ここ数年、そのあたりのことに関心を持ち、あれこれ考えたり書いたりしてきたが、ようやく一つの結論に辿り着くことができた。

写真２　右手が躙《にじ》り口。戸は雨戸の角を伐ったもの

写真３　左手に炉。右手の窓は土壁の木舞を見せる開口に、障子を掛ける。すべて有り合わせの材を使った仮設的な造り

まず、利休のあの小さな茶室は、どんな茶の流れの中で実現したのか、から。もちろん私は茶道史の専門家ではないから、中村昌生、熊倉功夫、神津朝夫、日向進などその筋での議論を踏まえなければならない。

これまで利休の茶と茶室は、室町時代に足利将軍や大名や上層僧侶たちが立派な書院造の中で嗜んだ〝殿中の茶〟の流れに属し、それを利休が〝侘茶化〟したと考えられてきた。

しかし、近年提示された説は、〝殿中の茶〟と利休は繋げず、利休という天才を生み出したのは将軍や大名とは別の〝町人の茶〟の流れだったのではないか、というのである。

かつて磯崎新と茶について一冊の本を出した時、磯崎から、利休以前、〝殿中の茶〟の他にもう一つ、庭に面した見晴らしのいい茶屋と呼ばれる独立小建築で催される天皇や公家の〝茶屋の茶〟の流れがあったのではないか、と指摘されたが、応答できなかった。しかし今は、利休登場以前、将軍大名の〝殿中の茶〟と天皇公家の〝茶屋の茶〟と〝町人の茶〟の三つの流れがあった、とするのが一番筋が通りやすい、と考えている。

しかし、将軍大名の書院造や天皇公家の茶屋の向こうを張るような質の茶の場を当時の商人は、果たして持ち得ていたんだろうか。

持っていた。少なくとも京の富裕な町人と国際貿易都市・堺の町人は持ってい

写真４　床。室床《むろどこ》といい、角の柱や天井板を土で塗り回している

写真５　畳の角を切って炉をはめる

写真６　見事な面の分割

た。それを、当時、〝市中の山居〟といった。

　言葉どおり、賑やかで過密な都市の真っ只中に造られた田舎風の家。利休の時代より少し後の堺の様子を描いた絵を見ると、二階建ての商家の右手の塀に木戸状の小さな出入り口が設けられ、そこで亭主が客を迎えている。木戸の奥には、母屋と隣地の間に細長い庭が設けられ、その先には草葺の庵が立つ。

　もちろん、小さな出入り口は後の〝躙《にじ》り口〟に、細長い庭は〝露地〟に通じ、そして庵こそ利休の侘びの茶室の原型。

　西行に始まり、吉田兼好や鴨長明など中世の文化的隠者が住んだ山の辺の草庵の伝統が、堺に持ち込まれ、富裕な国際貿易商人たちは、超過密都市の中でその対極にある自然と山居の味わいを茶とともに楽しみ、一時の心の安らぎとした。〝都〟の中での〝鄙《ひな》〟という最高の贅沢。

　しかし、市中の山居ひとつを源にして利休の草庵風茶室が生まれたわけではない。待庵を見ると、土壁にあいた竹木舞を見せる窓と

写真7　軒を偲ばせる天井

か、雨戸の一部を切って使った躙り口の引き戸とか、畳の隅を切ってはめ込んだ炉とか、奇妙に凸凹する天井とか、庵でも絶対にやらない奇妙な造りに満ちており、市中の山居以外にもう一つ別の建築的流れが待庵には流れ込んでいると言わざるを得ない。

それは何か。

「かこい」

囲と書く。当時、戦場で武将たちが、戦に臨んで心落ち着かせ、かつ士気を高めるために茶を喫《の》んだが、そのための仮設の茶室を囲と呼んだ。有り合わせの材料で囲って臨時の茶の空間に仕立てたのである。

利休の前には、〝殿中の茶〟、〝茶屋の茶〟、〝市中の山居の茶〟、そして〝囲の茶〟と出揃っていたのである。

訪れた千載一遇のチャンス

市中の山居はいくつも堺にあり、利休も堺の茶を好む若手商人としてしばしば利用していたが、武家ならざる利休は戦場の囲を知っていたんだろうか。

実際に戦場で使ったことはないにしても、話としては聞いて興味を持ち、いつか手掛けてみようとあれこれ思いを巡らせていたのではないか。

待庵以前、利休は、〝市中の山居〟と〝囲〟という二つの茶室の形式をイメージの中に持っていた。もちろん殿中の茶と茶屋の茶の二つへの反発を含みながら。

そして天正10（1582）年、利休60歳の時、本能寺の変が起こり、二つを一つに合体するチャンスが訪れる。

利休はじめ堺の商人は、毛利攻めのため山陽道を遠征中の秀吉軍の兵站《へいたん》を担い、武器弾薬を主とする兵站を通して克明に戦況を把握する立場にあったから、秀吉が光秀を討つべく中国大返しを開始したことはすぐに堺に伝わり、さらに秀吉の本陣が天王山の麓にある山崎の西観音寺（現サントリー山崎蒸溜所）に置かれることに決まったとの連絡も入る。本陣が分からなければ、武器はじめ兵站物資の送りようがないからだ。

この時、他の堺の商人には思いもつかぬ行動に利休は出た、と私は推測している。物資を送るだけでなく、大工と左官を連れて自ら船に乗り、大阪湾を横切り、淀川

写真8　水屋《みずや》の棚。見事な面と線の立体的分割

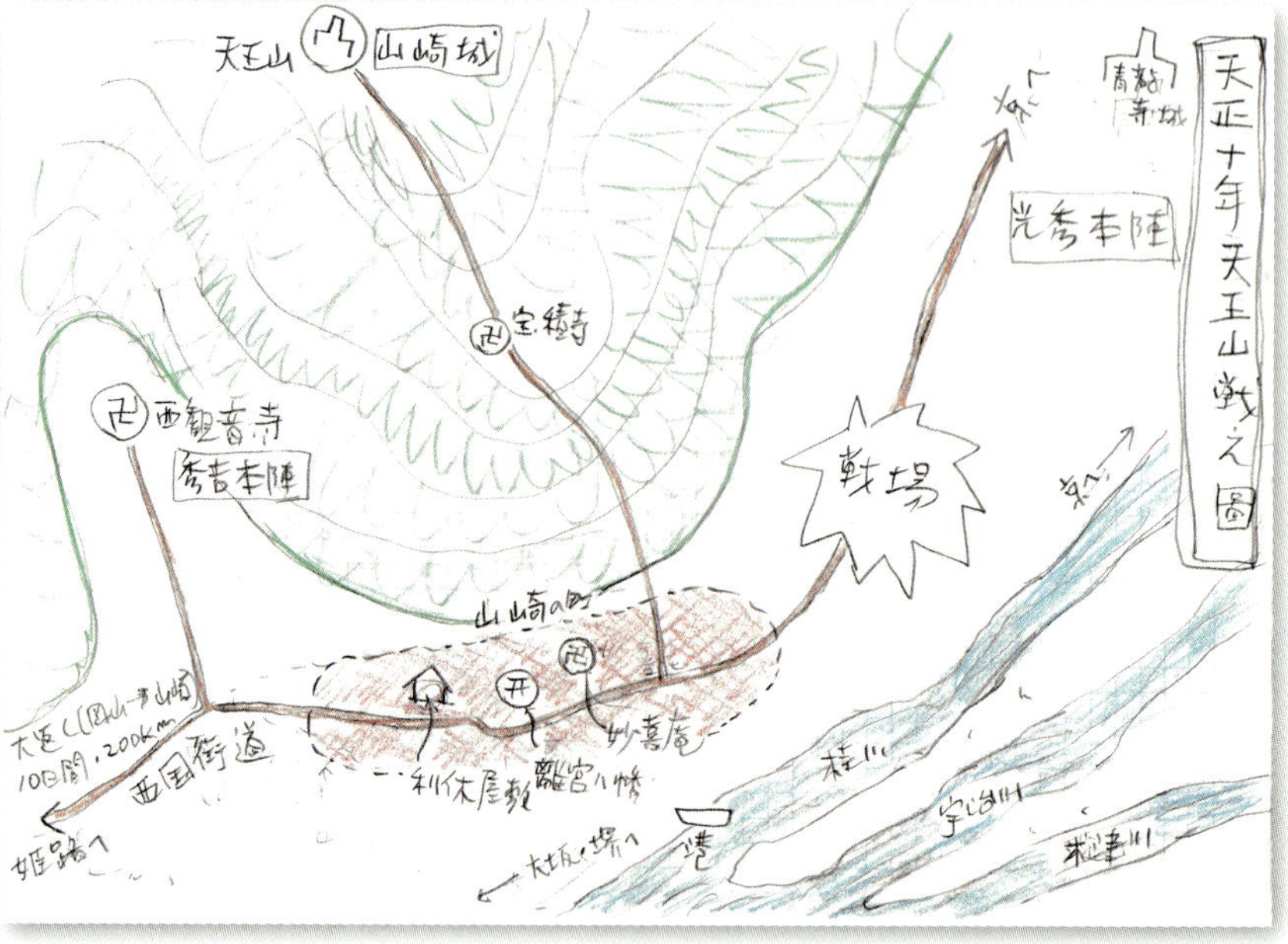

図 1　天正 10 年　天王山の戦い（山崎の戦い）

を上り、山崎の港に上陸し、近くの西観音寺に入り、兵站物資の管理にかこつけて境内を歩き、使われていない小さな阿弥陀堂を見つけ、急遽、手を加えて囲を作り始める。秀吉の到着まではおよそ三日の猶予だったが、古いお堂の一画に柱を立て戸を外し、雨戸や畳を運び込み、土壁を塗るだけの一部改修なら、三昼夜あれば可能。

　馬を走らせて中国大返しを成し遂げた秀吉は、本陣の西観音寺に入り、まず利休の囲で茶を喫み、心身を落ち着かせた後、出陣の命を下した。先鋒は利休の茶の弟子の高山右近が務め、山崎の町の京都側の外に陣取る光秀軍を一気に蹴散らして、天下分け目の天王山の戦いのケリがつく。

　戦いのあと、秀吉は、本陣に帰り、再び利休の茶を喜びとともに味わった。

　勝った秀吉は、まだライバル柴田勝家との信長跡目争いの決着がつく前であったが、かまわず天王山に、中腹の宝積寺を含めて山崎城を築き、山崎の町を秀吉仮政権の城下町と化し、利休に屋敷を与えている。

　西観音寺の囲は、秀吉にとっての〝聖遺物〟として扱われるようになり、利休と親しい功叔《こうしゃく》が住職を務める山崎の妙喜庵に移築された。

移築にあたり、急造の仮設建築としての囲だから、新たに手と材料を加えないといけないが、聖遺物ゆえ全体の形と主要部材は保存されたにちがいない。

この囲は、やがて待庵と呼ばれ、現在も山崎の妙喜庵に伝わる。

以上の待庵ストーリーのうち、「この時、他の堺の商人には思いつかぬ行動に利休は出た」以後は私の推測になるが、〝待庵の建設時期〟、〝待庵の建築的造り〟、〝待庵の秀吉没後の扱い〟、などの謎を一番よく説明できる推測だと思う。

～おわりに～に代えて

建築あれこれ探偵団が２０１１（平成23）年1月にスタートしてから50回目の連載を迎えた２０１５（平成27）年9月、著者への記念インタビューを実施しました。本編では触れなかったウラ話やエピソードを語っていただきました。本書の「おわりに」に代えてご紹介します。

丹下建築と私

編集「世界的に有名な建築家である丹下健三氏の作品について、戦没学徒記念館（南あわじ市）は藤森先生が世に初めて公表されたそうですね。」

藤森「戦没学徒記念館の存在を私に教えてくれたのは、アメリカの女性研究者でした。〝よい作品だから見ろ〟と言うのですが、日本では全く知られていない丹下作品でした。行って見ると実に興味深い作品で、出来もいいのになぜ発表しなかったかを、丹下さんの許で担当した神谷宏治さんに聞くと、この仕事を推進した人々に対し違和感が募り、丹下さんは竣工式を欠席し、発表もしなかったとのことです。私が作った丹下さんの作品集※1で初公開となった思い出の作です。」

編集「国立代々木競技場と明治神宮の位置関係をはじめ丹下設計の意図するところとは何なのでしょうか。」

藤森「丹下さんは何かを目当てにして軸線を通すことを戦前からずっとやっています。戦没学徒記念館の場合は、瀬戸内海に向けて、国立代々木競技場は意外にも明治神宮の本殿に向けています。丹下さんがやりたかったのは建築設計と都市デザイン（都市計画ではない）でしたが、後者はスコピエ計画※2に象徴されるように設計はうまくいっても実施はなかなか難しかった。アラブ諸国ではある程度うまくいっていますが、建築設計ほどの完成度には至らなかったと思います。」

編集「その他に丹下建築の特徴はありますか。」

藤森「軸線を通しながら、しかし左右非対称にすることでしょう。このやり方は、戦前のコンペに始まり、広島ピースセンターの配置計画、香川県庁舎、国立代々木競技場と代表作はすべてこのやり方をしています。軸線を通すのは、記念碑性を生むため、左右非対称は、ヨーロッパのピラミッド以来の物量的記念碑性の代わりに日本の神社や法隆寺に見られる環境的記念碑性を生むためです。」

編集「丹下先生の人柄について教えてください。」

藤森「丹下さんの人柄を一言でいうと〝建築以外のことには全く興味のない人〟でした。全身全霊で建築の設計に立ち向かっています。天才とは集中力のことだ、といいますが、そのとおりの人でした。設計中にトイレに立つと、頭の中が設計でいっぱいで、向かうドアを間違え、所員に対し照れて頭をかいていたといいます。」

瀬戸内海に向かう戦没学徒記念館‘若人の広場’

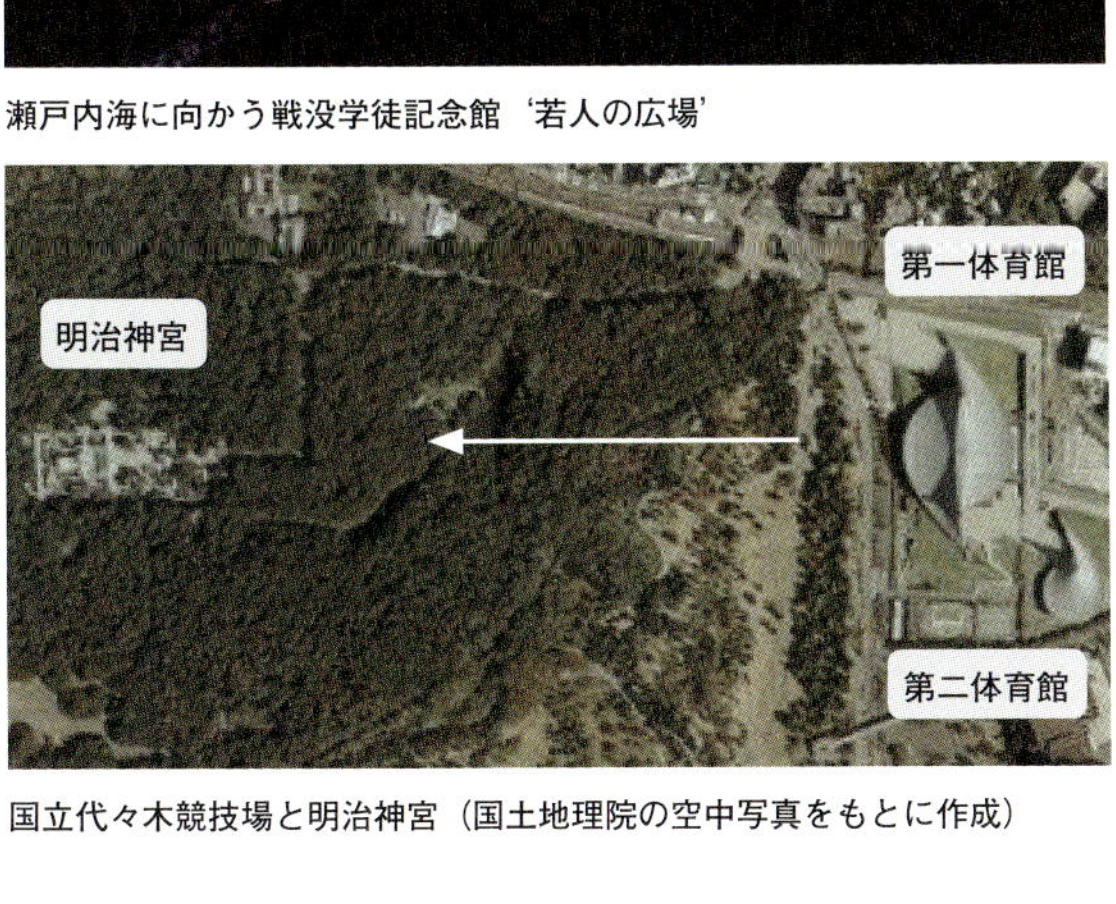

国立代々木競技場と明治神宮（国土地理院の空中写真をもとに作成）

茶室と私

編集　**「丹下建築とは対照的に極めて小さな空間ですが、まずご自身で設計される際のコンセプトについて教えてください。」**

藤森　「オッ、こんな建築がありえるんダ、と思って見てもらえたら本望です。でも、奇をてらっているわけではなく、最初のデザインは結構普通なんですが、やっているうちにだんだん〝ヘン〟になり、また少し戻しを繰り返した果てに着地したところで実現します。見た人が、〝チョットヘンだがまともでもある〟と感じるあたりが着地のしどころです。」

編集　**「専攻されている近代建築史とは別分野ですね。」**

藤森　「学生時代から設計には自信があったんですが、思うところがあり建築史の道に進みました。具体的な目標としては、まだちゃんとした通史の書かれていない日本近代建築史について通史を書くこと。大学院入学以後、一貫して歴史という現在とは別の世界に沈潜して研究していたのですが、45歳の前後、通史の目途も立った頃、生まれ育った村に神長官《じんちょうかん》守矢《もりや》史料館の計画があり、設計を引き受け、実現しました。以後、二足のワラジです。」

編集　**「ご自身で設計された茶室をご紹介ください。」**

藤森　「高過庵《たかすぎあん》は自信作です。こんな形の小建築はありそうですが、高い柱（山から伐ってきた栗の木）二本の上に平気な

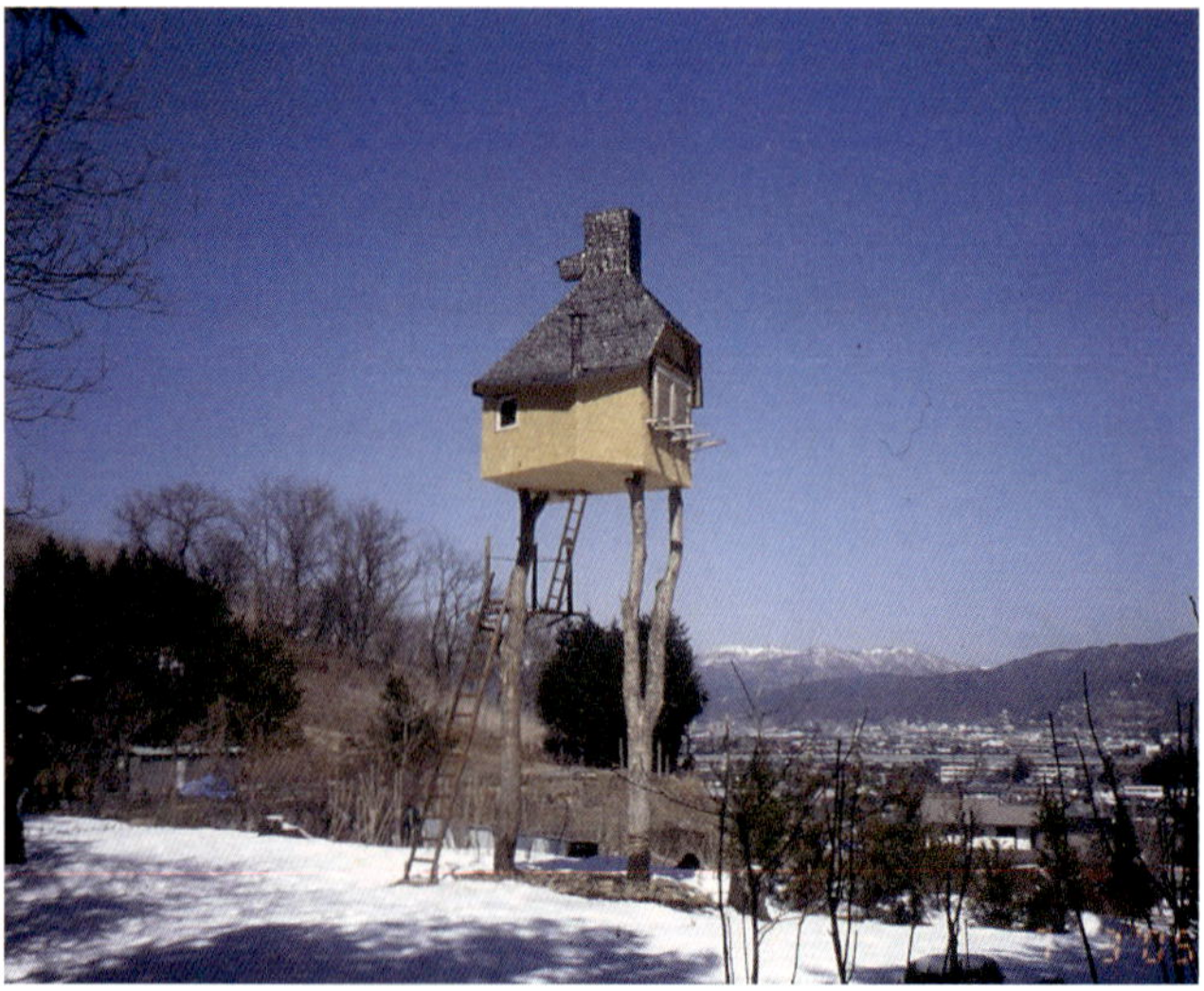

高過庵（2004年）。独特な形状で読み方もそのまま

空飛ぶ泥舟（2010年）。横の支柱からワイヤーで吊っている。現在は、長野県茅野市美術館の敷地内から高過庵の近くに移されている

顔でチョコッと載っているところがチョットヘン。一方、空飛ぶ泥舟は、失敗したと思っています。空中に浮かんでいることではなく、底部が丸くなっている点です。宇宙船と似通ってしまい、いかにも飛びそうな姿をしている点が気に入りません。もしこれを、普通の家のように底部を四角な箱型にしたら私の望むイメージになりました。泥舟は、当初もっと長くして鯨のように計画していたのですが、リブを並べた段階で大きくなり過ぎ危険だと判断し、長さを三分の二に縮めました。その結果、鯨が河豚に化けてしまい、建築にしては〝笑いが取れ過ぎ〟状態になったのもマズかった。そこはかとなく漂うユーモア程度が私の求める笑いです。」

「茶室を建てる時は、まず簡単なスケッチをするだけで、詳しい図面は描きません。山に入って木を伐り、土壁を塗り、といった作業は自分と友人や学生がやります。ただし難しい箇所はプロに頼みます。詳しい図面を描いても途中変更と現場合わせが多くて役に立たないのです。」

建築探偵は何処へ行く

編集「今後の建築の方向性や、ご自身の計画等についてお聞かせください。」

藤森「ますます高度化、工業化、情報化が進む中で、建築にどう自然や身体性を取り込むかがテーマになるでしょ

う。」

「私自身は、これまでどおりに、世界と日本の建築を見歩いては考え、考えては書き、そして作り、を繰り返すだけ。畏友の伊東豊雄に〝お前はいいナァ〟と言われたが、客観的にみるとそうかもしれません。しかし、自分としては、ただその都度やりたいと思ったことをやってきただけです。」

ユニークかつ分かりやすい表現で我々に建築物を見る楽しさを与えてくれる建築探偵フジモリ。今後のさらなる活躍をご期待ください。

※1　丹下さんの作品集…『丹下健三』（新建築社、2002年、丹下健三・藤森照信著）

※2　スコピエ計画…1963年の地震で大被害を受けた、マケドニア共和国の首都スコピエの復興計画。国際指名コンペで1等を獲得した丹下氏の設計チームが、都市再生の設計に携わった。

本書は月刊『積算資料』（発行：一般財団法人経済調査会）で２０１１（平成23）年1月号から２０１８（平成30）年3月号に連載された「建築あれこれ探偵団がゆく」の内容に、加筆・修正を加えたものです。基本的に本文・写真は掲載時のものを使用していますが、建物の改修や見学可能箇所の変更等、当時からの状況変化に応じて一部内容を変更しております。

藤森　照信（ふじもり　てるのぶ）

1946年生まれ。建築史家、建築家。東京大学名誉教授、工学院大学特任教授。江戸東京博物館館長。
東北大学工学部建築学科を卒業後、東京大学大学院へ進学し、東京大学生産技術研究所で近代日本建築史を研究する。1974年、研究仲間の堀勇良らと建築探偵団を結成、全国の研究者と協同で各地の近代洋風建築の調査を行う。1991年に建築家としても活動するようになり、自然素材を活かした大胆な建築で知られるようになる。近年では、近江八幡市の緑化建築や多治見市のモザイクタイルミュージアムを手掛けると、SNSを通じてたちまち話題となり、連日観光客で賑わっている。著書に『近代日本の洋風建築　開花篇』（筑摩書房）、『失われた近代建築』（講談社）ほか多数。建築作品として、自邸の〈タンポポ・ハウス〉や〈ニラ・ハウス〉〈高過庵〉〈秋野不矩美術館〉など。

藤森照信《フジモリテルノブ》の建築探偵放浪記《ケンチクタンテイホウロウキ》
～風《カゼ》の向《ム》くまま気《キ》の向《ム》くまま～

平成30年4月1日　発行

著　者　藤《フジ》　森《モリ》　照《テル》　信《ノブ》
発　行　一般財団法人 経済調査会
〒105-0004　東京都港区新橋6-17-15
電話　03-5777-8221（編集）
03-5777-8222（販売）
FAX　03-5777-8237（販売）
E-mail　book@zai-keicho.or.jp
https://www.zai-keicho.or.jp
本文DTP　株式会社インフォルム
印刷・製本　日本印刷株式会社

ISBN 978-4-86374-239-0